Peter Jessen

Die Brandstiftungen in Affekten und Geistesstörungen

ein Beitrag zur gerichtlichen Medizin für Juristen und Ärzte

Peter Jessen

Die Brandstiftungen in Affekten und Geistesstörungen
ein Beitrag zur gerichtlichen Medizin für Juristen und Ärzte

ISBN/EAN: 9783743656772

Hergestellt in Europa, USA, Kanada, Australien, Japan

Cover: Foto ©ninafisch / pixelio.de

Weitere Bücher finden Sie auf **www.hansebooks.com**

Die

Brandstiftungen

in

Affecten und Geistesstörungen.

———⧖———

Ein Beitrag

zur gerichtlichen Medicin

für

Juristen und Aerzte

von

Dr. Willers Jessen.

Kiel
Ernst Homann.
1860.

Seinen verehrten Lehrern

Herrn Dr. P. Jessen

seinem Vater

und

Herrn Dr. C. Flemming

seinem väterlichen Freunde

aus Dankbarkeit

zugeeignet

vom Verfasser.

Vorwort.

Die Geschichte des Buches, welches ich hiemit dem Publikum vorlege, ist vielleicht geeignet, es den Lesern zu empfehlen, oder wenigstens darzuthun, dass es ernstlichem Nachdenken und angestrengtem Fleisse seine Entstehung verdankt; es möge mir daher gestattet sein, einige Mittheilungen darüber vorauszuschicken.

Jeden, welcher sich mit Psychiatrie oder mit gerichtlicher Medicin beschäftigte, musste die Form befremden, welche der Streit über den Brandstiftungstrieb angenommen hatte. Seine Existenz wurde von einer Parthei gänzlich verneint, von der anderen ebenso bestimmt behauptet; beide Partheien aber stützten ihr Urtheil auf Thatsachen, auf Krankengeschichten und Criminalfälle. Nun liess sich wohl begreifen, dass die erstere Parthei die Beobachtungen, durch welche die letztere die Existenz des Brandstiftungstriebes erweisen wollte, nicht für hinlänglich klar und beweisend ansehen müsste, aber auffallend war, dass sie selbst durch Thatsachen den Beweis führen wollte, dass der Brandstiftungstrieb eine Chimäre sei; es schien dies, auf den ersten Blick wenigstens, vollkommen nutzlos, denn dass nicht jede Brandstiftung durch einen specifischen Brandstiftungstrieb veranlasst würde, daran zweifelte überhaupt Niemand; so viele Beobachtungen also auch mitgetheilt werden mochten, bei welchen dieser Trieb nicht zu entdecken gewesen war, so konnte derselbe doch in anderen Fällen sehr wohl beobachtet sein.

Bei näherer Betrachtung ergab sich freilich, dass die verneinende Parthei vorzugsweise bemüht war, die Fehlerquellen aufzudecken, aus welchen die ihrer Ansicht nach falsche Lehre entsprungen war, und diese Untersuchungen gaben denn freilich zu mancherlei Art von Zweifeln hinreichenden Anlass. Aber trotzdem schien es doch einen sehr einfachen Weg zur Entscheidung des Streites zu geben; man brauchte ja nur, so schien es, eine möglichst grosse Zahl von Brandstiftungsfällen nachzulesen und wissenschaftlich zu prüfen; fand sich dann nirgendwo ein specifischer Brandstiftungstrieb vor, so durfte man denselben wenigstens so lange entschieden läugnen, bis es den Gegnern gelungen wäre, eine entgegenstehende, positive Beobachtung beizubringen. Dieser Weg war freilich schon öfter betreten, ohne zur Entscheidung geführt zu haben, er schien aber doch einen sehr starken Wahrscheinlichkeitsbeweis ergeben zu müssen, wenn nur die Untersuchung wiederholt und in möglichst weitem Umfange vorgenommen würde.

In der Erwartung, auf diese Weise mit verhältnissmässig geringer Mühe die nöthige Aufklärung erhalten und die gewonnenen Ansichten dem Publikum etwa in einem Journalartikel mittheilen zu können, begann ich eine Arbeit, von welcher ich nicht voraussah, dass sie mich Jahre lang beschäftigen und zur Abfassung eines Buches veranlassen würde. Indessen musste ich bald zweierlei Erfahrungen machen. Erstens nämlich gewahrte ich, dass ich weder wüsste, noch aus den Angaben der Schriftsteller entnehmen könnte, was eigentlich der specifische Brandstiftungstrieb wäre und woran ich seine Existenz erkennen sollte, zweitens aber sah ich mich bald ausser Stande, die ohne Ordnung in der Literatur verstreuten und gelesenen Beobachtungen im Gedächtnisse zu behalten, geschweige denn sie mit einander und mit anderweitigen Erfahrungen zu vergleichen und so zu ordnen, dass wissenschaftliche Folgerungen daraus möglich würden. Aus diesen Gründen sah ich mich genöthigt, unter den Beobachtungen, welche mir zu Gebote standen, diejenigen, welche klar und lehrreich genug waren, auszuwählen und ihrem wesentlichen Inhalte nach auszuziehen; nur durch solche Auszüge konnte ich mir das Material verschaffen, auf welches weitere Untersuchungen sich gründen liessen.

Nachdem ich diese mühselige Arbeit geraume Zeit fortgesetzt hatte, sah ich mich endlich im Besitze einer hinlänglichen Anzahl von gleichmässig bearbeiteten, auf einzelne Bogen niedergeschriebenen, aber ganz ungeordneten Brandstiftungsfällen. Wollte ich nun erforschen, ob der specifische Brandstiftungstrieb, dessen Kennzeichen mir noch wesentlich unbekannt waren, wirklich vorkäme, so musste ich in jedem einzelnen Falle die Motive, den psychischen Process, welcher zur Uebelthat führte, und zu diesem Zwecke wiederum den psychischen Zustand jedes einzelnen Uebelthäters zu erkennen suchen.

Hiedurch wurde ich zunächst auf die allgemeinen Untersuchungen geführt, deren Ergebnisse ich im vorjährigen Jahrgange der Deutschen Klinik mitgetheilt habe. Es galt zu ermitteln, worauf überhaupt eine sichere Diagnose psychischer Krankheitszustände beruhe, und da sich wider Erwarten herausstellte, dass diese nur durch eine naturgemässe Classification der Geisteskrankheiten ermöglicht werde, so kam es vor allen Dingen darauf an, eine solche zu finden. Nun hatte ich zwar länger als ein Decennium die von Flemming aufgestellte Classification benutzt und praktisch brauchbar gefunden, aber unter dem Einflusse der herrschenden Geringschätzung aller Systeme verabsäumt, sie im Ganzen und Einzelnen so strenge zu prüfen, wie es jetzt nothwendig wurde. Glücklicher Weise erwies sie sich im Wesentlichen als probehaltig; einige Abänderungen, welche durch neuere wissenschaftliche Erfahrungen bedingt schienen, fanden grossentheils Flemming's Zustimmung, und so erhielt nach gemeinschaftlicher Revision jene Classification zuletzt die Form, in welcher sie nachstehend in der Einleitung abgedruckt ist.

Nach diesen Vorbereitungen konnte ich wieder zu der Arbeit zurückkehren, das gewonnene Material zu ordnen. Hier waren nun selbstverständlich zuerst die Brandstiftungen aus Affecten und die aus abnormen psychischen Vorgängen von einander zu scheiden, was keine erheblichen Schwierigkeiten machte; denn obwohl Fälle vorkamen, welche auf der Grenze zwischen psychischer Gesundheit und Krankheit standen, so liessen sich diese doch zweckmässig, wenn auch etwas willkürlich, einordnen. Mir schien es am besten, sie den Affecten anzufügen, und zwar so, dass sich eine Reihenfolge bildete, in welcher zuerst die normalen Gemüthszustände, dann nach und nach die mehr und mehr krankhaften psychischen Zustände ihre Stelle fanden. Bei der Abhandlung der Geisteskrankheiten konnte dann an diese Reihenfolge, welche natürlich an einem etwas willkürlich gewählten Punkte abgebrochen werden musste, gelegentlich wieder angeknüpft werden, so dass sich schliesslich die Wirkungen der Affecte bei allen Graden psychischer Zustände, von der Norm bis zu den extremsten Formen der Geisteskrankheiten, überblicken liessen. Mehr Schwierigkeiten machten die Geisteskrankheiten selbst, denn unter dem angesammelten Material fanden sich manche anscheinend räthselhafte Fälle, welche aber, wie die genauere Betrachtung ergab, verschiedenen, noch nicht hinlänglich bearbeiteten Krankheitsformen angehörten. Diese letzteren, namentlich der Schwachsinn, die stupide Melancholie, die Präcordialangst und der partielle Wahnsinn, mussten daher in ihren Beziehungen zur gerichtlichen Medicin besonders und ausführlich abgehandelt werden.

Während dieser Arbeiten musste natürlich die ursprüngliche Frage nach dem specifischen Brandstiftungstriebe vorläufig bei Seite gelassen werden, bald zeigte sich aber, dass sie überhaupt fast bedeutungslos wäre. Es ergab sich nämlich, dass starke und bestimmte, also, wenn man wollte, specifische Antriebe zum Brandstiften in Folge verschiedener psychischer Processe, dass gleichfalls eine Anzahl verschiedener Krankheitszustände vorkämen, welche man allenfalls Pyromanie nennen könnte; es konnte also hinfort von dem specifischen Brandstiftungstriebe und von der Pyromanie nicht weiter die Rede sein; vielmehr drängte sich von selbst die allgemeine und fundamentale Frage immer mehr in den Vordergrund, aus welchen psychischen Zuständen und Processen überhaupt Brandstiftungen hervorgehen könnten.

Auf diese Frage eine möglichst richtige und genügende Antwort zu geben, ist daher der wissenschaftliche Zweck dieses Buches. Natürlich wird dieser nicht völlig erreicht, vielmehr Vieles nachzutragen und zu bessern sein, denn eine so umfassende Aufgabe kann von einem Einzelnen überhaupt nicht, geschweige denn mit einem Male, gelöst werden. Aber es lässt sich nicht verkennen, dass die Lösung der Aufgabe in Angriff genommen werden muss, wenn überhaupt die Lehre von der Pyromanie oder richtiger die pathologische Genese der Brandstiftungen jemals aufgeklärt werden soll; man wird es daher gerechtfertigt finden, dass ich die Lösung wenigstens versucht habe.

Hornheim bei Kiel, im Juli 1860.

Dr. Willers Jessen.

Inhalt.

	Seite
Vorwort	V
Einleitung	1
Classification der Geisteskrankheiten	6
Historische Uebersicht	9
Platner	9
Klein's Annalen	17
Henke	26, 35
Meckel	28
Vogel	29
Masius	30
Flemming	33
Meyn	35
Marc	38
Richter	43
Casper	44
Die Brandstiftungen in Affecten	59
I. Rachsucht	60
II. Furcht	86
III. Unzufriedenheit	90
IV. Heimweh	114
V. Muthwille	120

	Seite
Die Brandstiftungen in Geisteskrankheiten	133
I. Geistesschwäche	144
1) Blödsinn	144
2) Schwachsinn	160
II. Geistesverwirrung	186
1) Melancholie	186
a) Trübsinn	186
Stupide Melancholie	201
b) Präcordialangst	226
c) Vorübergehende Melancholie	268
2) Manie	268
3) Partieller Wahnsinn und Verwirrtheit	270
a) Partieller Wahnsinn	270
b) Verwirrtheit	286
Die Brandstiftungen Trunkfälliger und Epileptischer	303
I. Trunkfälligkeit	303
II. Epilepsie	313

Einleitung.

Der Streit über die **Pyromanie** oder den **Brandstiftungstrieb** hat bereits ein halbes Jahrhundert gedauert, ohne zum Abschluss gekommen zu sein. Zwar wird neuerdings von manchen Seiten behauptet, der Streit sei entschieden, indem es gar keinen Brandstiftungstrieb gebe, aber diese Behauptung ist, wie sich zeigen wird, nicht hinlänglich begründet, weil einer der tüchtigsten Gegner der Pyromanie, nämlich **Richter**, ausdrücklich zugestanden hat, dass eine Beobachtung derselben existire, welche nicht zu beseitigen sei, und weil **Casper**, der Hauptvertreter der absoluten Negation des Brandstiftungstriebes, diese eine Beobachtung lediglich ignorirt hat. Da nun eine unangefochtene, positive Beobachtung anerkannter Massen schwerer wiegt, als alle Negationen, so müssen wir einräumen, dass sich die Wissenschaft bis jetzt zu Gunsten der Existenz eines Brandstiftungstriebes erklärt hat, wenn auch der Beweis ein sehr schwacher ist.

Suchen wir aber den eigentlichen Inhalt des Streites, namentlich also die Bedeutung der Worte **Brandstiftungstrieb** und **Pyromanie**, uns klar zu machen, so begegnen wir einer grossen, ja unüberwindlichen Schwierigkeit. Mir ist es wenigstens trotz vielfacher Bemühungen nicht gelungen, die Bedeutung derselben herauszufinden; sie schien mir sehr verschiedenartig aufgefasst und von den meisten Schriftstellern nicht scharf genug bestimmt zu sein; ich kann daher auch nicht angeben, was man sich bei der üblichen Terminologie **gedacht hat**, sondern nur, was man sich Alles möglicherweise dabei **denken kann**.

Der allgemeine Begriff, unter welchen die Pyromanie fällt, ist jedenfalls die **Monomanie**. Von dieser Krankheitsform unterscheiden die Franzosen, die Urheber dieses Begriffes, zwei Arten, nämlich die *Monomanie raisonnante* und *instinctive*. Die Erstere ist ein partieller Wahnsinn, bei welchem die Kranken zwar an einzelnen fixen Ideen leiden, im Uebrigen aber so verständig zu räsonniren und sich zu benehmen wissen, dass ihre Geistesstörung von Laien oft gar nicht, von Psychiatern bisweilen nur mit Mühe erkannt wird. Die Existenz dieser Krankheitsform ist zweifellos; wenn man daher die Wörter **Pyromanie** und **Brandstiftungs-Monomanie** (*monomanie incendiaire*) als gleichbedeutend nehmen wollte, so könnte man die Existenz der Pyromanie nicht läugnen.

Sehr unklar ist dagegen der Begriff der **instinctiven Monomanie**, ihre Existenz daher auch sehr zweifelhaft. Das Adjectivum soll zwar andeuten, dass bei dieser Krankheitsform die Handlungen (insonderheit die verbrecherischen) aus einer Art von Instinct geschähen; hiermit ist aber kein Krankheitscharakter angegeben, sondern nur gesagt, dass uns die Handlungen ebenso räthselhaft und ebenso wenig aus dem bewussten Denken erklärlich sind, wie alle, welche wir dem Instincte zuschreiben; es werden jene nur mit diesen verglichen und das *tertium comparationis* ist lediglich die Unerklärbarkeit. Da wir aber gewohnt sind, ausser den Handlungen, welche durch normale Motive hervorgebracht werden, auch diejenigen für erklärt anzusehen, welche bei entschiedener Geisteskrankheit vorkommen, einerlei ob der psychische Process ihres Geschehens zu erkennen ist oder dunkel bleibt, so ergeben sich als negative Charaktere der instinctiven Monomanie die beiden Bedingungen, dass bei ihr weder normale Motive der in Frage kommenden Handlungen, noch eine unverkennbare Geisteskrankheit vorhanden sein dürfen. Weitere Bestimmungen lassen sich aus dem Ausdrucke nicht ableiten; manche Aerzte haben aber auch keine anderen gefordert, sondern nur zu häufig Krankheitsfälle, welche weder aus der Norm, noch aus der Abnormität sich erklären liessen, welche also durchaus unerklärt und zweifelhaft blieben, ohne Weitres der instinctiven Monomanie zugezählt. So aufgefasst trifft diese hypothetische Krankheit nahe zusammen mit der sog. *amentia occulta*, deren Kennzeichen ebenfalls ihre Unerforschbarkeit sein und die dennoch Handlungen erklären und den Richtern als unzurechenbar erscheinen lassen sollte.

Versuchen wir dagegen, positive Kennzeichen der instinctiven

Monomanie aufzufinden, so verschwindet uns dieselbe augenblicklich unter den Händen. Die räthselhaften Handlungen müssen doch irgend eine Ursache haben, seien es nun versteckte normale Motive oder schwer erkennbare psychische Störungen. Schon indem wir im concreten Falle nach diesen nicht instinctartigen Ursachen suchen, beschäftigen wir uns nicht mehr mit jener fabelhaften Krankheitsform und nur, wenn wir bestimmte Ursachen (vielleicht blos in Folge eigner Ungeschicklichkeit) nicht aufzufinden vermögen, steht uns die Rückkehr zu einem unbegreiflichen Instincte offen. Die wissenschaftliche Frage kann daher nur sein, welche psychischen Störungen in Folge der Schwierigkeit ihrer Diagnose zu der irrthümlichen Festhaltung einer instinctartigen Monomanie Anlass geben könnten. In dieser Beziehung scheinen folgende drei Möglichkeiten vorzuliegen.

1) Man könnte annehmen, wie auch wohl geschehen ist, dass die unerklärlichen Handlungen durch eine primäre und unmittelbare Erkrankung des Willens oder seines Organs hervorgerufen würden. Diese Annahme hat indessen grosse Schwierigkeiten. Wir wissen, dass jeder bewusste Willensact das Resultat eines Gedankens (Zwecks) oder eines Gefühles (Affects, Interesses) oder strenge genommen stets einer Vereinigung beider ist; wir finden demgemäss auch bei allen Geisteskranken krankhafte Gedanken oder Stimmungen und sehen aus diesen, ebenso als ob sie normale wären, alle krankhaften Handlungen hervorgehen, denen wir überhaupt nachzukommen vermögen. Den Willensact an sich uns als krankhaft vorzustellen, ist uns überhaupt sehr schwer, wenn nicht unmöglich; eine so schwierige Hypothese aber, welche überdies aus der Wissenschaft mit der Wegschaffung der primären Willenskrankheiten ganz verschwunden ist, zu erneuern, blos um eine Erklärung räthselhafter Beobachtungen zu erzwingen, ist sicher unzulässig. Uebrigens scheint dieselbe auch wenige, in strengster Form vielleicht gar keine Anhänger zu haben, obwohl sie allein eigentlich dem Ausdrucke instinctive Monomanie einigermassen entsprechen würde.

2) Die räthselhaften Handlungen können vorzugsweise aus abnormen Gedanken hervorgehen. Manche verstehen überhaupt unter Monomanie lediglich einen Zustand von partiellem Wahnsinn, bei welchem nur eine einzige fixe Idee oder doch nur ein sehr enger, krankhafter Ideenkreis vorkommt; insbesondere hat die psychia-

trische Gesellschaft in Paris einen derartigen von Brierre de
Boismont als wahre Monomanie bezeichneten Fall als solchen
anerkannt. *) Solche Fälle gehören aber ohne Zweifel der *Monomanie raisonnante* oder dem partiellen Wahnsinn an und werden
dort näher besprochen werden; wo wir eine Handlung aus fixirten,
unverkennbar krankhaften Ideen hervorgehen sehen, da haben wir
die Hypothese des Instincts nicht mehr nöthig; bei jeder Discussion
über die Existenz der Monomanie ist es aber wichtig, sich zu erinnern, dass unter wahrer Monomanie blos eine Abart des
partiellen Wahnsinns verstanden werden kann. Wesentlich anders
wird der Begriff, wenn man annimmt, dass der Gedanke, eine
Handlung, ein Verbrechen begehen zu wollen oder zu müssen, als
einzige abnorme Idee, also ohne weitere Begründung, stetig oder
auch nur vorübergehend im Bewusstsein auftreten könne. Dies
kommt, wie sich zeigen wird, wirklich und selbst ziemlich häufig
vor, aber in solchen Fällen ist, so weit die Beobachtungen bis jetzt
reichen, die abnorme Idee zwar oftmals die einzigste Störung der
Intelligenz, aber keineswegs die einzigste Störung der Seele,
vielmehr finden sich daneben immer nachweisbare, in der Regel
sogar sehr heftige Gemüthsstörungen, welche alle solche Krankheitsfälle unter die Melancholie zu rechnen nöthig machen.

3) Endlich können die räthselhaften Handlungen vorwiegend
aus krankhaften Stimmungen hervorgehen. Diese Ansicht ist vorzugsweise grade bei der Brandstiftungs-Monomanie, namentlich
in Deutschland, und zwar im Allgemeinen mit Recht verfochten,
leider aber durch grosse Irrthümer entstellt worden. Die älteste
Hypothese in dieser Richtung war bekanntlich die Annahme einer
Feuerlust oder Feuerschausucht, welche eine krankhafte
Leidenschaft für das Erblicken von Feuer sein, und welche zwar
nicht nothwendig einen unwiderstehlichen Brandstiftungstrieb erzeugen, wohl aber, ähnlich wie normale Leidenschaften, gelegentlich zum Anzünden gesetzlich erlaubter oder auch wohl verbotener
Feuer Veranlassung geben sollte. Diese Feuerlust suchte man nicht
allein bei Brandstiftern, sondern auch bei anderen, namentlich bei
jugendlichen Individuen, da Störungen der Pubertätsentwicklung
dieselbe vorzugsweise bedingen sollten; man glaubte sie auch zu
finden, indessen sind sämmtliche Beobachtungen, auf welchen die

---

*) *Annales médico-psychologiques.*

Hypothese aufgebaut wurde, wie sich unten zeigen wird, nichts weniger als stichhaltig; sie ist deshalb auch bereits aufgegeben. An ihre Stelle trat sehr bald (ursprünglich in Folge eines *qui pro quo*) die Lehre vom Brandstiftungstriebe, welcher unmittelbar und unwiderstehlich zum Brandstiften hinreissen sollte, wobei es denn bald gleichgültig wurde, ob die Brandstifter vorher Feuerlust oder Feuerscheu gezeigt hatten.

Dieser Brandstiftungstrieb ist aber seinerseits wieder ein sehr unbestimmter Begriff. Jeder Handlung geht bekanntlich ein mehr oder weniger lebhafter Antrieb zu derselben voraus, der freilich bei gleichgültigen Handlungen verschwindend gering sein kann, bei allen anderen aber sehr merklich ist und in Leidenschaften und Affecten oftmals sogar eine ausserordentliche Höhe erreicht. Ganz in derselben Weise kommen die Handlungen der Geisteskranken zu Stande; auch bei ihnen erzeugen namentlich die Affecte oftmals sehr heftige Antriebe. Das Auftreten eines Brandstiftungstriebes ist daher durchaus nicht charakteristisch weder überhaupt für die Geisteskrankheiten, noch für eine bestimmte Form derselben, ja ganz allgemein ist die Handlung des Brandstiftens ohne irgend einen, wenn auch bisweilen nur geringen, Antrieb zu dieser Handlung gar nicht denkbar. Ist daher auch in einem gegebenen Falle nachgewiesen, dass der Uebelthäter einen lebhaften Antrieb zum Brandstiften empfunden habe, so ist damit noch nichts Wesentliches ermittelt; die eigentliche Frage ist vielmehr, ob dieser Antrieb aus normalen Motiven oder ob er aus einer mehr oder minder ausgeprägten geistigen Störung hervorgegangen sei. Bleibt diese Frage unbeantwortet, so bleibt auch die Handlung unerklärt. Wenn man in solchen Fällen einen Trieb, der niemals fehlt, zu dem Brandstiftungstriebe katexochen erhebt, so gesteht man dadurch lediglich, dass man über die Wahrnehmung dieses Triebes nicht hat hinauskommen können, denn hätte man die Brandstiftung aus normalen oder abnormen psychischen Processen ableiten können, so wäre von dem Antriebe zum Brandstiften, als von etwas Selbstverständlichem, gar nicht weiter die Rede gewesen.

Formell lässt sich hiernach der Streit über die Existenz des (specifischen) Brandstiftungstriebes, der Pyromanie oder der instinctiven Brandstiftungsmonomanie sehr leicht erledigen. Alle diese Ausdrücke sind blosse Lückenbüsser, Worte, welche sich in Ermangelung bestimmter Begriffe rechtzeitig einstellen, um das Geständniss des Nichtwissens zu ersparen. Es ist daher gewiss an der Zeit, diesen ganzen terminologischen Wust, der ohnehin bereits sehr in Misscredit gerathen ist, ganz fortzuschaffen und dadurch den Weg der wissenschaftlichen Forschung zu klären.

Wenn wir aber in jedem einzelnen Falle den Ursprung des Antriebes zum Brandstiften zu erforschen haben, so ergiebt sich daraus für die Wissenschaft die materielle allgemeine Aufgabe zu ermitteln, aus welchen psychischen normalen oder abnormen Processen ein Antrieb zum Brandstiften und die entsprechende Handlung selbst überhaupt hervorgehen können. Dass die Aufgabe so richtig gestellt ist, erhellt auch daraus, weil sie unmittelbar durch Beobachtungen und nur durch diese gelöst werden kann. Ihre Lösung wird zwar noch viele Zeit und Mühe kosten, muss aber nothwendig in Angriff genommen werden, wenn die gerichtliche Psychiatrie in dieser Richtung wirkliche Fortschritte machen soll. Durch die weiter unten folgende Sammlung und Sichtung zahlreicher Beobachtungen habe ich versucht, den Anfang mit der Lösung dieser allgemeinen Aufgabe zu machen.

Weil es hiebei zur Verständigung nothwendig ist, an eine bestimmte Classification der Geisteskrankheiten sich zu halten, lasse ich hier diejenige folgen, welche von Flemming entworfen und gemeinschaftlich von ihm und mir revidirt ist.*)

I. Geistesschwäche.

Dauernde Schwäche der Geisteskräfte, entweder aus mangelhafter Entwicklung von der Geburt an oder in den ersten Lebensjahren entstanden (*Idiotismus, Cretinismus*), oder nach gehöriger Entwicklung durch verschiedene Krankheiten, namentlich durch ungeheilte Geisteskrankheiten hervorgebracht (*Imbecillitas, Fatuitas*).

1) Blödsinn. Schwäche aller Geisteskräfte, gradweise in Dummheit übergehend. (Mangelhafte Gedankenbildung.)

2) Schwachsinn. Unvermögen, die Gedanken folgerichtig zu ordnen, gradweise in Unverstand übergehend (Incohärenz der Ideen, mangelhafte Gedankenentwicklung).

α) Schwachsinn bei der *Dementia paralytica* (*Paralysie générale, progressive*). Grössenwahn und reizbare Gemüthsschwäche.

---

*) Sie ist mit Bemerkungen über wissenschaftlichen Werth der Classificationen überhaupt bereits in der Deutschen Klinik 1859 Nr. 21 abgedruckt.

II. Geistesverwirrung.

Depravation der psychischen Kraftäusserungen durch Uebermass oder Perversität.

A. Gemüthsstörungen.

Depravation der psychischen Kraftäusserungen mit vorwaltender Störung der Gemüthsthätigkeit.

a. Gemüthsdepression.

Vorherrschende Depression, Niedergeschlagenheit, Vorwalten von Traurigkeit, Furcht oder von Aengstlichkeit, Verzweiflung. Verlauf entweder stetig oder remittirend, oder mit andern Krankheitsformen, namentlich mit Exaltation mehr oder minder regelmässig wechselnd.

1) Trübsinn (einfache Melancholie, *Lypémanie*, *Melancholia tristis*). Vorherrschende, den äussern Umständen nicht entsprechende, gewöhnlich mit Wahnideen verbundene Niedergeschlagenheit. Erscheint in verschiedenen Formen und Graden; als Willenlosigkeit (*Abulie*) durch Erschlaffung der vom Gemüth ausgehenden Begehrungen und Triebe; im höchsten Grade als

α) Starrsucht (*Melancholia attonita*, *stupidité*). Scheinbarer Blödsinn, dumpfes Hinbrüten und Insichgekehrtsein, Ueberwiegen widriger Gefühle, geistige und körperliche Regungslosigkeit bis zur Apathie und Catalepsie..

2) Präcordialunruhe (Melancholie mit Angst, *Melancholia anxia*). Vorherrschende Unruhe und Angst in sehr verschiedenen Graden.

α) Präcordialunruhe mit Verzweiflung (*Melancholia maniaca, Mania melancholica*).

β) Präcordialunruhe mit Vorwalten einzelner Antriebe und Wahnideen (*Mania sine delirio* nach Pinel, *Monomanie instinctive* nach Marc, *Moral insanity* nach Pritchard).

3) Transitorische Melancholie (*Dysthymia transitoria s. subita* nach Flemming's früherer Classification, *Melancholia transitoria*). Trübsinn oder Präcordialunruhe verschiedener Grade von verhältnissmässig kurzer Dauer in Folge bestimmter körperlicher Störungen (Menstruationsanomalien, Magenkrampf, Epilepsie u. s. w.).

b. Gemüthsexaltation.

Vorherrschende Exaltation, Erregung, Vorwalten von Freude, Heiterkeit oder von Aerger, Zorn. Verlauf entweder stetig oder remittirend, selbst intermittirend (*Mania periodica*), oder mit andem Krankheitszuständen mehr oder minder regelmässig wechselnd, namentlich mit Melancholie (*Melancholia mixta* nach Heinroth, *Folie circulaire, folie à double forme*).

1) Erregung. Heiterkeit, Fröhlichkeit, Ausgelassenheit, Neigung zur Neckerei, Geneigtheit, Alles im schönsten Lichte zu sehen (*Chaeromanie* nach Chambeyron), oder auch vorherrschende Disposition zum Aerger, Reizbarkeit. Verlauf entweder mit andern Krankheitsformen wechselnd, oder zur Genesung sich zurückbildend oder zur folgenden Form sich steigernd.

2) Tobsucht (*Mania, Mania simplex*). Freudige oder zornige Erregung, übermässige Thatkraft, Rapidität der Ideenentwicklung bis zur Verworrenheit (Ideenflucht, Ideenjagd).

α) Akutes Delirium (*Delirium acutum*). Delirien mit allen Charakteren der Tobsucht in Folge bekannter körperlicher Krankheiten (z. B. *Meningitis chronica*).

β) Transitorische Manie (*Mania transitoria s. subita*). Kurz dauernde Tobsucht nach sehr kurzem, oder ohne bemerkbares Vorbotenstadium, in Folge bestimmter körperlicher Störungen ausbrechend.

B. Verstandesstörungen.

Depravation der psychischen Kraftäusserungen mit vorwaltender Anomalie der intellectuellen Thätigkeit.

1) Partieller· Wahnsinn (Monomanie deutscher Schriftsteller, *Folie* oder *Monomanie raisonnante*). Delirien in einzelnen Richtungen der Verstandesthätigkeit, fixe Ideen mit oder ohne Sinnestäuschungen.

2) Verwirrtheit. Delirien in allen Richtungen der Verstandesthätigkeit, wobei immerhin einzelne vorwalten können, oft von Sinnestäuschungen begleitet.

Historische Uebersicht.

Als der erste Schriftsteller über Pyromanie pflegt Ernst Platner angesehen zu werden. Die Ansichten früherer Autoren, welche über denselben Gegenstand sich geäussert haben mögen, sind der Vergessenheit anheimgefallen und, da es schwerlich wissenschaftliche Ausbeute gewähren würde, sie derselben zu entziehen, so wollen auch wir unsere historischen Untersuchungen mit der Darlegung der Ansichten jenes nicht unbedeutenden Mannes beginnen.

Platner hat im Ganzen zehn*) Gutachten über Brandstiftungsfälle abgegeben, und zwar ist in diesen die Zurechnungsfähigkeit oder der freie Vernunftgebrauch zweimal als aufgehoben, dreimal als mehr oder minder zweifelhaft, zweimal als die der kindischen Einfalt und dreimal als unzweifelhaft angenommen. Schon nach dieser Uebersicht und ebenso sehr beim Vergleich der Einzelheiten ergiebt es sich, dass der ihm neuerdings öfters gemachte Vorwurf zu laxer Principien unbegründet ist. Er selbst hat sich gegen

---

*) Es sind folgende: *De amentia occulta alia observatio quaedam* (*Ernesti Platneri Opuscula academica. Edidit Neumann, Berolini* 1824. *pag.* 13, erstattet im Jahre 1797); *de venia aetatis* (*p.* 138. 1800); *de excusatione aetatis* (*p.* 146. 1801); *de fatuitate* (*p.* 57. 1802); *de judiciis medicorum publicorum Observatio III.* (*p.* 172. 1802); *de excusatione fatuitatis Caput III.* (*p.* 119. 1810). Diese sechs Gutachten sind von Henke zur Begründung seiner Lehre von der Pyromanie benutzt worden; die drei nachfolgenden betreffen erwachsene Personen: *De fatuitate dubia* (*p.* 69. 1802); *de fatuitate opinata* (*p.* 78. 1802); *de amentia vinolenta* (*p.* 87. 1809). Der zehnte Fall wurde in Kopp's Jahrbuch der Staatsarzneikunde (Jahrgang 10. Frankfurt a. M. 1817. p. 381) erst nach Aufstellung der Henke'schen Theorie veröffentlicht; er ist historisch, wie an sich, ohne Interesse.

denselben bereits sehr energisch vertheidigt; es sei eine höchst absurde Meinung der thörichtsten Menschen, sagt er (p. 57), dass die Medicinalkollegien die ärgsten Verbrecher mittelst vorgeblichen Wahnsinns von Strafe zu befreien suchten; er fordert diese Leute heraus, ihre unbegründeten Vorwürfe nachzuweisen, und droht ihnen als Ehrenabschneidern einen Prozess machen zu wollen.*) Indessen, meint er, fehlten sie doch vielleicht mehr aus Unwissenheit, als aus Bosheit, und er wolle deshalb versuchen, sie zu belehren. Seine wissenschaftlichen Auseinandersetzungen sind indessen nicht genügend, namentlich mangelt es der von ihm aufgestellten *amentia occulta* an allen diagnostischen Merkmalen; statt derselben giebt er nur Versicherungen, dass man jene Krankheitsform wohl erkennen könnte und Warnungen, in einer oder der anderen Weise, zu weit zu gehen. „Weil die Beweismittel für *amentia occulta* viel Zweideutiges hätten, sagt er unter Anderem (p. 59), so trögen sie leicht nach beiden Seiten hin, und je nachdem Jemand mehr zur Strenge oder zur Milde neige, würde er bald zu unbilligem Verdacht, bald zu unzeitiger Beistimmung sich bewogen fühlen."

Obgleich es einleuchtend und von späteren Schriftstellern **) speciell nachgewiesen ist, dass Platner unter seiner *amentia occulta* keine bestimmte Krankheitsform charakterisirt hat und obwohl deshalb jetzt die Diagnose einer *amentia occulta* nur lächerlich sein würde, so ist doch die Entstehung dieses Wortes wohl begreiflich. Zu Platner's Zeit scheint der Irrthum, dass eine Geisteskrankheit immer durch Ideenverwirrung charakterisirt sei, noch weit verbreiteter gewesen zu sein, als jetzt, und wenn man in seinen oft unklaren Ansichten nicht das sich Widersprechende, sondern das Uebereinstimmende aufsucht, so findet sich, dass er jede Geisteskrankheit, bei welcher der Verstand ziemlich ungestört blieb, mit jenem Namen bezeichnete. „Es giebt, sagt er (p. 55), eine Art des Wahnsinns, welche bei der besten Verfassung nicht allein des

---

*) *Quodsi tamen non desierint, famam nostram ac dignitatem labefactare: videant, ne cum iis aliquando experiamur summo jure* (*p.* 57).

**) Heinroth, System der gerichtlichen Medicin. Leipzig 1825. p 271. 355. Ideler, Lehrbuch der gerichtlichen Psychologie. Berlin 1857. p. 332, der dort noch zwei eigne, uns nicht zugängliche, Arbeiten citirt, nämlich *Commentatio de amentiae occultae notione a Platnero proposita, Berolini* 1854, und Ueber *amentia occulta* in Goltdammer's Archiv 1856.

Gedächtnisses, sondern auch der Urtheilskraft besteht, ihren Sitz überhaupt nicht in dem Erkenntniss-, sondern in dem Empfindungs- und Begehrungsvermögen hat." Ebenso äussert er (pag. 102): „Es giebt unstreitig einen geheimen Wahnsinn, der sich, vor seinem meist allemal schnellen und gewaltsamen Ausbruch, durch keins der gewöhnlichen Merkmale der Verstandesverwirrung — offenbart und eben so wenig, die einzige tolle That ausgenommen, der Urtheilskraft — Abbruch thut; auch ist nicht selten wahrzunehmen, wie dieser geheime Wahnsinn, zumal in Menschen, welche sonst Ueberlegung und Selbständigkeit besitzen, unter schweren und anhaltenden Kämpfen der Vernunft — eine lange Zeit zurückgehalten wird."

Der Ausdruck mag also für die damalige Zeit ganz zweckmässig gewesen sein, um, wie Platner selbst (pag. 125) anführt, darauf aufmerksam zu machen, dass nicht immer eine Geisteskrankheit leicht zu erkennen sei. Platner selbst hat auch keinen Missbrauch damit getrieben; denn wiederholt weist er die Voraussetzung einer *amentia occulta* zurück (p. 76, 85, 177) und gründet auf dieselbe in der Regel nur die Annahme zweifelhafter Unfreiheit. Endlich muss man auch Friedreich*) darin Recht geben, dass Platner darunter nicht eine absolut, sondern nur relativ verborgene, nicht eine gar nicht, sondern nur eine nicht leicht erkennbare Krankheit verstanden habe, ähnlich wie dies bei der *Pleuritis occulta* geschehen sei. Zweckmässig war aber dennoch die Beseitigung des Ausdrucks, weil er, von Haus aus unklar, auch unklar blieb, zu allerlei Missverständnissen Veranlassung gab und vollkommen überflüssig war.

In Platner's Gutachten finden sich bereits alle Elemente der nachmaligen Henke'schen Theorie. „Wäre auch Bertheim, sagt er (pag. 177), in dem Alter von sechszehn bis siebzehn Jahren und bei dem Maasse der an ihm befundenen Verstandeskräfte nicht als ein Kind zu betrachten, so könnte doch die vielleicht von seinem Hirtenleben herrührende Feuerlust irgend eine Art von

---

*) Friedreich, Gerichtliche Psychologie. Dritte Auflage. 1852. pag. 513. Die übrigen Argumente Friedreich's für die *amentia occulta* sind dagegen sehr schwach; so fragt er z. B., warum ein latenter oder occulter Zustand, der in der ganzen Natur stattfinde, nicht auch bei psychischen Krankheiten möglich sein solle; es gingen doch die Samen von Gurken und Melonen noch nach vielen Jahren auf u. s. w.

geheimem Blöd- oder Wahnsinn voraussetzen lassen; blöd- und wahnsinnige Menschen pflegen nämlich sehr häufig Unglück dieser Art anzurichten, einmal, weil sie an dem Schauspiel der Flamme selbst und, unbekannt mit der Bedeutung des Schadens, an dem schnellen und grossen Aufruhr der Leidenden und Helfenden ihre Freude haben, ein andermal, weil dumme Anwandlungen von Zorn oder Unmuth ihnen den Kopf einnehmen; auch kann oft in Personen, deren Gemüthszustand, vielleicht eine in sich selbst gekehrte oder stöckische Verschlossenheit ausgenommen, bisher unverdächtig war, die Idee von Feuersbrunst plötzlich gleich einer bösen Eingebung erwachen und den vernunftlosen Willen mit unwiderstehlicher Gewalt zur Ausführung hinreissen." Dennoch aber, führt er in seiner Antithese*) (p. 181) fort, sei in diesem Falle kein Wahnsinn, sondern Muthwille anzunehmen, denn „in blöd- und wahnsinnigen Personen bei dem schnellen Drang einer den schwachen Kopf überwältigenden Idee, oder bei starken Aufreizungen zur Rache, ist wohl der Entschluss, jetzt und wiederum ein andermal Feuer anzulegen, nie aber der von Bertheimen wirklich ausgeführte Plan erhört, dieses immer fort (se. siebzehn Mal) zu treiben; ein solcher Plan sieht, wie jeder allgemeine in's Weite gehende und ganz auf die Verborgenheit berechnete Vorsatz, mehr der List und dem Frevel, als dem Blöd- oder Wahnsinn ähnlich." Hier ist also bereits die Feuerlust im Allgemeinen zugelassen, wenn sie auch im speciellen Fall abgewiesen wird.

Aber auch der Begriff oder vielmehr die beiden Begriffe der Monomanie finden sich bei Platner bereits vorgebildet. Er hat nämlich sowohl den particllen Wahnsinn, in der Form des Verfolgungswahns (pag. 5 ff.), als auch den instinktartigen Antrieb als zwei verschiedene Unterarten der *amentia occulta* beschrieben. Bei der einen Art, giebt er an (p. 13), entspringe die Handlung folgerichtig aus einer bestimmten krankhaften Idee, bei der andern aber nicht. „Die Störung der Anderen, fährt er fort (nach wörtlicher

---

*) Die Einleitungen und Geschichtserzählungen hat Platner lateinisch, die Gutachten selbst deutsch gegeben. In diesen hat er, nach alter Weise, Gründe und Gegengründe numerirt gegen einander aufgereiht; jene beginnen mit einem „Obwohl", diese folgen mit einem „Dennoch aber", das ganze Gutachten bildet nur eine Periode. Der Styl wird dadurch so unerträglich, dass es gerechtfertigt schien, ihn in den Citaten durch Umstellungen etwas lesbarer und verständlicher zu machen.

Uebersetzung), ist der Art, dass sie selbst nicht finden können, was es sei, was sie beständig beunruhigt und ängstigt. Obwohl diese, ähnlich wie jene, irgend eine gewaltsame Handlung, als Mittel für ihre Angst, erstreben, so sehen sie doch in keiner Weise voraus, was und auf welche Art jene zu ihrer Erleichterung und Befreiung helfen werde. — Obwohl demnach keine Congruenz noch Convenienz des gefassten Vorsatzes (*initi consilii congruentia convenientiaque*) vorhanden ist, so hört derselbe doch, wie in einem Zweck und Ziel, in der vorgesetzten That auf, und wenn es zu dieser gekommen ist, so ist meistens jene ganze Oppression und Angst beseitigt. Uebrigens ist auch hier bisweilen die Handlung sorgfältig, schlau und lange vorbedacht." Aber auch hiebei ist er nicht von solchen Vorurtheilen bestimmt worden, wie sie ihm jetzt häufig zugeschrieben werden, denn er sagt selbst (pag. 123), die Beängstigungen seien ein sehr gewöhnliches Symptom, welches an sich für Verstandesverwirrung nichts beweise; nur in Verbindung mit der Epilepsie (p. 125) schienen sie ihm im betreffenden Falle eine grosse Bedeutung zu haben.

Ferner zieht Platner auch bereits die Pubertätsentwicklung sehr in Betracht. Er schildert wiederholt die Einflüsse, welche das Erwachen des Geschlechtstriebes auf die geistige Entwicklung ausübt, und nimmt in seinen Gutachten öfters die *venia aetatis* für die Angeklagten in Anspruch. In Sachsen (Leipzig), wo er lebte, galt nämlich zu seiner Zeit noch ein sehr strenges Feuermandat, welches nach dem vierzehnten Lebensjahre keine Strafmilderung mehr zuliess, sondern rücksichtslos zum Tode, sogar zum Scheiterhaufen, verdammte (p. 62, 127, 144. Henke[*]) p. 234). Bei unentwickelten Individuen kam es daher darauf an, nachzuweisen, dass sie in geistiger Beziehung Kindern unter vierzehn Jahren gleichzustellen seien, und die Gutachten schliessen nicht auf geistige Unfreiheit, sondern nur auf kindische Einfalt und Unreife des Verstandes. In einem Falle wurde sogar einer jugendlichen Verbrecherin für ihre erste Brandstiftung im Alter von 14 Jahren und 5 Wochen die *venia aetatis* zugesprochen, für die zweite, 11 Monate spätere, aber verweigert. „In Folge dessen, sagt Platner (p. 147), wurde das Mädchen zum Tode verurtheilt, was ich für die Rechtsgelehrten

---

[*]) Adolph Henke, Abhandlungen aus dem Gebiete der gerichtlichen Medicin. Zweite Auflage. 3. Band. Leipzig 1824.

anmerke, welche fürchten, dass die Medicinalkollegien Todesurtheile unmöglich machen."

Aber auch hiebei fehlt es nicht an einer, die spätere Lehre vorbereitenden Theorie. „Der besonders bei ganz jungen Mädchen so häufig wahrzunehmende Trotz und Starrsinn, heisst es (p. 152), und überhaupt das, was in der niedrigen Sprache des gemeinen Lebens ein närrischer Kopf genannt wird, nebst den zuweilen daraus entstehenden verzweifelten Entschlüssen und tollkühnen Handlungen, rührt öfter von dergleichen geheimen Beunruhigungen der Nerven und des Gehirns, als von einer moralisch bösen Gewohnheit her; wobei nicht unbemerkenswerth ist, dass, wenigstens unserer Erfahrung nach, die allermeisten Brandstiftungen, welche nicht aus Zorn und Rachgier unternommen werden, von Kindern und namentlich von Mädchen zu geschehen pflegen." Ferner heisst es (pag. 126): „Eine bloss thierische, d. h. nicht in klaren Empfindungen der Traurigkeit und Schwermuth, sondern nur in Reizungen des Gehirns und Nervensystems und in Drängnissen des Blutlaufs bestehende Niedergeschlagenheit, welche zuweilen — in Tollheit oder in Thorheit übergeht, ist, besonders in dem Zeitpunkte, wo die Mannbarkeit einzutreten beginnt, weder ungewöhnlich noch unerklärbar."

Endlich legt Platner auch einen grossen Werth auf den Mangel einer *causa facinoris*. „Zum Beweis des Wahnsinns, sagt er (p. 16), ist es genug, dass es in der Denk- und Handlungsweise des Angeklagten an allem Verlangen, sich zu rächen oder zu schaden, fehlt. Denn ein schreckliches und gefährliches Verbrechen kühn zu unternehmen, und, trotz des inneren Widerstrebens und Kämpfens, sehr lebhaft zu Ende zu führen, ohne irgend einen bewussten Vortheil oder Zweck, das ist nicht die Handlung eines boshaften und verschmitzten, sondern eines geisteskranken Menschen, dessen Handlung, weil zwecklos, den willkührlichen nicht zugerechnet werden kann und deshalb schuldlos ist." Diese Aeusserung kommt grade in einem Falle (*de amentia occulta alia observatio quaedam pag*. 13) vor, von welchem sowohl Casper als Ideler die Lehre vom Brandstiftungstrieb datiren; die Erzählung desselben soll daher hier in Uebersetzung folgen:

> Ein Landmädchen, kaum 17 Jahr alt, legte zweimal im Hause ihres Herrn Feuer an, das erste Mal mit glühenden Kohlen, welche sie aus dem Ofen nahm und in der Hand in den Holzschuppen trug;

das zweite Mal mit einem Schwefelfaden, welchen sie auf dem Boden in Heusamen steckte. Sie war so sehr nach Brand begierig, dass sie, als das Feuer nach allmähliger Ausbreitung aufzuochen angefangen hatte, von einer Art angenehmer Erwartung ergriffen wurde und die knisternde Flamme mit gespanntem, gleichsam begierigem Ohr beachtete (*attenderet*). Zuerst stand sie als müssige Zuschauerin der Geräthe und der Arbeit da, welche zum Löschen des Feuers angewendet wurde, dann zeigte sie die Gefahr selbst an, gleich darauf schlang sie sich einen Strick um den Hals, im Erhängungstod das äusserste Mittel für ihre Angst suchend. Mit ihrem Herrn lebte sie weder in geheimem Groll, noch in offener Zwietracht, welche den Verdacht des Zorns oder der Rachsucht hätte erwecken können, und noch viel entfernter war sie von einer Lasterhaftigkeit und Bosheit, welche sie zu einem so ungeheuerlichen Verbrechen aus leichtfertiger und frecher Schadenfreude hätte anreizen können. Aber ebensowenig hatte sie vorher ein merkbares Zeichen von Wahnsinn dargeboten, von welchem auch später weder in ihren Reden noch Handlungen wahrscheinliche Symptome erschienen. Dagegen war die Krankheit ihres Körpers zweifellos. Denn schon seit dem vierten Lebensjahre litt sie an Krämpfen, welche endlich zu wirklicher, dauernder Epilepsie sich gestalteten. Von den Anfällen dieser Krankheit wurde sie am heftigsten heimgesucht, wenn sie grade mit den Vorboten der Menstruation zusammentrafen, und das war eben wenige Tage, ehe sie das Feuer anlegte, der Fall gewesen. Den Richtern, welche sie nach der Ursache der That befragten, antwortete sie, eine innere Stimme und ein Zuruf, welcher von Gewalt und Zwang wenig entfernt gewesen wäre, habe ihr gleichsam befohlen, dass sie Feuer anlegen und sich das Leben nehmen sollte." In dem Gutachten wird noch gelegentlich angeführt, dass sie einige Tage geschwankt hätte, ob sie die That begehen sollte oder nicht, und dass sie sowohl während dieser Zeit, als zur Zeit der That selbst, völlig verständig gewesen sei (*minime omnium desipuit*). Das Gutachten selbst legt ein starkes Gewicht auf den Mangel eines Motives, ein nicht viel geringeres auf die Epilepsie, und schliesst, es stehe nicht mit Wahrscheinlichkeit, viel weniger mit Gewissheit zu behaupten, dass die Inquisitin den freien Gebrauch ihres Verstandes gehabt habe.

An dem Gutachten ist allerdings Manches zu tadeln, namentlich ist auch die Fassung des Schlusses, welcher von der Präsumtion nicht der Gesundheit, sondern der Geisteskrankheit ausgeht, unstatthaft, aber man darf nicht, wie Ideler, zu erwähnen vergessen, dass Platner nur deshalb an die innere Angst und den unwiderstehlichen Antrieb bei der Uebelthäterin glaubte, weil die Epilepsie ihr Gehirn ebenso sehr geschwächt, wie beunruhigt hätte. Seine Erwägungen sind daher weit entfernt unverständig zu sein, vielmehr sehr der Beachtung würdig; die Epilepsie, das Fehlen eines Motivs, das Gefühl der inneren Angst, des unwiderstehlichen Antriebes, der Selbstmordversuch, alle diese Symptome widersprechen einander keineswegs, gehören auch nicht der instinctiven Monomanie an, sondern deuten vielmehr auf eine entschiedene Geisteskrankheit hin, wenn auch deren Beschaffenheit wegen der allzu oberflächlichen Erzählung der Krankheitsgeschichte nicht näher zu bestimmen ist.

Auch die übrigen fünf von Platner erzählten Fälle, welche Henke ebenfalls zur Begründung seiner Theorie benutzte, sind zu diesem Zwecke in Wirklichkeit ganz unbrauchbar. Sie sind kurz die folgenden:

2) *De fatuitate* (*pag.* 57), der öfter citirte Fall der Kleinbarth. Hier fehlt die Geschichtserzählung ganz, die im Gutachten zerstreuten Mittheilungen scheinen auf Schwachsinn zu deuten, das Gutachten nimmt kindische Einfalt an.

3) *De excusatione fatuitatis Caput III, de fatuitate puerili* (*p.* 119). Nähle, 14 Jahre alt, Dienstjunge, Brandstiftung mit dem eingestandenen Zwecke, seinem Herrn, der ihn ziemlich hart gehalten, einen Possen zu spielen. Das Gutachten nimmt an, ohne sich weiter über die Zurechnungsfähigkeit auszusprechen, dass Inquisit zuweilen in Paroxysmen verfallen wäre, in welchen er, seines Verstandes und seiner Ueberlegung beraubt, ohne Bewusstsein hätte handeln können, weist die Existenz solcher Paroxysmen aber nicht nach, sondern rechnet nur eine Anzahl Entschuldigungsgründe auf, nämlich frühere epileptische Anfälle, Beängstigungen, Schwermuth, kindische Einfalt, Heimweh und Pubertätsentwicklung. Ein bestimmtes Krankheitsbild aus diesen verschiedenen Angaben zu abstrahiren, ist weder versucht, noch thunlich, namentlich da die Geschichtserzählung sehr unvollkommen ist.

4) *De venia aetatis* (*p.* 138). Klarin, 14 Jahre alt, Dienstmädchen, Brandstiftung aus Verzweiflung wegen übler Behandlung im Dienste, keine Spuren von Geisteskrankheit. Das Gutachten schliesst nur auf kindische Einfalt und Unreife des Verstandes, besonders weil die Pubertätsentwicklung noch fehlte, nimmt also nur die *venia aetatis* in Anspruch.

5) *De excusatione aetatis* (*p.* 146). Rosswein, Dienstmädchen, zwei Brandstiftungen im Alter von 14 Jahren, 5 Wochen und von 15 Jahren; eigensinniger und ungehorsamer Charakter, starkes Heimweh, keine psychischen Störungen. Das Gutachten nahm für die erste Brandstiftung die *venia aetatis* in Anspruch, verweigerte sie aber für die zweite, weil das Mädchen inzwischen völlig entwickelt war und weil die vorhandenen Unregelmässigkeiten der Menstruation auf ihren psychischen Zustand keinen bemerkbaren Einfluss übten.

6) *De judiciis medicorum publicorum Observatio III (p. 172).*
Bertheim, 17 Jahre alt, Stellmacherlehrling, 17 Brandstiftungen aus Muthwillen, sittlicher Rohheit und Neigung zum Müssiggang; Diebstähle zur Befriedigung von Naschhaftigkeit und Vergnügungssucht; keine körperlichen, noch geistigen Krankheitssymptome. Das Gutachten nahm völlig freien Verstandesgebrauch an. Leider ist die Geschichte und der innere Zustand dieses Brandstifters, der, „wie ein Bandit seinen Dolch, beständig Feuerzeug und Schwefelfäden bei sich trug", nicht genügend auseinandergesetzt; es würde sonst schwerlich ein eclatanterer Fall von muthwilliger Brandstiftung in der Literatur aufzufinden sein.

Wir sehen also, dass nicht allein jener erste Fall, von welchem die Lehre von der Pyromanie angeblich datiren soll, wesentlich nur von der Epilepsie handelt, sondern dass Platner überhaupt weder einen Fall von Pyromanie beobachtet hat, noch in seinen Gutachten durch den Gedanken an eine ähnliche Krankheit jemals beeinflusst ist. Dagegen sind in der That bei ihm alle Einzelheiten zu finden, aus welchen die Pyromanie nachher zusammengesetzt wurde, nämlich die *amentia occulta* oder die *Monomanie instinctive*, die Feuerlust, die Störungen der Pubertätsentwicklung und der Mangel der Motive. Henke konnte daher in Wahrheit nicht auf die von Platner beobachteten Krankheitsfälle selbst, sondern nur auf Einzelheiten, die er aus den verschiedenen Fällen zusammenlas, seine Theorie gründen. Diese erhielt dadurch von vornherein etwas durchaus Zerfahrenes und Unbestimmtes, welchen Charakter die Pyromanie auch später nie abgelegt hat. Indessen stützte sich Henke nicht allein auf die von Platner beobachteten, sondern ebenso sehr auf die in Klein's Annalen (der Gesetzgebung und Rechtsgelehrsamkeit in den Preussischen Staaten) mitgetheilten Brandstiftungsfälle; auch diese werden daher einer näheren Untersuchung zu unterwerfen sein. Es sind die folgenden vierzehn:

1) Marie Sumpf (l. c. Bd. VII. p. 37), 10 Jahr alt, noch wenig unterrichtet, von zänkischem, halsstarrigem und von Bosheit nicht freiem Charakter, war während der Sommerzeit als Kindermädchen vermiethet worden. Dieser Dienst wurde ihr durch das Betragen nicht ihrer Herrschaft, sondern einer Magd verleidet, sie bekam heftiges Heimweh, welchem ihr Vater durch Prügel entgegenzuwirken suchte. Sie sprach nun zuerst gegen eine dritte Person davon, dass sie das jüngste Kind eine Nadel verschlucken lassen wollte, in der Hoffnung, ihre Herrschaft werde sie dann aus Furcht entlassen; als ihr dies aber nichts half, zündete sie das Strohdach des Hauses an. Der Verdacht fiel gleich auf sie, und sie bekannte ihre Schuld, nachdem sie zuvor

vergeblich versucht hatte, andere Personen zu verdächtigen. Ihre Sehnsucht nach Hause gab sie als Motiv an; sie war sich bewusst, eine strafbare Handlung begangen zu haben, hatte aber weder die Grösse, noch die Folgen ihres Verbrechens recht bedacht. Sie wurde zu sechsjähriger Zuchthausstrafe verurtheilt. — Henke erwähnt über die Motive bei diesem Falle nichts, Unzufriedenheit mit dem Dienste und Heimweh waren hier aber ohne allen Zweifel die alleinigen Beweggründe, von körperlichen oder geistigen Störungen findet sich keine Andeutung.

2) Catharine Schulz (l. c. p. 55), 11 Jahre alt, Kindermädchen, war zwar mit ihrem Dienst nicht unzufrieden, litt aber so sehr an Heimweh, dass sie zwei Kinder erstickte und dreimal Feuer anlegte. Sie wurde zu 10jähriger Zuchthausstrafe verurtheilt. — Die Erzählung dieses Falles nimmt nur zwei Seiten ein und ist für wissenschaftliche Folgerungen zu unvollständig.

3) Marie Kalinowska, 17 Jahre alt, Magd, Brandstiftung ohne ersichtliches Motiv, am 4. April 1793 (l. c. Bd. XII. p. 53).

Marie Kalinowska war die Tochter eines verabschiedeten Dragoners; sie war zuerst in der lutherischen Schule unterrichtet worden, ward aber später katholisch, weil die lutherischen Prediger sie ihrer Unwissenheit wegen nicht einsegnen wollten; sie wusste in der That weder die zehn Gebote, noch ein Gebet. Nach dem 15. Jahre trat sie zuerst bei Hartke, dann bei Falkenberg und endlich wieder bei Hartke in Dienst. Dieser gab ihr im Allgemeinen ein gutes Zeugniss, nur sei sie mürrisch und zänkisch gewesen und habe besonders das Tanzen geliebt, weshalb sie oft sehr spät nach Hause gekommen sei. Sie selbst war mit ihrem Dienste zufrieden und hatte dazu auch alle Ursache. — Am 1. April wollte sie zum Tanze gehen. Hartke rieth ihr zwar, statt dessen lieber ihre Kleider auszubessern; da sie aber von der Frau Hartke bereits Erlaubniss erhalten hatte, so machte sie sich doch fort und tanzte von 8 Uhr Abends bis 4 Uhr Morgens. Obwohl sie nichts Spirituöses getrunken, ward sie doch ausserordentlich erhitzt und, als sie in diesem Zustande auf den Weg nach Hause sich begab, fiel es ihr ein, dass sie Feuer anlegen sollte. Sie legte sich indessen schlafen, stand um 5 Uhr schon wieder auf, verrichtete die nothwendigsten Arbeiten, ging um 9 Uhr wieder schlafen und schlief bis 1 Uhr Mittags. Auch in der folgenden Nacht schlief sie im Ganzen ruhig; nur bisweilen schreckte sie auf und dann war gleich der Gedanke, dass sie Feuer anlegen sollte. Ebenso ging es in der Nacht vom 3. bis 4. April; sie war unruhig, wusste aber selbst nicht worüber, übrigens fehlte ihr nichts, sie ass, trank und arbeitete, wie gewöhnlich. Am 4. April Nachmittags arbeitete sie in der Küche; es war ihr anfangs wohl und sie dachte an nichts, als sie aber die Küche verlassen wollte, war ihr, als könnte sie die Thüre nicht finden, als könnte sie schlechterdings nicht hinauskommen, wenn sie nicht Feuer anlegte. Jetzt erwachte der Gedanke in ihr, Feuer vom Heerde zu nehmen und das Haus anzuzünden; zu diesem Zwecke nahm sie sofort eine theilweis glühende Kohle, stieg auf den Heuboden und legte sie in's Heu. „Ich wusste nicht, sagte sie, was ich that; ich konnte mich des Gedankens, du musst Feuer anlegen, schlechterdings nicht erwehren und ich beging die That, um meine Angst loszuwerden. Ich dachte freilich daran, dass Feuer entstehen würde, übrigens war es windig, allein das war nicht hinlänglich, um mich zurückzuhalten. Ich dachte auch daran, dass mein Wirth durch den Brand unglücklich werden würde; allein alsdann erst, als ich die Kohle bereits in das Heu gelegt hatte und die That schon vollführt war. Kaum war diese geschehen, als mich eine solche Freude ergriff, wie ich noch nie in meinem Leben gefühlt habe. Ich ging nun an meine gewöhnlichen Beschäftigungen, und eine halbe Stunde nachher sah ich den Rauch bereits aus dem Dache hervorqualmen. Feuer habe ich nicht gesehen, ohnerachtet ich selbst habe mit löschen helfen." Es verbrannte nur etwas Heu und die Kohle ward aufgefunden; das Mädchen selbst hatte übrigens keinen Feuerlärm gemacht. Sie gerieth in Verdacht, weil sie kurz zuvor, ehe das Feuer bemerkt wurde, zweimal sehr hastig aufgestanden, vor die Thür gegangen und gleich wieder zurückgekehrt war. Dieser Verdacht verbreitete sich unter dem Mitgesinde so, dass der Hausherr das Mädchen näher befragte; nachdem sie gestanden, wurde sie am 5. April an das Amt abgeliefert. — Der Vertheidiger trug auf ihre Freisprechung an, weil sie in einer gewissen Betäubung oder Art von Wahnsinn gehandelt hätte. Das Gericht hingegen verurtheilte sie zu zweijähriger Zuchthausstrafe. In den Entscheidungsgründen heisst es: „Es würde bedenklich sein, in diesem ganz besonderen Falle anderweitige Erfahrungen unbedingt zur Entscheidung dienen zu lassen und den Behauptungen der Inquisitin blos deswegen keinen Werth beizulegen, weil nicht medicinisch — ausgemittelt ist, dass sie die That in einem Zustande verübt habe, in welchem die gestörte Organisation auf die Geisteskräfte nachtheilig gewirkt hat" (das heisst wohl, weil keine entschiedene Geisteskrankheit nachzuweisen war). Ferner: „Hier ist nun die Inquisitin 17 Jahre alt, nach ihren guten Zeugnissen nicht in der Schule der Verbrechen gebildet, nach dem Urtheil des Inquirenten einfältig und nicht verschmitzt. Sie war in ihrer Lage zufrieden, lebte mit ihrer Herrschaft in Einigkeit und Zufriedenheit, stand in keinen Verhältnissen mit andern, von welchen sie zur Erreichung deren strafbarer Absichten als Instrument hätte gemissbraucht werden können. — Wenn ein solches Subjekt beim Zurückkommen von einem unschuldigen Freudengelage den Gedanken fasst, ihrer Brodherrschaft das Haus anzustecken, sich zwei Tage mit diesem Gedanken herumträgt, ihren Vorsatz am hellen Mittage, beinahe unter den Augen ihres unter der Thüre stehenden Brodherrn und mehrerer bei ihm seienden Personen ausübt und gleich nach der That eine nie empfundene Freude verspürt, so hört die Behauptung des gestörten Verstandes auf, ein Vorwand zu sein; man muss glauben, dass die ungewöhnliche Erhitzung und die darauf von ihr versicherte Erkältung bei einem so jungen Mädchen nachtheilig auf die Seelenkräfte wirken können, und man muss annehmen, dass sie in einem nicht ganz freien Zustande gehandelt habe. Nichts desto weniger lässt sich von ihr nicht behaupten, dass sie gar keiner Zurechnung fähig sei" u. s. w. Das Gericht meinte, sie habe sich dem bösen Antriebe nicht mit Aufbietung aller Willenskraft widersetzt, und wenn letztere wirklich zu schwach gewesen, so läge darin ein Grund, durch die Furcht vor der Strafe in Zukunft solcher Willensschwäche zu Hülfe zu kommen.

Leider fehlt in diesem Falle jede Angabe über die körperliche Beschaffenheit des Mädchens. Dem Tanzen mit seinen unmittelbaren Folgen schreibt das Gericht einen wohl übertriebenen Einfluss zu; hieraus allein lassen sich die abnormen psychischen Erscheinungen schwerlich herleiten. Von einem Krankheitszustande, welcher durch jene Ursachen hervorgerufen oder verschlimmert worden wäre, ist aber nicht die Rede; man fand es überhaupt, wie es scheint, nicht nöthig, den körperlichen und geistigen Zustand der Inquisitin näher zu erforschen. Wichtig ist es indessen, dass die Beobachtung einestheils von einem Gericht, anderntheils vor Entstehung der Lehre vom Brandstiftungstriebe gemacht ist, dass also vorgefasste ärztliche Meinungen bei der Beurtheilung desselben nicht im Spiele gewesen sein können. Das Gericht selbst sah sich aber genöthigt, anzunehmen, dass die Inquisitin ohne Motiv gehandelt und dass sie zum Brandstiften durch rein äusserliche, blos körperliche Ursachen getrieben wurde; diese Annahmen charakterisiren die sogenannte Pyromanie hinreichend. Zugleich aber ist dieser Fall der erste derartige, welcher bekannt geworden ist, oder doch auf die spätere Lehre nachweisbaren Einfluss geübt hat. Der hypothetische Krankheitszustand, welcher jetzt unter Pyromanie verstanden wird, ist also zuerst von einem Gericht beobachtet und als das, was später Monomanie genannt wurde, aufgefasst worden. Henke dagegen hat gar kein besonderes Gewicht auf diesen Fall gelegt. „Band XII desselben Werkes, sagt er (Abhandlungen Bd. 3, p. 227), enthält den Fall einer siebenzehnjährigen Bauermagd (Kalinowska), die, nach einem Tanzgelage sehr erhitzt zurückkehrend, nach ihrer Aussage von dem Gedanken ergriffen wurde, Feuer anzulegen, von dem sie sich nicht wieder befreien konnte, bis sie, „„um ihre Angst los zu werden"", am dritten Tage wirklich Feuer anlegte, worauf sie eine nie empfundene Freude gefühlt habe." Die Eigenthümlichkeiten grade dieses Falles, des einzigen unter allen von ihm mitgetheilten, welchen man jetzt als Pyromanie bezeichnen könnte, hat er also gar nicht erkannt.

4) Johann Sutermann (l. c. Bd. XII. p. 69) war ein uneheliches Kind, schlecht unterrichtet, von Jugend auf hartnäckig und ungehorsam und schon von seinem 10. Jahre an sich selbst überlassen worden. Zuerst war er 4 Jahre bei einem Schornsteinfeger gewesen, dann wegen schlechter Behandlung davongelaufen; hierauf hatte er bei einer Menge anderer Leute kürzere oder längere Zeit gedient und war wiederholt aus dem Dienste entlaufen. In seinem 16. Jahre war er Pferdejunge geworden, hatte kleine Diebstähle begangen und war endlich ungerechter Weise auch in Verdacht gekommen, etwas Geld entwendet zu haben. Durch Schläge wurde ein Geständniss von ihm erpresst; er sollte nunmehr aber auch das Geld herbeischaffen, suchte sich herauszulügen und ward abermals von seinem Dienstherrn misshandelt. Um sich dafür zu rächen, zündete er diesem die Scheune an und lief davon. Er wurde zu achtjähriger Zuchthausstrafe verurtheilt. Krankhaftes war in diesem Falle gar nicht vorhanden.

5) Matthäus Heinecke (l. c. Bd. XII. p. 90) zündete, beinahe 14 Jahre alt, aus Rache wegen erhaltener Züchtigungen und aus Ueberdruss am Dienste den Pferdestall seines Dienstherrn an. Er war gar nicht unterrichtet, sehr einfältig und überdies ein Vierteljahr vor der Brandstiftung (in Folge eines Sturzes vom Dache) von Epilepsie befallen worden. Die epileptischen Anfälle dauerten eine Stunde und länger und wiederholten sich bei jedem Schrecken; ihre Häufigkeit ist nicht angegeben. Der Kreisphysikus erklärte, dass er wegen ausserordentlicher Dummheit und Schwäche der Geisteskräfte einem *melancholico* und *maniaco* gleich zu achten sei; das Gericht meinte aber, dass dieses Gutachten zu weit gehe, und verurtheilte ihn zu dreijähriger Zuchthausstrafe. In diesem Falle handelte es sich also nur um die mehr oder minder grosse Geistesschwäche eines Epileptischen.*)

6) Anna Grabowska, 15 Jahre alt, Magd, Brandstiftung aus Unlust am Dienen am 18. Januar 1793 (l. c. Bd. XII. p. 126).

Anna Grabowska war die Tochter eines Gärtners, hatte gar keinen Unterricht genossen, war aber dennoch von einem katholischen Geistlichen konfirmirt worden. Sie hielt sich bis October 1792 bei ihren Aeltern auf und wurde dann in Dienst gegeben. Die Arbeit war ihr aber zu schwer, sie bat deshalb ihren Vater, sie wegzunehmen. Dieser liess sie freilich hart an, sie lief aber doch einige Wochen

---

*) Derselbe war in der That so einfältig, dass er das scherzweise Anerbieten eines Mitgefangenen, ihm sein 56jähriges Weib und seine Kinder abtreten zu wollen, mit Dank und Freude annahm und äusserst betrübt wurde, als ihm begreiflich gemacht wurde, dass es nur Scherz sei.

darauf nach Hause. Ihr Vater brachte sie sofort zurück, sie erhielt keine Strafe, entlief aber doch noch an demselben Abende wieder. Ihr Vater fand sie nach zwei Tagen auf und brachte sie zurück, worauf sie von ihrem Brodherrn, einem adligen Gutsbesitzer, mit „einstündiger Ausstellung in die spanische Fidel" bestraft wurde. Noch an demselben Abende lief sie aber zum dritten Male fort zu ihrem Vater, der sie denn auch wirklich mehrere Wochen verborgen hielt und sie darauf am 16. Januar bei einem Bauern in Dienst gab. Sofort fiel ihr ein, diesem das Gehöfte anzuzünden; zur Ueberlegung, dass dies sündlich und strafbar sei, liess sie sich keine Zeit, obwohl sie Gott mit aufgehobenen Händen gebeten haben wollte, den Gedanken von ihr zu nehmen; ihr Vorsatz sei zu stark gewesen und sie habe einen Schatten vor sich zu sehen gemeint, der sie zur Brandstiftung mahnte. Am 18. Januar machte sie sich durch einen wohlausgesonnenen Vorwand vom Mittagessen frei, trug eine Kohle aus der Küche in den Schuppen und warf sie dort auf Stroh. Dann ging sie in die Stube und suchte wieder einen neuen Vorwand, um unbeargwohnt eine andere Kohle in den Stall werfen zu können, falls die erste nicht gezündet haben sollte. Unterdessen ging das Feuer aber schon auf und sie rettete nun ihre Kleider. Als indessen das Feuer gelöscht wurde und sie einsah, dass das Haus ihres Brodherrn nicht abbrennen werde, nahm sie abermals eine Kohle aus der Küche und warf sie in das Heu des Stalls, wurde hiebei aber ertappt. Als Motiv gab sie (ausser der gewöhnlichen Angabe, dass es ihr keine Ruhe gelassen u. s. w.) zu schwere Arbeit an; es erwies sich indessen, dass nicht die Arbeit zu schwer, sondern sie selbst zu träge war. Sie litt an habituellen, vierwöchentlich wiederkehrenden Kopfschmerzen, die sie am Arbeiten aber nicht verhinderten;*die Menstruation fehlte, wie es scheint (p. 155), noch; psychisch ward nichts Abnormes an ihr wahrgenommen. Sie wurde zu achtjähriger Zuchthausstrafe verurtheilt. — Specielle Angaben über den Körperzustand fehlen, der Fall kann also nicht als vollständig erörtert angesehen werden, indessen können ihre körperlichen Beschwerden theils an sich, theils wegen mangelnder psychischer Störungen, theils endlich wegen ihrer Antecedentien nicht wesentlich in Betracht kommen; ihre Unwissenheit, Leichtfertigkeit und Trägheit erklären ihr Verbrechen so vollkommen, dass die Annahme einer Pyromanie jedenfalls eine ganz unbegründete Hypothese sein würde.

7) Johanna Weber (l. c. Bd. XIII. p. 131), Tochter eines Tagelöhners, hatte zwei Jahre Schulunterricht genossen, dann bei ihren Aeltern gelebt und sich erst in ihrem 20. Jahre (im Winter 1791) zum ersten Mal vermiethet. Diesen Dienst musste sie indessen bald aufgeben, weil eine Krankheit sie befiel, welche sie auf 4 Wochen ans Bette fesselte. Sie habe, sagte sie, erst Frost, bald darauf ein Schneiden im Unterleibe, heftigen Kopfschmerz und heftigen Blutandrang zum Herzen verspürt; als sie sich gelegt, habe sie ein Er-

starren an allen Gliedern bemerkt und bald darauf ihren Verstand ganz verloren. Eine ähnliche Krankheit befiel sie im Sommer 1791, sie lag damals beinahe 14 Tage ohne Verstand und des Gehörs beraubt danieder; seit der Zeit blieb die früher regelmässige Menstruation aus und sie bekam Anfälle von Epilepsie. Um Neujahr 1792 trat sie einen neuen Dienst an, der ihr in jeder Hinsicht zusagte. Gleich beim Antritt desselben zeigte sie sich tiefsinnig, niedergeschlagen, sah Niemanden grade an, starrte oft in Gedanken versunken vor sich hin, unter Anderem auch in's Feuer, war schweigsam und nicht aus einer brütenden, dumpfen Stimmung herauszubringen.*) Bei der Arbeit war sie träge und nachlässig und behauptete mehrfach eine Arbeit nicht machen zu können, welche sie doch sehr gut verstand. Ihre Dienstherrin und namentlich deren Mutter waren besonders mit dem Waschen der Schüsseln unzufrieden, beide suchten sie ohne eigentliches Schelten zu besserer Arbeit zu bringen, namentlich wuschen sie bisweilen, um sie zu beschämen, schlecht gereinigte Geschirre nach. Dieses Verfahren reizte die Weber, welche ziemlich von sich eingenommen war, sehr; sie behauptete später sogar, sie wäre fortwährend gescholten und gekränkt worden, namentlich von der Mutter ihrer Dienstherrin, musste aber doch selbst zugeben, dass dies nur in der angegebenen Weise geschehen wäre. Um nun dieser Letzten einen Possen zu spielen, legte sie zweimal Feuer an, in der Meinung, wie sie sagte, dass jene die Eigenthümerin des Besitzthums sei; ihre eigenen Sachen hatte sie vorher heimlich fortgeschafft. Der Kreisphysikus fand sie weder blödsinnig, noch schwachsinnig, aber erklärte, „dass bei der sonderbaren Gemüthsstimmung der Inquisitin allerdings Gefahr zu fürchten wäre, wenn dieselbe in Freiheit gesetzt würde." Dies schien den Richtern ein Grund mehr, auf ihre lebenslängliche Einsperrung anzutragen, weil sie vor der That, wie im Gefängnisse, in einem solchen Zustande sich befunden habe, dass sie, wenn freigesprochen, auf freien Fuss würde gestellt werden müssen. Sie wurde auch wirklich zu lebenslänglicher Zuchthausstrafe verurtheilt. — Es ist offenbar, dass in diesem Falle der Gesundheitszustand der Verurtheilten nicht hinlänglich untersucht worden ist. Die Menstruationsstockung, die Epilepsie, der Trübsinn, die „sonderbare" Gemüthsstimmung sind Umstände, welche auf eine psychische Krankheit deuten, während andere wieder dagegen sprechen. Die ärztliche Untersuchung ist zu schlecht geführt, als dass sich die Lücken noch ergänzen liessen. Jedenfalls hat ein abnormer Zustand, wahrscheinlich ganz ausgebildete Melancholie, vorgelegen. Von Pyromanie kann nach den gewöhnlichen Begriffen schon wegen des Alters der Weber nicht die Rede sein; der Fall ist überhaupt viel zu zweifelhaft, um

---

*) Das Schreien im Schlaf, dessen Henke erwähnt, kann den Umständen nach wenigstens mit ebenso vielem Rechte als Zeichen bösen Gewissens, wie als Krankheitssymptom, betrachtet werden.

wissenschaftliche Schlüsse zu erlauben. Henke (l. c. p. 228, 247) hat nichtsdestoweniger ziemlich viel Gewicht auf denselben gelegt.

8) **Margaretha Kastorf** (l. c. Bd. XIII. p. 170) legte im Alter von 12½ Jahren Feuer an, um nach Hause zu kommen und um ihrer Dienstherrin, von welcher sie hart behandelt wäre, einen Possen zu spielen. Sie wurde zu vierjähriger Zuchthausstrafe verurtheilt. Die Untersuchung war so schlecht geführt, dass das Kammergericht dem Inquirenten einen Verweis gab. So viel ersichtlich, waren die Motive der That nicht krankhafter Art.

9) **Anna Dräger** (l. c. Bd. XIV. p. 19) legte in ihrem 16. Jahre Feuer an, aus Unzufriedenheit mit der Dienstherrschaft und um wieder nach Hause zu kommen. Von irgend etwas Krankhaftem bei ihr findet sich keine Spur. Sie wurde zu sechsjähriger Zuchthausstrafe verurtheilt.

10) **Mariane Wischnewska** (l. c. Bd. XIV. p. 289), 16 Jahre alt, wurde wegen Brandstiftung aus Unzufriedenheit mit dem Dienste zu 15jähriger Zuchthausstrafe verurtheilt. Die Erzählung des Falles nimmt eine Seite ein und ist wissenschaftlich ganz unbrauchbar. Auch Henke giebt für diese letzten drei Fälle die eben genannten Motive an, erklärt die Brandstiftungen also ebenfalls aus normalen Affekten.

11) **Eva Schelanska** (l. c. Bd. XVI. p. 141), 22 Jahre alt, fühlte in einem Dienste, den sie sich selbst gewählt, plötzlich, ohne selbst irgend einen Grund zur Klage zu wissen, Unzufriedenheit und Sehnsucht nach einem Dienst bei einem andern Herrn, den sie gar nicht kannte. Diese Unzufriedenheit nahm fortwährend bei ihr zu, und eines Abends kam ihr der Gedanke Feuer anzulegen. Sie that dies sogleich, und zwar legte sie zuerst Feuer in Flachs und noch während des Löschens in ein Bett. Am folgenden Abende steckte sie eine Kohle in das Dach und am nächsten Abende in Stroh, worauf dann endlich das Haus abbrannte. Sie blieb dabei, dass sie ohne eine bestimmte Absicht, und nur in Folge einer fortdauernden, zum Feueranlegen sie ermunternden Unruhe diese Brandstiftungen begangen habe. Sie ward zu lebenslänglicher Zuchthausstrafe verurtheilt. — In den Entscheidungsgründen heisst es folgendermassen: „Weder bei der Untersuchung, noch sonst, haben sich auch nur die entferntesten Spuren einiger Gemüthsschwäche ergeben. Es ist zwar durchaus nicht eigentlich auszumitteln gewesen, was die Inquisitin zu der Handlung verleitet, oder bei ihr den Gedanken, ihres Brodherrn Gehöfte anzuzünden, erzeugt. Sie war an sich mit ihrer Brodherrschaft und diese mit ihr zufrieden, und auch bei ihrem vorigen Herrn, dem Bauer Szamaitaytis, dessen Gehöfte ebenmässig einer Gefahr ausgesetzt wurde, hatte sie sich die Zufriedenheit desselben erworben, und mithin fällt jede Vermuthung einiger Rache von selbst weg. Sie will eine Art von Unruhe gefühlt haben, die sie zum Feueranlegen ermuntert, und setzt den Grund derselben darein, dass sie sich zu dem

Bauern Barutur nach Pramesen gesehnt und aus dem Dienst des Grygatis weggewünscht. Allein diese Sehnsucht ist sehr unwahrscheinlich. Sie ging an sich ganz freiwillig zu dem Grygatis in Dienst, ward hier gut behandelt. Woher konnte sie also einen andern Dienst vorziehen, den sie nicht kannte und der (dies hat sie selbst nicht behaupten können) für sie keinen besondern Reiz gehabt. In Eglabellen (wo nämlich der Grygatis wohnte) hielt sich ihr Schwängerer auf, den sie noch öfters besucht und zu dem sie noch grosse Zuneigung hatte, sogar, wenn sie ihn eine Weile nicht gesehen, grosse Unruhe verrieth, und es lässt sich also kein Grund absehen, weshalb sie sich aus ihrem Dienst weggesehnt, noch weniger aber, dass diese Sehnsucht so heftig gewesen, dass sie bei ihr eine fortdauernde, ihre Besinnungskraft ausschliessende Unruhe habe erzeugen können. So unwahrscheinlich dieser Grund ist, so wenig lässt sich doch annehmen, dass dieser Zustand die moralische Freiheit zu handeln ausgeschlossen." Ferner: „Sie handelte offenbar mit vollkommener Ueberlegung und mit einer seltenen Bosheit. Mehr als Absicht, zu beschädigen, verlangt das Gesetz nicht, und diese hatte Inquisitin gewiss. Ob eine weitere noch vorhanden war, ist an sich unerheblich, da es hiernach weder an einer *causa facinoris* ermangelt (?), noch solche Umstände vorhanden sind, die aus dem etwaigen Mangel derselben auf einen Mangel der Freiheit zum Handeln schliessen liessen. Da die Grygatis ausdrücklich behauptet, dass die Unruhe der Inquisitin, die sie übrigens an Verrichtung ihrer Arbeiten durchaus nicht verhinderte, stärker gewesen, wenn sie ihren Liebhaber eine Zeitlang nicht gesehen, so ist es nicht unwahrscheinlich, wie bei jungen Brandstifterinnen wir öfters wahrzunehmen Gelegenheit gehabt, dass die Unruhe nur in einer physischen Ursache beruht. Uns genügt es, als gewiss annehmen zu können, dass diese Unruhe besonders bei diesem, seiner Natur nach, sowohl in seinen natürlichen als gesetzlichen Folgen so auffallenden und so leicht für den Thäter zu beurtheilenden Verbrechen, auf die Imputation der Inquisitin keinen Einfluss habe." Henke hat es hiernach nicht richtig dargestellt, wenn er die Unruhe der Verliebtheit mit der Unzufriedenheit, welche sie zur Brandstiftung trieb, zusammenwarf, wozu freilich grade die Aeusserungen des Gerichts leicht verleiten können; die Veranlassung der Unruhe ist klar, die jener Unzufriedenheit aber um so weniger, da die Schelanska durch den Wechsel des Dienstes grade von ihrem Liebhaber entfernt worden wäre. Der Fall ist jedenfalls ein sehr eigenthümlicher, aber es fehlen alle Angaben über die körperliche und geistige Beschaffenheit der Schelanska, und man wird zu der Annahme gedrängt, dass die wachsende Unzufriedenheit und die Sehnsucht nach Veränderung nichts anders, als das Symptom einer entstehenden Melancholie gewesen sind. Dass das Gericht davon nichts wahrgenommen, ist nicht zu verwundern, da in damaliger Zeit nur auf die Störungen des Verstandes, nicht auf die des Gemüths Rücksicht genommen ward. Auch dieser Fall ist daher ganz zweifelhaft, die Thäterin war auch für die heutige Pyromanie schon zu alt.

12) Mariane Komorowska (l. c. Bd. XX. p. 3), 12½ Jahr alt, war mit ihrem Dienste unzufrieden, da sie in demselben wiederholt geschlagen und gescholten worden war. Sie hatte denselben schon einmal eigenmächtig verlassen und war zu ihrer Mutter zurückgekehrt, wurde aber von ihrem Dienstherrn auf der Strasse getroffen, körperlich gezüchtigt und zurückbehalten. Bald darauf brach sie ein Stück aus einer Kanne und wurde von ihrer Herrin dafür gescholten. Diese Umstände veranlassten sie zur Brandstiftung; von krankhaften Erscheinungen zeigt sich nirgends eine Andeutung. Sie wurde zu vierjähriger Zuchthausstrafe verurtheilt.

13) Maria Florin (l. c. Bd. XX. p. 16), 14 Jahre alt, hatte aus gleichem Grunde Feuer angelegt. Die Erzählung ist nur eine Seite lang und völlig ungenügend. Beide Fälle führt auch Henke auf normale Affekte zurück.

14) Maria Hartmann (l. c. Bd. XX. p. 55), 11 Jahre alt, war ein lügenhaftes und diebisches Mädchen, die nach dem wohl begründeten Ausspruch des Gerichts nur deshalb, „um einen auch wirklich ausgeführten Diebstahl von 10 Thlrn. zu begehen und vielleicht auch den Dienst ihrer Herrschaft verlassen zu können," Feuer anlegte. Ob wirklich, wie Henke hervorhebt, der Wunsch, ein grosses Feuer zu sehen, bei ihr vorhanden war, ist wohl mehr als zweifelhaft; sie hatte das nur im Verlauf einer lügenhaften, später zurückgenommenen Aussage erwähnt. Dieser Fall hat demnach kein weiteres psychologisches Interesse.

Aus diesen zwanzig Fällen schliesst nun Henke*) zunächst, dass die Neigung zur Brandstiftung bei Knaben und Mädchen vor und während der eintretenden Mannbarkeit sich häufig äussere. Zwar hätten nicht alle zwanzig Individuen an regelwidriger Entwicklung und deren körperlichen und geistigen Folgen gelitten, einige hätten vielmehr aus Einfalt, andere aus Rohheit, einer oder der andere aus Bosheit, Rachsucht u. dgl. gehandelt. Aber bei Mehreren sei doch ein krankhafter psychischer Zustand vorhanden gewesen, der mit unregelmässiger Pubertätsentwicklung zusammengehangen habe. In einigen Fällen bei Klein sei dies im Urtheile ausgesprochen oder angedeutet, obwohl es meistens an einer ge-

---

*) Die Abhandlung Henke's erschien zuerst in Kopp's Jahrbuch der Staatsarzneikunde (Bd. 10. Frankfurt a. M. 1817. p. 78) und wurde später in seinen „Abhandlungen aus dem Gebiete der gerichtlichen Medicin" (Zweite Auflage. Leipzig 1824. Bd. III. p. 226) mit abgedruckt.

nügenden gerichtsärztlichen Exploration gefehlt zu haben scheine, in mehreren der Fälle Platner's habe indessen die Fakultät den Einfluss der Entwicklungsvorgänge auf die krankhafte Feuerlust gradezu ausgesprochen. Hierauf gründet denn Henke den folgenden Fundamentalsatz der Lehre von der Pyromanie: „Die bei jugendlichen Individuen häufig sich äussernde Feuerlust und Neigung zur Brandstiftung ist nicht selten eine Folge eines regelwidrigen körperlichen Zustandes, besonders einer unregelmässigen organischen Entwicklung zur Zeit der Annäherung oder des Eintritts der Mannbarkeit" (p. 239).

Schwerlich ist jemals eine Lehre, welche eine so grosse Rolle in der Wissenschaft gespielt hat, wie die Henke'sche, auf schwächeren Gründen aufgebaut worden. Dass von 20 Fällen, welche überdies schon vorher ihrer Merkwürdigkeit wegen ausgelesen waren, auf die Häufigkeit der Pyromanie geschlossen wurde, ist der geringste Fehler. Der voreilige Schluss auf den nicht seltenen Zusammenhang des Brandstiftungstriebes mit der Pubertätsentwicklung ist schon schlimmer, ganz unwissenschaftlich aber der Mangel an Prüfung der einzelnen Fälle, das Ausserachtlassen ihrer Verschiedenartigkeit und das Zusammenwürfeln nicht allein ganz verschiedener krankhafter, sondern auch durchaus zweifelhafter und sogar normaler Zustände. Mit einigem Recht hätte Henke, wie oben gezeigt, seine Theorie nur auf einen einzigen jener zwanzig Fälle stützen können, aber selbst dieser eine war nicht vollständig erforscht, so dass demselben also strenge genommen jede thatsächliche Grundlage abging. Anstatt nun aber, wie es hätte geschehen müssen, seine Ansichten als eine Hypothese hinzustellen und zu einer weiteren Prüfung derselben durch fortgesetzte Beobachtung aufzufordern, suchte Henke dieselben durch physiologische Erklärungen im Geschmacke der damaligen Zeit zu stützen. Er berief sich auf Osiander, der in seiner Schrift über den Selbstmord[*] die Lust, Feuer anzulegen, durch allerlei sinnlose Phrasen und Analogien zu erklären versucht hatte. Der zu schwache arteriöse

---

[*] Osiander: Ueber den Selbstmord. Hannover 1813. p. 107. Henke (Abhandlungen l. c. p. 240) hat die betreffende Stelle mit Ausnahme einiger unbedeutender Zeilen vollständig wiedergegeben. Friedreich (System der gerichtl. Psychologie. Dritte Auflage. Regensburg 1852. p. 505) beruft sich ebenfalls allen Ernstes auf Osiander's Phrasen!

Blutandrang nach dem Kopf, welcher die Begierde nach dem Lichtreize der irritabilitätsarmen Schwerkzeuge erzeuge, die Feuergier der Hunde und Katzen, die stundenlang mit unverwandtem Blick in eine grosse Gluth eines Kamins oder Stubenofens sehen könnten und dergleichen Redensarten mehr können heutzutage nur die Lehre, welche sie stützen sollen, lächerlich erscheinen lassen und sind deshalb auch oft genug gegen dieselbe geltend gemacht worden. Endlich gab Henke auch noch Regeln für die Ausmittelung der Pyromanie an, die aber keine weitere Begründung seiner Lehre enthielten.

Die nächsten Schriftsteller, deren Namen in der Geschichte der Pyromanie eine Bedeutung erhalten haben, waren Meckel, Vogel und Masius. Man hat sie aber nicht ganz mit Recht für unbedingte Anhänger der Ansichten Henke's angesehen, sie suchten vielmehr diese, wenn sie auch die Pyromanie zuliessen, zu beschränken und nöthigten dadurch Henke selbst zu späteren näheren Erläuterungen seiner Lehre.

Meckel[*]) hat ein Gutachten über eine 16jährige Brandstifterin gegeben, welches den üblen Einfluss der neuen Theorie deutlich erkennen lässt. Jenes Mädchen hatte viermal Feuer angelegt, theils eingestandener Maassen aus Rachsucht, theils allem Anscheine nach aus Muthwillen; ihr Charakter wurde als heftig, boshaft, rachsüchtig und unversöhnlich bezeichnet. Sie hatte als sechsjähriges Kind einmal vorübergehend an irgend einer Nervenkrankheit gelitten; hierauf berief sie sich selbst und beeiferte sich nachzuweisen, dass sie auch ihre Verbrechen in geistig gestörtem Zustande begangen habe. Sie simulirte abwechselnd Epilepsie und Geisteskrankheit, widerrief ihr anfängliches Geständniss, gab vor, von einem übelberufenen 60jährigen Manne geschlechtlich missbraucht und zum Brandstiften verleitet zu sein, erlog zwei vollständig ausgeschmückte Mordgeschichten, kurz zeigte sich durch und durch verdorben und unwahr. Meckel erkannte dies Alles, er hob hervor, dass Heimweh und Rachsucht den meisten Fällen, auf welche Henke die Theorie der neuen Krankheit gestützt habe, zu Grunde gelegen hätten, dass letztere daher nur in sonst unmotivirten Fällen, in welchen „der innere Drang auf diesen unbegreiflichen Zweck (sc. das Feueranlegen) gerichtet sei" (p. 114),

---

[*]) A. Meckel, Beiträge zur gerichtl. Psychologie. Halle 1820. p. 53.

angenommen werden dürfe, schloss aber endlich doch auf Pyromanie. Dieser Schluss ist nach allem Vorangegangenen höchst überraschend; er ist auch lediglich darauf begründet, dass die Genitalien entweder durch Beischlaf oder durch Onanie zu früh, vor Eintritt der geschlechtlichen Entwicklung, gereizt worden seien, und um so weniger zulässig, weil die Thatsachen, namentlich auch das Verhältniss zu jenem verdächtigten Manne, nichts weniger als klar ermittelt waren. Meckel stellt dazu noch (p. 116, 133) die Hypothese auf, jener Mann könne den vorhandenen Brandstiftungstrieb benutzt und mit Hülfe desselben das Mädchen zu ihren Verbrechen verleitet haben; dieser Gedanke ist indessen, wohl seiner augenscheinlichen Spitzfindigkeit wegen, von den späteren Schriftstellern nicht weiter verfolgt worden. Auffallend ist es dagegen, dass das Gutachten selbst, dessen Verkehrtheit so frappant ist, von Späteren, namentlich von Henke selbst, keinen Widerspruch erfuhr. Historisch merkwürdig ist Meckel's Schrift besonders dadurch, dass er zuerst das Wort **Brandstiftungstrieb** einführte und diesen als eine neue Krankheit bezeichnete. Er selbst glaubte offenbar der Theorie Henke's im Wesentlichen zu folgen und diese durch die oben erwähnten Einschränkungen gegen Missdeutungen zu sichern; Henke dagegen erkannte sehr wohl, dass durch die Beschränkung seiner Theorie auf gewisse einzelne Fälle und durch die Annahme eines **krankhaften Brandstiftungstriebes** in denselben eine wirkliche neue Krankheitsart charakterisirt werde, und protestirte später gegen diese Umwandlung seiner Ansichten.

Vogel*) hat meistens nur die Angaben seiner Vorgänger wiederholt. Den Brandstiftungstrieb an sich, sagt er (p. 162), dürfe man nicht als psychische Krankheit ansehen, sondern müsse zuvor erforschen, ob er nicht aus strafbaren Ursachen hervorgegangen sei; ein innerlicher unüberwindlicher Drang zum Feueranlegen ohne alle Absicht und Ursache würde den Fall hauptsächlich bezeichnen, der keine Zurechnung zuliesse. Meckel, auf den er sich hiebei beruft, hat sich zwar über die Beziehung der Pyromanie zur Zurechnungsfähigkeit nur unbestimmt und vorsichtig geäussert (l. c. p. 114, 132), indessen hatte bereits Henke (Abhandlungen l. c. p. 242) den Trieb zum Feueranlegen in dieser Hinsicht den Geistes-

---

*) S. G. Vogel: Ein Beitrag zur gerichtsärztlichen Lehre von der Zurechnungsfähigkeit. Stendal 1825. p. 17, 57, 65, 105 und besonders 155 ff.

krankheiten ganz gleichgestellt, und der Schluss auf Unzurechnungsfähigkeit wegen Pyromanie konnte überhaupt zu einer Zeit, in welcher man Grade der Zurechnungsfähigkeit nicht anerkannte, nicht ausbleiben.

Auch die Pubertätsentwicklung und die Feuerlust spielen bei Vogel eine grosse Rolle; namentlich beruft er sich auch auf eine eigene Beobachtung einer „Hemeralopie mit einem besonderen Lichthunger", welche er in Loder's Journal für die Chirurgie (Bd. I, Stück 1, p. 93) beschrieben habe. Ein sechsjähriges Mädchen, erzählt er (Beitrag p. 156), welches gutmüthig, sehr lenksam, wohlgezogen und ganz unbefangen gewesen sei, habe auf die Frage, warum es so viel in's Licht sehe, stets erwiedert: „sie könne es nicht lassen", und jener Lichthunger daure bei diesem jetzt 30jährigen Fräulein noch fort. Beim Vergleich der citirten Krankheitsgeschichte selbst findet sich indessen, dass die Kranke ebenso oft den Grund angab, dass „sie es so gern möge", dass nicht blos Feuer, sondern alle glänzenden Dinge sie anzogen, dass sie aber sehr wohl davon abzuhalten und daran zu gewöhnen war, vom Lichte abgewandt allerlei Beschäftigungen vorzunehmen. Das Ganze läuft also darauf hinaus, dass jene Kranke ihrer Schwachsichtigkeit wegen mehr Vergnügen an der Betrachtung leuchtender und glänzender Gegenstände fand, als andere gut sehende Personen.

Masius*) hat sich, wenn auch manche seiner Beobachtungen nicht die nöthige Schärfe besitzen, im Wesentlichen mit Besonnenheit und keineswegs so leichtfertig ausgesprochen, wie man ihn dessen jetzt öfters beschuldigt. „Es ist wahrlich noch keinem medicinisch-gerichtlichen Schriftsteller eingefallen, sagt er (p. 84), zu behaupten, dass in allen Fällen, wo von jungen in der Periode der Pubertät sich befindenden Individuen Feuer angelegt wurde, ein krankhafter Brandstiftungstrieb vorhanden gewesen sei. Allein in mehreren Fällen leuchtet die Unfreiheit bei der Handlung so klar hervor, dass nur diejenigen sie verkennen können, die so grosse Fremdlinge in der Psychologie sind, dass sie meinen, alle Störungen des Seelenlebens liessen sich auf eine von jenen Hauptformen psychischer Krankheiten zurückführen." Als solche Hauptformen unterscheidet Masius (l. c. Heft 1. p. 35) Blödsinn, Wahnwitz, Ver-

---

*) G. H. Masius, Erörterungen aus dem Civil- und Criminalrechte. Rostock 1821. Heft 2. p. 81.

rücktheit, Wahnsinn, Melancholie, Tollheit und Scheue, er rechnet also offenbar die Pyromanie nicht zu den ausgebildeten Geisteskrankheiten. Von den psychischen Störungen, welche die Pubertät begleiten sollen, macht er eine ziemlich übertriebene Schilderung; die Feuergier will er selbst bei zwei Mädchen, bei denen die Entwicklung der Pubertät unter mancherlei körperlichen Leiden erfolgt sei, beobachtet haben. Das eine 14jährige nervenschwache und bleichsüchtige Mädchen habe stundenlang in der Küche stehen und gleichsam in sich verloren ins Feuer sehen können; als er ernstlich mit ihr darüber gesprochen, habe sie versichert, ihr sei so wohl dabei, sie wolle es aber lassen, und sie habe Wort gehalten. Hiebei zeigt sich Masius etwas leichtgläubig, da eine so leicht abgewöhnte Unart nichts weniger als eine krankhafte Gier ist; er zeigt sich ebenso dadurch, dass er sich auf den oben mitgetheilten Fall der Weber beruft, welche zwar häufig starr, aber ebenso oft anderswohin, als grade ins Feuer blickte. Indessen unterscheidet er sehr bestimmt zwischen Brandstiftungen aus krankhaften und aus normalen Antrieben. „So wie nun, sagt er (p. 98), hier auf der einen Seite die Möglichkeit eines krankhaften Brandstiftungstriebes zugegeben und aus vorgekommenen Beobachtungen erwiesen ist, so lässt sich auf der andern Seite doch auch nicht läugnen, dass nur bei der bei weitem geringeren Anzahl junger Brandstifter ein solcher krankhafter Drang zugleich mit wahrer psychischer Affection erweislich gemacht werden konnte. Vielmehr zeigten sich gewöhnlich folgende Motive zur Brandstiftung bei den jungen Individuen: Heimweh, Zorn, Hass und Rache, Neid, kindische Neigung, Jemand einen Possen zu spielen." Sein Endurtheil ist folgendermassen ausgefallen (p. 110): „Wo Merkmale einer gestörten psychischen Function, neben deutlichen Zeichen eines regelwidrigen Entwicklungsprocesses unwidersprechlich vorhanden sind, wo man also einen wahrhaft kranken Seelenzustand, der sich bald auf die eine, bald auf die andere Art, bisweilen mit Trieb zum Selbstmorde zu erkennen giebt, anzunehmen berechtigt ist, und wo schlechthin keins der oben erwähnten Motive stattfindet, da darf man mit hoher Wahrscheinlichkeit auf Unfreiheit während der That schliessen. Die an Blödsinn gränzende kindische Einfalt wird sich deutlich genug erkennen lassen und schon zu einem bestimmteren Urtheil führen. Zweifelhaft bleibt der Fall, wo keine bestimmten Merkmale einer psychischen Zerrüttung, sondern nur Zeichen eines alienirten Nervensystems angetroffen werden. Das Urtheil des Gerichtsarztes wird hier wohl in der Regel nicht anders, als unbestimmt ausfallen können. Wenn aber gar keine auffallenden Krankheitserscheinungen sich zeigen, so hat man auch Grund genug auf vorhandene Freiheit bei der Brandstiftung zu schliessen, und zwar um so mehr, wenn die Art der Ausführung der That von Besonnenheit und Ueberlegung entschieden zeugt und wenn auch bei der nachherigen Inquisition sich durchaus keine Spuren psychischer Störung ergeben. Der Gerichtsarzt muss sich auch hier niemals von unzeitigem Mitleid gegen das junge Individuum hinreissen lassen, sondern der Wahrheit stets die ihr schuldige Ehre geben." Gegen diese Ansichten wird sich wenig einwenden lassen; man sieht, dass Masius von der Annahme einer instinctiven Monomanie weit entfernt war.

Unter den von ihm erwähnten Krankheitsfällen sind mehrere von erheblichem Interesse; leider sind grade die interessantesten aus ziemlich unzugänglichen Quellen und in sehr dürftigen Auszügen mitgetheilt. Was er über diese sagt, soll im Nachstehenden wörtlich wiedergegeben werden:

„Eine zwanzigjährige Dienstmagd legte in dem Arbeitshause zu Brieg, wohin sie wegen Brandstiftung verurtheilt worden war, wiederholt Feuer an, weil sie längst das Leben verwirkt zu haben glaubte und daher von der Welt sein wolle. Beiträge zur juristischen Literatur in den Preuss. Staaten Samml. VII. p. 205. Schon der Lebensüberdruss, der sich bei dieser Person sehr bestimmt zeigt, lässt auf einen kranken Seelenzustand schliessen. Dennoch wurde sie hingerichtet" (p. 91).

„In den Criminalakten über Brandstiftung, die ich mir zu verschaffen gewusst habe, finde ich nur einen einzigen hieher gehörigen Fall. Ein 14jähriges Mädchen bekommt in ihrem 13. Jahre ihre Menstruation, die seit der Zeit aber nicht wieder erscheint. Dagegen bekommt sie häufige Krämpfe, die endlich in Epilepsie und Veitstanz übergehen. Sie wird sichtbar schwermüthig, ist gern allein und klagt häufig über innere Angst. „Herr Gott, sagte sie eines Tags zu ihrer Hausfrau, mir ist immer so, dass ich vor lauter Angst mich ersäufen möchte. Was das wohl bedeutet und woher das kommt, weiss ich selbst nicht." Zweimal machte sie auch den Versuch, sich zu ertränken, und war einmal besinnungslos wieder aus einem Teiche herausgezogen worden. In dem Verhöre sagte sie noch, es sei ihr immer gewesen, als wenn ein fürchterliches Wesen hinter ihr geschlichen sei. Eines Abends bricht in der Scheune auf dem Hofe Feuer aus, und wie die Flamme hoch empor steigt, steht sie mit in den Seiten gestützten Armen und sieht starr ins Feuer hinein. Man schöpft gegen sie Verdacht und sie gesteht die That mit den Worten: „Herr Jesus, ja, ich habe es wohl angelegt." Ihr kranker Seelenzustand leuchtete den Richtern so sehr ein, dass sie zwar zu zweijähriger Einsperrung verurtheilt, sie aber der ärztlichen Fürsorge empfohlen wurde. Und dies geschah vor 27 Jahren" (p. 94).

„Ein dem Anscheine nach physisch und psychisch gesunder Jüngling bekommt im 16. Jahre einen heftigen Trieb, ein grosses Feuer zu sehen. Ein ganzes Jahr sucht er ihn zu unterdrücken, endlich liegt er unter, und er erwählt sich nun das Haus des Vaters eines von ihm heiss geliebten Mädchens, welches er auch wirklich anzündet. Ich bescheide mich sehr gern, dass meine blosse Vermuthung (sc. einer *munia occulta*) hier die Zurechnungsfähigkeit nicht aufheben kann" (p. 96 nach einer mündlichen Mittheilung von Wildberg).

Gegen die Lehre von einem krankhaften Brandstiftungstriebe trat zuerst Flemming*) auf. Er bezweifelte die angebliche Häufigkeit der Brandstiftungen durch jugendliche Individuen und suchte den Beweis zu führen, dass eine krankhafte, in physischen Missverhältnissen begründete Neigung zum gesetzwidrigen Missbrauch des Feuers nicht anzunehmen sei, dass sich vielmehr die Thatsachen ohne solche Annahme erklären liessen und dass diejenigen, welche überhaupt Object der gerichtlichen Medicin seien, sich nicht wesentlich von den Fällen zweifelhafter psychischer Zustände im Allgemeinen unterschieden. Die Existenz einer Feuerlust findet er durch die Thatsachen nicht erwiesen, bei gehöriger Prüfung der letzteren bleibe davon nichts anders übrig, als die gewöhnliche Neugier, die Lust am Ungewöhnlichen, das Vergnügen an einem grossartigen Schauspiele. Das Feuer sei vorzugsweise für die Jugend ein Mittel der Unterhaltung, ein Werkzeug, welches leicht zu handhaben sei, durch welches der Schwache und Tückische leicht seine Rache üben und wodurch der Muthwillige leicht grosse Effekte hervorbringen könne. Grade der Jugend aber seien Unbedachtsamkeit, Muthwille, Widersetzlichkeit und Neigung, die eigne Kraft geltend zu machen, eigenthümlich. Flemming führte also die meisten Brandstiftungen jugendlicher Individuen auf normale Motive zurück, die übrigen aber betrachtete er als hervorgegangen aus zweifelhaften psychischen Zuständen, die nichts Specifisches hätten, die also nach Umständen ebensowohl andere gewaltsame und ungesetzliche Handlungen, als grade Brandstiftungen, hätten

---

*) Horn's Archiv für medicinische Erfahrungen 1830. p. 256.

erzeugen können; er bezeichnete die letzteren daher als eine nur zufällige Weise der krankhaften Seelenäusserung. Als Beweise für die krankhafte Natur der Handlungen liess er endlich keineswegs das blosse Zusammentreffen derselben mit den Evolutionsjahren gelten, sondern nur den Mangel eines Motivs, erhebliche körperliche Störungen und positive Merkmale der Geisteszerrüttung. Unzweifelhaft werden die Handlungen geisteskranker, wie gesunder Individuen vielfach durch äussere Einflüsse und Umstände hervorgerufen und bedingt; im Gegensatz zu solchen Handlungen, welche vorzugsweise oder ausschliesslich aus inneren Zuständen hervorgehen (wie z. B. Mord aus Verfolgungswahn), könnte man jene wohl zufällige nennen, die Bezeichnung äusserlich bedingte wäre indessen wohl bezeichnender. Das Vorkommen solcher äusserlich bedingter Brandstiftungen Geisteskranker ist gewiss; der Zerstörungstrieb Tobsüchtiger z. B. oder der Muthwille Schwachsinniger können sich gelegentlich ebensowohl durch Brandstiftungen, wie durch andere zerstörende oder tückische Handlungen äussern; die äussern Umstände entscheiden hierbei öfters über die Art der Handlung, wenn auch selbstverständlich stets zugleich innere Ursachen wirksam sind. Ebenso lässt sich die Thatsache, dass von Geisteskranken, wie von Gesunden, bei Weitem die meisten Brandstiftungen auf dem Lande und nicht in den Städten verübt werden, sicherlich grossentheils daraus erklären, dass dort die Gelegenheiten zum Brandlegen sich weit öfter und leichter bieten, als hier. Aber auch der Gedanke an Feuer liegt den Landbewohnern viel näher, als den Städtern, und da wir wissen, dass habituelle Gedanken zwar nicht an sich Geisteskrankheiten erzeugen, wohl aber (wie beim sog. politischen und religiösen Wahnsinn) ihnen eine bestimmte Färbung geben können, so wäre es *a priori* nicht unerklärlich, wenn Geistesstörungen mit Gedanken an Brand und in Folge dieser auch mit besonderer Neigung oder Trieb zum Brandstiften vorzugsweise oder ausschliesslich bei Landbewohnern vorkämen. Wenn die Beobachtung (wie ich glaube, aber bei der Schwierigkeit der Deutung psychischer Processe nicht mit Bestimmtheit behaupten darf) diese Voraussetzung bestätigte, so würden Flemming's Lehrsätze eine entsprechende Modification erleiden müssen; übrigens und im Allgemeinen sind sie gewiss richtig, wie dies auch schon dadurch bestätigt wird, dass alle Gegner der Pyromanie sie regelmässig wiederholt haben.

Als ein zweiter Gegner der Pyromanie trat Meyn*) auf, der indessen weder wesentlich Neues brachte, noch auch, wie später aus einem von ihm verfassten Gutachten erhellen wird, in seinen Ansichten consequent blieb. Die Frage, welche er (l. c. p. 257) aufwarf, warum die Pyromanen ihre Feuerlust auf verbrecherische und nicht lieber auf unschuldige Weise zu befriedigen suchten, hat nur eine Bedeutung gegen die Ansicht, welche auf die erfahrungsmässig ohnehin unhaltbare Feuerlust das Hauptgewicht legt. Betrachtet man dagegen den krankhaften Antrieb zum Brandstiften als Resultat anderweitiger krankhafter Processe, so ist die Frage eine müssige, weil die Entstehungsweise der abnormen Triebe überhaupt unerklärlich ist und weil ein psychologischer Widerspruch (z. B. bei dem Triebe grade die geliebtesten Personen zu ermorden) ihnen erfahrungsmässig oft anhängt. Die Verstecktheit und die Ueberlegtheit bei dem Vergehen, auf welche Meyn sich ebenfalls beruft, kommen ferner gar nicht in Betracht, da beide sowohl bei abnormen, als bei normalen Zuständen nichts Ungewöhnliches sind, zur Unterscheidung beider also nicht dienen können.

Diese verschiedenen Abhandlungen und abweichenden Ansichten bestimmten Henke**), sich noch einmal über die Pyromanie zu äussern. „Es sei, meint er (p. 191), die Ueberzeugung nicht ohne Werth, dass die instinctähnliche Feuerlust und Lichtgier ebensowohl, wie andere höchst auffallende Erscheinungen der Katalepsie, des freiwillig entstandenen Somnambulismus u. s. f., in dem anomalen Entwicklungsprocess der Geschlechtsthätigkeit ihre Wurzel haben könne." Dagegen verwahrt er sich gegen die Ansicht, dass jeder jugendliche Brandstifter nothwendig an krankhafter Feuerlust leiden müsse, welche er auch in der That niemals ausgesprochen hat. Er protestirt ferner gegen die Auslegungen, welche Meckel, Masius u. A. seiner Theorie gegeben hätten. „Ein Trieb, eine Begierde, sagt er (p. 197), die sich blos auf das Brandstiften, auf die Veranlassung zur Feuersbrunst richtete, würde vielmehr auf vorsätzliche, durch verbrecherische Motive veranlasste Handlungen deuten, als auf den von mir geschilderten Krankheitszustand. Der Name Brandstiftungstrieb wird daher, nach meinem Erachten, ausser

---
*) Henke's Zeitschrift für die Staatsarzneikunde. 14. Ergänzungsheft. Erlangen 1831. p. 240.
**) Zeitschrift für Staatsarzneikunde. 14. Ergänzungsheft. p. 189.

Gebrauch zu setzen und der Zustand, von dem es sich handelt, als eine mit anomaler Entwicklung in Verbindung stehende **Feuerlust** zu bezeichnen sein. Neigung zur Brandstiftung kann, je nach der Individualität der Fälle, daraus hervorgehen, **muss aber nicht nothwendig damit verbunden sein.** Würden alle die Fälle, wo eine solche Feuerlust in der Periode der Entwicklung sich äussert, und, ohne Unglück zu veranlassen, nach beendigter Entwicklung verschwindet, eben so genau erforscht, wie diejenigen, wo Criminaluntersuchung wegen Brandstiftung, von jugendlichen Individuen verübt, statt hat, so dürften wir belehrende Ergebnisse über die Häufigkeit solcher Zustände erwarten." Er giebt es ferner ausdrücklich zu, dass bei weitaus den meisten Brandstiftungen jugendlicher Individuen strafbare Motive sich ergeben hätten, besteht aber darauf, dass diese Erfahrung das Vorkommen einer, wenn auch seltenen, krankhaften Feuerlust nicht ausschliesse (p. 225). Er dachte sich demnach, dass aus Störungen der Pubertätsentwicklung eine Feuerlust hervorgehen könne, die in der Regel nur durch eine besondere Lust am Feuer charakterisirt werde, die aber bisweilen auch zu einem verbrecherischen Triebe Veranlassung werden könne. Um aber dies annehmen zu dürfen, müsste, wie er meinte, nicht blos die Zeit der Pubertät mit der der Brandstiftung zusammentreffen, sondern es müsste sich die Pubertätsentwicklung auch durch deutliche, wenn auch nur periodische, Symptome im Blutgefäss- und Nervensysteme, sowie im psychischen Leben, als entschieden krankhaft erweisen (p. 228). Die meiste Schwierigkeit, sagte er endlich (p. 232), werde es aber immer machen, wenn unvollkommene, nicht ausgebildete psychische Krankheit oder nur periodische leibliche und geistige Störungen mit strafbaren Motiven zusammenträfen. — Diese Theorie hört sich gut an und lässt auch keine theoretischen Einwendungen zu, ist aber durch die Erfahrung widerlegt worden. Eine Feuerlust, die **nicht** zum Brandstiftungstriebe geworden, ist weder bei geringeren, noch bei bedeutenderen Störungen der Pubertätsentwicklung, noch auch bei psychischen Krankheiten jemals wirklich beobachtet worden, ja es hat sich sogar bei kranken Brandstiftern häufig, wenn nicht in der Regel, Gleichgültigkeit und selbst Furcht und Abscheu vor Feuer gezeigt. Die Annahme einer besonderen Feuerlust ist daher auch obsolet geworden, während der Streit über die Existenz eines krankhaften Brandstiftungstriebes, als einer besonderen Krankheit im Sinne Meckel's, noch immer fortgeht.

Wollte man die Geschichte der Lehre von der Pyromanie in Perioden theilen, so könnte man mit dem Erscheinen dieser Abhandlung Henke's füglich einen ersten Abschnitt machen. Zur allgemeinen Charakteristik der Lehre in dieser ersten Zeit können sehr gut die Worte Wilbrand's*) dienen, welcher sagt: „Henke's Ausspruch fand vielen Anklang, aber auch Gegner; und wiewohl die Lehre über Pyromanie noch bis in die jüngeren Zeiten ein Gegenstand wissenschaftlicher Streitschriften gewesen ist, so hat sich doch schon ziemlich früh ein grosser Theil des ärztlichen Publikums, namentlich der gerichtsärztliche Theil, so entschieden zu Gunsten des Henke'schen Satzes ausgesprochen, dass dieser Satz sogar eine legislative Bedeutung erlangte. Das königlich Preussische Justizministerium forderte von der wissenschaftlichen Deputation für das Medicinalwesen in Preussen ein Gutachten über den betreffenden Gegenstand, und der Ausspruch dieses Gutachtens lautete dahin: „„dass die jugendliche Brandstiftung nicht selten Folge eines regelwidrigen körperlichen Zustandes, besonders zur Zeit der Entwicklung sei, und die darüber gemachten Erfahrungen bereits derart festgestellt seien, dass es nothwendig werde, bei der Strafgesetzgebung darauf Rücksicht zu nehmen und bei allen Brandstiftungen der Art das Gutachten der Sachverständigen vor Abfassung der Erkenntnisse einzuholen."" Vermittelst Rescript vom 6. September 1824 wurde dieser Ausspruch den Gerichten abschriftlich zugefertigt, um daraus zu entnehmen, welche Ansicht die gedachte Behörde über diesen Gegenstand habe, und befohlen, bei Anwendung des §. 280 der Criminalordnung darauf Rücksicht zu nehmen." Es ist dies ein merkwürdiges Beispiel einer gewiss nicht zu rechtfertigenden Anwendung unfertiger wissenschaftlicher Theorien auf die Strafrechtspflege. Die Besorgniss, dass diese Vorciligkeit eine falsche gerichtsärztliche Auffassung und leichtfertige Entschuldigung jugendlicher Brandstifter zur Folge haben werde, konnte natürlich nicht ausbleiben; daraus ganz besonders ist denn auch später eine heftige Reaction gegen die ganze Lehre hervorgegangen.

---

*) Wilbrand, Lehrbuch der gerichtlichen Psychologie. Erlangen 1858. p. 311.

In Frankreich war inzwischen von Esquirol die Lehre von der *Monomanie instinctive* begründet und bereits von Georget*) auch auf Brandstiftung angewendet worden. Die völlige Verschmelzung der deutschen und der französischen Theorien wurde aber erst durch Mare**) vermittelt, von welchem auch der Ausdruck Pyromanie herrührt. Mehr als diesen Namen und als die Voraussetzung, dass der krankhafte Brandstiftungstrieb eine Monomanie darstelle, hat aber Mare nicht gegeben; der Einfluss, welchen seine Abhandlung gehabt hat, erklärt sich lediglich durch seine dreiste Benutzung der Arbeiten seiner deutschen Vorgänger, die er ohne Weiteres als Stützen seiner Theorie aufführt. Dass Henke ausdrücklich gegen die Annahme eines krankhaften Brandstiftungstriebes protestirt hatte, stört ihn dabei nicht; eine Krankheitsgeschichte, welche Meyn in der Absicht, den Brandstiftungstrieb auf normale Motive zurückzuführen, mitgetheilt, nennt er ohne Weiteres um so beweiskräftiger, da die Schlussfolgerungen des Sachverständigen die Schuld des Angeklagten zu bestätigen strebten, und fügt die übernaive Bemerkung hinzu, dieser Fall könne beweisen, dass die Ausübung der gerichtlichen Medicin, wenn mit derselben gewissenhafte, unterrichtete und geübte Männer beauftragt seien, niemals den Missbrauch entschuldigender Lehren fürchten lasse. In ähnlicher durchaus kritikloser Weise hat er seine sogenannten Beobachtungen ausgewählt, welche theils in ganz kurzen Notizen, theils in unvollständigen, stark belletristisch gefärbten Mittheilungen aus der *Gazette des tribunaux* bestehen. Dazu kommen noch pathogenetische Erörterungen, die ihrer Albernheit wegen nicht einmal Erwähnung verdienten, wenn sie von Casper (Denkwürdigkeiten p. 274) nicht auffallend milde beurtheilt und theilweise sogar als berechtigt zugelassen wären. Der Umstand, dass unter den deutschen Landmädchen weit mehr kranke Brandstifterinnen sich gefunden hätten, als unter den französischen, erklärt nämlich Mare daraus, dass die ersteren auf oder hinter heissen Oefen, in überheizten, mit Wasserdampf erfüllten Räumen

---

*) *Discussion médico-légale sur la folie ou aliénation mentale.* Paris 1826. *p.* 130, 148.
**) Marc, die Geisteskrankheiten in Beziehung zur Rechtspflege. Deutsch von Ideler. Bd. II. Berlin 1844. p. 219. Der Abschnitt über Pyromanie erschien zuerst in den *Annales d'Hygiène publique.* T. X. Paris 1833. *p.* 357.

und in Federbetten schliefen und Biersuppen mit Kümmel und
Coriander, sowie vielen schwachen Kaffee tränken. Bei den Französinnen, die unter einem sanfteren Himmel lebten, kämen, meint
er, solche Schädlichkeiten nicht vor, daher nehme ihre Menstruation
fast stets einen geregelten Verlauf, während die deutsche Lebensweise Störungen des Kreislaufs, der Hautfunctionen und der Nerventhätigkeit veranlasse. Nachzuweisen, dass dieser Unterschied
wirklich stattfinde, ist Marc gar nicht eingefallen, und da seine
Darstellung der Lebensweise deutscher Landmädchen für Norddeutschland, auf welches er sich besonders beruft, nicht allgemein
richtig ist, so ist es wohl auch erlaubt, an seiner Behauptung,
dass in Frankreich ähnliche Schädlichkeiten nicht vorkämen, noch
zu zweifeln. — Einer so leichtfertigen Behandlung der Sache gegenüber erklärte schon Ideler in einem Zusatze zu seiner Uebersetzung (p. 280) die instinctartige Pyromanie in Folge von gestörter Pubertätsentwicklung für ein Abstractum, welches, aus keinen
anschaulichen genetischen Verhältnissen abgeleitet, auf die willkürlichste Weise interpretirt werden könne. Diese Bezeichnung
entspricht in der That dem, was Marc vorträgt, am genauesten,
wie eine Darlegung seiner Aeusserungen lehren wird. „Es ist anerkannt, sagt er zuerst (p. 219), dass im Allgemeinen die Geisteskranken mit grosser Sorgfalt in Bezug auf Feuersgefahr bewacht
werden müssen; bei der grössten Zahl von ihnen, besonders bei
den Geistesschwachen und Verwirrten, entspringt diese Gefahr aus
Sorglosigkeit oder aus ihrem Mangel an Unterscheidungsvermögen;
bei den Tobsüchtigen entsteht sie von ausschweifenden Vorstellungen." Nach Mittheilung einiger Beobachtungen fährt er (p. 221)
unmittelbar weiter fort: „Die Neigung zur Brandstiftung, welche
wir künftig Pyromanie nennen wollen, kann, als Wirkung einer
Geistesstörung angesehen, bei gewissen Wahnsinnigen einen solchen
Grad von Stärke erreichen, dass sie das Feuer als Mittel der Selbstentleibung wählen, ohne zu erwägen, dass diese Todesart eine der
ungewissesten und schmerzhaftesten ist." Der einzige Beweis für
diese höchst unwahrscheinliche Behauptung besteht in der Mittheilung von drei sog. Beobachtungen, von denen jede 5—8 Zeilen
einnimmt und die natürlich gar nichts und am wenigsten das beweisen, dass ein Antrieb zum Brandstiften die Ursache des Selbstmordes war; im ersten Falle wird die Sache grade umgekehrt dargestellt, in den beiden andern normale Motive des Selbstmordes

angegeben. Dann fährt er (p. 222) wieder fort: „Es schien angemessen, diese Thatsachen den nachfolgenden Betrachtungen vorauszuschicken, um vor Allem den Beweis (?!) zu führen, dass bei Wahnsinnigen die Pyromanie zum Ausbruch kommen kann und dass die Folgen weniger die Wirkung der Sorglosigkeit und des Mangels an Urtheil als einer eigenthümlichen Neigung sind. Diese Neigung, welche in der Brandstiftungs-Monomanie wie in allen übrigen Monomanien räsonnirend oder instinctartig sein kann, verdient es, dass wir sie zuvörderst in zweifacher Beziehung der Prüfung unterwerfen. Ich habe früher gesagt, dass die instinctartige Monomanie schwerer zu erweisen ist, als die räsonnirende; dass sie fast jederzeit mit einem Körperleiden verbunden ist, welches aber so wenig in die Augen fällt, dass man es oft nicht (!) wahrnehmen kann, und ich habe mehrere Fälle zum Beweise dieser Wahrheit mitgetheilt." Die versprochene Prüfung bleibt aus, dagegen erzählt Marc einen nach ihm selbst zweifelhaften Criminalfall und sagt dann (pag. 224): „Es können sich noch dunklere Fälle, als der oben geschilderte, darbieten, z. B. wenn ein gemuthmasstes oder selbst erwiesenes Motiv der Brandstiftung, hervorgerufen durch eine lebhafte Leidenschaft, sich mit mildernden Umständen verbindet, welche die Voraussetzung gestatten, dass ein physisches Leiden eine instinctartige Monomanie hervorrufen konnte, ohne welche das Verbrechen nicht stattgefunden hätte. Diese Complication, welche bei allen Monomanien eintreten kann, lässt sich in der That sehr schwer bestimmen, und in zweifelhaften Fällen gebietet die Menschlichkeit, die dem Angeklagten am wenigsten ungünstige Meinung anzunehmen." Der Mittheilung eines sehr zweifelhaften Criminalfalles, in welchem eine Brandstifterin bei Wiederholung ihrer Bekenntnisse ein ein- oder zweitägiges (*sic*) Irresein nach Blutverlust erlitten zu haben behauptete und endlich aus unangegebenen Gründen freigesprochen wurde, folgt dann (p. 226) die Aeusserung: „Die räsonnirende Brandstiftungs-Monomanie giebt sich, im Allgemeinen betrachtet, auf eine bestimmtere Weise zu erkennen, als die instinctartige Pyromanie. Hier schliesst die Ausführung der incriminirten That nicht die irrsinnige Reflexion aus, auf welche sie sich gründet, und die, auch nur vorübergehende Heilung ist niemals, wie bei der instinctartigen Monomanie und also (!) auch bei der gleichartigen Pyromanie, die Wirkung der Vollziehung dieser That." Hierauf folgt die sehr unvollständige

Geschichte eines, so weit ersichtlich, an Hallucinationen und fixen religiösen Ideen leidenden Mannes, der die Kathedrale in York anzündete, und es heisst dann weiter: „Nicht immer jedoch lässt sich die räsonnirende Brandstiftungs-Monomanie so leicht, wie in vorstehendem Falle, erweisen. Es können sich in der That Umstände darbieten, wo man die irrthümlichen Vorstellungen, welche dazu veranlassen, nicht mit Gewissheit einer Geistesstörung zuschreiben kann. Dann muss man den Ursprung jener Vorstellungen ergründen, in wiefern sie nicht stets von selbst entstehen, sondern zuweilen die Wirkung eines fremdartigen Einflusses sind, welche die Geneigtheit gewisser schwacher Köpfe zur Monomanie getroffen hat." Diesen dunklen Worten folgt eine 18 Zeilen lange ebenso dunkle Beobachtung, bei welcher es heisst: „Bei diesem jungen Mädchen, welches ich in einem Pariser Gefängnisse zu sehen Gelegenheit hatte, fand unstreitig eine religiöse Monomanie statt, und ihr Verbrechen war weniger die Wirkung einer **Neigung zur Brandstiftung** (!), als die Folge von Mitteln, welche man angewandt hatte, ihre Vernunft zu bethören" u. s. w. Sie war mit andern Worten zum Brandstiften verleitet worden und wurde auch zum Tode verurtheilt. Hierauf thut Marc (p. 229) die naive Frage: „Warum sollten übrigens die Ursachen, welche im Allgemeinen die räsonnirende Monomanie hervorbringen, nicht auch die räsonnirende Pyromanie erzeugen können?" Diese Frage sucht er durch eine Geschichte zu beantworten, deren Held sich zuerst selbst angeklagt, später aber widerrufen hatte; ob er überhaupt Feuer*) angelegt hatte, blieb zweifelhaft. Endlich heisst es (p. 234) noch: „Die räsonnirende und die instinctartige Pyromanie können zuweilen eine Complication bilden, welche sich im gesetzlichen Sinne schwer bestimmen lässt; dies ist der Fall, wenn zu psychischen Gefühlen, welche die Einbildungskraft in Verwirrung setzen können, sich physische Umstände gesellen, welche einen Instinct aufzureizen **vermögen**" (!). Hierauf folgt wieder ein in 14 Zeilen erzählter Criminalfall und damit ist, ausser den oben erwähnten pathogenetischen Albernheiten und einigen dürftigen statistischen

---

*) In der Uebersetzung ist stets von angezündeten Kornmühlen die Rede, was der Geschichte etwas Unglaubhaftes giebt; es soll aber vermuthlich Kornschober (*meules*) heissen. In der deutschen Bearbeitung von Delasiauve's Werk über Epilepsie (p. 351) steht ebenfalls Kornmühle, wo es nach dem Citate Heuschober heissen sollte.

Notizen, alles erschöpft, was Marc selbst über die Pyromanie sagt. Es ist gewiss ein charakteristischer Umstand, dass auf diese Weise durch nichtssagende Bemerkungen und nichtsbeweisende Beobachtungen der Begriff der Brandstiftungs-Monomanie in die Wissenschaft eingeschmuggelt worden ist. In Deutschland übrigens, wo die eigentliche französische Monomanie niemals recht Eingang gefunden, hat man stets mehr an dem Henke-Meckel'schen Brandstiftungstriebe festgehalten.

Die Theorie der Pyromanie hat seit Marc keine weitere Veränderung erlitten; der Streit dreht sich seitdem ausschliesslich darum, ob und event. in welcher Ausdehnung ein specifischer Brandstiftungstrieb existire. Wenn aber auch die Beobachter fortlaufend in den Zeitschriften Brandstiftungsfälle veröffentlichten und daran ihre Ansichten über die Pyromanie anknüpften, so stritten Gegner und Vertheidiger doch weniger mit Thatsachen, als mit allgemeinen Betrachtungen, wobei sie durchweg nur die Gründe und Auffassungen ihrer Vorgänger wiederholten. So findet man z. B. bei Brefeld*) (einem übrigens sehr verständigen Schriftsteller) wesentlich nur die Einwürfe Flemming's, bei Friedreich**) die Ansichten Henke's und seiner unmittelbaren Nachfolger wiederholt. Hiezu kam noch, dass die Schriftsteller ihr Augenmerk, statt auf die rein pathologische Auffassung der Thatsachen, stets wesentlich auf den praktischen Punkt der gerichtlichen Zurechnungsfähigkeit richteten. Die Zweideutigkeit, die zum Theil ganz falsche Auffassung dieses Begriffs, das Bemühen in Gemässheit von Ansichten, die vorgefasst oder doch durch nicht psychiatrische Betrachtungen vielfach beeinflusst waren, die völlige Zurechnungsfähigkeit oder Unzurechnungsfähigkeit jugendlicher Brandstifter

---

*) Brefeld, Maturität in Bezug auf Freiheit und Zurechnung. Münster 1842.
**) Friedreich, System der gerichtl. Psychologie. Dritte Auflage. Regensburg 1852. Was Friedreich Eigenes gegeben und selbst noch in die neueste Ausgabe seines Buches hinübergenommen hat, sind durchgehends nur sinnlose Phrasen im Geschmacke der naturphilosophischen Zeit. So sagt er z. B. (p. 505), die ideellen Potenzen des Menschen, Arterien- und Nervensystem, suchten die ideellen Potenzen der Erde, Licht und Sauerstoff. Die neueren Arbeiten, selbst die von Richter und Caspar, zu berücksichtigen oder nur zu nennen, hat er dagegen nicht der Mühe werth gehalten.

psychologisch zu erweisen, veranlasste die Beobachter oft genug zu einer recht willkürlichen Deutung der psychischen Vorgänge. Bedenkt man überdies noch, dass die meisten Beobachter keine psychiatrischen Kenntnisse besassen und die Zustände Geisteskranker gar nicht kannten, so wird man es begreiflich finden, dass die Wissenschaft trotz mancher guter Beobachtungen in dieser Angelegenheit keine rechten Fortschritte machte.

Indessen wandten sich doch auch als Ausnahmen einzelne Schriftsteller einer rein pathologischen Auffassung der Thatsachen zu. Unter diesen ist besonders Richter*) hervorzuheben, der eine umfassendere und sehr gute Arbeit über jugendliche Brandstifter veröffentlichte. Er sagt (pag. 21): „Der Brandstiftungstrieb selbst, diese *rara avis in terris*, wird sich wohl selten in solchen Fällen auffinden lassen und, je milder die Gesetzgebungen werden, desto mehr der Maturitäts-Frage Platz machen. Vorläufig, und so lange noch auf diese Pyromanie so viel Gewicht in den Vertheidigungsschriften gelegt wird, ist von Seiten des Gerichtsarztes nur die Vorsicht zu beobachten, dass er nicht, indem er jene Voraussetzung und die Annahme einer Geisteskrankheit überhaupt als unbegründet bekämpft, statt dessen dem Inquisiten die volle oder geschärfte Verantwortung zuziehe, indem es sich hier gar nicht um Ein: „entweder Pyromanie oder psychische Freiheit" handelt, sondern um verschiedenartige Abschattirungen und Färbungen psychischer Zustände, welche zwischen Frevel, kindischen oder kränklichen Affect, Verstandesschwäche, leichtere Verwirrung und völlige Unfreiheit fallen können und welche speciell diagnosticirt und individualisirt werden wollen. Was die Pyromanie betrifft, so ist es wohl kaum nöthig, die Aerzte vor der Klippe zu warnen, an welcher Defensoren öfters scheitern, wenn sie glauben, diese Krankheitsform durch einige rein äusserliche, zufällig zusammentreffende oder dem Maturitätszustande angehörige Symptome (als z. B. Congestionen, unruhiger Schlaf, Trübsinn, Menstruationsanomalien) beweisen zu können; sondern die krankhafte Feuerlust oder Lichtgier selbst muss speciell auf die Art wie jede andere Monomanie bewiesen werden, und der Beweis, wie jede gute Krankheitsdiagnose, ein organisch-gegliedertes, aus Symptomen und ätiologischen Mo-

---

*) H. E. Richter, über jugendliche Brandstifter. Dresden und Leipzig 1844.

menten genetisch entwickeltes und auf die innere Grundstörung zurückgeführtes Ganze bilden." Nach diesen vortrefflichen Grundsätzen ist der Verfasser auch in Wirklichkeit verfahren; er hat 11 Fälle*) jugendlicher Brandstifter, welche die Sächsische chirurgisch-medicinische Akademie begutachtet, zusammengestellt, eine Pyromanie aber in keinem derselben gefunden. Obwohl in Folge dessen geneigt (p. 22), die Existenz dieser Krankheit zu läugnen, hat er doch nicht für überflüssig erachtet, auch die von Anderen erzählten Fälle im Einzelnen zu prüfen und die verschiedenen psychischen Zustände, in welchen die Brandstiftungen verübt wurden, möglichst strenge (sogar tabellarisch) zu sondern; er fand dabei in der That einen, aber auch nur einen Fall von Pyromanie.**) „Man könne diesen, sagt er (p. 107), nicht beseitigen, ohne in den Fehler der Gegner zu verfallen, nämlich über die actenkundigen Thatsachen hinaus in das luftige Gebiet der Hypothesen zu schreiten."

Diese Bemerkung hielt indessen Richter's Nachfolger, Casper***) nämlich, nicht von dem Versuche ab, die Pyromanie als „das Gespenst des sogenannten Brandstiftungstriebes", also als einen reinen Aberglauben aus der gerichtlichen Psychiatrie zu verbannen. Casper fängt mit dem Satze, der erst zu beweisen war, nämlich mit der Negation der Pyromanie, an und fragt, warum die früheren Gegner derselben, namentlich Richter, mit ihren Gründen nicht hätten durchdringen können. Als Ursachen davon sieht er eine unzeitige ärztliche Humanität, insbesondere früheren oder noch bestehenden allzustrengen Gesetzen gegenüber, mangelhafte Beobachtung und Autoritätsglauben an, ohne zu bedenken, dass grade Richter selbst einen Fall von Pyromanie anerkannte und dass daher die Sache noch keineswegs wissenschaftlich erledigt war.

---

*) Die meisten der sieben ausführlich erzählten sind wissenschaftlich völlig genügend dargestellt und werden im Nachfolgenden im Auszuge mitgetheilt werden.

**) Der Fall der Kalinowska, meint er (p. 107), gehöre nicht dahin, da eine Feuerlust unbewiesen sei und eine verlarvte epileptische Seelenstörung anzunehmen weit näher liege. Er scheint hiernach den Fall in Klein's Annalen selbst nicht nachgelesen zu haben, denn dem Gericht wenigstens schien die Feuerlust bewiesen und von Epilepsie findet sich keine Andeutung.

***) Casper, Denkwürdigkeiten zur medicinischen Statistik und Staatsarzneikunde. Berlin 1846. VII. Capitel. Das Gespenst des sogenannten Brandstiftungstriebes.

Casper fragt dann weiter, ob wirklich Brandstiftungen häufig von jungen Menschen verübt würden, und widerlegt diese Behauptung, wie er meint, durch den statistischen Nachweis, dass in Preussen ausserordentlich viel mehr jugendliche Diebe als Brandstifter vorkämen. Dieser Nachweis ist zwar nicht ohne Werth, aber doch nicht von wesentlicher Bedeutung, denn selbstverständlich kann die Zahl der jugendlichen Brandstifter nur mit der der Brandstifter überhaupt verglichen werden, wie dies auch Henke (in seiner Zeitschrift, Ergänzungsheft 14, p. 192) ausdrücklich gethan hat.*) Ebenso wenig beweist sein Schluss, dass man also vielmehr einen Diebestrieb als einen Brandstiftungstrieb anzunehmen Grund habe, und seine Bemerkung, dass in verschiedenen Provinzen, wie auch in verschiedenen Jahren, die Zahl der jugendlichen Brandstifter erheblich verschieden ausgefallen, was bei einer Krankheit nicht denkbar sei; denn abgesehen davon, dass Letzteres allerdings denkbar ist, abgesehen ferner von der aus der Erhebung der Fälle herrührenden statistischen Fehlerquelle, würden diese Gegengründe nur dann in Betracht kommen, wenn alle oder die grosse Mehrzahl jugendlicher Brandstifter wirklich als Kranke betrachtet worden wären.**) Dass dies aber nicht der Fall sei, dass viele derselben gesund seien, das hatte Henke schon gesagt und darüber war man längst einig geworden. Die Fragen, welche Jemand, der auf solche Art von Statistik Werth legte, sich stellen müsste, sind also die beiden folgenden: 1) welches Verhältniss zwischen Brandstiftern überhaupt und jugendlichen Brandstiftern stattfinde; 2) wie viele Pyromanen unter den letzteren vorkämen.

Die Aussagen, welche die Pyromanen über ihre psychischen Zustände gegeben, sucht Casper durch „Hineinverhören" zu erklären, hat dies indessen im Allgemeinen selbstverständlich nicht nachweisen können und auch im Einzelnen wohl vermeintliche Versuche dazu, als welche er jede auf die Feuerlust gradezu ge-

---

*) Die Behauptung, dass Brandstiftungen in Vergleich zu anderen Gattungen von verbrecherischen Handlungen ungewöhnlich häufig durch jugendliche Individuen verübt würden, rührt von Brefeld (l. c. p. 89) her.

**) Henke's Behauptung lautet, wie erwähnt: „Die bei jugendlichen Individuen häufig sich äussernde Feuerlust und Neigung zur Brandstiftung ist nicht selten eine Folge eines regelwidrigen körperlichen Zustandes" u. s. w.

richtete Frage zu betrachten scheint (p. 341), aber nicht das Gelingen derselben nachgewiesen (p. 379). Er wiederholt ferner die Gründe, welche bereits von Flemming geltend gemacht waren, und fügt dazu noch die Bemerkung, dass aus England und Frankreich fast gar keine Fälle von Pyromanie bekannt geworden wären; das Nichtveröffentlichen derselben ist aber natürlich kein Beweis, dass sie nicht beobachtet sind, oder gar, dass sie nicht vorkommen. Das specielle Interesse, welches in Deutschland den Brandstiftungsfällen zugewendet worden ist, ja in Preussen oben erwähntem Rescript gemäss zugewendet werden musste, reicht allein zur Erklärung jenes Umstandes aus.

Casper will nun die Brandstiftungen der Pyromanen ohne Ausnahme aus normalen Motiven ableiten, indem er sich zugleich mit den Vertheidigern der Pyromanie in scharfe Opposition setzt. Für die Mehrzahl der Fälle befindet er sich aber in Wirklichkeit mit ihnen in völliger Uebereinstimmung, da, wie gezeigt, alle Schriftsteller normale Affecte als die gewöhnlichsten Motive der Brandstiftungen ansehen. Für den Rest von Beobachtungen dagegen, bei welchen keine *causa facinoris* zu entdecken war, wollten jene Vertheidiger einen besonderen Brandstiftungstrieb annehmen, während Casper auch solche Fälle auf ein angeblich normales Motiv, nämlich auf „den Drang, seine Persönlichkeit geltend zu machen", zurückzuführen sucht. Dieser Gegensatz ist allerdings praktisch ein sehr wesentlicher, indem jene Auffassung vorzugsweise Unzurechnungsfähigkeit, diese Zurechnungsfähigkeit zu bedingen geeignet ist, pathologisch aber ist der Unterschied sehr gering oder ganz Null.

Jeder eigentliche Affect, der als Motiv einer Handlung gelten soll, muss natürlich sowohl im Charakter begründet, als auch schon vor der That erkennbar gewesen sein, sei es für fremde Beobachter oder sei es für die Handelnden selbst; wo das nicht der Fall ist, da lässt sich auch die That nicht aus dem Affect herleiten. Dies gilt selbstverständlich auch von dem Muthwillen, wenn sich derselbe auch in manchen Beziehungen von den eigentlichen Affecten unterscheidet; jeder muthwilligen Handlung geht eine gewisse freudige Erregtheit, ein Uebermuth, voraus, deren Beschaffenheit Jeder aus eignen Erfahrungen der jüngeren Jahre hinlänglich kennt; alle Affecte, mit Ausnahme der Freude und, wenn man will, der

Rachsucht, vorzüglich aber die deprimirenden, machen das Begehen einer muthwilligen Handlung unmöglich. Sollen wir also glauben, dass Jemand eine Handlung aus reinem Muthwillen begangen habe, so müssen wir zuvor einsehen, dass er dabei in einer gehobenen, eben muthwilligen Stimmung gewesen sei. Auf dem ferneren Nachweise, dass der Muthwille dem Charakter des Handelnden nicht widerstreite, werden wir freilich im Allgemeinen weniger bestehen dürfen, da auch der Ernsteste eine muthwillige Stunde haben kann; wenn dagegen die Handlung nicht blos muthwillig, sondern zugleich bedachtlos, boshaft, sogar verbrecherisch ist, so müssen wir auch eine Erklärung dieser Eigenschaften aus dem Charakter des Handelnden verlangen; denn dass ein bedachtsamer und gutartiger Mensch plötzlich aus Muthwillen ein grobes Verbrechen verüben sollte, wird uns stets unglaublich scheinen. Hieraus ergeben sich also bestimmte Anhaltpunkte zur Beantwortung der Frage, ob eine Handlung aus Muthwillen entstanden sei.

Den Ausdruck „Drang seine Persönlichkeit geltend zu machen" könnte man freilich für eine blosse Definition des Muthwillens halten, denn grade bei diesem findet ein solcher Drang, sich geltend zu machen, aus sich herauszutreten, oder wie Casper sich sonst ausdrückt, statt. Aber jener hypothetische Drang unterscheidet sich vom Muthwillen wesentlich durch den Mangel der charakteristischen, muthwilligen Stimmung; es scheint sogar, als ob Casper an das Vorkommen jenes Dranges bei jeder beliebigen Stimmung glaube, aus der überhaupt eine Handlung hervorgehen kann. Da nun auch bei jedem beliebigen Charakter solcher Drang jederzeit ohne Schwierigkeit angenommen werden kann, so fehlen demselben alle und jede positiven Erkennungsmerkmale, mit andern Worten: er gleicht zum Verwechseln der instinctiven Monomanie, wenn auch nicht der Feuerlust oder dem krankhaften Brandstiftungstriebe, welche eine eigenthümliche Stimmung erfordern. Beide setzen einen durch keinen bestimmten psychischen Process motivirten Trieb voraus, der plötzlich entstehen oder plötzlich auf die zur Auslösung der That genügende Stärke sich erheben soll; beide sind weder eines Beweises, noch eines Gegenbeweises fähig; beide werden nur dann hervorgesucht, wenn keine bessere Erklärung möglich, namentlich wenn schlecht beobachtet ist, und beide lassen sich ganz beliebig für einander setzen. Um dies auch im Einzelnen näher nachzuweisen, sollen von den dreizehn Fällen, welche Casper nach den Acten mitgetheilt*), die drei hieher gehörenden ausführlich durchgegangen werden.

1) **Absalon Vogel**, 19 Jahre alt, war der Sohn evangelischer Arbeitsleute; er hatte nothdürftig schreiben und lesen gelernt und ein Jahr lang Religionsunterricht erhalten. Später hatte er bei verschiedenen Herrschaften gedient und nur gute Zeugnisse erhalten; er ward von allen als willig, unverdrossen, fleissig, treu und verträglich gerühmt. Krank war er nie gewesen. Zur Zeit der That stand er bei der Jungfer D., die ihn zum zweiten Male angenommen hatte, in Dienst, ward auch von dieser gelobt und war selbst mit seinem Dienste durchaus zufrieden. — An einem Sonntage, an welchem fast alle Dienstleute abwesend waren, fiel ihm, während er allein auf der Hausflur sich befand, plötzlich der Gedanke ein, Feuer anzulegen. Er dachte dabei, wie er sagt, an Nichts, hatte nicht die Absicht, Jemandem zu schaden, es war ihm nur, als er geschäftslos umherging, als wenn Jemand ihm zuriefe: Lege Feuer an! Ohne besondere Empfindung, aber auch ohne jede weitere Ueberlegung holte er aus der Küche einen Schwefelfaden, begab sich in die Scheune, schlug Feuer an und steckte den Schwefelfaden brennend und so tief, dass er nicht herausfallen konnte, in das niedrige Strohdach. Er entfernte sich dann so eilig, dass er sein Feuerzeug mitzunehmen vergass. Als er in die Hausflur zurückkehrte, hörte er schon die Köchin, welche vor der Thüre sass, Feuer schreien und sah dann selbst das Dach in vollen Flammen stehen. „Ich war jetzt, sagte er, selbst über das Feuer, das ich verursacht hatte, so erschreckt, dass ich Anfangs nicht wusste, was ich that. Ich fühlte augenblicklich Reue über meine That, suchte nach meinen Sachen im Stalle, büsste aber dabei eine Jacke und zwei Westen ein. Der Herrschaft habe ich treulich ihr Mobiliar aus der Stube retten helfen." Das im ersten Verhöre abgelegte Bekenntniss der Reue über seine That wiederholte er überhaupt bis zum Schlusse der Untersuchung. Ueber seine Motive wusste er nichts Bestimmtes; es sei ihm eingekommen, sagte er, er wisse selbst nicht wie; er sei unwiderstehlich zu der That hingezogen worden und könne sich das selbst nicht erklären; es sei ihm, als ob er dazu gezwungen worden sei. — Er war kaum von mittlerer Grösse, bleich, schwach von Musculatur, übrigens aber völlig gesund und geschlechtlich vollständig entwickelt. Sein Blick war frei und offen, seine Haltung anständig und ruhig, nicht schüchtern oder verlegen; seine Ruhe gränzte nach der Meinung des Inquirenten an Gleich-

---

*) Nur einen darunter hat Casper selbst beobachtet. Dieser und einige andere, die hinlänglich klar und zum Theil recht instructiv sind, werden später benutzt werden. Die Beobachtungen, welche Casper später in seinem Lehrbuche der gerichtlichen Medicin mitgetheilt, schienen mir dagegen nicht vollständig genug erzählt zu sein.

gültigkeit; sein Auge erheiterte sich nur und sein Mund verzog sich nur zu einem geringen Lächeln, als man von seinen Schuljahren, von Schnapstrinken und von den Pferden mit ihm sprach; der Gerichtsarzt bezeichnet ihn als phlegmatisch-melancholischen Temperaments. Die Publication des auf lebenswierige Zuchthausstrafe lautenden Urtheils nahm er mit Ruhe auf, die zuerkannte Strafe schien ihn wenig zu afficiren. Zeichen von Geisteskrankheit waren bei ihm nicht bemerkt worden.

Der Kreisphysikus nahm nun eine instinctartige Brandstiftungsmonomanie an, das Medicinalcollegium meinte, dass die Phantasie die lebhafte Vorstellung einer Handlung gegeben habe, welche der schwache Wille nicht habe beseitigen können, und dass deshalb die Zurechnungsfähigkeit als vermindert angesehen werden müsse; die wissenschaftliche Deputation für das Medicinalwesen erklärte dagegen, die Ursache der That sei der Drang, sich und die eigne Kraft geltend zu machen. Ein solcher Drang sei zuweilen reine Befriedigung der Eitelkeit und auf das Erregen von Aufsehen berechnet, während in anderen Fällen die Befriedigung dieses inneren Dranges an sich schon und ohne Beziehung zur Wirkung auf die Mitmenschen Genuss gewähre. Trotz dieser Auffassung wurde indessen schliesslich ein nicht vollkommen zurechnungsfähiger Zustand angenommen, weil der unentwickelte Geist des Uebelthäters noch unvermögend gewesen, die That in allen ihren Folgen gehörig und vollkommen zu würdigen.

Diese letzte Annahme wäre bei einem wirklich gesunden, erwachsenen Menschen völlig aus der Luft gegriffen. Es heisst freilich, dass sein durch mangelhafte Erziehung und Erfahrung unentwickelter Verstand ihn die ganze Grösse der That nicht klar habe übersehen lassen und dass dies bei einem solchen Subjecte wohl keines ausführlicheren Beweises bedürfe; indessen leidet es grade im Gegentheil keinen Zweifel, dass ein gesunder, neunzehnjähriger Bauerknecht, selbst wenn er sehr dumm wäre, über die Folgen und die Bedeutung einer so ganz unmittelbaren Brandstiftung sich nicht wesentlich täuschen könnte. Die Superarbitranten scheinen daher durch ihr Endurtheil selbst anzudeuten, dass ihre Erklärung der Uebelthat ohne Zuhülfenahme einer geistigen Abnormität nicht genügend sei. Zugleich aber war von jenem Drange dem Uebelthäter selbst nicht allein nichts bewusst geworden, was man vielleicht mit den Superarbitranten als einen Mangel an Selbstbeobachtung erklären könnte, sondern er gab seine Handlung sogar ausdrücklich als eine vollkommen ruhige (mechanische, wie es in den Acten hiess), und von irgend einer gehobenen Stimmung, von einer Befriedigung, einem Genuss, den ihm die Brandstiftung gewährt habe, wusste er selbst offenbar gar nichts. Ueberdies lag ihm nach dem Bilde, welches man sich dem Mitgetheilten zufolge von seinem Charakter machen muss, eine muthwillige, höchst bösartige Handlung ganz fern, so dass der schreiende Widerspruch zwischen seinem früheren Betragen und dem Verbrechen völlig unausgeglichen blieb. Pathologisch hat daher die Pyromanie des Gerichtsarztes gewiss ganz dieselbe Berechtigung, wie die Erklärungsweise der wissenschaftlichen Deputation, d. h. sie lassen Beide Alles unerklärt.

Dagegen hat die letztere übersehen, dass bei dem Thäter zwei sehr bemerkenswerthe Symptome von Geisteskrankheit vorhanden waren. Das eine war seine auffallende Gleichgültigkeit und der charakteristische Umstand, dass ihm nur durch Erwähnung gewisser Lieblingsdinge ein schwaches Lächeln abzugewinnen war; das andere das Zustandekommen der That selbst, welche von Melancholischen oftmals genau in derselben Weise ausgeführt wird. Dass Laien und dass selbst der Physikus die Melancholie nicht erkannten, ist, da sie nicht mit Irrreden verbunden war, bekanntlich kein Beweis, dass sie nicht existirte, und wenn man auch selbstverständlich aus zwei Symptomen keine Krankheit diagnosticiren kann, so ist doch bei dem gänzlichen Fehlschlagen der Erklärung durch normale Motive wenigstens ein starker Zweifel gerechtfertigt, dass der Zustand des Uebelthäters so normal war, wie man ihn glaubte. Dieser Fall beweist daher nichts Anderes, als die Verwerflichkeit der Superarbitrien ohne erneuerte Beobachtung; hätte die wissenschaftliche Deputation den Uebelthäter selbst gesehen, so wäre sie wahrscheinlich zu ganz anderen Resultaten gekommen.

2) **Luise Scholzert**, 22 Jahre alt, war die Tochter eines Arbeitsmannes, lernte in der Schule nur Gedrucktes lesen und erhielt dann vor der Einsegnung drei Jahre lang Religionsunterricht. Ueber ihr Betragen in verschiedenen Diensten, in welchen sie gestanden, sowie über ihre geistige Beschaffenheit, ist nichts erwähnt. Ihre Regeln bekam sie im 18. Jahre, hatte sie drei Jahre lang regelmässig, dann aber in etwa einem halben Jahre nur zweimal und endlich während 6 Monaten (p. 336) bis zur That nicht wieder; sonst war sie nicht krank. Die Herrschaft (Gutsbesitzer), in deren Diensten sie zur Zeit der Brandstiftung ein halbes Jahr gestanden hatte, klagte über ihre Nachlässigkeit, ihre Unreinlichkeit und über kleine Durchsteche-

reien, die sie sich habe zu Schulden kommen lassen; Geistesschwäche
wurde nicht an ihr wahrgenommen. Der Inquirent schilderte ihr Benehmen als reuevoll, gutmüthig und offenherzig. — Von ihrer Herrschaft hatte sie wiederholt und, wie sie selbst einräumte, oft verdiente
Schelte und Schläge bekommen. Acht Tage vor dem Feuer war sie
zuletzt von ihrer Dienstherrin geschlagen worden. Am Tage vor dem
Feuer war sie nicht bestraft, obwohl sie nach eigenem Geständniss
Strafe verdient hatte, da sie Tags zuvor heimlich nach ihrer Heimath
gegangen war. Schon früher hatte sie einmal den Dienst heimlich
verlassen, war aber zurückgeholt worden; ein anderes Mal hatte sie
sich sogar die Hände mit Nesseln verbrannt und gab vor, die Krätze
zu haben, um ihre Entlassung zu bewirken. — Am 3. Juni ass sie
mit den andern Mägden Abends eine Milchsuppe und schlief, den
Teller in der Hand haltend, dabei ein; aufgeweckt hatte sie, während
die Anderen zu Bette gingen, noch den Milchtisch zu scheuern. Hiebei ward sie von einer „fürchterlichen Angst" befallen. „Ich ward
unruhig, sagte sie, es nagte am Herzen, es peisackte mich, ich wusste
nicht, was ich machen sollte, es drängte und nagte mich im Innern,
nach dem Gesindehaus zu gehen und aus meiner Lade Zündhölzchen
zu holen." Aussergerichtlich hatte sie geäussert, es sei ihr so gewesen, als wenn Jemand neben ihr gestanden, der ihr gesagt hätte,
sie müsse heute noch Etwas thun, sie müsse sich das Leben nehmen
oder Feuer anlegen, sie habe keine Ruhe gehabt und den Tisch nicht
einmal fertig scheuern können. Die That selbst beging sie allem Anscheine nach ohne weitere Vorsicht gegen das Entdecktwerden; freilich war diese, da nur sie allein noch auf war, auch ziemlich überflüssig; indessen klopfte sie doch zwei Personen unter keinem anderen
Vorwande, als dass sie, wie ihre wirkliche Absicht war, „in ihre Lade
wolle", wach. Die so erhaltenen Streichhölzchen warf sie dann im
Viehstall brennend auf Stroh. Hierauf ging sie zu Bette, sah das
Feuer durch die Wand schimmern und machte, als ihre Hoffnung,
dass es ausgehen werde, sich nicht erfüllte, selbst Feuerlärm; dann
gerieth sie in drückende Angst und half eifrig retten. Der Verdacht
fiel bald auf sie, sie läugnete indessen im ersten Verhöre schlechtweg, angeblich, weil ihr so beklommen und die Brust so zugeschnürt
gewesen, dass sie nichts habe herausbringen können. Erst nachdem
sie sich von ihrer Herrschaft ein Gesangbuch hatte geben lassen,
gestand sie von selbst ihre That. „Wenn ich wüsste, sagte sie aus,
warum ich das Feuer angelegt, wollte ich es recht gerne sagen; ich
weiss gar nicht, wie mir an jenem Abende gewesen ist; ich kann keine
Auskunft geben, warum ich die Zündhölzchen geholt und Feuer gemacht habe. Eine böse Absicht habe ich nicht gegen meine Herrschaft gehabt; nicht Groll, nicht Rache haben mich dazu verleitet.
Erst nach dem Lesen des Liedes: Jesus meine Zuversicht, im Gesangbuche, ist der Teufel aus mir gefahren."

Die wissenschaftliche Deputation nahm an, dass die That im Allgemeinen aus dem Heimweh, dem Unglücklichfühlen im Dienste hervorgegangen sei, sich aber speciell aus einer momentanen Stimmung, dadurch hervorgerufen, dass sie noch den Tisch habe scheuern müssen, während die Anderen zu Bette gehen konnten, erklären lasse. Eine solche Stimmung sei „eine sehr gewöhnliche in Lagen, in denen eine innere Aufregung über die Widerwärtigkeit der Verhältnisse mit dem Bewusstsein der durch äussere Umstände bedingten Unmöglichkeit, sie zu ändern, in Kampf geriethen, und sie äussere sich in einer Aufwallung, in einem Drange, aus sich herauszutreten und, wie Inquisitin ganz treffend sage, heute noch etwas zu thun, wenn sich dies Etwas, bei der **an sich doch nur geringeren Gemüthsreizung**, auch wohl in den gewöhnlichen Fällen nur auf Injurien, Beschädigungen, Zerstörungen von zur Hand liegenden Dingen u. s. w. beschränke. Es sei nicht gradezu ein erhöhter Muth, den diese gereizte Stimmung der Inq. gegeben; es sei nur ein halber Muth, ein Müthchen, und es habe sie gedrängt, dies zu kühlen." Dennoch aber sei ihre Aussage, dass sie keinen Hass noch Groll gegen ihre Herrschaft empfunden, als wahr anzunehmen, ihre Stimmung sei ihr nur selbst nicht klar geworden und deshalb habe sie auch keinen Grund ihrer That anzugeben vermocht.

Diese Erklärung der Sache zeigt sich indessen auf den ersten Blick als nicht stichhaltig; Casper's nachdrückliche Warnungen gegen das Hineinverhören wären hier gegen das Hineinerklären am Orte gewesen. Das Superarbitrium schildert den Zustand der Uebelthäterin kurz vor der That als einen Aerger und als einen geringeren Grad der Rachsucht, letztere selbst aber spricht von einer „fürchterlichen Angst" und bestreitet jeden rachsüchtigen Gedanken. Da ihre Wahrhaftigkeit nicht bezweifelt wurde, so ist es fast oder ganz undenkbar, dass sie zwei so verschiedene innere Zustände mit einander sollte verwechselt haben. War es ferner wirklich nur ein „Müthchen", welches sie kühlen wollte, so ist es in der That, wie das Gutachten selbst andeutet, ein Widerspruch, dass sie statt geringen Schabernacks ein schweres Verbrechen beging und dass ihr sogar die Idee des Selbstmordes aufstieg. Eine „fürchterliche Angst" endlich kann man unmöglich eine „an sich doch nur geringere Gemüthsreizung" nennen.

Dagegen finden sich in diesem Falle wiederum sehr erhebliche Symptome einer ausgebildeten Geisteskrankheit. Das Heimweh in dem geschilderten Grade, bei einer erwachsenen, seit Jahren an das Dienen gewöhnten Person, ist eine sehr auffallende Erscheinung, die kaum anders als bei Geisteskrankheiten und zwar bei Melancholie mit Präcordialunruhe vorkommt. Die bedeutende Gemüthsverstimmung, welche „ihr selbst angenehme Verhältnisse, wie die Tanzgesellschaften im Kruge, lästig machten" (p. 333) und die Menstruationsstörung sind ebenfalls als Symptome jener Krankheit wohlbekannt. Die Angst bei der That erklärt sich daraus von selbst, und das Aufsteigen böser, verbrecherischer Gedanken ist eine freilich nicht weiter erklärliche, aber häufig genug beobachtete, bekannte Folge der Präcordialangst. In dieser Weise erklärt sich der ganze Hergang so einfach und ungezwungen, dass man an der vorhandenen Geisteskrankheit kaum zu zweifeln vermag.

Um eine klare Einsicht in den Zustand zu gewinnen, hätte aber besser beobachtet werden müssen. Neben anderen Dingen wäre namentlich nöthig gewesen zu ermitteln, wann das Heimweh begonnen, ob sich die Verstimmung gleichzeitig mit der Menstruationsstörung entwickelt, ob sich das Wesen und der Charakter der Scholzert gegen frühere Zeiten merklich verändert hatte, ob ihre Nachlässigkeit und Unreinlichkeit, ihre Durchstechereien, über deren Beschaffenheit nichts mitgetheilt ist, nicht erst Folge der Verstimmung waren; mit einem Worte, die Geschichte des Heimwehs, als eines unter den gegebenen Umständen wahrscheinlich krankhaften Affects, hätte erforscht werden müssen. Wahrscheinlich hätte sich dann die Zurechnungsfähigkeit der Uebelthäterin, welche das Gutachten annahm, in völlige Unzurechnungsfähigkeit verwandelt.

3) Dina Wolde, 15 Jahre alt, war, wenn auch sonst gesund, in der geschlechtlichen Entwicklung zurückgeblieben und noch nicht menstruirt. Der Schullehrer hatte sie beschränkt, verschlossen, zu Trägheit und Lüge geneigt gefunden. Der Gefängnissarzt bemerkte, dass ihr Betragen das Bestreben kund gebe, mehr als ein Bauermädchen sein zu wollen, dass sie sich die hochdeutsche Sprache angewöhnt habe, sich durch die Aufmerksamkeit gebildeter Menschen geschmeichelt fühle und sich in ihrer Gegenwart ziere. Nach Aussage der Aeltern war sie von Jugend auf duldsam, mehr still als lärmend, und furchtsam gewesen. — Nachdem am 18. August fünfmal, am 19. zweimal, am 20. und 23. je einmal Feuer im Dache eines Backhauses entstanden war, sah der Ortsschöppe am 24. Abends die Wolde aus dem väterlichen Hause kommen, die Hand unter der Schürze haltend. Er verlor sie nicht aus den Augen und auch sie, glaubte er, habe ihn sehen müssen, sich aber dadurch nicht irre

machen lassen. Bald darauf sah er das Dach des Backhauses glühen und die Wolde daneben stehen. Er ging auf das „erstarrte Mädchen" oder, wie er ein ander Mal sagte, auf das „sehr verlegene Kind" zu, und fragte sie: ob ihr das von Jemandem geheissen sei? worauf sie dies verneinte und erklärte, sie thäte dies nur aus sich, zugleich versicherte, dass sie es nicht wieder thun wollte, und das Feuer löschen half. Im ersten Verhöre gestand sie bereits, die Brände am 20. u. 24. angelegt zu haben, jeden Antheil an den übrigen läugnete sie aber stets. „Das erste, wie das zweite Mal, sagte sie, spürte ich den ganzen Nachmittag eine grosse Unruhe in mir. Immer kehrte der Gedanke zurück, dass ich Feuer in dem Backhause anlegen sollte. Ich weiss noch, dass mir einige Male der Gedanke einkam: vielleicht brennen Häuser mit ab; dennoch wurde das Verlangen, Feuer anzulegen, nicht unterdrückt, und am Abend, wenn es dunkel wurde, schritt ich zur That. Es lag mir beide Male auf dem Herzen, dass ich das thun musste."

In dem Superarbitrium heisst es nun folgendermaassen: „Das Gutachten des Medicinalcollegii steht deshalb nicht an, sie einmal eine ländliche Kokette zu nennen. In dieser Tendenz der Inculpata liegt der Schlüssel zu ihrer That. Dina W. ist nicht das erste Mädchen ihres Alters, die in dem eiteln Gelüste, von sich reden zu machen, Aufsehen zu erregen, etwas Auffallendes zu begehen, die eigne Thatkraft so weit geltend zu machen, als es Zeit und die geringen geistigen und körperlichen Kräfte gestatten, Brand in ein Strohdach legte; sie ist nicht die Erste, die im kindischen Leichtsinn nicht im Stande war, die Grösse ihrer That und ihre möglichen Folgen klar zu übersehen, um deshalb vielleicht davon abgehalten zu werden; sie ist endlich ebenso wenig die Erste, die sich selbst nicht eine klare Rechenschaft von ihrem Thun und Treiben zu geben wusste und das so oft von ähnlichen jugendlichen, unentwickelten Verbrechern abgelegte Bekenntniss, das auch sie giebt: ich musste es thun, ich hatte keine Ruhe, bis ich es gethan, findet hierin seine Deutung. Es war allerdings ein Trieb, wie sie behauptet, der sie zur Brandstiftung hinzog, aber nicht der blinde, unwiderstehliche Trieb und Drang eines geistig Erkrankten, der sie nicht war, sondern der oben geschilderte, bei ihr gar nicht zur klaren Objectivität gelangte, bei dem jungen, eben heranwachsenden Mädchen so erklärliche Trieb der Eitelkeit, sich selbst geltend zu machen. Die Gelegenheit hiezu kann wohl ungezwungen in den kurz vorher im Backhause ausgebrochenen wiederholten Bränden gesucht werden, wodurch der Gedanke, selbst einmal das Backhaus, dessen Strohdach mit ihrer Hand so leicht erreichbar war, anzuzünden, ihr nahe gerückt werden konnte." Die Wiederholung der Brandstiftung wird dann noch daraus erklärt, dass alle früheren Brände und so auch der das erste Mal von ihr angelegte alsbald gelöscht wurden, der Effect also verfehlt war.

Die erste Frage, welche sich dieser Auffassung gegenüber aufdrängt, ist die, ob die Wolde den Ortsschöppen wirklich sah oder nicht. Sah sie ihn und liess sich dadurch nicht abschrecken, so gewinnt die Ansicht, dass sie die Brandstiftung begangen, um von sich reden zu machen, sehr an Wahrscheinlichkeit; sah sie ihn dagegen nicht und wurde sie gegen ihren Willen als Thäterin entdeckt, so fällt der grösste Theil der Erklärung ohne Weiteres zu Boden, denn sie wollte dann eben von sich **nicht** reden machen. Die Bemerkungen über ihr Benehmen bei der Entdeckung lassen schliessen, dass sie überrascht wurde, den Ortsschöppen also vorher nicht gesehen hatte. Jedenfalls ist es nicht zuzugeben, dass bei dem ersten eingestandenen Brandstiftungsversuch der Effect **deshalb** verfehlt gewesen wäre, **weil** der Brand nicht **zum Ausbruch gekommen war.** Der Effect, den sie nach der Meinung der wissenschaftlichen Deputation suchte, wurde vielmehr niemals erreicht, so lange sie **nicht entdeckt** wurde; dass dies aber ihr Wunsch gewesen, ist doch wohl mehr als zweifelhaft, wenigstens nicht im Mindesten wahrscheinlich gemacht.

Die Eitelkeit und Koketterie kann daher nicht als Motiv angesehen werden und es bleibt nur das Gelüst, die eigne Thatkraft geltend zu machen, von der ganzen Erklärung übrig. Hiebei ist nun zunächst die zuversichtliche Behauptung bedenklich, dass die Wolde nicht die erste gewesen sei, welche aus den angeführten Gründen Brand in ein Strohdach gelegt habe; diese Behauptung hätte nothwendiger Weise durch Thatsachen gestützt werden müssen. Beispiele, dass Verbrechen verübt wurden, um damit zu renommiren, lassen sich allerdings anführen, dass aber grade junge Mädchen aus Eitelkeit Brandstiftungen begingen, wird viel schwerer nachzuweisen sein, wenn es überhaupt vorgekommen ist. Das Gelüst, die eigne Thatkraft geltend zu machen, insonderheit war aber zur Zeit des Gutachtens noch ein ganz unbekanntes Motiv, welches auch jetzt noch in die Wissenschaft nicht eingebürgert ist.

Endlich ist auch die Behauptung, dass die Wolde die Grösse ihrer That und deren mögliche Folgen nicht klar genug habe übersehen können, eine ganz unbegründete, da sie selbst sagte, dass ihr der Gedanke, es könnten Häuser abbrennen, mehrfach eingefallen sei, dass sie aber dennoch nicht von den Brandstiftungsversuchen abgestanden habe.

Da die Geschichtserzählung bei Casper nur zwei Druckseiten einnimmt und der obige Auszug alles mitgetheilte Wesentliche enthält, grossentheils sogar wörtlich nachgeschrieben ist, so wird man ohne Weiteres zugeben, dass der Fall viel zu unvollständig erörtert ist, um wissenschaftlich brauchbar zu sein, oder gar die Entwicklung neuer wissenschaftlicher Grundsätze zu gestatten. Selbst die Thatsachen sind unklar; es ist nicht wahrscheinlich, dass die Wolde wirklich an den zahlreichen früheren Brandstiftungsversuchen unbetheiligt gewesen, und ihre Neigung zur Lüge wurde hinlänglich constatirt, um überhaupt die Aufrichtigkeit ihrer Aussagen zweifelhaft zu machen. Daher ist auch die Möglichkeit im Auge zu behalten, dass sie ihre Motive viel besser gekannt habe und dass diese viel gröberer Natur gewesen seien, als die subtile Deduction des Gutachtens annimmt. Dem entsprechend sagte auch der Richter in seinem Urtheile: „Bei dem Mangel anderer Erkenntnissquellen muss man, wenn auch keine psychische Krankheit die Willensfreiheit der Inculpatin störte, doch ihrem Geständniss zufolge annehmen, dass keiner der sonst gewöhnlich vorkommenden Beweggründe der That vorgelegen, dass aber wegen ihres kindischen Zustandes die Kraft ihres vernünftigen Willens noch zu schwach war, um die unwiderstehliche Lust zum Bösen, zum Feueranlegen, ganz zu überwinden. Ob diese Lust aus Eitelkeit, aus blossem Muthwillen oder aus einer anderen, sonst unerforschten Triebfeder ihren Ursprung genommen, kann hier nichts erheben. Der Richter ist jedoch aus diesen Gründen berechtigt, eine verminderte Zurechnungsfähigkeit anzunehmen, und es kann deshalb nur auf ausserordentliche Strafe erkannt werden." Hieraus erhellt, dass der Richter nur bei dem Mangel anderer Erkenntnissquellen auf dem Geständnisse fusste, dass ihm die Motive an sich unklar schienen und dass er die Existenz unerforschter Triebfedern wohl für möglich hielt.

Vergleichen wir nun die drei mitgetheilten Fälle mit einander, so findet sich 1) dass in allen, namentlich auch in dem letzten, statt des mehrerwähnten Thatdranges mit gleichem Rechte Monomanie angenommen werden kann; 2) dass alle unvollständig beobachtet und für wissenschaftliche Schlussfolgerungen ungeeignet sind; 3) dass die That in allen aus verschiedenen Gemüthszuständen, nämlich im ersten aus völliger Ruhe, im zweiten aus starker Angst, im dritten aus grosser Unruhe (oder nach Ansicht der wissenschaftlichen Deputation aus einer gehobenen, eitlen Stimmung, die aber dennoch nicht als Muthwille charakterisirt wurde) hervorging. Hieraus ergiebt sich, dass der hypothetische Drang (wie auch die Monomanie instinctive) nichts Anderes ist, als der Trieb, welcher jeder Handlung ohne Ausnahme vorangeht, und welchen man, wenn man will, jedesmal als einen Drang, die Persönlichkeit geltend zu machen, auffassen kann. Schon oben (p. 5) ist aber gezeigt, dass der Nachweis dieses Triebes an sich ebenso überflüssig, wie für die gerichtliche Psychiatrie nutzlos ist, und dass es nur darauf ankommt, aus welchem Zustande, aus welchen psychischen Processen er hervorgegangen ist. Wäre jener Drang (oder die Monomanie) etwas Bestimmteres, so müsste er an constanten Merkmalen sich erkennen lassen, aus einem bestimmten psychischen Processe sich entwickeln, was aber, wie wir gesehen haben, durchaus nicht der Fall ist. Auch jener Drang ist also, genau wie es Ideler von der Monomanie sagt, ein Abstractum, welches, aus keinen anschaulichen genetischen Verhältnissen abgeleitet, auf die willkürlichste Weise interpretirt werden kann.

Wohl in Folge der Abhandlung von Casper und unter seiner persönlichen Einwirkung wurde die oben erwähnte, in Preussen gegebene Vorschrift über die Exploration jugendlicher Brandstifter durch eine Verfügung vom 30. November 1851 in der Art beschränkt: „dass es für die Gerichtsbehörden Preussens nicht mehr nöthig erscheine, bei jeder Untersuchung wider jugendliche Brandstifter von 12—20 Jahren vor Abfassung des Erkenntnisses das Gutachten von Sachverständigen einzuholen, dass dieses vielmehr lediglich dem Ermessen des Gerichts in jedem einzelnen Falle überlassen bleiben müsse." *) Diese Verfügung war gewiss zweckmässig, indem sie den Ausnahmezustand, welcher zu Gunsten einer unfertigen Theorie geschaffen war, wieder beseitigte, den Richtern die ihnen gebührende freie Verfügung über die Zuziehung von Sachverständigen wieder einräumte und der Verleitung der Gerichtsärzte zur Voraussetzung der Pyromanie ein Ende machte.

---

*) Wilbrand, Lehrbuch der gerichtlichen Psychologie. p. 312.

Casper ist der letzte Schriftsteller, welcher einen wesentlichen Einfluss auf die Lehre von der Pyromanie geübt hat. Es sind seitdem freilich manche Gegner und Fürsprecher seiner Ansichten aufgetreten, aber der Streit, wenn auch lebhaft, wurde doch blos mit den schon bekannten Gründen und Gegengründen geführt, und nur die Casuistik erfuhr erhebliche Bereicherungen. So wichtig aber auch manche veröffentlichten Fälle für die ganze Lehre sind und so verständige Urtheile manche Schriftsteller daran knüpften, so erscheint es doch zweckmässig, die Geschichte der Theorien hier abzuschliessen und das Einzelne lieber auch im Einzelnen zur Darstellung der normalen oder abnormen psychischen Processe, aus welchen die Brandstiftungen hervorgehen können, zu benutzen.

Die Brandstiftungen in Affecten.

Bei gesunden Individuen entsteht der Antrieb zum Brandstiften bekanntlich theils aus eigennützigen Zwecken, also vorwiegend aus einer Verstandesthätigkeit ohne starke Gemüthsbewegung, theils aus Affecten, also unter Gemüthsbewegungen, welche die Ueberlegung übertäuben oder ganz bewältigen. Die erste Classe von Motiven (wie der Wunsch, Versicherungssummen zu erheben, Gelegenheit zum Diebstahl zu erhalten, Verbrechen zu verdecken u. dgl.) hat kein psychiatrisches Interesse, dagegen ist die Kenntniss der zweiten wichtig für die Unterscheidung normaler und abnormer Seelenzustände. *)

Wie Flemming schon hervorgehoben, ist bei der Beurtheilung der aus Gemüthsbewegungen hervorgehenden Brandstiftungen zu bedenken, dass dieses Verbrechen, namentlich auf dem Lande, leicht und schnell selbst von jugendlichen und schwachen Individuen ins Werk gesetzt werden kann und dass einfältige und unreife Personen sich deshalb leicht über die Grösse des Verbrechens selbst, wie über dessen mögliche Folgen, täuschen können. Selbst geringe Affecte können daher unter Umständen zu bedeutenden Brandstiftungen Anlass geben und die Motive mit den Folgen scheinbar

---

*) Casper (Denkwürdigkeiten p. 297) zählt zu den Gesunden auch alle solche Individuen, bei denen kein Motiv oder nur ein angeblicher unwiderstehlicher Trieb zu finden war. Für den Richter sind allerdings alle Fälle normale, in welchen der Nachweis einer Krankheit nicht geführt ist, aber an sich sind Brandstiftungen ohne jedes natürliche oder krankhafte Motiv unmöglich; in solchen Fällen müssen daher (vielleicht unvermeidliche) Beobachtungsmängel vorausgesetzt werden, welche die Benutzung solcher Fälle für wissenschaftliche Schlüsse verbieten.

ausser allem Verhältnisse stehen. Casper*) hat sogar einer ganzen Reihe von Fällen Erwähnung gethan, in welchen kleine Kinder aus Spielerei oder aus kindischen Affecten: Furcht vor Züchtigung, Rachsucht wegen Neckereien oder wegen erhaltener Schläge, Unzufriedenheit u. dgl. Feuer anlegten.

Die Affecte, welche bei normalen Individuen die Motive zu Brandstiftungen hergeben, sind die folgenden: Rachsucht nebst Eifersucht, Furcht, Unzufriedenheit, Heimweh und Muthwillen. Dass diese Affecte nicht immer strenge zu unterscheiden sind, wie Unzufriedenheit und Heimweh, oder auch verbunden vorkommen können, wie Muthwillen und Rachsucht, versteht sich von selbst; es finden sich aber auch Fälle, in welchen rein ein einzelner Affect das Motiv hergiebt. Endlich ist noch zu beachten, dass innerhalb des Normalzustandes, in welchem die genannten Affecte wirken, eine Menge von Abstufungen der geistigen Beschaffenheit bei den verschiedenen Uebelthätern vorkommen und dass durch diese ein allmähliger Uebergang in die geisteskranken Zustände vermittelt wird.

I. Rachsucht.

Dass und wie Brandstiftungen durch Rachsucht hervorgerufen werden können, bedarf keiner weiteren Erörterung; nur ist zu beachten, dass die Veranlassungen der Rachsucht bisweilen nur geringfügig, kindisch sind und dass auch recht gutartige Charaktere durch besondere Charaktereigenthümlichkeiten, z. B. durch übermässige Empfindlichkeit, zur Brandstiftung aus Rachsucht sich hinreissen lassen können. Die Eifersucht ist der Rachsucht sehr verwandt; ihre Beziehung zum Verbrechen erklärt sich ebenfalls von selbst.

1) Hans N., 33 Jahre alt, Tagelöhner, Brandstiftung aus Rachsucht am 10. Nov. 1853. (Aus den Acten.)

H. N. aus K. war wegen grosser Armuth seiner Eltern von Kindheit an zum Brodverdienen und Betteln angehalten worden und hatte deshalb die Schule so schlecht besucht, dass er nicht einmal lesen lernte und von den 10 Geboten nur eine unklare Vorstellung besass.

---

*) Denkwürdigkeiten etc. p. 389. Diese Mittheilungen bestehen freilich leider in zu kurzen Notizen, um die psychischen Eigenthümlichkeiten der Kinder erkennen oder die angegebenen Motive prüfen zu lassen, aber bei deren innerer Glaubwürdigkeit ist wohl an ihrer Realität nicht zu zweifeln.

Das Vaterunser, welches er jeden Abend zu beten pflegte, und seine Begriffe von seinen Pflichten wollte er von andern guten Kindern erlernt haben. In seinem Charakter war eine auffallende Verschlossenheit, jedoch ohne Halsstarrigkeit oder Bosheit, der Hauptzug.

Auf einem seiner Bettelzüge, welche ihn oft auf mehrere Tage vom Hause entfernten, kam er, etwa 14 Jahre alt, auch auf den 1 Meile von K. entfernten Hof des Hufners D. Hier ward er sehr schlecht empfangen; die beiden Söhne des D., von welchen der Eine später die Stelle erhielt, der Andere sie mitbewohnte, gingen mit einer Peitsche auf ihn los und hetzten sogar einen Hund auf ihn, der ihn auf der Flucht in die Wade biss. Er hörte überdies, dass Arme dort oftmals in solcher Weise behandelt würden. Seitdem trug er stets einen heftigen Groll gegen die Brüder D. im Herzen und dachte oft daran, dass er sich durch Feueranlegen an ihnen rächen wollte; indessen verhinderte ihn sein Gewissen, dies in Ausführung zu bringen.

Einige Jahre darauf, mit nothdürftigen Kenntnissen confirmirt, nährte er sich durch Tagelöhnerarbeit oder durch Verdingen als Knecht, wobei man im Allgemeinen ganz mit ihm zufrieden war. Im 21. Jahre verheirathete er sich mit einem guten und tüchtigen Mädchen, und da die Eheleute kinderlos blieben, fleissige und tüchtige Arbeiter waren und ordentlich lebten, so gelangten sie zu einem den Verhältnissen nach ungewöhnlichen Wohlstand.

Im Herbst 1853, also ungefähr 20 Jahre nach dem erzählten Vorfall, sah N. eines Tages den jüngeren D. in K. auf der Strasse, und obwohl dieses Wiedersehen keineswegs das erste war, obwohl er nie, selbst nicht gegen seine Frau, von jenem Vorfall gesprochen oder einen Hass gegen die Brüder irgendwie an den Tag gelegt hatte, obwohl endlich in der Zwischenzeit nichts sich zugetragen hatte, was seinen Hass wieder hätte anfachen können, so fiel ihm dennoch bei dem diesmaligen blossen Anblick des D. plötzlich ein, zur Ausführung der längst beschlossenen Rache zu schreiten. Gegen Abend gab er gegen seine Frau vor, er wolle ausgehen, um Holz zu holen, machte sich aber gradezu auf den Weg nach dem D.'schen Hofe, wo er um 10 Uhr anlangte. Hier beschloss er, um keine Menschenleben zu gefährden, eine einsam stehende Scheune anzuzünden; aus demselben Grunde schien ihm auch der windstille Abend zur Ausführung der That besonders geeignet. Er ging in die schlecht verschlossene Scheune hinein, zündete mittelst Zündhölzchen einen Haufen Stroh an und entfernte sich dann eiligst. Vom Wege zurückblickend sah er die Scheune in Flammen stehen und wurde sogleich von Reue und Gewissensbissen ergriffen. Seiner Frau, die ihn seiner späten Heimkehr wegen ängstlich befragte, antwortete er sehr einsylbig, er sei verjagt worden, habe kein Holz bekommen können, und zeigte sich an den folgenden Tagen ganz verändert, durchaus still und fast träumend. Die Frage, ob er krank sei, verneinte er, begann aber sich zu betrinken, um, wie er später sagte, seine Gewissensbisse zu übertäuben. Wahrscheinlich im trunkenen Zustande entwendete er während dieser Zeit (am 28. Januar) ein Brett von einem Wagen, dessen Besitzer ihm Arbeit verweigerte, wofür er eine dreitägige Gefängnissstrafe erhielt. Bitten seiner Frau und Ermahnungen seines Vaters vermochten ihn zwar, vom Trinken abzulassen, aber er blieb bei dem beständigen Kampf mit dem Gedanken, dass er sich dem Gerichte angeben müsse, trübe und arbeitsscheu. Er sprach kaum, sass gesenkten Hauptes stillschweigend da oder ging stundenlang auf und ab, hörte kaum, wenn er angeredet wurde, und war, wenn auswärts, zur Rückkehr schwer zu bewegen. Endlich am 4. April 1854 ging er nach B., dem Sitze des Gerichts, in dessen Bezirk er das Verbrechen begangen, unter dem Vorwande, dass er einen Brief dorthin zu bringen habe, übernachtete dort und meldete sich am Morgen des 5. bei Gericht, wo er sogleich ein volles und offenes Geständniss ablegte. Hierauf fühlte er sich ruhiger. — Er wurde zu vierjähriger Zuchthausstrafe verurtheilt.

Niemand wird wohl weder an der völligen Geistesgesundheit dieses Uebelthäters, noch daran zweifeln, dass Rachsucht sein einziges Motiv war. Sein Charakter war zwar eigenthümlich verschlossen, zäh alle Eindrücke festhaltend und in sich verarbeitend, aber seine Schilderung von seiner Rachsucht und von seiner Reue, seine Klarheit über alle seine inneren Vorgänge lassen an seiner Geistesgesundheit keinen Zweifel. Das lange Fortbestehen der Rachsucht ist nicht ohne Analogie mit dem, was die meisten Menschen an sich selbst beobachten können; in der Kindheit erduldete Misshandlungen halten sich merkwürdig lange in der Erinnerung, und der Groll über deren Urheber kann sich später, wenn man deren ganze Ungerechtigkeit klar einsieht, sogar noch verstärken. Unerklärt bleibt freilich das plötzliche, äusserlich unveranlasste Uebergehen des Grolls in Handlung; indessen muss auch dies als merkwürdige und wohl zu beachtende Thatsache hingenommen werden. Sie zeigt, wie vorsichtig man in Fällen sein muss, wo keine *causa facinoris* vorzuliegen scheint. Wäre der Uebelthäter auf irgend eine andere Weise entdeckt worden und hätte er selbst mit dem Geständnisse zurückgehalten, so wäre, da jener Vorfall von allen Andern längst vergessen war, kein Motiv zu entdecken gewesen, und man hätte daraus und aus seinem nachfolgenden auffallenden Benehmen die schönste Monomanie oder nach Belieben auch den Drang, seine Persönlichkeit geltend zu machen, deduciren können.

2) **Carl H., 15 Jahre alt, Bauernjunge, Brandstiftung aus muthwilliger Rachsucht am 10. Nov. 1817.** (Fischer in Henke's Zeitschrift Bd. 23, p. 147.)

C. H., eines Bauern Sohn, hatte den gewöhnlichen Schulunterricht erhalten und dadurch seine mittleren Geistesanlagen nothdürftig ausgebildet, so dass er die nothwendigsten religiösen und sittlichen Begriffe sich erworben hatte. Auch körperlich war er völlig gesund und normal entwickelt; er unterschied sich überhaupt von einem gewöhnlichen, gesunden Bauerjungen nur durch seine Faulheit und Widerspenstigkeit.

Nachdem er vor zwei Jahren*) als ganz arme Waise aus Mitleid von einem Müller aufgenommen war, erhielt er von diesem eines Morgens wegen Nachlässigkeit eine Züchtigung. Um die Vesperzeit desselben Tages, als er eine Pause im Dreschen machen durfte, ging er in die Wohnstube, nahm aus dem Ofen eine brennende Kohle, trug sie auf den, seinem Apfelvorrath als Magazin dienenden, Heuboden und legte sie ins Heu. Hierauf stellte er sich auf einen Balken über der Tenne und sah, Aepfel essend, unverwandten Blicks nach dem Heuboden, wo das Feuer aufgehen sollte. Als dieses ausbrach, rief er ängstlich den Pflegevater zu Hülfe, weinte und half löschen. Es verbrannten drei Gebäude.

Er läugnete lange, legte aber endlich ein offenes Geständniss ab, nach welchem die Absicht, dem Pflegevater einen Possen zu spielen, sein einzigstes Motiv war. Der Arzt fand ihn ganz gesund, geschlechtlich noch unentwickelt und bezeichnete ihn als völlig zurechnungsfähig. Das Erkenntniss lautete in zwei Instanzen auf sechsjährige Zuchthausstrafe.

Dieser, obwohl sehr kurze Auszug wird doch keinen Zweifel lassen, dass eine kindische, gehöriger Ueberlegung der Folgen ermangelnde und muthwillige Rachsucht das Motiv des Verbrechens war.

3) **Maria F., 13 Jahre alt, Brandstiftung aus Rachsucht am 30. April 1840.** (Schleswig-Holsteinische Anzeigen 1841. p. 90.)

M. F. war die uneheliche Tochter der Ehefrau des Tagelöhners Georg N. in B., welcher sie als sein Kind anerkannte, obgleich die Mutter bei ihrer Geburt einen anderen Mann als Schwängerer namhaft gemacht hatte. Ihre Eltern, von welchen der Vater sich früher keines guten Rufes erfreut hatte, waren rohe, leidenschaftliche Menschen, welche sie mit Härte behandelten. Ihre erste Schulbildung hatte sie in O. erhalten, und schon der dortige Lehrer schilderte sie als ein unglückliches, irregeleitetes Kind, welches muthmasslich durch

---

*) Alle solche Zeitangaben beziehen sich stets auf den in der Ueberschrift genannten Zeitpunkt des Verbrechens.

schlechte Gesellschaft und grausame Misshandlungen seitens ihrer Eltern verdorben wäre. Seitdem diese sich in B. niedergelassen, besuchte sie mit vielen Unterbrechungen die dortige Schule, wo sie Lesen und Schreiben lernte und sich ziemlich gute Kenntnisse in der Religion erwarb, aber trotzig und lügenhaft war und ihren Mitschülerinnen bisweilen Kleinigkeiten wegstahl.

Ihre Eltern wohnten in B. in einer isolirt liegenden sogenannten Vierwohnungskathe, in welcher ausser der Familie eines Onkels der F. noch vier andere Familien lebten. Maria F. stand nun nicht allein mit ihren Eltern und Verwandten, sondern auch mit den übrigen Hausgenossen in schlechtem Vernehmen. Von den letzteren wollte sie oft ohne Grund bei ihren Eltern verklagt sein, was dann Züchtigung zur Folge gehabt hätte; jene dagegen klagten, dass auf ihre Beschwerden über das Mädchen von den Eltern nicht die gebührende Rücksicht genommen wäre; jedenfalls herrschte also in dem überfüllten Hause gegenseitiger Unfriede, und der Aerger der F. wurde namentlich dadurch rege gemacht, dass ihre Tante, wenn die Erwachsenen zur Arbeit gingen und Maria F. bei den Kindern zurückbleiben musste, das Feuer auf dem Heerde ihrer Eltern auszugiessen pflegte. Diese Tante nannte sie eine böse Dirne, welche voll Lug und Trug sässe und durch unwahre Beschuldigungen Streit in der Familie hervorgebracht hätte. Nach dem Urtheil ihres Onkels war sie für ihr Alter höchst impertinent und naseweis, liess sich von älteren Leuten nichts sagen und brauchte, wenn sie getadelt wurde, die gemeinsten Schimpfwörter. Ebenso nannte sie der Hausbewohner S. „einen bösen Racker" und bemerkte, dass sie gegen Alle, ihre eigenen Eltern eingeschlossen, mit Lug und Trug umgegangen wäre. Auch die Eltern schilderten sie als lügenhaft und halsstarrig. Schon in ihrer frühen Jugend machte sie sich kleiner Mausereien und Unterschlagungen schuldig und wurde dafür von ihrer Mutter, die ihr sogar einmal mit ihrem Pantoffel ein Loch in den Kopf geschlagen hatte, grausam gestraft.

Der Aufenthalt im elterlichen Hause musste der M. F., welche ihre drei jüngeren Geschwister zu warten hatte, unter diesen Verhältnissen sehr unangenehm sein. Sie war den Eltern bereits zweimal entlaufen, aber wieder zurückgebracht worden, bis sie endlich auf den Gedanken kam, Feuer anzulegen, welchen sie bereits am 29. April gefasst haben wollte. Sie behauptete, dass ihre Mutter sie an diesem Tage, weil sie den Tisch nicht ordentlich gescheuert, mit einem Eimer in den Rücken geschlagen, was diese indessen in Abrede stellte. Am folgenden Morgen wollte sie in ihrem Entschlusse dadurch bestärkt sein, dass die Mutter sie aus geringfügiger Veranlassung geschlagen, was diese jedoch ebenfalls läugnete.

Zufällig brannten am Morgen dieses Tages in einem benachbarten Dorfe zwei Häuser ab. Die F., welche von ihrem Garten aus dem Feuer zusah, liess dabei gegen ihre Tante die Worte fallen: „Wenn unser Haus nur nicht auch abbrennt", wobei sie an ihren Vorsatz gedacht haben wollte. Sie besorgte dann, nachdem die Eltern zur Arbeit gegangen und die Tante zu ihrem grossen Verdrusse das Feuer ausgegossen, ihre gewöhnlichen häuslichen Geschäfte. Erst Nachmittags 2 Uhr hielt sie den Zeitpunkt für geeignet zur Ausführung des Verbrechens. Sie nahm vom Heerde ihrer Tante eine Torfkohle und stieg damit die Leiter nach dem Boden hinauf. Unterwegs liess sie die Kohle fallen und musste daher den Weg noch einmal machen. Auf dem Boden angelangt, legte sie die Kohle in Stroh und begab sich dann nach der Stube zurück, wo sie, wie sie sagte, vor Angst, dass Jemand hinzu kommen möchte, zitternd und fliegend, jedoch ohne Reue zu empfinden, den Ausbruch des Feuers erwartete.

Dieses brach denn auch nach einer Viertelstunde mit solcher Gewalt aus, dass eine Frau B. verbrannte, ein Blödsinniger an den Haaren aus dem Fenster gezogen werden musste und die übrigen Hausbewohner nur mit Mühe das nackte Leben retteten.

Der Verdacht fiel sogleich auf die M. F. Ihr achtjähriger Bruder gestand, nachdem er anfänglich aus Furcht geläugnet, aussergerichtlich, dass er durch ein Guckfenster in der Stubenthür seine Schwester auf den Boden hätte steigen sehen, und letztere selbst legte nach anfänglichem Läugnen ein gleiches Geständniss ab, worauf sie zur Haft gebracht wurde. Vor Gericht indessen gab sie zuerst vor, dass ihre dreijährige Schwester Sophie das Feuer durch Unvorsichtigkeit veranlasst hätte, dann, dass sie selbst eine Kohle unvorsichtiger Weise aus dem Ofen gerissen, welche das auf der Diele liegende Stroh entzündet hätte, und endlich behauptete sie sogar, von der Ehefrau B., welche versichert gewesen, für drei Schillinge (etwa 2 Silbergroschen) zur Brandstiftung gedungen zu sein. Ihr aussergerichtliches Geständniss erklärte sie durch Furcht vor Stockschlägen und blieb bei der letztern Behauptung halsstarrig und unbewegt stehen, obgleich ihr eröffnet wurde, dass die B. verbrannt wäre und nichts versichert gehabt hätte. Erst nachdem ihr bemerklich gemacht war, dass ein Zeuge ihrer That vorhanden wäre (worauf sie sogleich erwiederte: „das ist gewiss mein Bruder"), kehrte sie zu ihrem früheren Geständnisse zurück, bei welchem sie dann auch stehen blieb.

Auch später log sie in Nebendingen mit der grössten Unverschämtheit, mit dem offensten Gesicht und mit dem hartnäckigsten Trotze. Gegen ihre Eltern und besonders gegen ihre Mutter, mit der sie mehrfach ohne Erfolg confrontirt wurde, legte sie einen solchen Hass an den Tag, dass beide vor Gericht von einander getrennt werden mussten, wobei aber die Blicke, welche sie ihrer Mutter zuschoss, ein solches Uebermaass von Hass und Gift enthielten, dass der Inquirent einen ähnlichen Ausdruck von Bosheit nie gesehen zu haben glaubte. Wäre sie nur, erklärte sie, bei ihrem Onkel, zu dem sie einmal entlaufen, geblieben und nicht zu ihren Eltern zurückgekehrt, so würde ihr Gott nicht so schlechte Gedanken eingegeben haben. Bei einem Besuch im Gefangenhause nach einer kurz zuvor mit ihrem Bruder stattgehabten Confrontation fand der Inquirent sie in grosser Aufregung. Sie hatte ein so freches Wesen, ein so gottloses Maul, wie er es bei einem Kinde in ihrem Alter noch nie gesehen. Sie beschuldigte ihre Eltern des Betrugs, der Anleitung zum Diebstahl, der Entziehung nothwendiger Lebensbedürfnisse, erzählte eine Menge Misshandlungen so schnell, dass man eine über die andere vergessen musste, und erklärte endlich, auf keinen Fall zu ihren Eltern zurückkehren zu wollen, indem sie nicht bei ihnen bleiben würde und sollte sie auch noch einmal ein Verbrechen begehen.

Als Motive ihrer That ergaben sich Rachsucht gegen die Eltern, die Tante und alle anderen Hausgenossen, die Absicht, ihrer Tante zu zeigen, dass sie trotz der Vorsichtsmassregeln doch zum Feuer kommen konnte, und der Wunsch, ihre Lage zu verbessern. Ihre erste Aussage lautete, sie hätte die Brandstiftung begangen, weil sie von der Mutter gemisshandelt worden; später räumte sie ein, dass sie ihren Eltern und auch den übrigen Hausbewohnern, weil diese sie immer verklagt, einen Schabernack hätte spielen wollen. Sie hätte gehofft, sagte sie, dass sie es in Zukunft besser haben würde, indem sie erwartet hätte, dass ihre Eltern, wenn sie Alles verloren hätten, sie besser behandeln würden. Ihre Strafbarkeit war ihr völlig klar.

Nach der ärztlichen Untersuchung war sie für ihr Alter klein, gesund, geschlechtlich völlig unentwickelt und unschuldig. Geistig war sie vollkommen klar, fasste die Fragen des Inquirenten mit seltenen Ausnahmen sogleich richtig auf, war bei Vorlesung der Protokolle sehr aufmerksam und machte einmal eine Bemerkung, welche völliges Verständniss des Inhalts bewies.

Das Gericht betrachtete ihr Alter, ihre moralische Verwilderung und die erduldete harte Behandlung als Milderungsgründe und verurtheilte sie zu achtjähriger Zuchthausstrafe.

Diese Beobachtung wurde hier ausführlich, theilweise wörtlich der Originalmittheilung nacherzählt, weil sie ein sehr anschauliches Bild von den inneren Zuständen der jungen Verbrecherin giebt und, was Aerzten nicht immer gegenwärtig zu sein scheint, die Möglichkeit eines sehr hohen Grades von Verderbtheit und Bosheit selbst bei so jugendlichen Individuen darthut. Mag man auch vom humanen Standpunkte aus die ererbte Anlage und die fast systematische Ausbildung zur Schlechtigkeit noch so sehr bedauern, so wird man doch leider nicht umhin können, solche innere Vorgänge normale zu nennen.

4) Christiane Fleischer, 24 Jahre alt, achtmaliges Feueranlegen mit sorgsamer Verhütung der Brandstiftung, aus Rachsucht, in den Jahren 1837—39 in Cöthen. (Jannasch in Hitzig's Annalen, fortgesetzt von Demme 1844. Bd. 28. p. 56.)

Chr. F., Tochter eines Braumeisters, wurde im Hause ihrer Eltern erzogen und besuchte die Armenschule, wo sie nothdürftig lesen, nicht schreiben lernte. Im 14. Jahre nach voraufgegangenem Religionsunterricht wurde sie eingesegnet.

Im 16. Jahre als Magd in Dienst getreten, zeigte sie sich als rasche, unverdrossene Arbeiterin, aber auch ungewöhnlich grob und aufbrausend. Ueberdies beging sie mehrere kleine Diebstähle und brachte aus Rachsucht eine Mitmagd in den Verdacht des Diebstahls.

Die Brandstiftungen richtete sie stets so ein, dass eine Feuersbrunst nicht wohl daraus entstehen konnte; sie zündete Haufen von Spähnen an, die sie mitten in einem Zimmer zusammengehäuft hatte, oder die Streu im Pferdestalle oder ein vereinzeltes Heubündel auf einem Boden oder Bettstroh oder dgl., immer besorgt, es so einzurichten, dass kein grösserer Brand entstehen konnte. Ihre Motive waren stets rachsüchtige; ein Arbeiter pflegte sie sehr zu necken, sie legte auf solche Weise Feuer an, dass derselbe in Verdacht gerieth und wirklich vierzehntägige Haft erdulden musste; ihr Dienstherr hatte ihr gekündigt, sie konnte keinen andern Dienst bekommen, aus Rache und um das neue Dienstmädchen in Verdacht zu bringen, legte sie fünfmal in demselben Gehöfte Feuer an und ein sechstes Mal, als sie erfuhr, dass ihr früherer Dienstherr sie in Verdacht hätte, um diesen auf ihn selbst zu wälzen. Indessen steigerte sie dadurch nur den Verdacht gegen sich selbst, sie wurde verhaftet und gestand denn auch bald reuig alle ihre Vergehungen. Dennoch aber legte sie zwei Monate später in der Stockmeisterei Feuer an, um sich an dem Gefangenwärter wegen einer Ohrfeige zu rächen.

Eigenthümlich war es, dass sie bei jedem Feuer sich sehr ängstigte, so lange sie nicht sicher war, dass das Feuer keinen Schaden anstiften würde; sie freute sich stets, wenn es entdeckt wurde, ohne dass sie in die unangenehme Nothwendigkeit gerieth, selbst Feuerlärm zu machen. Mit Ausnahme des letzten Males vermied sie dies auch stets, da sie das Feuer jedesmal mit solcher Umsicht angelegt hatte, dass es sofort entdeckt wurde. — Das Erkenntniss ist nicht mitgetheilt.

Diese Beobachtung erinnert an die Geschichten einiger Giftmischerinnen, namentlich der Gottfried, denen das Verbrechen ebenfalls ein stets bereites Mittel zur Befriedigung ihrer Rache und freilich auch zur Wegräumung störender Personen war. Gegen diese Verbrecherinnen erscheint zwar die Fleischer, namentlich wegen ihrer eigenthümlichen Vorsicht und Besorgniss vor Anrichtung wirklichen Unglücks, als sehr menschlich gesonnen, aber im Grunde ist es doch ein ganz ähnlicher psychischer Vorgang, welcher die Verbrechen veranlasste. Grade in diesem Falle erscheint die Brandstiftung so, wie sie Flemming bezeichnete, nämlich als die stets bereite Waffe einer sonst ohnmächtigen Bosheit und Rachsucht.

5) **Johann Walleser, 11 Jahre alt, sieben Brandstiftungen und achtzehn Brandstiftungsversuche, aus Muthwillen und Rachsucht, im April und Mai 1841 und im Juni und Juli 1842 in der Stadt Oberndorf.** (Wächter in Hitzig's Annalen, fortgesetzt von Demme, 1843, Bd. 25, p. 3.)

J. W. besuchte die Schule regelmässig, zeigte sich aber von jeher übelgeartet, bedurfte sehr genauer Ueberwachung seitens des Lehrers, betrug sich ausserhalb der Schule sehr schlecht, war grausam gegen Thiere, beging kleinere und grössere Diebstähle u. dgl. m. Er machte im Lernen schlechte Fortschritte und erhielt im Jahre 1842 die Censur: „Die Bosheit erfüllt sein Gemüth ganz, deshalb geht nichts Besseres mehr hinein." Gegen seine Mutter, welche ihn verzärtelt hatte, war er trotzig und störrisch, von seinem rohen Vater wurde er misshandelt. Von seinen Altersgenossen wurde er gemieden und gehasst, nirgends wurde er mehr zugelassen, sondern meistens mit Schlägen fortgejagt. Er wurde daher trotzig und bitter und schien das kecke und freche Wesen seines Vaters mit dem heimtückischen, schleichenden seiner Mutter zu vereinigen.

Zu den beiden ersten Brandstiftungen, wodurch mehrere Häuser in Asche gelegt wurden, wollte er dadurch gebracht sein, dass er von den Kindern der Abgebrannten erzürnt und geplagt worden wäre, und ähnliche Motive gab er auch für die späteren Brandstiftungen an, durch welche drei Strassen vernichtet wurden. Er verfuhr meistens so, dass er sich in die Häuser einschlich und mit Zündhölzern Heuvorräthe, Hobelspäne, Stroh oder ähnliche leicht brennende Dinge anzündete. Er wurde dadurch entdeckt, dass man ihn aus einem Hause, kurz ehe es in Brand gerieth, hatte herauslaufen sehen.

Ueber seine inneren Vorgänge sagte er Folgendes: „Es beizt mich eben, wenn ich eben so Zündhölzer sehe, da beizt es mich eben, man soll eben bei mir daheim sagen, dass sie die Zündhölzer wegthun, dass ich keine mehr bekommen kann, dann thue ich es gewiss nicht mehr." — „Mein Vater hat mich nach jedem Brande so arg geschlagen; ich hab' es ihm allemal nicht gleich gesagt, wenn er mich aber geschlagen hat, dann habe ich es ihm gesagt, dann hat er mich aber allemal noch einmal geschlagen. Ich bin allemal mit aufgehobenen Händen hingestanden und hab's versprochen, ich wolle es nicht mehr thun, aber wenn ich allemal wieder ein Zündhölzchen gesehen habe, dann hat es mich eben doch wieder gebeizt, dann ist mir gewesen, ich kann nicht sagen, wie; ich hab's eben nicht drüber bringen können; ich habe dann allemal wieder Zündhölzchen genommen und angebrannt. Meine Mutter hätte mir sollen die Zündhölzchen wegthun." Auf die Frage, warum es ihn denn eigentlich gebeizt hätte, erwiederte er: „Es hat mich eben ganz nach Zündhölzchen gelüstet; wenn ich auf Jemanden einen Zorn gehabt habe, da dachte ich, mit dem könne ich's machen; da hat es mich denn ganz angesteckt, wieder Zündhölzchen zu nehmen. Es hat mich nicht angesteckt, Zündhölzchen zu nehmen, um ein Feuer anzurichten, dass ich ein Feuer sähe, sondern es hat mich angesteckt, wenn ich etwas mit ebber gehabt habe, dass ich ihm mit den Zündhölzchen einen Possen machen könnte. Sonst habe ich nicht viel machen können, wenn ich Einen mit Dreck oder Steinen beworfen hätte, so haben das meine Leute gar nicht geduldet, da hätte ich Schläge bekommen." Auf die Frage, ob er denn nicht gedacht, welches Unglück er anstiftete, antwortete er: „Ich habe es freilich auch gedacht, ich habe gedacht, wenn nur mein Haus nicht angeht, wenn auch andere Häuser verbrennen;" auf den weiteren Vorhalt, ob er denn nicht Mitleid mit den Verunglückten gehabt, erwiederte er blos: „Sie dauerten mich freilich auch."

Sein körperlicher Zustand bot nichts Abnormes dar, er war kräftig und seinem Alter entsprechend entwickelt. Er war auch stets gesund gewesen, nur hatte er mehrere Jahre zuvor „an gastrischem Fieber mit Wurmcomplicationen" gelitten; ebenso wenig bot sein geistiger Zustand etwas Ungewöhnliches dar.

Er wurde zu zwölfjähriger Zuchthausstrafe in einer Anstalt für jugendliche Verbrecher und zu fernerer fünfjähriger Polizeiaufsicht verurtheilt.

Diese Beobachtung schliesst sich der vorigen nahe an; sie erinnert zugleich an den von Platner unvollständig mitgetheilten Fall des Brandstifters Bertheim (vgl. oben p. 17), der, wenn auch von andern Motiven geleitet, ebenfalls in den Brandstiftungen ein immer bereites Mittel zur Erreichung seiner Zwecke gefunden hatte und, wie Platner sagte, Feuerzeug und Schwefelfäden, wie ein Bandit seinen Dolch, beständig bei sich trug. Bemerkenswerth ist ferner die Bestimmtheit, mit welcher der junge Verbrecher seine Motive angab. Bei einem so jugendlichen Individuum hätte man das kaum erwarten sollen. Dies lehrt, vorsichtig mit der Voraussetzung zu sein, dass normale junge Verbrecher sich über ihre eignen innern Zustände leicht in grober Täuschung befinden könnten. Mangel an Selbstbeobachtung und in Folge dessen Unklarheit und Selbsttäuschung kommt natürlich auch bei normalen, nur einfältigen Personen vor, aber, wenn eben kein der Unklarheit entsprechender Grad von Einfalt vorhanden ist, dann ist andererseits wohl zu bedenken, dass Mangel an Selbsterkenntniss ein fast durchstehendes und wesentliches Symptom von Geistesstörungen ist. Endlich lassen in diesem Falle die Selbstbekenntnisse des Uebelthäters keinen Zweifel, dass der unwiderstehliche Antrieb zum Brandstiften nicht durch eine Feuerlust oder durch eine andere Abnormität, sondern durch Rachsucht und durch eine unwiderstehliche Versuchung zu bösen, muthwilligen Streichen hervorgebracht wurde.

6) Hans Paulsen, 14 Jahre alt, Hirtenjunge, Brandstiftung aus Rachsucht und Unzufriedenheit am 24. März 1836. (Schleswig-Holsteinische Anzeigen 1837. p. 269.)

H. P. stammte von armen rechtlichen Eltern ab, die sich von Tagelohn und Hausirhandel ernährten. Er fing erst in seinem 8. Jahre die Schule zu besuchen an und war nachher in 7 Jahren nur 142 Mal in der Schule gewesen, da seine Eltern ihm während ihrer fast täglichen Abwesenheit die Wartung der kleinen Kinder und die Hütung des Viehes übertrugen. Da sein Gedächtniss ohnehin schwach war, lernte er fast gar nichts. Er war im Ganzen folgsam und sanft, zeigte aber eine auffallende Zerstreutheit der Gedanken und schon in früher Kindheit eine entschiedene Neigung zum Lügen, von welcher er auch durch die strengsten Züchtigungen seitens seiner Eltern nicht geheilt werden konnte.

Im Sommer 1834 ward er zuerst als Hirtenjunge vermiethet, diente als solcher den Sommer über zur Zufriedenheit seines Brodherrn, ward auch für den Sommer 1835 abermals von demselben gemiethet, lief aber schon nach acht Tagen wieder nach Hause, angeblich, weil die Zahl der Schafe ihm zu gross wäre. Auch aus einem zweiten und dritten Dienste entlief er unter verschiedenen Vorwänden nach wenigen Tagen und blieb zu Hause, bis er Anfang März 1836 zu dem Hufner Andersen als Hirtenjunge in Dienst gegeben ward. Dieser, welcher seine Nachlässigkeit und Zerstreutheit als Folgen seiner vernachlässigten Erziehung ansah, behandelte ihn mit Nachsicht und er betrug sich auch in den ersten 14 Tagen im Ganzen gut. Am 22. März aber, als sein Dienstherr ein Tüder (Weidestrick) für ein Paar Schafe vermisste und ihm deshalb etwas schärfer, als gewöhnlich, zusetzte, entlief er abermals und kehrte zu seinen Eltern zurück, welchen er erzählte, dass die Hofgebäude des Andersen abgebrannt wären und dieser ihn nicht länger behalten wollte. Die Eltern glaubten dies zwar, am andern Morgen aber beschloss seine Mutter, ihm wo möglich wiederum bei dem Andersen ein Unterkommen zu verschaffen, und machte sich mit ihm auf den Weg. Unterwegs gestand er ihr, dass die Gebäude nicht abgebrannt wären, dass er sich aber unbeschreiblich nach Hause gesehnt hätte und es in dem Dienste nicht hätte aushalten können; sein Dienstherr hätte ihn geschlagen, weil er ein Tüder nicht herbeischaffen könnte, und er hätte gefürchtet, noch mehr Schläge zu bekommen. Die Mutter züchtigte ihn sofort mit einem aus dem Zaun gebrochenen Stocke und kam gegen Mittag mit ihm auf Andersen's Hofe an. Dieser liess sich bewegen, den Knaben wieder in Dienst zu nehmen, obgleich letzterer die sogleich als unwahr sich ergebende Behauptung aufstellte, dass er den vermissten Strick nicht verwahrlost, sondern an einen andern Knaben verkauft hätte. Seiner früheren Lüge von dem Brande geschah keine Erwähnung, die Mutter applicirte ihm aber noch eine derbe Züchtigung mit einem Stocke, wobei Andersen den Knaben auf ihre Bitte festhielt, und begab sich dann wieder nach Hause, obgleich der Knabe sie flehentlich bat, wenigstens die Nacht bei ihm zu bleiben. Am Nachmittage nahm Andersen ihn zu einer leichten Arbeit mit auf's Feld, Abends ass und trank er mit gewöhnlichem Appetit und schlief, mit dem Knecht das Bett theilend, bald und ruhig ein.

Am folgenden Morgen, den 24. März, nachdem die Dienstboten um 5 Uhr aufgestanden, wurde um 5½ Uhr Andersen durch herbeieilende Nachbarn darauf aufmerksam gemacht, dass das Dach seiner Scheune in Flammen stände; das Feuer ergriff auch die übrigen Hofgebäude, bis auf eine kleine Miethswohnung; das Vieh und das meiste Mobiliar wurde indessen gerettet.

Auf das Benehmen des Paulsen während des Brandes hatte man nicht geachtet, am Mittage wandte er sich aber an seinen Dienstherrn mit der Frage, ob er nicht, da jetzt nichts mehr für ihn zu thun sein würde, nach Hause gehen könnte. Er fand sich indessen ruhig in sein Schicksal, als er eine verneinende Antwort erhielt. Am folgenden Tage, als von der bevorstehenden Ankunft des Branddirectors die Rede war, äusserte er die Vermuthung, dass unconfirmirte Personen, wie er, dabei nicht ins Verhör kommen könnten. Diese Aeusserung hatte einen leisen Verdacht gegen ihn zur Folge, und als er am 26. März verhört wurde, gestand er nach anfänglichem Läugnen ein, dass er das Feuer angelegt, indem er sich am Morgen, gleich nachdem er aufgestanden, in die Küche geschlichen, daselbst eine Kohle in einen hölzernen Schuh gelegt, diese nach dem Schafstall getragen und in die Torfwand gesteckt habe. Als Motiv gab er an, dass er eines gestohlenen Tüders wegen von seiner Mutter und Andersen bestraft worden wäre, auch früher von dem Knechte Schläge erhalten hätte.

Im ersten gerichtlichen Verhöre deponirte er, er könnte zwar über die Behandlung durch seinen Herrn nicht klagen, der Knecht aber hätte ihn am 20. März ins Ohr gekniffen und ihn niedergeworfen, so dass er eine Beule am Kopfe davongetragen, auch wäre er von Andersen wiederholt gezüchtigt worden, weil er sich von ein Paar Frauenzimmern hätte verleiten lassen, ein Tüdertau zu nehmen. *) Am 23. März, als er die letzten Schläge bekommen, hätte er beschlossen, sich an seinem Dienstherrn zu rächen, was er durch Anzünden seines Hauses, wie er geglaubt, am Besten hätte erreichen können. Auch wäre ihm die von dem Knechte erlittene Behandlung wieder ins Gedächtniss gekommen; er hätte gefühlt, dass er es nicht länger im Dienst hätte aushalten können und nicht besser davon loszukommen gewusst. Auf die Frage, was er durch die Brandstiftung zunächst beabsichtigt, erwiederte er, er glaube, dass Verdruss und

---

*) Er gab den Diebstahl fälschlich vor, weil er ihn für weniger strafbar hielt, als die Verwahrlosung. Die Wahrheit einer anderen, späteren Angabe blieb zweifelhaft.

Unmuth gegen seinen Dienstherrn, sowie Unzufriedenheit mit seiner Lage, die ihm durch die wiederholten Züchtigungen verleidet worden, ihn dazu vermocht hätten. Dass es ihn gedrängt, wieder nach Hause zu kommen, könnte er nicht sagen, aber er hätte gefühlt, dass er es bei Andersen und dessen Knecht nicht hätte aushalten können, wobei er zugleich mit Unwillen an Beide gedacht und die Absicht gehabt hätte, dem Ersteren wehe zu thun und sich an ihm zu rächen. Er räumte ein, dass er gewusst, es sei verboten, Brand zu stiften, er hätte aber geglaubt, dass er als unconfirmirter Knabe nicht zur Strafe gezogen, noch überall ins Verhör genommen werden könnte. Zu diesem Glauben hätte ihn das Beispiel zweier Knaben veranlasst, welche ihm erzählt hätten, dass sie eine Brandstiftung begangen hätten und doch nicht bestraft werden könnten. Diese Geschichte erwies sich indessen als eine Lüge und nicht minder andere Erfindungen, durch welche er sich alberner Weise zum Theil zu entschuldigen dachte; er musste dies später selbst eingestehen.

Nach dem ärztlichen Berichte war sein Körper zwar noch unentwickelt, aber völlig normal; kindische Einfalt, meinte der Gerichtsarzt, wäre der vorherrschende Charakter seines Seelenzustandes, Rachsucht und Sehnsucht nach Hause wären seine Motive gewesen und es wäre nicht unwahrscheinlich, dass die vorhergegangene physische und moralische Aufregung ihn in einen Zustand versetzt hätte, der eine freie Selbstbestimmungsfähigkeit ausschlösse.

Das Gericht fand aber nur in seinem jugendlichen Alter und in seiner unvollendeten körperlichen Entwicklung Milderungsgründe und verurtheilte ihn zu achtjähriger Zuchthausstrafe. Ein Gnadengesuch blieb erfolglos.

Da Unzurechnungsfähigkeit jedenfalls nur bei entschieden abnormen psychischen Vorgängen angenommen werden kann und solche hier nicht im Entferntesten nachgewiesen waren, so wird wohl Jeder das Urtheil des Arztes unrichtig finden und dem des Gerichts beistimmen. Pathologisch aufgefasst aber zeigt sich in dieser Beobachtung, verglichen mit der analogen oben (p. 64) mitgetheilten, deutlich ein Schritt zur Abnormität hin. Die Marie F. war klar, bewusst, überlegt, von einem bestimmten, äusserlich wohl begründeten und sehr heftigen Affect ganz erfüllt, der Paulsen dagegen (obwohl ebenso lügenhaft) kindisch einfältig, auffallend zerstreut, albern in seinen Ausflüchten und jedenfalls ohne dauernden und starken, ausschliesslich leitenden Affect; seine Rachsucht gegen seinen Dienstherrn erscheint kaum hinlänglich motivirt, ja es liegt sogar ein Widerspruch darin, dass er auch Rachsucht gegen den Knecht als Motiv angab, während er an diesem doch keine Rache übte. Ein fernerer Widerspruch liegt auch darin, dass er, ohne Heimweh zu fühlen, doch zu seiner Mutter zurückzukehren wünschte und für diese die grösste Anhänglichkeit, gegen den Andersen dagegen Groll hegte, obwohl dieser ihn weit verständiger und schonender behandelte, als jene. Die Gewohnheit übte dabei offenbar einen grossen Einfluss und liess ihn Widerwärtigkeiten in fremden Verhältnissen weit schwerer empfinden, als in den gewohnten zu Hause. Alles dieses deutet aber auf eine sehr unverständige, unzusammenhängende Auffassung der Dinge seinerseits hin und man kann daher seinen Zustand, von der Norm ausgehend, als einen ziemlich hohen Grad von Unverstand, aber auch, von der pathologischen Seite ausgehend, als einen niedrigen Grad von Schwachsinn betrachten, wobei man indessen selbstverständlich die Frage der Zurechnungsfähigkeit aus dem Spiele lassen muss.

7) **Carl Witt**, 15½ Jahr alt, Dienstjunge, Brandstiftung aus Rachsucht am 21. Januar 1830. (Hermes in Henke's Zeitschrift. E. H. 20, p. 103.)

C. W. erhielt den auf dem Lande üblichen Schulunterricht, den er indessen wegen der grossen Dürftigkeit seiner Eltern nur sehr unregelmässig besuchte. Im elterlichen Hause empfing er keine besondere Erziehung, auch war der Lebenswandel seines Vaters und seiner Stiefmutter nicht geeignet, ihn moralisch zu kräftigen. Von letzterer wurde er oft unverdienter Weise geschlagen, ohne dass er, wie sein Vater aussagte, ungehorsam oder unfreundlich gegen dieselbe ward. Er zeigte sich überhaupt besonnen, war weder ausgelassen lustig, noch betrübt, und sein Vater versicherte, dass er nie ein böses oder rachsüchtiges Gemüth an ihm wahrgenommen. Bei dem Confirmationsunterrichte, welchen er 1829 ein halbes Jahr besuchte, wollte der Prediger zwar eine gewisse Stupidität an ihm wahrgenommen haben, die von dem Gericht und dem Gerichtsarzte etwa 1 Jahr nach der Confirmation mit ihm gehaltenen Unterredungen zeigten indessen, dass seine Intelligenz seinem Stande und seiner Ausbildung entsprach und dass er ziemlich gute Religionskenntnisse besass.

Abnorme psychische Erscheinungen waren nirgends an ihm beobachtet worden. Bedeutende Krankheiten hatte er ebenfalls nicht gehabt, sondern nur zweimal an Kopfweh und Durchfall und einmal an einem Abscess in der Lendengegend gelitten, der etwa 8 Tage bestand und kurz vor Ausbruch des Feuers von selbst aufgebrochen war. Im Winter 1829—30 hatte er viele Frostbeulen an den Füssen. Von Kindheit an aber hatte er an nächtlichem Einpissen gelitten und war von diesem Uebel trotz häufiger Züchtigungen nicht befreit worden.

Am 24. October 1829 war er in Dienst des Hauswirths Schmidt getreten, wo er sich im Ganzen zufriedenstellend betrug. Er selbst war mit seiner Behandlung zufrieden und klagte nur darüber, dass nicht genug Rücksicht auf seine wunden Füsse genommen wäre. Das Einpissen indessen wurde seinem Dienstherrn zu solchem Aergerniss, dass er bei der Fruchtlosigkeit der dagegen gemachten Vorstellungen mit Entlassung drohte. Als am 20. Januar 1830 das Bett wieder nass gefunden wurde, ward ihm von seinem Dienstherrn bedeutet, dass er sich am andern Morgen aus dem Dienste entfernen müsste, und als der Witt an diesem Morgen wiederum sein Bett durchnässt hatte, ward ihm der Befehl das Haus zu verlassen verschiedene Male, zuletzt beim Morgenbrod, wiederholt. Darauf fasste er den Entschluss, das Haus anzuzünden.

Im Verhöre sagte er darüber nach anfänglichem Läugnen und falschen Aussagen Folgendes. Als sein Dienstherr ihm am Morgen des 21. Januar gesagt, dass er nunmehr den Dienst verlassen sollte, wäre er so böse geworden, dass er gleich darauf, als er mit Striegeln der Pferde beschäftigt gewesen, den Gedanken gefasst hätte, er wollte das Haus anstecken. Als der Befehl zum Verlassen des Dienstes beim Morgenbrod wiederholt worden, hätte er seinen Vorsatz erneuert. Er hätte auf einen gelegenen Zeitpunkt gewartet, hätte dann aus der Küche eine glühende Torfkohle geholt und diese auf der Hausdiele in Stroh gelegt. Hierauf hätte er gewartet, bis das Stroh ordentlich gebrannt, und wäre dann in die Stube gegangen, um seine wenigen Sachen zu retten.

Die äussere Erscheinung des Witt, welcher kleiner Statur war, bot nichts besonders Bemerkenswerthes; nach der Beschaffenheit des ganzen Körpers und dem Zustande der Geschlechtstheile hatte der Eintritt der Pubertät noch nicht stattgefunden.

Während der Verhöre weinte er einige Male, fasste sich aber bald und nahm wieder ein unbefangenes Wesen an. Einmal bot er dem Richter, der ihn eben mehrerer Lügen überführt hatte, ein Vierschillingsstück an, damit dieser ihn nicht für seine Lügen bestrafe.

Das ärztliche Gutachten nahm an, dass weder die Willenskraft des Uebelthäters zur Zeit der That gemindert gewesen, noch dass er an Verstandesschwäche gelitten. — Das Urtheil ist nicht mitgetheilt.

Diese Beobachtung hat dadurch ein besonderes Interesse, dass der Uebelthäter an der immer noch räthselhaften Krankheit des Einpissens litt und dass die Rachsucht und demnach auch das Verbrechen mit dieser in Zusammenhang stand. Die Enuresis hat ein erhebliches psychiatrisches Interesse, theils weil sie in eigenthümlicher Weise halbwillkürlich ist, was daraus hervorgeht, dass sie durch Züchtigungen und moralische Einwirkungen wohl vorübergehend gehoben, aber nicht radical geheilt werden kann, theils weil sie bei einzelnen Geisteskranken (abgesehen von gelähmten, ganz stumpfen oder unachtsamen) in einer ähnlichen Weise vorkommt. Auch das psychische Leben pflegt bei Enuresis abgeändert zu sein; theils nämlich sind die daran Leidenden schlaffen Charakters und schlaffer Constitution, theils wirken die Scham über das Uebel und die meist zu erduldenden Vorwürfe und Neckereien deprimirend, verschüchternd und doch erbitternd auf den Gemüthszustand zurück. Die Duldsamkeit des Witt bei ungerechter harter Behandlung, die Stupidität, welche der Prediger an ihm wahrgenommen, selbst seine Klagen über die geringe Rücksicht auf seine Frostbeulen deuten in der That auf einen schlaffen, weichlichen Charakter hin und seine Erbitterung über seine plötzliche Entlassung wurde sicherlich dadurch wenigstens verschärft, dass die Vorwürfe über das Einpissen grade den ihm empfindlichsten Punkt getroffen hatten; es ist seinem und dem allgemeinen Charakter solcher Kranken gemäss nicht unwahrscheinlich, dass eine Entlassung wegen irgend einer andern Verschuldung ihn nicht in dem Grade erbittert haben würde, wie es zur Erzeugung eines Verbrechens erforderlich war. Ganz ohne Bedeutung für die gerichtliche Psychiatrie ist daher die Enuresis wohl nicht, sie müsste wenigstens den Richtern in ihren weiteren Beziehungen mit vorgelegt werden, da sich daraus unter Umständen ein Milderungsgrund ergeben könnte. Jedenfalls wäre es interessant, die psychischen Zustände, welche diese Krankheit begleiten, bei geistig Gesunden und Kranken einmal im Zusammenhange dargestellt zu sehen.

8) **Wilhelmine K., 16 Jahre alt, Dienstmädchen, zwei Brandstiftungen aus Rachsucht am 8. Juni 1832 und am 7. November 1834. (Heinroth's Gutachten, herausgegeben von Schletter. Leipzig 1847. p. 49.)**

W. K. war ein uneheliches Kind, wurde im Hause ihrer Grosseltern, in welchem nach der Grossmutter Tode auch ihre Mutter lebte, erzogen, vom 6. Jahre an regelmässig in die Schule geschickt, aber schon vom 10. an als Kühmädchen und Kindermädchen in Dienst gegeben, worauf der Schulbesuch sehr vernachlässigt wurde. In erster Zeit lernte sie etwas lesen, schreiben und Religion, zeigte sich als ein gutes, folgsames Kind, wurde aber nach und nach von ihrer Mutter und ihrem Grossvater verdorben. Diese hielten sie nämlich zum Betteln an, prügelten sie grausam, wenn sie nicht genug heimbrachte, misshandelten sie auch bei andern Gelegenheiten, nahmen ihr ihren Dienstlohn ab und gaben ihr sehr böse Beispiele; so war der Mutter gewöhnliche Rede, wenn ihr Beleidigungen zugefügt wurden: „Wenn ich den Leuten nur einen Possen spielen könnte." Die K. wurde daher bald unfolgsam, losmäulig, arbeitsscheu und stiess

Drohungen gegen ihren Grossvater aus. In ihren Dienstverhältnissen führte sie sich weit besser, betrug sich in zweien tadellos und erhielt nur in einem ein schlechtes Zeugniss, welches sie später im Gefängnisse vernichtete.

Ihr körperliches Befinden war stets gut gewesen; die Menstruation trat im 15. Jahre ohne Beschwerde und später regelmässig ein, blieb aber im August 1834 in Folge von Erhitzung und vielem Wassertrinken bei der Erndte aus. Unwohlsein, Kopf- und Leibschmerzen, Abgeschlagenheit waren die unmittelbaren Folgen, verloren sich aber sehr bald, ohne andere Gesundheitsstörungen nach sich zu ziehen. Im Januar 1835 waren die Regeln noch nicht wiedergekehrt. Sie war ferner einmal aus Schrecken vor einem sie anpackenden Hunde, ein anderes Mal aus Verdruss über „Hudelungen" durch das Mitgesinde und über Ohrfeigen von ihrem Dienstherrn in Ohnmacht gefallen, was aber ohne Einwirkung auf ihre Gesundheit geblieben war und auch keine Cessation der Regeln zur Folge gehabt hatte. Andere krankhafte Erscheinungen wusste sie nicht anzugeben.

Die erste Brandstiftung verübte sie im 13. Jahre aus Unwillen über ihren Dienstherrn, welcher „so garstig gewesen". Fünf Tage trug sie sich mit dem Vorsatze und „es war ihr, als riefe es in ihrem Herzen, sie solle anbrennen; denn es trieb sie, ihrem Herrn einen recht grossen Schaden zuzufügen". Sie nahm eine Zeit (um Mittag) wahr, wo sie sich vor Beobachtung sicher wusste, begab sich mit einer Lampe in einen an die Scheune angebauten Schuppen und zündete dort einen Haufen dürres Laub an, worauf 11 Gebäude abbrannten.

Den Vorsatz zur zweiten Brandstiftung im 16. Jahre fasste sie während des Dreschens, als ihr Dienstherr grade in der Vesperzeit, wo sie nie zu essen bekommen, über ihr mattes Zuschlagen zankte. Zwei Tage liess es ihr, wie sie sagte, keine Ruhe; es war, als sagte ihr immer Jemand in die Ohren: „Brenn' an, brenn' an". Daher bestimmte sie am 6. November Abends den folgenden Morgen zur Ausführung und wiederholte sich diesen Entschluss, während sie nach einem gesunden Schlafe, durch ihren Dienstherrn geweckt, sich ankleidete. Sie ging demnach, da sie sich unbeachtet wusste, sogleich mit einer Laterne in die Scheune, wo sie ungeheissen Stroh für das Vieh holte, zugleich aber einen Strohwisch anzündete und diesen in das übrige Stroh an der Hinterwand des Schuppens steckte, damit man das Feuer vom Hofe nicht gleich sähe. Dann löschte sie die Laterne aus, stellte sie weg und begab sich in die Stube, bis ihr Dienstherr sie zum Dreschen abholte. Nach einer Viertelstunde ging das Feuer auf, welches vier Gebäude in Asche legte. Die K. rettete das Vieh.

Da es sich fand, dass sie auf den früheren Brand mit ihrer Mutter betteln gegangen war und auf diese Weise viel Geld erhalten hatte, dass sie ferner aus einem früheren Dienste mit einem schlechten Zeugnisse entlassen worden war und dass in ihrem derzeitigen Dienste, den sie um Weihnachten wieder verlassen sollte, oft Zwistigkeiten zwischen dem Dienstherrn und ihr, sowie ihrer Mutter vorgefallen waren, so ward sie als verdächtig eingezogen und dann nach und nach zum Geständnisse gebracht.

Ihrer wiederholten Versicherung nach erregte ihr der Anblick des Feuers keine Lust, sondern Furcht, am Zerstören hatte sie ebenfalls kein Vergnügen, sondern wollte blos Schaden zufügen. Sie hatte die bewusste Absicht, die Gebäude niederzubrennen, kannte das Verbrecherische ihres Thuns und hatte nachher ein böses Gewissen; sie hoffte, Gott werde ihr ihre Bosheit vergeben.

Der Arzt fand sie (bis auf die Amenorrhoe) physisch und psychisch gesund, meinte aber doch, dass sie in Folge ihrer Entwicklungsperiode psychischen Störungen unterworfen wäre, die auf ihre Zurechnungsfähigkeit Einfluss haben könnten; Heinroth verneinte dies. Das Erkenntniss ist nicht mitgetheilt.

Ohne Zweifel hatte Heinroth Recht, denn die psychischen Störungen dürfen nicht blos vorausgesetzt, sondern müssen nachgewiesen werden, was in diesem Falle nicht im Entferntesten geschehen war. Diese Beobachtung kann daher nur als neuer Beweis des allgemein bekannten Satzes dienen, dass Amenorrhoe nicht mit psychischen Störungen verbunden zu sein braucht, und als Beispiel einer Brandstiftung, die, obwohl nach regelwidriger Cessation der Menstruation, doch aus völlig normaler Rachsucht von einem boshaften Individuum verübt wurde. Ausserdem wird man auch hier, wie in vielen andern Fällen, Casper's Beobachtung bestätigt finden, dass auf das Vorgeben einer innern, zur Brandstiftung treibenden Stimme, die man von wahren Hallucinationen aber wohl unterscheiden muss, gar kein Gewicht zu legen ist; es ist dies gewiss nur eine Redeweise, welche die Lebhaftigkeit des Gedankens bezeichnen soll, der gewissermassen, aber nicht wirklich, wie ein äusserlich ausgesprochener und objectiv gehörter erscheint. Wenn man will, kann man darin auch einen Uebergang oder eine normale Analogie mit einer abnormen ächten Hallucination erblicken, bei welcher das innerlich Gesprochene wirklich so gehört wird, als ob andere Personen (die „Ungegenwärtigen", wie ein Kranker sich ausdrückte) es aussprächen. Uebrigens würde es zweckmässig sein, die Diagnose zwischen solchen falschen und ächten Sinnestäuschungen durch einige darauf gerichtete Fragen, wie sie sich dem Sachkundigen von selbst ergeben, bestimmter, als es zu geschehen pflegt, festzustellen.

9) Ch. H., 16 Jahre alt, Brandstiftung aus Rachsucht und Furcht vor Strafe am 29. Juni 1857. (Eigene, mit Prof. Schwartz gemeinschaftlich gemachte Beobachtung.)

Ch. H. war die Tochter armer Tagelöhner. Ihr Vater war in der Regel auf Arbeit und viel vom Hause entfernt, ihre Mutter lag seit langen Jahren an der Gicht danieder und die Tochter musste deshalb frühzeitig häusliche Geschäfte besorgen und überdies die Mutter pflegen, wodurch sie von dem Besuche der Schule vielfach abgehalten wurde. Nominell besuchte sie dieselbe zwar vom 7. bis 15. Jahre, aber nur in den beiden ersten und im letzten Jahre regelmässig. Ihre Fähigkeiten waren nach dem Berichte des Schullehrers nur gering, häufig war sie zerstreut und hatte die sonderbare, hartnäckige Unart, während des Unterrichts ihre Pantoffeln auszuziehen und dann unhörbar mit den Füssen zu trampeln. Die Elementarkenntnisse erwarb sie sich indessen einigermassen. Auch der Prediger, welcher sie Palmarum 1856 confirmirte, fand ihre Kenntnisse genügend, auch sonst an ihr nichts Abnormes, jedoch in ihrem Wesen etwas Eigenthümliches, etwas „Wildes", was ihn zur Anwendung von Ernst und Strenge gegen sie veranlasste. Im Wissen stand sie, wie er fand, nicht hinter Vielen zurück, im Charakter aber und in der Aufführung hinter Allen; sie war nicht allein lügenhaft und falsch, sondern beging auch kleine Dieberien.

Nach Aussage ihres Vaters klagte sie schon als Kind über ihren Kopf und antwortete nie, wenn ihr Vorwürfe gemacht wurden, sondern sah schweigend vor sich hin und klagte über Kopfschmerzen. Nach ihren eigenen Aussagen, die aus inneren Gründen glaubwürdig schienen und auch durch ihren früheren Arzt Dr. K. im Allgemeinen bestätigt wurden, litt sie schon seit mehreren Jahren vor ihrer Confirmation ununterbrochen an einem Unterleibsübel. Sie hatte sehr viele Magenschmerzen, konnte schwere Speisen nicht vertragen, musste sich häufig sowohl nach der Mahlzeit, als auch zu andern Zeiten erbrechen, hatte oft kolikartige Schmerzen im Unterleibe und wurde bisweilen von Schwindel, welcher bis zur Ohnmacht sich steigern konnte, befallen. Schwere Arbeiten konnte sie daher nicht verrichten.

Schon im Jahre vor ihrer Confirmation, im Sommer 1855, diente sie fast ein halbes Jahr lang bei P., der sie „für ein junges Mädchen besonders still und in sich gekehrt" gefunden hatte, sonst aber mit ihr zufrieden war. Indessen hatte er sie einmal mit einigen Stockschlägen gezüchtigt, weil sie Feuerholz entwendet und in seinem Nutzen verbraucht hatte. Nach ihrer Confirmation trat sie zuerst in Dienst des Schullehrers P. in B.; sie war aber nach dessen Aussage sehr achtlos und nachlässig, ohne Ehrgefühl, naschhaft, so dass Alles vor ihr verschlossen gehalten werden musste; sie hatte ihm, obwohl sie das Vieh gut behandelte, mehr Schaden als Vortheil und vielen Verdruss gemacht, und hatte zwar auf Vorhaltungen stets unter Thränen Besserung gelobt, ihre guten Vorsätze aber nie gehalten.

Im Herbst 1855 stand sie 14 Tage in Dienst des K. in B., welcher sie ausserordentlich träge fand. Nachdem sie eines Sonntags Urlaub erhalten, kehrte sie nicht in ihren Dienst zurück, angeblich weil ihr die Arbeit zu schwer war, sondern liess sich krank melden und auf die Aufhebung des Dienstcontractes antragen. Der K. ging darauf gern ein, sowohl ihrer Trägheit wegen, als auch, weil ihm zu Ohren gekommen, dass sie diebisch wäre und weil er deshalb Alles vor ihr sorgfältig schliessen musste. Sie selbst hatte gegen eine Mitmagd geäussert, dass sie sich von ihrer Herrschaft immerfort bewacht fühlte.

Um Mitte November 1856 trat sie in den Dienst des Arztes D. in P., wo sie bis zum 12. April 1857 blieb. Dieser fand sie nachlässig, lügenhaft und naschhaft; er bezeichnete sie als „stupide", ihre Schulbildung als äusserst mangelhaft, doch sei sie nicht ohne Mutterwitz gewesen; Besonderes sei ihm an ihr nicht aufgefallen.

Nach einem kurzen Aufenthalt im elterlichen Hause trat sie endlich am 1. Mai 1857 in Dienst des Bauervogts R. in D. Diesem missfiel ihr Wesen von Anfang an und er fand sie auch später diebisch, lügnerisch und faul. Nicht weniger hatte ihre Dienstherrin Veranlassung, mit ihr unzufrieden zu sein und sie zu schelten. Auch bei ihrem Mitgesinde war sie nicht beliebt; ein Knecht sagte, er hätte sie nie leiden können, da sie albern, zudringlich und impertinent gewesen wäre; ein Anderer nannte sie faul, verlogen und gleichgültig gegen Tadel; eine Mitmagd erzählte, sie hätte gegen die H. ihre Dienstherrin wegen heftiger Rückenschmerzen beklagt, darauf hätte diese, die oft wohlverdiente Schelte bekommen, geantwortet: „Das hat sie Alles an mir verdient."

Am 7. Juni war die H. mit ihrer Herrschaft bei einem Bruder ihrer Dienstherrin in W. zum Besuche gewesen und hatte dort von einem Tische ein Band entwendet, welches der Tochter vom Hause gehörte. Sie liess dasselbe nachher sehen, trug es auch öffentlich in dem Flecken N., vorgebend, es sei ihr von der Dr. D. geschenkt worden. Bei einem Besuche des Schwagers im Hause der R. wurde indessen der Diebstahl entdeckt und der H. das Band wieder abgenommen. Bei dieser Gelegenheit hatte die Frau R. die H. nicht allein gescholten, sondern ihr auch ihrer Angabe nach gedroht, ihren Vater demnächst von diesem Diebstahl in Kenntniss zu setzen und diesen zu veranlassen, sie so zu prügeln, dass sie weder gehen noch stehen könnte. Sie schwieg dazu stille, sprach denselben Abend kein Wort und zeigte auch am folgenden Tage eine „ingrimmige" Miene.

Nach ihrer eignen Schilderung wurde sie durch die ausgesprochene Drohung mit grosser Furcht erfüllt, da ihr Vater überhaupt leicht heftig geworden wäre und dann immer unbarmherzig auf sie eingeschlagen hätte. Zugleich aber wurde der Gedanke in ihr rege, für die Drohung Rache an ihrer Dienstherrin zu nehmen. Dieser Gedanke nahm sie am Abende völlig in Anspruch, liess sie auch in der Nacht nicht schlafen und verliess sie ebensowenig am folgenden Tage. Indessen fasste sie den Entschluss, ihre Rache grade durch Brandstiftung zu befriedigen, erst am Tage des Brandes früh Morgens, als sie mit Buttern beschäftigt war und dabei zum Nachdenken Zeit hatte. Es fiel ihr nämlich ein, dass eine gewisse A. T., von deren Verbrechen sie etwa in ihrem achten Lebensjahre oft hatte sprechen hören*), ebenfalls durch Brandstiftung sich zu rächen gewusst habe. Einen bestimmten Plan machte sie sich dabei indessen nicht und an die Folgen ihrer That, namentlich ob das Haus niederbrennen würde oder nicht, dachte sie weder damals, noch später. Bestärkt wurde sie in ihrem Vorsatze noch durch Vorwürfe über ihr lässiges Arbeiten, welche ihr grade, als sie mit diesen Gedanken beschäftigt war, von ihrer Dienstherrin gemacht wurden.

Sie wartete nunmehr nur noch auf eine günstige Gelegenheit, welche sich ihr auch sehr bald darbot, indem der Hausherr mit den Knechten auf das Feld fuhr, dessen Frau ihrer Krankheit wegen das Zimmer hüten musste und sonst keine erwachsene Person im Hause blieb. Sie entfernte sich daher von ihrer Arbeit, welche sie im Freien verrichtete, ging in die Küche, legte eine brennende Torfsode auf Holzspähne, trug diese in den Pferdestall, warf sie auf Stroh, deckte noch Stroh darüber, trug dann die Spähne wieder in die Küche und liess sie verbrennen, um durch sie nicht verrathen zu werden; darauf ging sie wieder an ihre Arbeit.

Als kurz darauf die Flamme aus dem Dache schlug, nahm sie, um ihre Entfernung vom Hause natürlich und zufällig erscheinen zu lassen, ihre Wassereimer und eilte damit vom Hause weg; zugleich aber rief sie Feuer, damit ihre Dienstherrin Zeit gewinne, sich und die Kinder zu retten. Darauf eilte sie zu dieser ins Haus, wiederholte ihren Feuerruf und begab sich mit derselben, wie sie behauptete, wieder ins Freie. Jetzt erst fielen ihr ihre Sachen ein, sie suchte daher in die Küche einzudringen, fand dies aber unmöglich und wurde dabei von dem brennenden Dache befallen, aber unverletzt hervorgezogen.

Ihrer Behauptung nach suchte sie nun die Frau R., von deren Rückkehr in das brennende Haus sie nichts gewusst hätte, an verschiedenen Orten, sogar in dem nahen Flecken N. Sie hätte aber, sagte sie, alsbald erfahren, dass sie nicht dort wäre, und bei ihrer Rückkehr zur Brandstätte erfahren, dass sie verbrannt wäre, worüber sie grosse Betrübniss und heftige Reue empfunden hätte. Ob die Frau R. das brennende Haus übrigens wirklich verlassen hatte, blieb zweifelhaft.

Nach dem Brande fiel sie dem R. durch ihr scheues und verschlossenes Wesen auf und er warf sofort einen starken Verdacht

---

*) Sonderbarer Weise hatte der Vater der H. diese bei ihrem Eintritt in fremde Dienste unter Anderem ausdrücklich ermahnt, es nicht zu machen, wie A. T. Er hatte demnach, wie es scheint, kein grosses Vertrauen zu dem Charakter seiner Tochter.

auf sie, welcher nebst dem eingestandenen Diebstahl des Brandes ihre Verhaftung veranlasste. Schon während des Brandes hatte sie versucht, denselben aus einer Selbstentzündung eingefahrenen Grünfutters zu erklären und noch in den ersten Verhören läugnete sie standhaft. Dabei aber gerieth sie hinsichtlich einiger Nebenumstände mit den Zeugenaussagen in Widerspruch und es stellte sich unzweifelhaft heraus, dass sie gelogen hatte. Sie wurde deshalb in wirkliche Haft genommen, während sie bis dahin im Gefängnisse nur eine freie Haft erduldet hatte. Sie besorgte nunmehr, für ihre Lügenhaftigkeit körperlich gezüchtigt zu werden, und legte auf das Zureden des Gefangenwärters und auf seine Zusicherung, dass ein Geständniss keine Züchtigung zur Folge haben würde, zuerst gegen ihn ohne Gemüthsbewegung, dann vor Gericht unter vielen Thränen das oben benutzte Geständniss ab; sie wollte mit diesem nur aus Furcht so lange zurückgehalten haben, da sie gehört, dass die Brandstifterin A. T. im Zuchthause so viele Prügel erhalten hätte.

Ihr Benehmen im Gefängnisse war namentlich der Frau des Gefangenwärters, die sie viel um sich hatte, auffallend. Sie kam weinend an und fragte ängstlich, ob sie auch Prügel bekommen würde, wovor sie grosse Furcht an den Tag legte. Nachher war sie bald ausgelassen lustig und munter, bald stumm und still unter Klagen über Kopfweh und Magenschmerzen. Zuweilen befiel sie Schwindel, so dass sie sich festhalten musste und zuweilen machte sie so sonderbare Grimassen und Bewegungen und war dabei so albern und kindisch, dass die Frau des Gefangenwärters Bedenken trug, sie mit ihren Kindern allein zu lassen. Vor dem Geständnisse sprach sie zuweilen ihr Mitleid mit ihrer kranken Mutter aus und äusserte wiederholt: „Wenn wir doch nur die Hausfrau behalten hätten;" nach dem Geständnisse dagegen sprach sie von den Ihrigen gar nicht mehr und zeigte namentlich gar keine Reue.

Die ärztliche Untersuchung ergab Folgendes: Die H. war gross, breit, fleischig, selbst die Brustdrüsen waren bereits ziemlich entwickelt, die Genitalien dagegen völlig unbehaart und das Hymen unverletzt; bei der betreffenden Untersuchung zeigte sie keine Aufregung oder besondere Verlegenheit, die Menstruation war noch nie eingetreten. Sie klagte über die erwähnten körperlichen Beschwerden: Magenschmerz, Uebelkeit und Erbrechen, Kolik und Durchfall, welche Uebel gewöhnlich nach dem Genuss schwerer Speisen, aber auch sonst eintraten. Die Magengegend war bei Druck lebhaft empfindlich. Ferner klagte sie über häufigen Kopfschmerz und seltneren Schwindel. Die Frau des Gefangenwärters bestätigte diese Angaben und fügte noch hinzu, dass sie sehr viel und lebhaft im Schlafe spräche (die Worte hatte sie nicht verstehen können) und sich umherwälzte, wovon die H. selbst keine Erinnerung besass.

Ihre Intelligenz war normal; sie fasste die Fragen leicht auf und antwortete rasch, klar, bestimmt und natürlich. Ihre Ausbildung schien hinter der ihrem Stande gewöhnlichen nicht zurückgeblieben, wenn sie auch an Ueberlegen und Nachdenken offenbar nicht gewöhnt worden war; sie machte sogar selbst die Bemerkung, dass auf das Verständniss des Auswendiggelernten in der Schule nicht gehörig geachtet worden wäre. Das Sinnenfällige dagegen und die Dinge und Verhältnisse des gewohnten täglichen Lebens waren ihr völlig klar und es fehlte ihr in dieser Hinsicht durchaus nicht an einem richtigen und bestimmten Urtheil. Auch in ihrem Gemüthsleben war nichts Abnormes zu entdecken, sie war stets gelassen, ruhig und natürlich; ihr Wesen anfangs nur wenig verlegen, wurde sehr bald frei und sicher, niemals aber dreist oder frech. Bei Erwähnung ihres Verbrechens ward sie nur wenig verlegen; wenn ihr diese auch sichtlich unangenehm war, so zeigte sie doch keine Reue und äusserte ziemlich lebhaft, dass die Frau R. verbrannt wäre, hätte sie selbst verschuldet, weshalb wäre sie in das brennende Haus zurückgekehrt! Ebensowenig zeigte sich Abnormes in ihrer Handlungsweise; namentlich war bei ihr nicht der vielen Geisteskranken eigne, gänzliche Mangel an Beschäftigungslust zu bemerken, sie half vielmehr ganz verständig und ordentlich bei häuslichen Arbeiten.

Das Physikatsgutachten und das Urtheil sind mir unbekannt geblieben; dem Vernehmen nach wurde die Uebelthäterin zu mehrjähriger Zuchthausstrafe verurtheilt.

Diese Beobachtung ist so ausführlich mitgetheilt, theils weil sie von den Lesern nicht selbst mit den Akten verglichen werden kann, theils weil sie ihrer nosologischen Stellung wegen besonders interessant ist. In der körperlichen Entwickelung fand hier nämlich ein entschiedenes Missverhältniss statt; die Geschlechtstheile waren kindlich und die Menstruation fehlte noch, während die Brustdrüsen bereits ziemlich und der übrige Körper ganz entwickelt war. Ausserdem fehlte es nicht an zahlreichen und beträchtlichen nervösen Erscheinungen: Kopfweh, Schwindel, Ohnmacht, Cardialgie*), Kolik. Dessen ungeachtet konnte aber keine Spur einer psychischen Störung entdeckt werden, indem die wechselnden Stimmungen aus dem Vorherrschen des natürlichen, albernen Charakters während des Wohlseins und aus der Depression, welche bei Cardialgie immer vorhanden ist, während des Schmerzes sich vollkommen und ganz einfach erklärten. Es konnte auf die körperlichen Leiden der Uebelthäterin um so weniger Gewicht gelegt

---

*) Die Cardialgie ward wahrscheinlich durch ein chronisches Magengeschwür hervorgebracht.

werden, da sie selbst gar keins darauf legte, sie nicht einmal zur Entschuldigung ihrer That zu verwenden suchte, sondern die letztere vielmehr klar und bestimmt aus solchen schlechten Motiven erklärte, wie sie ihrem Charakter nur zu vollständig entsprachen. Wenn man freilich Hypothesen machen wollte, so könnte man immer noch sagen, dass die körperlichen Abnormitäten eine besondere Reizbarkeit der Uebelthäterin bedingt und deshalb auch die Widerstandsfähigkeit gegen böse Antriebe gemindert oder gar aufgehoben hätten, aber zu beobachten war eine solche Reizbarkeit nicht. Die Thatsache sagt also ganz bestimmt, was auch nach allgemeinen Erfahrungen zu erwarten war, dass bei Brandstifterinnen selbst bedeutende Abnormitäten der Pubertätsentwicklung nicht nothwendig in causalem Zusammenhange mit dem Verbrechen stehen. Anderntheils lässt sich aber auch nicht verkennen, dass der erzählte Fall auf der äussersten Grenze des Normalen zum Abnormen steht und dass derselbe somatische Zustand bei einem nur etwas andern Charakter, z. B. bei geringerer Klarheit oder minderer Gelassenheit, das Gesammturtheil weit schwieriger oder vielleicht ganz zweifelhaft gemacht haben würde.

Anhangsweise sollen hier noch zwei besondere Fälle mitgetheilt werden, von denen der erste Brandstiftung aus Rachsucht während der Schwangerschaft, der andere Brandstiftung aus Eifersucht zum Gegenstande hat.

10) **Katharina Sch., 28 Jahre alt, Webermeisterin, Brandstiftung aus Rachsucht am 27. September 1839. (Gadermann in Henke's Zeitschrift. Bd. 42, p. 170.)**

K. Sch. war von schwächlicher, zarter Constitution, aber nicht kränklich, hatte insonderheit nicht an nervösen Krankheiten gelitten und war auch geistig nicht unbegabt, lebhaft, munter, aber leichtfertig; unter Anderem hatte sie mehrmals uneheliche Kinder zur Welt gebracht.

Seit Juni 1839 wurde ihrem Nachbarn U. F. nach und nach Geld entwendet; da es besondere Geldstücke waren und U. F. erfuhr, dass gerade solche von der Sch. ausgegeben waren, so bezüchtigte er sie unter vier Augen geradezu des Diebstahls. Sie läugnete zwar, die Sache wurde indessen doch weiter ruchbar, gab Veranlassung zu Streitigkeiten und Feindseligkeiten mit und in der Sch.'schen Familie und gelangte endlich auch vor das Landgericht.

Die Sch. fühlte sich durch den allgemein gegen sie gehegten Argwohn und durch die bittern Vorwürfe, welche sie von ihrem ohnehin groben Ehemanne zu erdulden hatte, sehr gekränkt und sie fasste daher während eines Zankes mit ihrem Manne den Beschluss, sich an U. F. dafür zu rächen. Mit diesem Gedanken fortwährend beschäftigt, fiel es ihr endlich ein, den Letzteren „wegzubrennen." Nachdem sie diesen Plan gehörig durchdacht, Zeit, Ort und Umstände sorgfältig berechnet hatte, führte sie ihn mit einer erstaunlichen Ruhe und Bedachtsamkeit und mit solchem Erfolge aus, dass über 300 Gebäude niederbrannten.

Aber das Vorhergegangene, ihre unbegreifliche Ruhe während des Brandes, die nur erschüttert ward, als auch ihrer Eltern Haus in Flammen aufging, und der Umstand, dass sie ihre Habe zum Retten in Bereitschaft gesetzt hatte, machten sie so verdächtig, dass sie verhaftet ward. Hier suchte sie die Schuld auf die F.'schen Eheleute, die nach ihr immer sehr unvorsichtig mit Feuer gewesen, zu schieben und erheuchelte überdies ein frommes Wesen, Träume und Visionen, bis sie endlich gestand. Zur Zeit der That war sie seit 4 Wochen schwanger.

Da weder körperliche, noch geistige Abnormitäten bei ihr zu entdecken waren, so erklärte der Gerichtsarzt sie für zurechnungsfähig. Das Gericht in beiden Instanzen verurtheilte sie zum Tode, welches Urtheil aber im Wege der Gnade in lebenslängliche Kettenstrafe mit einstündigem Ausstellen am Pranger gemildert ward.

Diese Beobachtung wurde nur deshalb (und zwar, da sie sonst kein Interesse bietet, so kurz als möglich) aufgenommen, weil von dem Einflusse der Schwangerschaft auf die Zurechnung so viel die Rede gewesen ist. Hier hatte sie offenbar keinen.

11) Franz D., 30 Jahre alt, Bauer, Brandstiftung aus Eifersucht am 23. November 1852 (Hitzig's Annalen 1853. Bd. 33, p. 277.)

Franz D. hatte vor vier Jahren ein Liebesverhältniss mit seiner damaligen Magd, Marie F. angeknüpft, erzeugte mit ihr ein Kind, welches bald darauf starb, und beabsichtigte, sie zu heirathen, woran er aber durch den verschuldeten Zustand seines Besitzes und durch die versagte Einwilligung seines Vaters verhindert wurde. Unerwartet hörte er, dass seine Geliebte mit dem wohlhabenden Bauer und Wittwer Anton L. in der Kirche aufgeboten wäre. Er eilte sofort zu ihr, wurde aber von ihr, da sie seinen eigensinnigen und jähzornigen Charakter fürchtete, mit Versprechungen, dass sich noch Alles ändern könne, vertröstet und auch später damit hingehalten. Seinerseits bemühte er sich nun eifrigst, die Hindernisse der Heirath wegzuräumen, was ihm auch gelang. Aber obgleich des Gegentheils versichert, erfuhr er, dass am 7. November dennoch das dritte Aufgebot stattgefunden habe und sah am folgenden Tage selbst den Hochzeitszug bei seinem Besitze vorüberziehen.

Am folgenden Sonntage, den 11. November, als er allein in seinem Walde umherging und über die Wortbrüchigkeit seiner Geliebten nachdachte, kam ihm zum ersten Mal der Gedanke, das Wirthschaftsgebäude des Anton L. anzuzünden, damit, „weil er von seiner Geliebten nichts mehr habe, sie auch von dort nichts haben möge," zuvor aber wollte er nochmals mit ihr sprechen. Er begab sich deshalb am 23. Nov. Abends 6 Uhr auf den Weg zu dem zwei Stunden entfernten Wohnsitz des Anton L., fühlte sich eine Viertelstunde vor seinem Ziele unwohl und zündete sich deshalb seine Pfeife an. Da indessen das Licht im Hause gerade ausgelöscht wurde und es überdies sehr stark zu regnen begann, so begab er sich in die Scheune auf die Dreschtenne. Als seine Pfeife erlosch, steckte er sie nach vorsichtigem Ausgiessen des Tabackssaftes, nicht aber der Asche, in die Brusttasche und legte sich auf Stroh nieder, wo er eine Stunde theils grübelnd, theils schlummernd zubrachte. Dann ging er an's Scheunenthor, überzeugte sich, dass der Regen nachgelassen, holte seinen Hut und war schon wieder am Thore, als ihn unter heftigem Aerger wieder der Gedanke an Brandstiftung überfiel. Er warf in Folge dessen drei brennende Zündhölzer auf das Stroh, welche sogleich zündeten, dachte, „nun möge geschehen, was da wolle," und ging nach Hause. Unterwegs sah er die Scheuer, welche völlig abbrannte, in Flammen stehen, nichts desto weniger legte er sich ruhig zu Bette. Der Verdacht fiel auf ihn und er bekannte sogleich unumwunden, suchte später zwar das Geständniss etwas zu modificiren, kam aber endlich wieder ganz darauf zurück. Die Grösse seines Verbrechens schien er nicht zu fühlen, denn er wunderte sich darüber, dass man ihn fragte, wie er nach der That ruhig hätte schlafen können, und erwartete sein Urtheil sehr gleichgültig.

Viele Zeugen sprachen sich dahin aus, dass er vor der Hochzeit bald aufgeregt, bald tiefsinnig gewesen, aber Spuren von Verrücktheit hatte Niemand an ihm bemerkt. Das ärztliche Gutachten bezeichnete ihn als einen durch die Umstände und seine subjective Beschaffenheit erregt gewesenen Menschen, welcher sich zur Zeit der Verübung des Verbrechens im Zustande der geminderten Zurechnungsfähigkeit befunden hätte. Der Gerichtshof verurtheilte ihn in Berücksichtigung seines früher tadellosen Lebens, vorzüglich aber deshalb, weil er in einer aus dem gewöhnlichen Menschengefühl entstandenen heftigen Gemüthsbewegung sich zu dem Verbrechen hätte hinreissen lassen, zur Strafe des schweren Kerkers auf 8 Jahre (statt auf Lebenszeit).

Diese Beobachtung hat deshalb besonders Interesse, weil sie die Wirkungen der Eifersucht und die Hervorbringung einer Brandstiftung durch dieselbe augenscheinlich ohne Complication mit psychischen Abnormitäten sehr anschaulich macht. Ein Beispiel von einer Brandstiftung aus Neid fand sich dagegen leider nicht, obgleich an dem Vorkommen solcher Beispiele wohl kaum zu zweifeln ist.

II. Furcht.

Zu den Brandstiftungen aus Furcht gehören im weitesten Sinne zwar alle Versuche, die Spuren eines begangenen Verbrechens durch Feuer zu vertilgen, indessen ist dabei die Brandstiftung theils so nebensächlich, theils so leicht erklärlich, dass solche Fälle wohl von der Betrachtung ausgeschlossen werden können. Anders verhält sich die Sache, wenn das Vergehen, dessen Bestrafung durch die Brandstiftung abgewendet werden soll, die letztere nicht als unmittelbare Folge nach sich zieht und wenn das Vergehen unbedeutend, vielleicht ein blosses Versehen im Dienste ist, die Brandstiftung also als das hauptsächliche oder alleinige Verbrechen auftritt. Das Vorkommen solcher Fälle bedarf wohl des Nachweises, da man daran zu zweifeln vermöchte, ob normale Menschen unvernünftig genug sein könnten, eine geringe Verschuldung durch eine sehr schwere zu verschlimmern; erklärlich wird man dies freilich finden, wenn man die Hoffnung der Uebelthäter, der Strafe für die leichte Verschuldung zu entgehen und die schwere zu verheimlichen, zugleich in Betracht zieht.

1) **Chr. A., 13 Jahre alt, Hirtenjunge, Brandstiftung aus Furcht vor Strafe und Geldverlust (Carganico in Henke's Zeitschrift E. H. 23, pag. 124.)**

Chr. A., ein uneheliches Kind, hatte nur sehr mangelhafte Erziehung und Unterricht genossen und versah, als er im Sommer 1833 dem Confirmandenunterrichte beiwohnte, bereits seit zwei Jahren den Dienst eines Hirtenjungen. Früherhin hatte er zu keinen Klagen Veranlassung gegeben, aber in neuerer Zeit bemerkte sein Dienstherr, dass er anfing, liederlich und naschhaft zu werden, dass er sich bisweilen boshaft und verstockt betrug, auch sich kleine Diebereien erlaubte. Er fing deshalb an, im Dorfe für einen liederlichen, boshaften Jungen zu gelten.

Eines Tages hatte er sich, wie schon mehrmals geschehen, aus Unaufmerksamkeit vom Nachbar ein Pferd einpfänden lassen. Da er kurz zuvor aus gleicher Veranlassung derb abgeprügelt worden war und sein Dienstherr ihn für den Wiederholungsfall mit derselben Strafe nachdrücklich bedroht hatte, so gerieth er darüber in grosse Angst. Ueberdies fürchtete er einen Thaler, welchen er besass, als Pfandgeld zu verlieren. So gerieth er „aus reiner Verzweiflung auf den unglücklichen Einfall," die Scheune, in welcher das Pferd verschlossen gehalten wurde, anzuzünden, in der sichern Voraussetzung, dass das Pferd dann herausgelassen und die Pfändung vergessen werden würde; er hatte dabei erwartet, dass nur die Scheune abbrennen würde.

Noch an demselben Vormittage, an welchem er diesen Entschluss gefasst, benutzte er einen Augenblick, wo er sich ganz allein bei seiner Heerde hinter der Scheune des Nachbarn befand, um diese mittelst Feuerschwamm, welchen er durch eine Spalte in ein mit Stroh gefülltes Scheunenfach warf, in Brand zu stecken. Hierauf entfernte er sich eiligst und wartete, bei seinem Vieh sitzend, den Ausbruch des Feuers ab. Als dieser erfolgte, wurde ihm sehr angst, er entfernte sich von der Brandstätte, dieser möglichst den Rücken kehrend, und kümmerte sich nicht weiter um das Pferd, obwohl er beabsichtigt hatte, es nöthigenfalls selbst zu befreien.

Im Anfange hatte er „aus Furcht vor Strafe die That abgeläugnet, späterhin aber auf gutes Zureden dieselbe eingestanden." Er versicherte dabei, dass er die Grösse seines Verbrechens wohl einsehe und dass er grosse Reue und aufrichtiges Leid darüber fühle. Als er den Gerichtsärzten sein gerichtlich abgelegtes Geständniss wiederholen sollte, vergoss er „einige schnell vorübergehende Thränen der Scham und der Reue."

Er war wenig über 4 Fuss gross und geschlechtlich noch gar nicht entwickelt. Körperlich war er vollkommen gesund und nie krank gewesen. Ebenso waren Spuren psychischer Störung weder früher an ihm bemerkt worden, noch konnten die Gerichtsärzte solche entdecken. Er zeigte sich vielmehr nicht ungescheut, antwortete richtig und schnell, und erzählte in gutem Zusammenhange.

Das Gutachten ging dahin, dass R. geistig völlig gesund wäre und dass seine That sich als das Resultat des höchsten Grades von kindischem Leichtsinne darstellte, welcher an Bosheit grenzte und in diese überginge. Er habe zwar mit Bewusstsein, jedoch mit kindisch unentwickeltem Bewusstsein gehandelt.

Das Erkenntniss ist nicht mitgetheilt.

2) **Caroline Sch., 20 Jahre alt, Dienstmädchen, Brandstiftung aus Furcht vor Eingeständniss eines Diebstahls am 12. Mai 1844 (Vezin in Henke's Zeitschrift E. H. 37, p. 50.)**

C. Sch. war die Tochter eines unbemittelten Schuhmachers. Sie ward fleissig zur Schule und Kirche angehalten und trat nach ihrer Confirmation im 14. Jahre in Dienst. Fast alle Zeugnisse ihrer verschiedenen Herrschaften waren ihr sehr ungünstig; sie war nachlässig, ungehorsam, frech, lügenhaft und beging viele kleine Diebereien.

Im 24. Jahre wurde sie geschwängert und bald nach ihrer Entbindung Krankheits halber in ein Krankenhaus aufgenommen. Darauf ging sie wieder in Dienst. Zuletzt war sie als Haushälterin bei dem Lehrer B. in J., bei welchem sie 2 Jahre verblieb; auch dieser war wegen ihres Lügens und wegen ihres störrischen Benehmens, namentlich gegen seine Kinder, mit ihr unzufrieden. Sie wusste aber dennoch ihre Dienstzeit zu verlängern, theils durch Bitten, theils durch List, theils sogar durch anonyme Briefe, mittelst welcher sie die Dienstboten, welche B. miethen wollte, von der Annahme des

Dienstes zurückschreckte. Endlich aber entliess B. sie dennoch, ohne ein anderes Dienstmädchen gemiethet zu haben. Sie packte darauf ihre Kleidungsstücke, aber auch eine Anzahl dem B. gehöriger zusammen in einen Sack, welchen sie bei einer Nachbarin zurückliess. Als sie denselben nach einigen Tagen abholen lassen wollte, erhielt sie zur Antwort, sie möchte selbst kommen, da nicht Alles in Ordnung wäre. Hieraus konnte sie leicht abnehmen, dass die Veruntreuung entdeckt wäre.

Ihre Angehörigen, zu denen sie gegangen war, drangen sehr in sie, ihre Sachen zu holen. Da sie keinen Vorwand hatte, sich diesem peinlichen Gange zu entziehen, so bestimmte sie den 11. Mai dazu. Am Morgen dieses Tages fasste sie den Entschluss, B.'s Haus anzuzünden, um ihren Angehörigen sagen zu können, dass sie deshalb ihre Sachen nicht erhalten hätte. Sie rechnete dabei mit Grund darauf, dass B. die Sache überhaupt nicht weiter verfolgen würde, wenn sie es nur vermeiden könnte, ihm in den Weg zu treten.

Mit zwei Zündhölzchen versehen, begab sie sich darauf auf den Weg nach J. Unterwegs hatte sie nach ihren Aussagen eine schreckliche Angst und konnte nur langsam ihren Weg fortsetzen. Bald kam ihr der Gedanke: lass' es, allein dann dachte sie wieder, dass sie sich nur so von dem Eingeständnisse des Diebstahls losmachen könnte und ward dadurch wieder fortgetrieben. Abends gegen 6 Uhr gelangte sie zu einer Steingrube in der Nähe von J., wo sie in Gedanken vertieft, bis gegen $9^1/_2$ Uhr sitzen blieb. Von da begab sie sich, nachdem sie sich unterwegs noch eine halbe Stunde ausgeruht, auf den Boden des B.'schen Hauses, wo sie bis $11^1/_2$ Uhr auf dem Stroh sass. Dann nahm sie die auf dem Boden aufgehängte Wäsche zu sich, setzte sich abermals nieder und schlief ein. Als sie durch einen heftigen Sturm erweckt wurde, dachte sie: „Du sollst es nur lassen, damit nicht noch mehr Menschen unglücklich werden." Mit ähnlichen Gedanken beschäftigte sie sich eine Zeitlang, bis sie endlich kurz vor halb vier Uhr zur That schritt. Als ihr das erste Zündhölzchen beim Anstreichen zerbrach, dachte sie nochmals: „lass' es, Gott will es nicht haben," allein der schlechte Antrieb gewann die Oberhand und sie zündete mittelst des zweiten Zündhölzchens das Stroh an, worauf sie sich wieder entfernte.

Bald stieg der Gedanke in ihr auf: „Ach, wenn es nur früh genug entdeckt wird, dass keine Wohnung weiter abbrennt und kein Mensch dadurch das Leben verliert." Die Angst, bemerkt zu werden, trieb sie fort, allein sie konnte nicht so rasch weiter, wie sie wollte, denn es hing wie Blei an ihren Füssen, und als sie eine Treppe hinunterstieg, war sie so erschöpft, dass sie sich niedersetzen musste. Nach einigen Minuten setzte sie ihren Weg fort und hörte bald das Lärmblasen des Nachtwächters. Die Wäsche, welche sie vom Boden mitgenommen, verbarg sie in einem Gebüsch in der Nähe des Hauses ihrer Angehörigen, wo dieselbe bald darauf gefunden ward. Ihre

Stimmung, welche schon vor der That nicht gut gewesen war, erschien den Ihrigen nach derselben noch mehr verändert; sie war noch viel unruhiger, in Gedanken versunken und suchte die Einsamkeit.

Am 15. Mai begab sie sich wieder nach J., erhielt dort von dem B. ein Zeugniss, suchte darauf einen anderen Dienst und begab sich, als sie einen solchen nicht finden konnte, endlich zu einem entfernter wohnenden Schwager, wo sie bald darauf verhaftet wurde.

Nach einigen Ausflüchten gestand sie am 2. Juli ihre That vollständig ein, wiederholte dieses Geständniss auch später und fügte unter vielen Thränen hinzu, dass sie einsähe, wie gross das Unglück hätte werden können; sie könnte sich nicht entschuldigen; da sie Alles selbst verschuldet hätte und ihre Strafe leiden müsste, so wollte sie sich auch vor Abgabe eines Erkenntnisses nicht vertheidigen lassen. Nachdem sie aber mehrmals von einem Prediger besucht war, welcher sich ungeschickt gegen sie benahm, widerrief sie ihre Geständnisse, die sie nur aus Furcht vor dem Inquirenten gethan haben wollte. Sie behauptete ferner, dass ein Landgendarm, welcher sie von einem Gefängniss in das andere begleitet und den sie selbst zum Beischlaf angereizt hatte, ihr Gewalt angethan hätte und fing endlich auch an, krankhafte Erscheinungen zu simuliren. Sie klagte über Beängstigungen, Kopfschmerzen, Kälte der Extremitäten und über allerlei Gesichts- und Gehörstäuschungen. Eine Zeitlang suchte sie auch ein verwirrtes Wesen anzunehmen, stellte sich krampfhaft, knirschte mit den Zähnen, schnalzte mit der Zunge und dergl., gab dies aber theils auf erhaltene Vermahnungen, theils aus Ueberdruss bald wieder auf. Die vorgegebenen Symptome reducirten sich dann darauf, dass sie Nachts nicht gut schlafen konnte; sie erklärte dieses selbst daraus, dass sie eine zu grosse Sünderin wäre und deshalb nicht ruhen und nicht schlafen könnte; Nachts wäre es ihr vor den Augen, als ob sie Gespenster sähe. Auch früher war sie nie geistesgestört gewesen und hatte zwar in früherer Jugend an Nervenfieber, „Brustfieber" und Frieseln, sowie später mehrmals an rheumatischem Kopfschmerz gelitten, war aber sonst stets gesund gewesen.

Das ärztliche Gutachten erklärte sie für völlig zurechnungsfähig. Das Gericht verurtheilte sie zum Tode, worauf sie aus freiem Antriebe ihren Widerruf zurücknahm; später wurde sie zu lebenslänglicher Zuchthausstrafe begnadigt.

Diese Beobachtung ist sehr interessant, theils weil sie die Entstehungsweise der Brandstiftung aus Furcht und den Gemüthszustand der Verbrecherin vor und nach der That ganz anschaulich macht, theils weil sie ein lehrreiches Beispiel der bekannten Thatsache giebt, dass nicht jeder Verbrecher längere Zeit zu simuliren vermag. Der Zustand der Verbrecherin im Gefängnisse lässt sich wohl zu der Präcordialangst der Gefangenen rechnen, wie sie

Schürmayer (Lehrbuch der gerichtlichen Medicin 1854, p. 360) zuerst näher beschrieben hat. Dieser merkwürdige und diagnostisch sehr wichtige Zustand kann nicht allein leicht mit wirklicher Geistesstörung verwechselt werden, sondern scheint auch oftmals die gefangenen Verbrecher auf die Idee zu bringen, eine solche zu simuliren. Nach Schürmayer entsteht dieser Zustand, welcher sich namentlich durch Beängstigungen, Rastlosigkeit und Schlaflosigkeit charakterisirt und bisweilen sogar mit ächten Hallucinationen verbunden sein soll, lediglich durch die Peinigungen des Gewissens und befällt nicht nur die läugnenden, sondern auch die geständigen Verbrecher.

III. Unzufriedenheit.

Die Unzufriedenheit mit Verhältnissen, in welchen namentlich unmündige Individuen wider Willen auszuharren genöthigt werden, kann in leicht erklärlicher Weise Veranlassung zu Brandstiftungen geben. Bemerkenswerth ist dabei, dass oftmals weder alle legalen Mittel zur Erreichung der Entlassung erschöpft werden, noch die Ueberlegung über den Akt der Brandstiftung hinaus darauf gerichtet wird, ob auch das Verbrechen wirklich die Entlassung zur Folge haben werde. Auf der andern Seite ist zu beachten, dass Unzufriedenheit mit den bestehenden Verhältnissen ein sehr häufiges Symptom von Geisteskrankheiten bildet und nicht selten den Anfang einer solchen bezeichnet; behufs der Diagnose und der richtigen Auffassung von Zwischenstufen zwischen Gesundheit und Krankheit ist dies wohl im Auge zu behalten. Begreiflicher Weise verbindet sich Unzufriedenheit oft mit Heimweh, aber beide Affecte sind doch, wenn auch bisweilen verschmelzend, in ihren Extremen deutlich unterschieden.

1) Elsabe K., 16 Jahre alt, Freudenmädchen, Brandstiftung aus Unzufriedenheit am 5. August 1829 zu Pinneberg (Meyn in Henke's Zeitschrift Bd. 22, p. 317).

E. K. war von Kindheit an durch eine buhlerische Mutter verdorben, verwahrlost und statt zum Schulbesuch zum Betteln angehalten worden. Schon früh wurde dadurch eine Neigung zum Vagabundiren bei ihr erweckt; während ihre ältere Schwester zu betteln sich weigerte, war sie immer dazu bereit und entlief auch öfters aus dem elterlichen Hause, um einer Züchtigung oder Zurechtweisung zu entgehen. Schon in ihrem 7. Jahre lief sie nach dem 2 Meilen entfernten Hamburg und im 9. blieb sie acht Tage aus und ward in Altona wiedergefunden, ihrer sonstigen Streifereien nicht zu gedenken. In Folge solcher Lebensweise wurde ihr Charakter, der sich sonst durch Lebhaftigkeit, Munterkeit und Leichtbeweglichkeit der Stimmungen vortheilhaft auszeichnete, verdorben; sie wurde überaus leichtsinnig, vergnügungssüchtig und lügenhaft, wozu nach Eintritt der Menstruation im Alter von 14½ Jahren (1828) noch eine sehr lebhafte Geschlechtsbegierde hinzukam.

Gegen Weihnachten 1828 entlief sie dem Confirmandenunterrichte, der ihr zuwider war, und begab sich nach Hamburg, wo sie sich, einem fremden Mädchen folgend, bereitwillig in ein Bordell aufnehmen liess. Diesem Aufenthalt durch die Polizei entzogen und zurückgeschafft, ergab sie sich mit grosser Schamlosigkeit und Begehrlichkeit der *Venus vulgivaga*, dachte, wie die Zeugen sagten, nur an Mannspersonen und konnte selbst Handwerksgesellen auf der Strasse nicht ruhig gehen lassen. Spuren von irgend einer psychischen Störung bemerkte aber Niemand an ihr, nur eine Frau hielt sie für „freienstoll."

Während der Haft, welche sie nach ihrer Zurückschaffung erduldet hatte, war ihr mitgetheilt, sie würde der Frau L. zur Pflege und Ueberwachung übergeben werden; schon damals hatte sie die Aeusserung fallen lassen, sie würde dort nicht lange bleiben und nöthigenfalls das Haus in Brand stecken. Gegen Anfang Juli 1829 wirklich dorthin versetzt, begab sie sich, um auf alle Fälle eine spätere Simulation vorzubereiten, am 14. Juli zum Landchirurgus und offenbarte ihm, dass sie seit acht Tagen an Geisteszerrüttung litte und geneigt wäre, sich zu ermorden, sich sogar schon zu ertränken versucht hätte. Der Frau L. dagegen log sie vor, sie hätte den Arzt besucht, weil sie venerisch wäre.

Am 5. August beschäftigten sich ihre Gedanken so lebhaft mit der Brandstiftung, dass sie sich in Gegenwart der Miethfrau B. halblaut ausliess, „die L. solle die längste Zeit mit ihr gescholten haben, sie wolle ein Einsehen thun," und bald nachher diese Frau fragte, ob sie am Nachmittage nicht ausgehen wollte.

Nachmittags, als die Frau L. und ihr Ehemann ausgegangen waren, eilte sie zuerst in das Zimmer einer alten, bettlägrigen Frau, öffnete die Schiebthüren ihres Wandbettes, stellte ihr einen Stuhl vor's Bette, besah sich einen Augenblick im Spiegel und eilte dann ohne, wie die alte Frau verlangte, die Thüren wieder zu schliessen, hinaus. Sie wollte ihr Gelegenheit geben, sich zu retten. Die Brandstiftung selbst setzte sie mittelst einer Kohle ins Werk, die sie vom Heerde in einer Untertasse hinaustrug und nach Ersteigen einer Leiter auf dem Boden ins Heu schüttete. Als bald darauf das Feuer ausbrach und die Miethfrau Feuerlärm machte, lief sie, angeblich um die Spritze zu holen, davon, wurde aber unterwegs arretirt.

Schon im ersten, wenige Stunden nachher angestellten Verhör fragte sie, ob sie nicht einen Arzt erhalten könnte; sie wäre manchmal nicht recht, wüsste oft selbst nicht, was sie thäte, es wäre ihr mitunter so, als ob der Kopf ihr auseinander ginge, es „kraulte" ihr oben im Kopfe, sie wüsste bisweilen kurz nachher, wenn sie etwas gethan, nicht mehr, was es gewesen, in den Hundstagen hätte sie immer eine Krankheit im Kopfe. Aber ausser diesen Angaben, welche aller Bestätigung baar blieben, gab sie sich keine Mühe zu simuliren, zeigte sich vielmehr körperlich und geistig ganz gesund. Dies erklärte auch das ärztliche Erachten. Das Erkenntniss ist nicht mitgetheilt.

In diesem Falle kann kein Zweifel sein, dass die Uebelthäterin psychisch normal beschaffen war und dass sie das Verbrechen beging, theils aus Ueberdruss mit den sie beschränkenden Verhältnissen, theils in der Hoffnung, sie mit solchen, die ihren Begierden besser zusagen würden, zu vertauschen. Bemerkenswerth ist dabei nur die ausserordentlich grosse Leichtfertigkeit und Unbedachtsamkeit, welche sich in allen ihren Handlungen, namentlich auch in den albernen Simulationsversuchen aussprach.

2) P. Petersen, 17 Jahre alt, Dienstjunge, Brandstiftung aus Unzufriedenheit am 12. April 1835. (Schleswig-Holsteinische Anzeigen 1837, p. 185).

P. P., von armen Eltern abstammend, hatte nothdürftigen Schulunterricht genossen, war aber schon als Knabe zanksüchtig und lügnerisch gewesen.

Bald nach seiner um Ostern 1834 erfolgten Confirmation erhielt er einen Dienst bei einem Landbesitzer in einem nahen Dorfe, suchte aber von Anfang an seinem Dienstherrn dieses Verhältniss zu verleiden. Dieser liess ihn endlich wirklich gehen, nachdem er ihm wegen Verlustes einer Pflugschaar einige Schläge gegeben hatte. Wie sich später ergab, hatte P. diese in einer Tränkstelle versteckt, um sich dadurch der Arbeit zu entziehen und entlassen zu werden. In einem zweiten Dienst, den er noch in demselben Sommer antrat, blieb er zwar bis Michaelis, kam dann aber wieder nach Hause und brachte dort den Winter zu.

Am 4. April 1835 kam er bei Lindegaard in Dienst, aber schon am folgenden Tage stellte er sich krank, worauf er entlassen ward und erst am 11. in den Dienst zurückkehrte. Am 12. fuhr L. mit seiner Familie und dem Knecht zur Kirche, so dass nur P., das Dienstmädchen und eine alte Frau zurückblieben. P. hatte schon am frühen Morgen den Entschluss gefasst, durch Brandstiftung sich seines Dienstes zu entledigen und schritt gleich nach der Abfuhrt jener Personen zur That. Er trug Kleefutter aus der Scheune auf die Tenne, steckte einige Schwefelhölzer zu sich, trug ein brennendes Stück Holz vom Heerde unter seiner Jacke auf die Tenne, legte dieses auf Stroh und zündete letzteres mit einem Schwefelholze an. Das Feuer ergriff das Stroh und das daneben liegende Kleefutter, drohte aber dennoch zu verlöschen, worauf er demselben mittelst des umherliegenden Futters neue Nahrung gab. Erst nachdem Alles in hellen Flammen stand, verliess er die Tenne und verriegelte die Thür von aussen, worauf er sich zur Vermeidung von Verdacht in die Küche begab und seine Stiefel putzte. Als das Feuer kurz darauf bemerkt wurde, lief er ins Dorf, um Hülfe zu holen. Inzwischen brannten alle Hofgebäude nieder und einige Personen geriethen in grosse Lebensgefahr. P. büsste zwar seine geringe Habe ein, erhielt aber durch Geschenke reichlichen Ersatz.

Sein Benehmen während des Brandes war so unbefangen, dass er keinen Verdacht auf sich zog, sondern an dem nämlichen Tage zu seinen Eltern entlassen wurde, bei welchen er sich den Sommer über aufhielt. Er hatte keine Ursache, sich über die ihm zu Theil gewordene Behandlung zu beklagen, sein einziger Beweggrund, das Feuer anzulegen, war der Wunsch gewesen, wieder nach Hause zu seinen Eltern zu kommen.

Im October 1835 ward er zu Claus Jürgensen in Dienst gegeben. Hier klagte er in den ersten Tagen über allerlei vorgebliche Uebel, am 4. Tage aber weckte er seinen Dienstherrn mit der Anzeige, dass auf dem Scheunenthor angeschrieben stände: „Claus, wenn du den Jungen nicht gehen lässt, wird es in wenig Tagen auf deiner Hufe brennen." Da ihm der Junge vorstellte, er möchte ihn doch gehen lassen, weil seine Hufe sonst abbrennen würde, brachte ihn Jürgensen nach Hause zurück, machte aber zugleich beim Gerichte die Anzeige, hinzufügend, dass jene andere Hufe wirklich abgebrannt wäre.

Darauf verhaftet, gestand P. nach längerem Läugnen zuerst die Branddrohung und seine Absicht, dieselbe, wenn er nicht entlassen würde, auszuführen, dann aber auch die frühere Brandstiftung.

Nach den Beobachtungen des Predigers und des Arztes war P. völlig gesund, zeigte auch gute Fähigkeiten und sogar recht gute Religionskenntnisse, dagegen gänzlichen Mangel an moralischem Gefühl und grossen Leichtsinn. Auch gegen den Prediger äusserte er wiederholt, dass nur der Wunsch, von einem ihm verhassten Dienste loszukommen, ihn zur Begehung des Verbrechens veranlasst hätte.

Er wurde zur Todesstrafe verurtheilt, aber zur lebenslänglichen Zuchthausstrafe begnadigt.

Auch hier ist die normale Beschaffenheit des Uebelthäters nicht zu bezweifeln. Zum Heimweh konnte dieser Fall deshalb nicht gestellt werden, weil von einer Sehnsucht gar nicht die Rede war, sondern nur von einer Unzufriedenheit und von Missfallen am Dienen. Eltern niederer Stände werden nicht selten dadurch geplagt, dass ungerathene Söhne wiederholt aus der Lehre laufen; es würde der Erfahrung geradezu widersprechen, wenn man dabei jedesmal Heimweh annehmen wollte. Dass sich das Letztere noch durch besondere Erscheinungen unterscheidet, ist allgemein bekannt und wird sich weiter unten auch thatsächlich ergeben.

3) C. B., 13 Jahre alt, Dienstjunge, Brandstiftung aus Unzufriedenheit am 6. Mai 1838. (Schleswig-Holsteinische Anzeigen 1839, p. 228.)

Der Vater des C. B., ein armer Tagelöhner, war längst verstorben, seine Mutter, welche erst kurz vor der Brandstiftung sich wieder verheirathet hatte, fiel mit ihren Kindern, welche auch betteln mussten, der Armenkasse zur Last. Die Erziehung des Knaben ward deshalb sehr vernachlässigt; er besuchte namentlich die Schule nur unregelmässig. Von Kindheit an bis zum letzten Winter, wo er ganz gesund ward, war er kränklich (stets, wie seine Mutter sagte, dick und voll) und hatte jeden Winter dicke und sehr wunde Füsse. Er war ein stiller, guter, gehorsamer, offener Junge, dem Niemand etwas Böses nachzusagen wusste; auch waren seine Anlagen recht gut und seine Kenntnisse nach dem Urtheile des Predigers trotz des unregelmässigen Schulbesuchs doch nicht ganz mittelmässig. Von seiner Mutter, welche eine heftige Frau war, wurde er in der Hitze nicht selten stark gezüchtigt, sonst aber vernachlässigt und zum Betteln, wenn auch nicht zu Schlechtigkeiten, angeleitet.

Am 14. April 1838 wurde er zum ersten Mal von Hause gegeben und, zwei Stunden von seinem Geburtsort entfernt, beim Bauer P. in Dienst gebracht. Beim Abschied war er zwar sehr niedergeschlagen, weinte aber nicht und schien sich in sein neues Verhältniss gut zu finden. In diesem wurde er in jeder Beziehung gut gehalten und nur einmal gescholten, weil er aus Missverständniss eine Arbeit nicht gethan hatte.

Am 19. April kehrte er wegen Frostbeulen an den Füssen mit Erlaubniss seiner Herrschaft nach Hause zurück und blieb dort bis zum 3. Mai, ward aber dann von seiner Mutter, noch ehe seine Füsse ganz geheilt waren, wieder zu P. gebracht, was ihm als eine Härte erschien. Auf dem Wege dorthin bat ihn Letztere dringend, ihr zu sagen, ob er dort auch sein möge; er bejahte das, lobte die Verpflegung und setzte hinzu, es wäre ihm dort freilich etwas fremd, daran würde er sich aber gewöhnen. Er war auch wirklich in seinem Dienste stets munter und vergnügt, zeigte kein Heimweh und war nur über seine schlimmen Füsse traurig.

Schon drei Tage nach seiner Rückkehr aber fasste er den Entschluss zur Brandstiftung und führte diesen in der Weise aus, dass er angebrannten Torf aus der Küche nach dem Boden trug und dort auf Stroh warf. Er wählte dazu einen Augenblick, in welchem er sich unbemerkt glaubte, trank in der Küche Wasser und nahm vom Boden Stroh mit, um Vorwände für seine Anwesenheit an beiden Orten zu haben. Während des Hinaufsteigens blickte er sich nach dem Fenster um, aus welchem seine Dienstherrin ihn sehen konnte und wirklich sah, bemerkte sie zwar nicht, hielt aber doch Sicherheitshalber den brennenden Torf so, dass sie diesen keinesfalls gewahren konnte; er legte also in Allem Umsicht und Bedachtsamkeit an den Tag. Herabgekommen, schnitt er das Stroh, legte es dem vorbedachten Zwecke gemäss in seine zu weiten Schuhe und ging dann „zu seinem Plaisir" im Dorfe spazieren, wobei er sich nur einmal umblickte; einem andern Knaben, dem er begegnete und sich zugesellte, verrieth er Nichts. Als er den Feuerlärm hörte, eilte er zurück, holte sein Zeug, an welches er bis dahin nicht gedacht hatte und wovon Pantoffeln und Peitsche mit verbrannten, packte es in ein Bündel und ging, ohne sich aufzuhalten, nach Hause. Der Brand, welcher Wohnhaus und Scheune einäscherte, freute ihn nicht, sondern er bereute gleich seine That und begann heftig zu weinen.

Seiner Mutter, welche schon bei der früheren Heimkehr den Verdacht geäussert hatte, dass er davongelaufen wäre und welche ihm diesen in kräftigen Ausdrücken wiederholte, sagte er, dass das Haus abgebrannt wäre, antwortete ihr aber auf die weitere Frage, warum er denn fortgegangen wäre, gar nichts. Als sie darauf Verdacht gegen ihn äusserte, läugnete er einfach, war aber auffallend still, sass müssig da und mochte weder essen, noch trinken; sie versuchte ihn durch Güte, darauf auch durch einige Stockstreiche vergebens zum Geständniss zu bringen, da er sich vor heftigeren Züchtigungen fürchtete. Sie brachte ihn erst nach 8 Tagen zu P. zurück, der ihn aber, weil er schon einen andern Jungen gemiethet, nicht annahm; er fand darauf einen andern Dienst, wurde dort aber nach wenigen Tagen verhaftet.

Auch im Verhöre läugnete er zuerst aus Furcht vor Schlägen und vor langem Gefängniss, womit ihm die Leute gedroht hatten; da das dem Inquirenten als eine grosse Frechheit erschien, wurde er in ein dunkles Loch gesteckt, worauf er bald bekannte.

Als Motiv seiner That wusste er nur anzugeben, dass er bei seiner Herrschaft nicht hätte sein mögen, weil ihr Alles fremd gewesen wäre und er dort keinen Menschen gekannt hätte. Er hätte deshalb darüber nachgesonnen, wie er wieder fortkommen sollte, und, da ihm das Weglaufen nichts genützt haben würde, die Brandstiftung für das geeignetste Mittel dazu angesehen. Er wusste, dass dies Unrecht wäre, hatte davon aber doch keine so klare Einsicht, als später, nachdem er von dem Prediger Belehrung empfangen hatte; er versicherte seine aufrichtige Reue und versprach, dass er sich bessern und es gewiss nicht wieder thun wollte; er wäre froh, das Geständniss abgelegt zu haben.

Der Arzt fand ihn körperlich, wie geistig, normal, aber auch noch ganz kindisch. Das Gericht erklärte ihn aus diesem Grunde für unzurechnungsfähig und überantwortete ihn der Obrigkeit zur angemessenen polizeilichen Bestrafung.

In dem sehr ausführlichen gerichtlichen Erkenntniss sind mehrere

Bemerkungen gemacht, die hervorgehoben zu werden verdienen. „Nie ist es gewiss mehr zu bedauern, heisst es, dass bei uns der untersuchende Richter von dem erkennenden getrennt ist, als da, wo es sich um die Imputativität, zumal jugendlicher Verbrecher handelt, denn dass die blosse Einsicht der Akten, ohne persönliche Kenntniss des Angeschuldigten, ein ungenügendes Mittel sei, sich ein wahrhaftes Bild desselben zu entwerfen, wird Jeder zugeben, der durch eigne Führungen von Untersuchungen Gelegenheit gehabt hat, Verbrecher näher kennen zu lernen. — Dem untersuchenden Richter muss sich das vom Gesetz *in abstracto* mit einer Strafe bedrohte Factum unter mannigfaltigen, lokalen und temporellen Nuancen und in der gegenwärtigen und lebendigen, oft mehr durch Anblick, als durch Worte erkennbaren, schwach und unvollständig durch die Schrift darstellbaren Persönlichkeit des Verbrechers in einem concreten Falle in einem höchst verschiedenartigen Licht abspiegeln, welches die subjective Strafbarkeit des Verbrechens in den mannigfaltigsten Abstufungen vom höchsten Grade der Imputativität bis zum niedrigsten erscheinen lässt. Der Thatbestand ist eine Erscheinung in der Aussenwelt, welche sich durch das Medium der Schrift darstellt, aber die subjektive Strafbarkeit, die Imputativität des Verbrechens ist der Geist der That, welcher sich, wie alles Geistige, nur andeuten lässt. Der Richter kann wohl den Totaleindruck, den er auf ihn gemacht, beschreiben, aber die einzelnen Züge, welche er zu dessen Rechtfertigung anführen kann, werden schwerlich genügen, einen Anderen von der Wahrheit des entworfenen Bildes zu überzeugen, weil es blos aus ihrer Wechselwirkung und vor Allem aus dem lebendigen Ausdruck der Persönlichkeit des Verbrechers entspringt. Mag es auch für die Theorie möglich, ja nothwendig sein, die einzelnen Gründe der Erhöhung und Verminderung der subjectiven Strafbarkeit, für deren Qualität sie ohnehin so wenig im peinlichen Recht praktisch-gültige Gründe aufzufinden, als im Bürgerlichen die Verschuldungen in eine schwere, leichte und leichteste zu sondern vermag, quantitativ zu bestimmen, ihre wechselseitige Verbindung, ihre Wechselwirkung unter einander, ihre innere Verbindung, die oft weit wichtiger ist, als ihre blosse Coexistenz, müssen immer unbestimmbar für sie bleiben. Das Subject eines Verbrechens aber handelt unter den Bedingungen äusserer Umgebungen in Raum und Zeit, eingepflanzten Vorstellungen, vorgefassten Begriffen und Vorurtheilen, seiner Individualität nach, und man würde ihm oft sehr unrecht thun, wenn man einen einzelnen dieser Umstände, eine vielleicht nur zufällig hervortretende Eigenschaft dieses Individuums aus ihrer Verbindung reissen und aus dieser nicht allein seine verbrecherische Handlung, sondern auch oft seine ganze Subjectivität beurtheilen wollte."

Durch die Uebertragung der Entscheidung über Zurechnungsfähigkeit an die Geschworenen und durch das ganze Verfahren vor denselben ist es jetzt freilich übergenüg anerkannt, dass für die Beurtheilung der Imputation nur die subjective Ueberzeugung massgebend und die eigene Anschauung des Verbrechens nothwendig ist, aber es ist interessant zu ersehen, wie sehr das Gericht damals den Mangel der eigenen Anschauung als wesentlichen und die Sicherheit des Urtheils schwächenden, ja fast vereitelnden Uebelstand empfunden hat; dieser, heisst es an einer andern Stelle, müsse bei einer Reform des Justizwesens, vor allen Dingen geändert werden; man könne dies nicht oft und nicht dringend genug wiederholen. Vergleicht man diese Aeusserungen mit der Ruhe, mit welcher Aerzte, deren ganze Wissenschaft doch auf Beobachtung beruht, Superarbitrien über die Zurechnungsfähigkeit von Angeschuldigten abgeben, die sie nie gesehen haben, so wird man über die Sinnlosigkeit und Verwerflichkeit dieses Verfahrens im höchsten Grade betroffen werden müssen.

Sehr zu beherzigen ist ferner die Warnung, die Entstehung und die Zurechnung der That nicht nach einzelnen Momenten zu beurtheilen; man findet ein solches Bemühen in der That sehr oft in Superarbitrien, wo die eigne Beobachtung fehlt und wo es daher leicht ist, durch psychologische Deductionen und dialektische Kunstgriffe ein Moment als das alleinige ursächliche erscheinen zu lassen und die übrigen als unwichtig zurückzudrängen; es liegt auch in der menschlichen Natur, eine Art logischer Befriedigung darin zu finden, wenn man ein Verbrechen aus einem bestimmten Momente, z. B. aus Rachsucht, erklärt hat. Deshalb ist es aber auch nothwendig, durch Reihen von Beobachtungen nachzuweisen, dass man die einzelnen Verbrechen wohl nach den Affecten u. s. w., aus denen sie hauptsächlich hervorzugehen schienen, ordnen kann, dass man aber innerhalb der gemachten Abtheilungen wieder sehr bedeutende Verschiedenheiten statuiren muss. Ganz vorzüglich aber trifft jene Warnung bei dem am meisten vereinzelten aller Momente zu, welches, wo alle Erkenntnissquellen versiegen, allein Alles erklären soll, nämlich bei der Monomanie oder dem Drange, die Persönlichkeit geltend zu machen.

Da nach der gültigen Gesetzgebung Kinder unter, aber nahe dem 14. Lebensjahre nur dann unzurechnungsfähig waren, wenn Bosheit das Alter erfüllte und da das Gericht demnach entweder auf Unzurechnungsfähigkeit erkennen musste, oder wenigstens auf Zuchthausstrafe, welche, wie hervorgehoben wurde, bei der schlechten Einrichtung der Zuchthäuser den Knaben moralisch gänzlich zu verderben drohte, so war die Entscheidung, ob dieser aus Bosheit gehandelt hätte, oder nicht, die Hauptaufgabe. Das Gericht berief sich zu diesem Behufe nicht allein auf die allgemeine Stimme über den Knaben, sondern vorzüglich auch auf die Urtheile des Untersuchungsgerichtes, des Arztes und namentlich des Geistlichen. „Der Pastor H., heisst es, erklärt, es spreche sich in seinem ganzen Wesen kindliche Offenheit, Unschuld und Herzensgüte so unverkennbar aus, dass es ihm fast unbegreiflich sei, wie in diesem kindlichen Gemüthe ein Gedanke von solcher Frevelthat habe Raum finden können; Bosheit sei es gewiss nicht, was ihn dazu verleitet habe, sondern etwa das Unheimlichfühlen an einem fremden Orte unter fremden Menschen; er habe wieder zu seinen Freunden und Bekannten gewollt und hätte es nicht anders zu machen gewusst." „Dass die Handlung, welche er unternahm, fährt das Gericht fort, unerlaubt und rechtswidrig sei, hat er allerdings eingesehen, **allein diese Einsicht, das Gefühl, etwas Unerlaubtes zu begehen, wird bei einer That dieser Art in der Regel keinem 5- oder 6jährigen Kinde fehlen, bei welchem doch alle Zurechnung ausgeschlossen ist.** An die Folgen seiner That scheint er, wie der Pastor H. mit Recht bemerkt, erst, nachdem sie geschehen, gedacht zu haben, und das Gefühl der Unrechtmässigkeit ist durch das stärkere Gefühl der Unbehaglichkeit an einem fremden Orte unterdrückt worden. Und dass in der That nur ein dunkles Gefühl, die augenblickliche*) Unbehaglichkeit von sich abzuwälzen, ihn zu der Brandstiftung bewogen hat, geht aus den Umständen hervor. Abgesehen davon, dass der Aufenthalt im elterlichen Hause, bei der sehr harten Behandlung seiner Mutter, nicht eben sehr anlockend für ihn sein konnte, musste ein geringer Grad der Reflection ihm sagen, dass das von ihm gewählte Mittel seinen Zweck verfehlen und er entweder zu P., oder nach einer andern Stelle in Dienst gebracht würde, dass aber mit jedem solchen Dienst ausser dem Hause der Aufenthalt an einem fremden Orte verbunden sein würde."

Der kurze und bündige Beweis, durch welchen das Gericht die Bedeutung des Schuldbewusstseins für die Zurechnungsfähigkeit im Allgemeinen gänzlich beseitigt, ist auch für die gerichtliche Psychiatrie von Interesse, da man gewiss nur deshalb, weil man jeden Schuldbewussten für zurechnungsfähig ansah, oftmals, in England sogar gesetzmässig, aller Erfahrung zum Trotz jeden Schuldbewussten auch für psychisch gesund auszugeben versucht

---

*) In den Acten fehlte zwar der Nachweis, wann der Gedanke an Brandstiftung in dem Knaben entstanden war, das Gericht glaubte aber aus verschiedenen Umständen abnehmen zu dürfen, dass die That nicht prämeditirt war.

hat. Ferner aber zeigt die mitgetheilte Thatsache, so aufgefasst, wie es das Gericht gethan und wie jeder Unbefangene mit ihm thun wird, dass die Vorstellung, welche Casper von den im Dienste unzufriedenen Brandstiftern erweckt hat, keineswegs für alle Fälle richtig ist. Nachdem Letzterer nämlich Heimweh und den Wunsch, aus dem Dienste zu kommen, mit Bezug auf die Brandstiftungen für fast ganz zusammenfallend erklärt hat, führt er (Denkwürdigkeiten p. 291) folgendermassen fort: „So war in der Regel das Verlangen, nach Hause zu kommen, nur dem Verlangen untergeordnet, einen lästigen Dienst zu verlassen, lästig, weil an sich zu hart, oder, weil das Subject arbeitsscheu, nur relativ zu schwer, oder aus andern hier gleichgültigen Gründen. Nicht selten hatten sie schon vor der That Versuche gemacht, auf die naheliegendste Weise sich von den Fesseln des Dienstes zu befreien, nämlich davon und nach Hause zu laufen, waren dann aber von den Angehörigen wieder, oft mit Gewalt, in jenen Dienst zurückgebracht worden. Wenn nun der Gedanke in ihnen enstand, zur Erreichung ihres Zweckes Feuer anzulegen, so liegt nach allem oben Angeführten, hierin gar nichts psychologisch Auffallendes. Zunächst lag eine als solche anzuerkennende *causa facinoris* vor, das Bestreben, sich eine behaglichere, angenehmere Existenz zu verschaffen, der Drang nach Freiheit und grösserer Ungebundenheit, als sie im Herrendienst gewährt wird, und sodann war das Mittel vom Standpunkte dieser Subjecte ganz und gar nicht zweckwidrig gewählt. Wenn das Vieh, die Scheunen, die Betten des Herrn verbrennen, wenn dieser um das Seinige gekommen, dann giebt es allerdings kein Vieh mehr zu hüten, kein Getreide zu dreschen, keine Betten zu machen, dann hat der Dienst aufgehört*). Wo ist hier der Stempel der Verkehrtheit, der Unzurechnungsfähigkeit? Hiermit aber, wenn man einen falschen Werth auf die Würdigung der *causa facinoris* legt, fällt allein schon, denn dieses Motiv hat erfahrungsmässig die grosse Mehrzahl aller jungen Brandstifter geleitet**), die Mehrzahl sogenannter Pyromanien in Nichts zu-

---

*) Dies ist, wie die mitgetheilten Fälle lehren, keineswegs immer, ja vielleicht selbst in der Regel nicht der Fall. Auch erhellt nur äusserst selten die Absicht der Uebelthäter, die Habe der Herrschaft gänzlich zu vernichten.

**) Casper macht hierzu die Anmerkung, dass in den von Richter zusammengestellten 54 Fällen Heimweh und der Wunsch, aus dem Dienste

sammen und verwandelt sie in Bubenstücke arbeitsscheuer, leichtsinniger, ungezogener und unerzogener Mädchen und Knaben."

Die mitgetheilte Beobachtung, obwohl ohne Zweifel einen Normalzustand betreffend, passt mit dieser Darstellung durchaus nicht zusammen; es zeigt sich vielmehr, dass Casper bei derselben nur an solche Extreme, wie etwa in den beiden vorhergehenden Fällen gedacht hat. Dies zu beachten, ist aber nicht unwichtig, denn wenn man nur diejenigen Brandstifter, auf welche Casper's Beschreibung passte, für normale halten wollte, so würde man in abweichenden Fällen leicht irre werden und fälschlich abnorme Zustände voraussetzen können.

4) **Heinrich Rabenhorst, 15 Jahre alt, Pensionär, Brandstiftung aus Unzufriedenheit am 20. Juli 18— (Casper Denkwürdigkeiten, p. 337.)**

H. R., Mennonit, war der Sohn eines Brauers, hatte vom 6.—14. Jahre in einer höheren Bürgerschule Unterricht erhalten und wurde dann nach S. zum Pfarrer Z. in Pension gegeben, damit er sich von einem beim Turnen davongetragenen Brustübel („Lungenerethismus") erhole. In der Schule zeigte er ein sittlich gutes, freundliches und gefälliges Betragen, welches jedoch von Leichtsinn nicht ganz frei war und erwarb sich die Liebe seiner Lehrer und Mitschüler, sowie auch bei guten Anlagen ziemlich gute Kenntnisse. Bei dem Pfarrer Z. zeichnete er sich durch Fleiss und musterhaftes Betragen aus, doch fand Letzterer, dass er nicht gründlich und tief in eine Sache einzudringen vermöchte und dass er nur die Kenntnisse eines elfjährigen, auf gewöhnlichen Schulen unterrichteten Knaben besässe, also bedeutend zurückgeblieben wäre.

Nach seinen Aussagen war er schon einen Monat vor der That auf den Boden des Hauses gegangen, um in seiner Kammer Feuer anzulegen, hatte aber vor seinem Vorhaben geschaudert und den Boden unverrichteter Sache wieder verlassen. In der Woche vor dem Brande fand der Pfarrer sein Benehmen ungewöhnlich, mehr abgeschlossen und erhielt von ihm viele zerstreute Antworten; den übrigen Haus-

---

zu kommen, 46mal die *causa facinoris* gewesen sei. Der obige allgemeine statistische Schluss ist aber dennoch bedenklich: 1) weil Richter vermuthlich nur das in jedem Falle von dem Herausgeber angegebene Motiv hingenommen, wenigstens von einer eignen Prüfung seiner Realität nichts gesagt habe, was doch gewiss statistisch unerlässlich sein würde; 2) weil jene Fälle nur aus dem zufällig veröffentlichten und Richter bekannt gewordenen zusammengestellt wurden; 3) weil die Zahl der Fälle zu gering ist.

bewohnern war nichts an ihm aufgefallen. Er selbst wollte in dieser Zeit unruhig geschlafen und hässliche Träume gehabt haben.

Als die Ferienzeit begann und die Mitschüler verreisten, er aber Gesundheits halber zurückbleiben musste, fühlte er sich, da er mit Niemandem Umgang hatte, sehr einsam und verlassen und wünschte sehr, zu einem Onkel zu reisen, getraute sich aber einer abschlägigen Antwort gewiss nicht, den Pfarrer darum zu bitten. Den Zeitpunkt, wann ihm der Gedanke durch Brandstiftung als sicheres Mittel seinen Zweck zu erreichen, einfiel, gab er verschieden an; einmal wollte er die Idee am Tage vor dem Brande und wiederholt am folgenden Morgen im Bette, ein anderes Mal unmittelbar vor Ausführung der That gehabt haben. Auf eine spätere specielle ärztliche Frage erklärte er überdies, dass er zwar stets gern Feuer, namentlich Gebäude hätte brennen sehen, indessen nicht angeben könnte, ob er vor der That nach dem Anblick eines grossen Feuers ein dringendes Verlangen gehabt hätte. Unmittelbar nach der Brandstiftung wollte er nach einer Aussage ein ganz freudiges Gefühl, als ob ein längst gehegter Wunsch befriedigt wäre, nach einer anderen aber weder angenehme, noch unangenehme Empfindungen gehabt haben.

Die That selbst führte er mit Umsicht aus. Er nahm die Zeit wahr, als der Pfarrer in der Kirche und Niemand in der Wohnstube war, um aus derselben ein chemisches Feuerzeug wegzunehmen, begab sich in seine Kammer und legte auf sein eignes und ein anderes Bett brennende Schwefelhölzer. Als die Decken brannten, ging er hinunter in den Stall, stieg auf den Heuboden und zündete das Heu an. Dann eilte er hinab, sprang über den Hofzaun und begab sich auf die Dorfstrasse. Als gleich darauf das Feuer aufging, mischte er sich unter die Rettenden.

In Folge des Brandes erhielt er vom Pfarrer wirklich die Erlaubniss zu der gewünschten Reise, von der er nach einigen Wochen zurückkehrte. Aber in einem Gasthause am Orte seiner That angekommen, fühlte er sich körperlich und geistig so unwohl, dass er wieder zurückfuhr, um ärztliche Hülfe zu suchen. Als er drei Tage später wieder nach S. kam, wurde ihm das Herz sehr schwer und er fühlte heftige Reue, die ihn auch nicht wieder verliess.

Er hatte den Verdacht zuerst auf einige Töpferburschen zu lenken versucht, dann aber dem Pfarrer seine That bekannt, und gestand sie ebenfalls nach einigen Ausflüchten schon im ersten polizeilichen Verhöre.

Spuren von Geistesstörung konnte Niemand an ihm bemerken. Die untersuchenden Aerzte fanden ihn gross, gut gebaut, die Schamgegend mit wenigen kurzen Haaren besetzt, die Geschlechtstheile noch wenig entwickelt, am Kinn die ersten Bartkeime, den Herzschlag stark, den Puls sehr beschleunigt, unregelmässig, verhältnissmässig schwach, die Brust gut gewölbt. Der Pfarrer meinte, er hätte vor der That augenscheinlich gekränkelt, doch wäre das Brustübel nicht erheblich gewesen. Das Superarbitrium schloss aus diesen Angaben auf eine „Anlage zur Lungenschwindsucht," wenn es auch die Pulsfrequenz durch Aufregung erklärte. Welcher Art das Leiden wirklich war, muss dahingestellt bleiben.

Die Gerichtsärzte nahmen Pyromanie*) und Unfreiheit an, das Medicinalcollegium verneinte diese und hielt die Zurechnungsfähigkeit nur durch grossen Leichtsinn, jugendliches Alter, körperliche Krankheit, mangelhaften und unentwickelten Verstand beschränkt. Dieser Ansicht schloss sich das Superarbitrium an.

Das Gericht erkannte, indem es eine körperliche Züchtigung wegen des guten Betragens und der körperlichen Schwäche des Uebelthäters beseitigt, auf Züchtigung durch einjährige Einsperrung in eine Besserungsanstalt. In dem Erkenntniss wurde noch angeführt, dass der Knabe zwei Jahre nach der That nach einem geistlichen Zeugnisse „nicht allein die Grösse seines Vergehens erkannt und durchempfunden, sondern auch seine, mit seinem Brustübel und sonstiger körperlicher Beschaffenheit zusammenhängende Heftigkeit so besiegen gelernt hätte, dass er nicht mehr derselbe wäre." Der Vater des Knaben hatte den Schaden für die abgebrannten Gebäude (Scheune und Stall) inzwischen ersetzt.

Es ist zu bedauern, dass in diesem Falle weder die Beschaffenheit der körperlichen Krankheit, noch der psychische Zustand des Uebelthäters völlig klar sind. Ueber letzteren erfahren wir zuletzt noch ganz beiläufig, dass dem Uebelthäter eine „mit seiner Körperbeschaffenheit zusammenhängende" Heftigkeit eigen gewesen, wovon im Früheren gar nicht die Rede war. Von den Medicinalbehörden, wie auch vom Gericht, sofern man dies aus der milden Bestrafung schliessen darf, wurde auf seinen Leichtsinn und seine „krankhafte Reizbarkeit" ein solches Gewicht gelegt, dass daraus auf Verminderung der Zurechnungsfähigkeit geschlossen wurde; dennoch tritt in der Schilderung des Zustandes keine dieser Eigenschaften in dem Maasse hervor, dass dieser Schluss begreiflich würde. Ebenso wenig erfahren wir, worin denn sein auffallendes Zurückbleiben in der Schule seinen Grund hatte, da seine Anlagen und sein Fleiss gerühmt werden. Indessen ist die Beobachtung doch anderweitig sehr interessant, und wenn auch die Mängel der körperlichen und geistigen Entwicklung bedeutender waren, wie es nach der Darstellung scheint, wenn vielleicht sogar solche nervöse und anämische Stö-

---

*) Da sich die Lehren Marc's doch einmal in die Wissenschaft eingeschlichen hatten, war die Annahme einer Pyromanie **ohne Feuerlust** nicht so wissenschaftlich unzulässig, wie Casper meint.

rungen da waren, wie sie bei Geisteskranken in den Entwicklungsjahren oftmals beobachtet werden, so wird doch die Hauptsache zweifellos sein, nämlich dass keine entschiedene Geisteskrankheit vorlag.

5) **F. H., 16 Jahre alt, Schweinehirt, mangelhafte geistige Entwicklung, 6 Brandstiftungen aus Unzufriedenheit und Rachsucht im April, am 8., 18. Mai und 16. November 1826 (Spitta in Henke's Zeitschrift Bd. 22, p. 343.).**

F. H., der Sohn armer, unbescholtner Tagelöhner, welche ihre Kinder nach Kräften zur Schule und Kirche anhielten, war von Natur nur mässig begabt, blieb im Lernen hinter seinen Brüdern weit zurück, war auch körperlich zurückgeblieben, geschlechtlich unentwickelt, langsam, träge und ungeschickt und litt überdies an nächtlichem Einpissen. Der Lehrer und der Geistliche gaben ihm das Zeugniss der Sittlichkeit und Aufmerksamkeit, fanden ihn aber an Verstandeskräften schwach; dazu kam noch, dass er schon 2 Jahre vor der Confirmation als Gänsejunge dienen musste und daher die Schule nur Winters besuchen konnte.

Stets still und in sich gekehrt, hatte er doch, so lange er im väterlichen Hause seine Wohnung hatte, sich im Dienste selbst nach erhaltenen Züchtigungen willig gezeigt, er verrieth aber eine grosse Abneigung, das väterliche Haus zu verlassen; es hätte ihn davor geschaudert, sagte seine Mutter, er wäre immer so in sich gekehrt und wehmüthig gewesen; sie suchte ihn deshalb zu beruhigen, während der Vater seinerseits für nöthig hielt, ihn zu einem guten Betragen ernst zu ermahnen.

Bei dem Bauer Kl. in Dienst getreten, erhielt er ausser dem Schweinehüten noch andere, seine Kräfte übersteigende Arbeiten zugetheilt und wurde seines verschlossenen Wesens wegen von dem Dienstherrn für einen „dickfelligen" Jungen gehalten, mit dem „nichts aufzustellen wäre." Am dritten Tage seines Dienstes schalt ihn Letzterer wegen seines linkischen Benehmens beim Dreschen heftig und noch an demselben Tage zündete H. mittelst einer Kohle und etwas Kienholz das Strohdach des Stalles an. Als Motiv gab er später seine Unlust am Dienste, die Hoffnung nach Hause zu kommen und auch die Absicht an, den Bauern für sein Schelten zu „torten."

Als das Feuer aufging, eilte er aus dem Garten, wohin er sich gleich begeben hatte, in die Kammer des schon mitergriffenen Hauses, nahm einen Beutel, in welchem sich seine Sachen befanden, und machte sich auf den Weg nach U. zum väterlichen Hause. Nach wenigen Tagen ward er aber wieder in seinen Dienst aufgenommen und schlief mit den übrigen Leuten in einer nicht abgebrannten Scheune.

Die Unlust am Dienste verlor sich aber nicht und in der Hoffnung, „dass, wenn gar keine Häuser da wären, er wegkommen könnte," zündete er nach 14 Tagen das Haus des Schulzen an, mit welchem er sonst in gar keiner Berührung stand. Als er diesem nämlich eine geliehene Mistbahre zurückbrachte, nahm er dort einen Brand vom Feuerheerde, stieg eine Leiter hinauf und warf denselben ins Stroh. Als nach einer Viertelstunde das Feuer aufging, holte er seine Sachen aus der bald mitentzündeten Scheune des Kl., half retten und trieb namentlich das Vieh weg.

Er erhielt jetzt seinen Aufenthaltsort in der Scheune des Schulzen und warf nach acht Tagen einen Brand vom Feuerheerde in das Heu auf den Boden der Schulzenkathe, wo sein Herr untergebracht war und wo er eben gefrühstückt hatte. Dann verfügte er sich in die Scheune, wo er seine Sachen hatte, und striegelte Pferde; nach ausgebrochenem Brande half er retten.

Jetzt wurde er nach Hause zurückgeschickt, aber nachdem sein Dienstherr in der Ziegelei ein Unterkommen gefunden, wieder in Dienst gerufen und abermals in der Scheune untergebracht. Hier wurden ihm besonders die Neckereien der Knechte über sein Einpissen unerträglich; er ertrug dieselben zwar schweigend, nahm aber, als er am 8. Mai nach der Schulzenkathe geschickt wurde, von dort eine glühende Kohle mit und steckte sie in das Strohdach eines angebauten Stalles. Hierauf kehrte er zum Mittagsbrode zurück, hütete dann Schweine, sah von dort etwa nach einer Stunde das Feuer aufgehen und half dann retten.

Da die gemeinschaftliche Schlafstelle beibehalten wurde, so dauerten die Neckereien fort, auch spielte man ihm mit seinen Sachen Possen, schnitt die Schnur seiner Peitsche ab und dergl.; selbst der Schulze betheiligte sich an solchen plumpen Neckereien. „Damit ihm nun nicht Alles entzwei geschnitten würde" und um dem Schulzen einen Tort anzuthun, zündete er am 17. Mai mit Zunder und faulem Holz das Strohdach der Scheune an, begab sich dann in dieselbe, um Pferde zu striegeln, ward etwa nach einer Viertelstunde von Kl. schlafend oder doch stille sitzend hinter einem Zaune gefunden und half, als endlich der Brand ausbrach, wieder retten. Seine eignen Sachen hatte er schon früher in einen hohlen Baum versteckt, „damit ihm Niemand dabei kommen sollte."

Nachdem durch diese Feuersbrunst das ganze Dorf G. bis auf das letzte Haus vernichtet war, musste er seinem Herrn auf eine abwärts liegende Ziegelei folgen, wurde aber von ihm noch vor der Ernte weggejagt, weil er beim Schweinehüten eingeschlafen und dadurch Schaden entstanden war.

Im elterlichen Hause blieb er indessen nicht lange; am 16. October wurde er wieder zum Bauern B. in T. in Dienst gegeben. Dieser fand ihn träge und halsstarrig, indem er nie recht thun wollte, was der Knecht ihm geheissen. Von letzterem erhielt er seines Gebrechens wegen Schläge, wozu, wie er glaubte, sein Dienstherr Auftrag gegeben, und zog, um sich zu sichern, deshalb vor, in einer kalten Novembernacht im Stalle zu schlafen, worüber er neuen Spott erdulden musste.

Den Tag darauf, am 16. November, zündete er an der Leuchte ein Stück faules Holz an, welches er einige Tage vorher gefunden und angeblich absichtslos in die Tasche gesteckt hatte, und warf es im Stalle auf Stroh. Beim Zubettegehen absichtlich zögernd, bemerkte er, dass es zu brennen anfing, machte Lärm, rettete seine Sachen und einiges Vieh, betrachtete dann müssig den Brand und begab sich, nachdem das Gebäude fast niedergebrannt war, zu einem nahewohnenden Bauern. Am folgenden Tage nach Hause entlassen, wurde er bald wieder zurückgeholt, um mit den übrigen Leuten verhört zu werden, und bekannte sich auf dringendes Zureden zuerst zur letzten Brandstiftung, die er einer Unvorsichtigkeit zuschrieb, dann zu den früheren und räumte endlich auch die Absichtlichkeit seiner Handlungen ein. Gegen den Amtspförtner äusserte er, die Herren würden ihm dies wohl vergeben und er würde wohl an demselben Tage wieder frei kommen.

Der nach zwei Jahren (!) zur Exploration requirirte Gerichtsarzt hielt ihn seiner mangelhaften körperlichen und geistigen Entwicklung wegen für moralisch unfrei, die Rostocker Facultät erklärte ihn für in hohem Grade geistesschwach, aber nicht für gänzlich unfrei. Das Erkenntniss ist nicht mitgetheilt.

Auch in diesem Falle gewinnt man leider keine ganz klare Einsicht in den psychischen Zustand des Uebelthäters. Dass derselbe sehr einfältig war, ist freilich nicht zu bezweifeln, da es von allen Seiten bezeugt wurde und die Hänseleien, denen er ausgesetzt war, nur an etwas schwachsinnigen Personen geübt zu werden pflegen. Zweifelhaft bleibt es dagegen, wie bedeutend dieser Schwachsinn war. Indessen hat dies hier, wo die Zurechnungsfähigkeit nicht in Betracht kommt, um so weniger eine wesentliche Bedeutung, da wir doch kein bestimmtes Maass für den Grad einer psychischen Abnormität besitzen. Hier kommt es nur darauf an, dass die Brandstiftung wenigstens in einem Zwischenzustande zwischen natürlichem Unverstande und krankhaftem Schwachsinne verübt wurde. Interessant ist es dabei wieder, die *Enuresis nocturna* theils in Verbindung mit einem schlaffen, nicht geraden und kecken, sondern verschlossenen und heimtückischen Wesen, theils unter den entfernteren Ursachen der Brandstiftung, in der schon oben geschilderten Weise auftreten zu sehen.

6) Johanna Geith, 16 Jahre alt, Kindermädchen, Brandstiftung aus Unzufriedenheit am 17. August 1839 (Richter, jugendliche Brandstifter, p. 88.).

J. G., Tochter eines Schuhmachers, hatte nur sehr mangelhaften Unterricht erhalten, da sie wegen der Wartung der jüngeren Kinder so oft aus der Schule blieb, dass die Totalsumme aller versäumten

Tage 3½ Jahre ausmachte. Ihr Schulzeugniss lautete auf gutes Betragen, aber äusserst dürftige Kenntnisse, ihr Confirmationszeugniss auf nothdürftige Befähigung. Später musste sie zweimal aus dem Dienste als Kindermädchen gehen, einmal wegen Erkrankung an einem katarrhalischen Uebel, das zweite Mal, weil ihr die Arbeit zu schwer war. Zu Johannis 1839 ward sie von dem Hausbesitzer N. mit der Zusage gemiethet, dass sie keine schwerere Arbeit als Kinderwarten verrichten sollte, ward aber später doch zu härterer Arbeit verwendet. Besonders fiel ihr das Dreschen schwer, wozu sie überdies häufig durch Schelten angetrieben wurde; sie zog sich dadurch mehrfach Muskelschmerzen zu und bekam ausserdem am 30. Juli durch Heben eines schweren Korbes Schmerzen in der Hüfte und beim Athemholen, die erst später im Gefängnisse sich verloren. Nach dieser Anstrengung trat am 31. Juli die Menstruation, welche schon im April nach einer starken Körperbewegung auf einen Tag sehr sparsam sich gezeigt hatte, unter bedeutendem Unwohlsein und Leibschmerzen ein und dauerte bis zum 5. August.

Um diese Zeit wurde sie durch öftere Gespräche darüber, dass nun das Dreschen beginnen würde, „egal in Angst gehalten," und als am 17. August die Hausfrau beim Mittagsessen die Worte gebrauchte: „Macht nur, dass euer Getreide wegkommt; es könnte anbrennen und ich wäre des Todes," da fiel ihr wie ein Blitz die Idee ein: „Du könntest das Getreide anbrennen, da brauchtest du nicht zu dreschen und kriegtest keine Schelte!" Sie beendete eilends das Aufwaschen des Geschirrs, versah sich heimlich und vorsichtig mit Schwefel und glühenden Kohlen und trug diese in einem Topfstürzchen vor das Haus, wo sie einen brennenden Schwefelfaden in das Strohdach steckte. Dann eilte sie scheinbar unbefangen an ihre Arbeit zurück, war die erste, welche Feuerlärm machte, vergass aber ihre eignen Habseligkeiten ganz. Nach dem Brande war sie sehr ängstlich, „barmte und winselte die ganze Nacht" und wollte den andern Morgen als krank im Bette bleiben. Durch wiederholtes Fragen, wann denn das Amt kommen würde, machte sie sich verdächtig und vom Gerichte befragt, gestand sie nach einigem Läugnen vollständig mit allen Einzelheiten. Als Motiv ihrer That gab sie wiederholt an, sie hätte vom Dreschen loskommen, das Haus aber nicht mit anbrennen wollen; sie hätte auch nicht beabsichtigt, dass ausser dem Getreide etwas von ihres Dienstherrn Sachen verbrennen sollte, sondern gehofft, dass diese gerettet werden würden; daher wäre es ihr auch während des Brandes so leid geworden, indem ihr dann erst aufs Herz gefallen wäre, dass ihr Dienstherr nicht zu Hause wäre und deshalb alle seine Habe verbrennen würde. Ebenso wenig hätte sie berücksichtigt, dass ihre Dienstherrin erst vor wenigen Tagen entbunden wäre. Auf Vorhaltungen blieb sie beharrlich dabei, dass ihr der Gedanke Feuer anzulegen, nicht früher gekommen wäre. Die ebenfalls auf Vorhaltung gethane Aeusserung, dass ihr Herr garstig mit ihr gewesen und sie ihn deshalb in Schaden hätte bringen wollen, „muss man dem ganzen Zusammenhange nach als einen Versuch die That zu erklären, ansehen." Auch bestätigten alle Zeugen, dass weder ein Grund, noch im Charakter der G. eine Anlage zur Rachsucht vorhanden gewesen; sie wäre lediglich zur Arbeit scharf angetrieben, sonst aber nicht schlecht behandelt worden und von Charakter wäre sie zwar etwas „muckisch," aber gut und willig.

Körperlich war sie wohlgebildet, aber schwächlich, mager und ungerundet, ihre Geschlechtsentwicklung, ihr Ansehen und Benehmen waren noch kindisch; ihre Brüste waren klein, der Schamberg spärlich, die Achselhöhlen gar nicht behaart. Auch ihre Begriffe waren noch kindisch, die rechtlichen Folgen ihres Vergehens waren ihr so unklar, dass sie den Arzt bat, ein gutes Wort beim Amtmann für sie einzulegen, dass sie nicht so lange sitzen müsse, damit es ihre Eltern nicht erführen und sie bald wieder in Dienst gehen könnte.

Der Bezirksarzt erklärte sie für zurechnungsfähig, doch wegen ihres unentwickelten Zustandes in geringerem Grade. Das erste Erkenntniss lautete auf zehnjährige Arbeitshausstrafe. Die zweite Vertheidigung wendete ein, dass eine offenbar völlig unüberlegte Handlung nicht als eine durchdachte und überlegte Rache zu bestrafen und dass das der G. abgewonnene, oben erwähnte Geständniss, nicht auf solche Weise zu deuten wäre. Das zweite Erkenntniss milderte die Arbeitshausstrafe auf 6 Jahre und lehnte die Einholung eines Superarbitriums ab. Ein Gnadengesuch blieb ohne Erfolg.

7) **Dorothea Mert, 18 Jahre alt, Dienstmädchen, 3 Brandstiftungen aus Unzufriedenheit am 6., 9. und 10. Januar 18—.** (Casper, Denkwürdigkeiten, p. 372.)

D. M., Tochter eines Tagelöhners, lernte bei sehr dürftigem Schulunterrichte und „bei ihrem beschränkten Verstande nur mit dem grössten Zwange" nothdürftig lesen und die zehn Gebote kennen. Sie war nach Aussage aller Zeugen körperlich und geistig immer gesund gewesen. Nach ihrer Einsegnung trat sie in einen Dienst, aus dem sie indessen, da sie fortwährend weinte und sagte: „ich bleibe nicht hier," bereits nach drei Tagen zu ihren Eltern zurückgeschickt wurde. Ganz ähnlich betrug sie sich in einem zweiten, zwei Jahre später angetretenen Dienste, aus welchem sie ebenfalls schon nach drei Tagen entlassen wurde, namentlich auch deshalb, weil sie der Anzündung einer Bettstelle verdächtig wurde.

Sie trat darauf (wann, ist nicht angegeben) bei dem Hausmann Scholze in Dienst, wo sie gut behandelt ward. Aber der Aufenthalt wurde ihr dadurch verleidet, dass die Kinder sie öfters verspotteten und neckten und dass namentlich ein Knabe ihr Mittags immer mit den Fingern in das Essen fasste. Sie sprach den Wunsch, den Dienst zu verlassen, auch gegen andere Personen aus und beschloss, da sie kein anderes Mittel wusste, Feuer anzulegen, weil ihr Dienstherr, wenn sein Haus abbrennte, sie von selbst aus dem Dienste gehen lassen würde. In dessen Hause selbst Feuer anzulegen, schien ihr aber nicht thunlich, weil sie immer unter Aufsicht war, und nicht rathsam, weil viele Leute darin wohnten und es seiner Bauart nach nicht leicht in Brand gesetzt werden konnte. Sie wählte daher zu diesem Zweck das Haus eines ihr kaum bekannten Nachbarn, indem sie berechnete, dass das Haus ihres Herrn mit abbrennen würde. Nachdem sie sich mehrere Tage mit diesem Gedanken getragen, aber durch die Erkenntniss des Unrechts zurückgehalten war, fiel ihr am 6. Januar nach einen Schlafe am Tage beim Erwachen der Gedanke „mit einem Male" ein, wie sie sich selbst widersprechend sagte.

Ob sie darauf gleich zur That schritt und in welcher Weise sie diese ausführte, ist nicht mitgetheilt; es heisst nur, es hätte das sehr niedrige Dach eines Stalles des Halbbauers Prahl (vermuthlich des Nachbarn) gebrannt und wäre nicht zu löschen gewesen.

Nach Ausbruch des Feuers rettete sie eiligst ihre Sachen und begab sich damit zu dem Schneider W. Auf dessen Frage, warum sie nicht bei ihrer Herrschaft bliebe, antwortete sie, es wäre ihr in der Nähe des Feuers so bange, was sie mehrmals wiederholte. Die Nacht blieb sie bei dem W., der sie Morgens früh „fast mit Gewalt" zu ihrer Herrschaft zurückschicken musste, nachdem sie ihn um Rath gebeten, wie sie es anstellen sollte, den Dienst zu verlassen.

Ueber ihr Verhalten bis zu den beiden andern Brandstiftungen und bei denselben ist ebenfalls nichts mitgetheilt, sondern nur im Allgemeinen erzählt, man hätte drei Tage später auf dem Boden des herrschaftlichen Hauses, zu welchem nur der im Hause wohnende Hausmann Scholze nebst seinen Hausgenossen Zutritt gehabt, unter einer Dachsparre brennendes Werg gefunden und am nächsten Tage wäre das Bett in der Wohnstube des Scholze angebrannt gefunden worden.

Der Verdacht fiel auf die Mert, welche im ersten Verhöre zwar nur zugab, vielleicht durch Unvorsichtigkeit den dritten Brand veranlasst zu haben, in den folgenden indessen nach und nach mit der Wahrheit herausrückte. Nach Ablegung des vollen Geständnisses zeigte sie sich sehr reuevoll.

Zehn bis vierzehn Tage vor der ersten Brandstiftung hatte die Mert ihre Regeln zum erstenmale und zwar ohne alle Beschwerden, nachher aber nicht wieder bekommen. Trotzdem befand sie sich so wohl, dass der Inquirent eine Exploration für unnöthig hielt und der explorirende Arzt sie in jeder Beziehung gesund fand.

Der Arzt gab die sonderbare Erklärung ab, dass sie beim Anlegen des Feuers sehr lebhafter Gemüthsstimmung gewesen wäre, ein Superarbitrium erklärte sie aber für zurechnungsfähig. Sie wurde zu lebenslänglicher Zuchthausstrafe verurtheilt.

Obwohl diese Beobachtung ausser den schon erwähnten Mängeln über die körperliche Entwicklung gar keine und über die geistigen Fähigkeiten nur die gegebenen dürftigen Andeutungen enthält, so habe ich dieselbe doch mit aufgenommen, um die Zahl der Fälle möglichst zu vermehren, in welchen Brandstiftungen und Menstruationsanomalien ohne entschiedene psychische Krankheit vorkommen.

Daraus, dass die M e r t einmal aussagte, sie hätte den verbrecherischen Plan mehrere Tage mit sich umhergetragen und bekämpft, ein zweites Mal, dass er ihr nach dem Erwachen mit einem Male eingefallen, glaubt C a s p e r (p. 375 Anm.) zu sehen, was es mit diesen, angeblich plötzlich auftretenden Gedanken für eine Bewandtniss haben könne. Hier sei der sogenannte plötzliche Gedanke nur, wie so oft, der Moment des siegenden Entschlusses nach langem Kampf und Vorsatz gewesen.

Die Aussagen der M e r t enthalten einen Widerspruch oder wenigstens eine grosse Unklarheit und lassen daher nicht ohne Weiteres wissenschaftliche Schlüsse zu; die Frage, welche Aussage die Wahrheit enthielt, oder wie beide zu vereinigen wären, hätte zuvor bestimmt beantwortet, die Lücke, welche hier die Beobachtung gelassen, ausgefüllt werden müssen, was gewiss keine Schwierigkeit gehabt hätte. Hieraus folgt also nur, dass man sich sehr hüten muss, durch Hypothesen die Resultate der so sehr schwierigen Beobachtung psychischer Processe zu trüben und in dieselben Vorgänge hineinzuerklären, die aus den Aussagen der Uebelthäter nicht bestimmt erhellen. C a s p e r macht überdies die Richtigkeit seiner Annahme dadurch selbst zweifelhaft, dass er in dem Augenblicke, in welchem er dieselbe an einem Beispiele darthun will, zugleich versichert, die Selbsttäuschung der Uebelthäter, einen nach langem Kampfe siegenden Entschluss für einen plötzlich entstandenen Gedanken zu halten, käme so oft vor. Eine solche Behauptung hätte gerade hier des strengsten Nachweises bedurft, denn die plötzlich auftauchenden bösen Gedanken sind sowohl pathologisch sehr merkwürdig, als auch praktisch in der gerichtlichen Medicin sehr wichtig.

8) **Margarethe Münster, 18 Jahre alt, Dienstmädchen, zwei Brandstiftungen aus Unzufriedenheit, am 3. und 9. März 1829.** (Schleswig-Holsteinische Anzeigen 1829, p. 2010. Meyn in Henke's Zeitschrift. Ergänzungsheft 14, 259.).

M. M. aus Schenefeld wurde von ihrer Mutter, einer sonst nicht schlechten Frau, während eines Ammendienstes im Ehebruch erzeugt, aber in Folge einer Geldabfindung von deren Ehemann nebst ihrer Zwillingsschwester als eignes Kind anerkannt. Von ihrem faulen, brutalen und trunksüchtigen Pflegevater wurde sie sehr schlecht gehalten und musste oft mit ihrer Schwester hungernd vor der Thür sitzen, während die übrige Familie zu Mittag ass. Schon früh musste sie Geld zu verdienen suchen, welches ihr aber der Vater wegzunehmen und für Branntwein zu verwenden pflegte. Ueber etwaige Krankheiten in der Kindheit findet sich nur bemerkt, dass sie rachitischen Habitus und Schädelbildung gehabt habe. Ihre geistigen Anlagen waren sehr dürftig, es hielt sehr schwer, ihr Kenntnisse beizubringen und es geschah dafür auch nur wenig; sie lernte daher nur lesen, nicht schreiben, und den kleinen Katechismus; bei der Confirmation war sie so zurück, dass der Prediger zuerst Bedenken trug, sie zuzulassen, und nur durch den Gedanken dazu bewogen wurde, dass längerer Schulbesuch bei ihr wohl wenig helfen würde. Von den übrigen Zeugen hatten Einige sie verständig und nicht allzu einfältig, Andere aber „dummerhaft" und „dwallerig" (albern und unklar) gefunden. Auffallend lange hatte sie an Kinderspielen Vergnügen gefunden, in einer Krankheit immer nach ihrer Mutter gerufen, als ob diese in der Nähe wäre, und Speck gesammelt und versteckt, um des Morgens leichter Feuer machen zu können. Die meisten Dienstherrschaften waren mit ihr zufrieden, obwohl Alle sie nachlässig und stille nannten; an einigen Orten zeigte sie sich auffahrend, barsch und lügenhaft und in einem Dienste hatte sie sich kleine Entwendungen zu Schulden kommen lassen.

Im October 1827 trat sie bei Wacker in Dienst, wo sie sich ebenfalls nachlässig zeigte, sich sonst aber im Ganzen zur Zufriedenheit betrug. Den Kindern, sagte ihr Dienstherr, hätte sie gern befehlen mögen, und, wenn diese sich nicht gleich gefügt, hätte sie Lärm angefangen, so dass er zuweilen hätte dazwischen kommen müssen; dann hätte sie sich oft recht giftig angestellt und gesagt, die Kinder wollten sie nicht zufrieden lassen. Die Kinder hätten auch bisweilen auf sie gescholten, wie es ja Kinderart sei, er hätte es ihnen dann verwiesen. Einmal hätte sie sich mit seiner ältesten Tochter geschlagen; dass sie aber sonst heftig und rachsüchtig gewesen, könnte er nicht sagen. Er hätte ihr immer ordentlich begegnet und ihr namentlich kurz vor den Feuersbrünsten nichts Unangenehmes gesagt; satt zu essen hätte sie immer bekommen. Seine Frau hätte sie weder geschlagen, noch damit gedroht; diese wäre überhaupt nicht von der Natur, dass man dergleichen von ihr erwarten könnte.

Obgleich sie hiernach sowie nach allen andern Zeugenaussagen einen guten Dienst und keinen wirklichen Grund zur Unzufriedenheit hatte, so war ihr doch der Aufenthalt bei Wacker durch dessen Knaben verleidet. Diese liessen sie, wie sie meinte, nie in Ruhe, schalten sie, schlugen sie auch manchmal, warfen sie mit Kartoffeln und nannten sie den Schönefelder Türken. Obwohl sie sich hierdurch sehr gekränkt fühlte, hatte sie doch weder über die Kinder bei den Eltern geklagt (ihrer Angabe nach aus Furcht, dass sie bestraft werden würde), noch irgend einen Schritt gethan, um aus dem Dienste entlassen zu werden, noch sich über denselben gegen Andere beklagt. Auch daran dachte sie nicht, dass das Abbrennen des Hauses ihre Entlassung nicht nothwendig zur Folge haben würde.

Am Vormittage des 3. März kam ihr, als sie gerade mit Schüsselwaschen beschäftigt war, plötzlich der Gedanke, eine Scherbe zu nehmen und darauf eine Kohle nach dem Boden zu tragen. Woran sie gerade dachte, als ihr dies einfiel, wusste sie nicht mehr; in der Zwischenzeit zwischen diesem Einfall und seiner Ausführung dachte sie nicht daran, dass das Vorhaben unrecht wäre, oder dass Gefahr für andere Häuser und grosser Schaden entstehen würde; nur dunkel fiel es ihr ein, dass ihre wenige Habe gerettet werden könnte; sie dachte eigentlich nur daran, dass sie Feuer anlegen wollte und gab sich keine Mühe, diesen Gedanken zu verbannen.

Die Brandstiftung selbst führte sie sofort und mit Umsicht aus, wusste genau, wo sich die einzelnen Personen des Hausstandes befanden und richtete sich so ein, dass sie nicht gesehen wurde. Die Scherbe warf sie fort, um nicht durch sie verrathen zu werden, ging dann an ihre Arbeit und liess sich von dieser erst durch den Feuerlärm abrufen. Sie ergriff dann ihr Kleiderbündel, welches aber nicht zu diesem Zweck vorher gepackt war und einige Hemden und Schuhe (welche mitverbrannten) nicht mitenthielt, und stürzte damit zur Seitenthür hinaus. Eine Zeugin, welcher sie begegnete, hörte sie laut lachen und fand dies sehr verdächtig. Sie lief zuerst nach dem Hause des Vogts, um Hülfe zu holen, und begab sich dann zu den Wacker'schen Kindern in das Haus der Frau Schmidt, welche sie sehr still und gleichgültig fand und dachte, sie sei wohl nicht recht witzig. Von dieser mit dem Geheiss, beim Retten zu helfen, wieder fortgeschickt, ging sie, blieb eine Weile weg, half aber nicht retten und kehrte bald wieder zurück. Dann äusserte sie, sie könne nun wohl von Wacker weg.

Als das Haus brannte und später, als ihre Herrschaft den Verlust beklagte, fühlte sie Reue und Bedauern, liess sich aber dadurch nicht von einer Wiederholung der Brandstiftung abschrecken. Am 8. März, als sie im Garten grub, fiel ihr ein, das von den Wacker's bezogene Altentheil anzuzünden, und derselbe Gedanke kam ihr während des Mittagsessens am 9. wieder in den Sinn, nachdem die Knaben sie am Morgen wieder geneckt hatten. Sie nahm daher einen Augenblick wahr, als sie allein in der Küche sich befand, trug in einer Scherbe, welche sie hernach fortwarf, eine Kohle auf den Boden und begab sich dann in den Garten, um Kohl zu pflanzen. Hier wollte sie gar nicht mehr an die Kohle gedacht haben, machte sich aber gerade durch ihr oftmaliges Hinaufsehen nach dem Dache verdächtig. Als das Haus in Flammen stand, sagte sie, hätte sie freilich gedacht, dass sie es nicht hätte thun müssen, aber da wäre es ja zu spät gewesen. Ihr wäre überhaupt ganz wunderlich zu Muthe gewesen und, wie sie das Feuer erst gesehen, wäre ihr übel zu Muthe geworden, weil sie es gethan. An die Folgen der Brandstiftung hätte sie bei der Ausführung gar nicht gedacht, sie wüsste selbst nicht, wie sie dazu gekommen, es wäre ihr gewesen, als wenn sie es hätte thun müssen, weil sie einmal von Wacker's weggewollt.

Mehrere Zeugen, denen sie nach ausgebrochenem Feuer begegnete, sagten aus, sie hätte gerufen: „Die Frau schreit" und wäre, ohne die Aufforderung zum Löschen zu berücksichtigen, lachend davon gelaufen. Sie begab sich, das jüngste Kind auf dem Arme tragend, wieder zu der Frau Schmidt, welche sie indessen fortschickte. Bald darauf kam sie wieder ohne das Kind, welches sie an eine andere Frau abgegeben, und ging zwar auf wiederholte Aufforderungen fort, bald zum Feuer, bald zu den Kindern, kehrte aber immer schnell wieder. Sie war still und in sich gekehrt, äusserte wieder, dass sie nun doch wohl von Wacker's fortkäme und dass sie glücklicherweise ihren besten Rock anhätte, indem das Uebrige (was indessen wahrscheinlich ohne ihr Zuthun gerettet wurde) verbrannt wäre.

Von der Schmidt wurde sie durch den Höker Jensen abgeholt, der sie nach der Brandstelle kommen hiess, sie aber bei Seite nahm und von ihr das Geständniss erhielt, dass sie durch Unvorsichtigkeit das Feuer veranlasst hätte. Sie klagte zugleich über das Betragen der Kinder und sagte!, dass sie in dem Dorfe gar nicht sein möchte. Hierauf wurde sie verhaftet und in das Haus des Vogts gebracht. Von dort entwischte sie einmal, ward aber angehalten und zurückgebracht und gab an, ihr wäre bange gewesen, dass drei grosse, mit Stöcken hereingetretene Männer ihr etwas thun möchten.

In den Verhören log sie anfangs stark, gab ihr Alter auf 13 Jahre an, wollte erst unvorsichtig gewesen, dann von einem unbekannten, zerlumpten Manne angestiftet sein, der ihr gesagt hätte, es wäre so hübsch, wenn ein Haus brennte und dgl. Später gestand sie, dass sie alle diese Ausflüchte nur zur Entschuldigung vorgebracht hätte und gab eine im Wesentlichen gleichbleibende, ziemlich wahrheitsgetreue Erzählung des Geschehenen. Mehrfach versprach sie, sie wollte gewiss nie wieder ein Haus anzünden und äusserte, sie wüsste, dass sie grosses Unrecht gethan, obwohl sie es weder in der Schule gelernt, noch es von Jemandem gehört hätte, dass sie es nicht dürfte, auch daran gedacht hätte, dass man sie dafür strafen würde; sie bat wiederholt dringend, man möchte sie doch nach Hause gehen lassen.

Während ihrer anfänglich ziemlich freien Haft war sie gleichmüthig, verrichtete die ihr aufgetragenen Arbeiten ordentlich und gewöhnte sich so an die Aufsicht, dass sie stets Jemanden herbeirief, wenn sie ausgehen wollte. Abends war sie beim Hinausgehen ängstlich und fasste stets Jemanden an, indem sie sich umsah und sagte, ihr wäre bange, dass die Wache käme. Die Kinder des Gefangenwärters bat sie, ihrem Vater zu sagen, er möchte sie doch gehen lassen und dann vorgeben, sie wäre ertrunken. Eines Abends entwendete sie sogar den Schlüssel zu ihrer Zelle, was sie später, als der Schlüsselring in ihrem Bette gefunden wurde, mit dem Zusatze gestand, sie hätte gern weggewollt, weil ihr die Zeit so lang geworden.

Als ihr ein Defensor bestellt war, widerrief sie einmal, räumte aber auf die Ermahnungen des Geistlichen ein, dass sie hiezu nur durch einen andern Gefangenen verleitet worden wäre. Der Geistliche fand sie noch unwissender, als bei der Confirmation und fast unfähig ernste Gedanken aufzufassen, so dass er nur wenig Hoffnung hatte, wohlthätig auf sie einzuwirken.

Die ärztliche Untersuchung ergab ausser rachitischem Habitus keine krankhaften Erscheinungen. Sie erinnerte sich nur einmal vor 3 Jahren, 2—4 Wochen lang an Kolik mit Erbrechen und Durchfall gelitten zu haben. Am 4. Juli litt sie an Schwere im Kopfe und Schwindel, welche Erscheinungen durch eintretendes Nasenbluten gleich wieder beseitigt wurden; an ähnlichen Zufällen hatte sie aber, wie sie sagte, früher nie gelitten; übrigens hatte sie während der Haft an Körperfülle sehr zugenommen. Am 19. klagte sie über Leibschmerzen, am 20. traten zum ersten Mal die Regeln ein; früher hatte sie nie *molimina* gehabt. Geistig bot sie ausser ihrer Einfalt nichts Abnormes, war frei und offen, nur wenn die Rede auf ihr Verbrechen kam, einsylbig und schüchtern. Der Arzt erklärte daher, dass sie gesund wäre und das Verbrechen mit Besonnenheit und ruhiger Ueberlegung verübt hätte.

Das Gericht verurtheilte sie zum Tode, worauf sie zu lebenslänglicher Zuchthausstrafe begnadigt ward.

Sachversändige werden sich kaum des Gedankens erwehren können, dass die M. nicht blos beschränkten Geistes, sondern wirklich schwachsinnig war; ihr wunderliches Benehmen, ihr unmotivirtes Lachen, einzelne sonderbare Aeusserungen scheinen dies anzudeuten; bestimmte Anzeichen bietet indessen auch die Originalmittheilung nicht. Dies vorausgeschickt, hat es wohl kein Bedenken, diesen zweifelhaften Fall unter die Normalzustände einzuordnen, da es sich hier doch nur um einen höheren oder geringeren Grad der Geistesschwäche handelt und da zwischen der noch normalen und der schon abnormen Geistesschwäche in der Natur keine feste Grenze existirt. Es kam hier hauptsächlich nur darauf an, nachzuweisen, dass bei Brandstiftungen aus gleichem Motive sehr verschiedene Grade von Geistesschwachheit vorkommen; diesen Nachweis liefert aber der mitgetheilte Fall in Verbindung mit dem vorhergehenden jedenfalls, wie man ihn auch auffassen will.

IV. Heimweh.

Nach den von Damerow und von Flemming (Zeitschrift für Psychiatrie, Bd. XII, p. 167 und 476) gegebenen Nachweisen kann es wohl als abgemacht angesehen werden, dass man nur einen reinen Affect Heimweh nennen darf. Dieses kann bekanntlich sowohl im normalen, als auch in psychisch abnormen Geisteszuständen auftreten, hat also an sich keine pathognomonische Bedeutung; der Nachweis, dass eine Handlung aus Heimweh hervorgegangen, beweist weder die Gesundheit, noch die Krankheit des Handelnden. Die Entstehung der Brandstiftungen aus Heimweh ist leicht erklärlich, da die Uebelthäter stets die bewusste Absicht hegen, ihre Heimkehr zu bewirken, da sie oft sogar die legalen Mittel, um zu diesem Zwecke zu gelangen, vorher vergeblich erschöpft haben; selten indessen, wie es scheint, denken sie darüber nach, ob und weshalb der Brand wirklich ihre Heimkehr zur Folge haben werde; sie scheinen das in der Regel ohne Gründe als selbstverständlich vorauszusehen. Casper (Denkwürdigkeiten p. 291) stellt es freilich in Abrede, dass reines Heimweh, welches er aber als Krankheit auffasst, Brandstiftungen veranlasse; er glaubt, dass in solchen Fällen mehr Unzufriedenheit, als Heimweh, vorhanden sei. Indessen hat schon P. Jessen (Berliner Encyklopädie, Art. Nostalgie, p. 302) gezeigt, dass selbst Personen, welche aus einer schlechteren Lage in eine bessere versetzt wurden und welche mit der letzteren ganz zufrieden sind, von Heimweh befallen werden können. Dass auch Brandstiftungen durch reines Heimweh veranlasst werden können, lehren die nachstehenden Beobachtungen. Das Zustandekommen derselben hat Platner an einer oft citirten Stelle (*Opuscula academica ed Neumann*, Berlin 1854 p. 150) folgendermaassen auseinandergesetzt: „Die Thäterin ist zu dem Gedanken, Feuer anzulegen, beide Male nicht durch Zorn und Rachgier, sondern einzig und allein durch den Zweck verleitet worden, bei der im Hause ihrer Dienstherrschaft entstehenden Verwirrung und Bestürzung, den Abschied zu erhalten und zu ihren Eltern zurückzukommen, von denen sie bei jeder Vermiethung mit Gewalt und unter Thränen getrennt worden war. Diese aus Hülflosigkeit und Furchtsamkeit zusammengesetzte Anhänglichkeit an das elterliche Haus, verbunden mit der Abneigung vor dem Leben unter fremden Leuten ist in den Kindern, zumal weiblichen Geschlechts, gerade die allerheftigste und in Wahrheit auch die allernatürlichste Leidenschaft; mithin ist das Verbrechen kindischer Art und besteht darin, dass die Thäterin diese mit der ganzen Natur und Empfindungsart eines Kindes, besonders eines Mädchens verwebte, in ihr noch überdies durch bange machende Vorstellungen anderer Leute erhöhte Leidenschaft nicht bekämpfte und bei dem zu diesem Behufe unvernünftig ergriffenen Mittel nur allein an sich und an ihren Wunsch bei den Eltern zu bleiben, nicht aber an das Unglück dachte, welches dadurch für andere Menschen entstehen konnte." Die Natur des Kindes, sagt er ferner, sei es, oft die kleinlichsten Einfälle zu den heftigsten Affecten werden zu lassen und sie vermöge der ihnen eignen gedankenlosen Einseitigkeit durch die kühnsten Wagstücke mit Gefahr für sich selbst, und, ohne boshaft werden zu wollen, mit Gefahr für Andere auszuführen. — Uebrigens scheint sich die gewöhnliche Angabe, dass Heimweh eine der **häufigsten** Veranlassungen von Brandstiftungen sei, nicht zu bestätigen, und endlich ist noch zu beachten, dass Heimweh oft mit körperlichen Krankheitszufällen complicirt ist (P. Jessen l. c., p. 301); es scheint sowohl Ursache, als Folge der letzteren sein zu können.

1) N. N., 9½ **Jahre alt, Kindermädchen, zwei Mordthaten und eine Brandstiftung binnen 5 Tagen aus Heimweh (Zangerl, das Heimweh. Wien 1840, p. 74.).**

N. N., selten in die Schule geschickt und daher im Unterrichte sehr zurückgeblieben, wurde in Ernstbrunn (unweit Wien), eine Stunde von ihrer Heimath entfernt, in Dienst gegeben. Bald darauf von Heimweh geplagt, bat sie ihre Dienstherrin um Entlassung, lief nach deren Weigerung zu ihrer Mutter und erklärte dieser, sie müsse vor Sehnsucht nach Hause sterben; ward aber von derselben, da sie weder über den Dienst, noch über ihre Dienstherrin klagen konnte, mit der Weisung zurückgeschickt, dass sie nur, wenn etwa das ihr übergebene Kind stürbe, nach Hause kommen dürfte.

Einige Tage darauf wurde das Kind von Krämpfen befallen und starb. Am andern Morgen (Sonnabends) schnürte die N. ihr Bündel und wollte nach Hause gehen, was aber ihre Dienstherrin nicht bewilligte. Am Sonntage kam ihre Mutter und befahl ihr, obgleich sie weinte, klagte und der Letzteren Wortbrüchigkeit vorwarf, zur Wartung eines dreijährigen Knaben noch ferner zu bleiben. Darauf brach am Montage in den von dem Wohnhause nur einige Schritte entfernten Schuppen Feuer aus, welches indessen bald gelöscht wurde.

Am Dienstage fand die Dienstherrin, welche vor einer Stunde

8*

ihren Knaben ganz gesund verlassen hatte, bei ihrer Rückkehr die N. ruhig mit aufgeschlagenem Catechismus am Tische sitzen. Auf ihre Frage nach dem Kinde, deutete Letztere nach dem Bette und sagte: „Ich habe dem Johann nichts gethan," worauf die Frau, ans Bett stürzend, den Knaben ganz mit Polstern bedeckt, todt fand. Sie fasste gleich gegen die N. Verdacht, die nur mit Mühe vor ihrem Ungestüm gerettet wurde.

Dem Gerichte übergeben, sagte Letztere Folgendes: In Ernstbrunn gefiel es mir nicht, ich sehnte mich nach meinen Eltern; ich wusste, dass ich nach dem Tode des kleinen Kindes nach Hause gehen dürfte, daher würgte ich es mit einem Tuche, bis es ganz blau wurde; doch das Kind erbarmte mir und ich nahm das Tuch wieder ab, aber es bekam Fraisen und starb. Da man mich nicht nach Hause gehen liess, legte ich Feuer im Stadel neben unserem Hause, in der Hoffnung, dass diese Leute, wenn Haus und Hof verbrannt wären, kein Kindsmädchen mehr brauchten. Da ich auch dadurch meinen Zweck nicht erreichte, so legte ich den Knaben aufs Bette, bedeckte sein Gesicht mit Polstern und setzte mich darauf, bis er sich nicht mehr rührte." Sie zeigte nicht die geringste Reue, benahm sich beim Verhöre und im Arrest so unbefangen und kindlich, „als hätte sie blos einem Sperling den Hals umgedreht," fragte stets nur, warum man sie nicht zu ihren Eltern gehen liesse, hatte von der Dienstherrin das beste Zeugniss in Hinsicht ihres herzlichen Umgangs mit den Kindern und verrieth in ihren Aeusserungen und in der Art, wie sie den Erfolg ihrer Handlungen vorher berechnet hatte, die „schärfste Beurtheilung und ein für ihr Alter ungewöhnliches Talent."

Sie wurde verurtheilt, in Gegenwart der Schulkinder mit zehn Ruthenstreichen bestraft und dann den Eltern zur besonderen Aufsicht zurückgegeben zu werden. Auf kaiserlichen Befehl wurde sie in das Waisenhaus zu Wien aufgenommen, wo sie bald darauf an einem Nervenfieber starb.

Obwohl diese Erzählung in mancher Beziehung nicht für vollständig gelten kann, so wird doch einestheils durch dieselbe die Annahme der psychischen Störung, welche mit seltener Ausnahme allein bei Kindern vorzukommen pflegt, der Geistesschwäche nämlich, mit hinlänglicher Bestimmtheit ausgeschlossen, und anderntheils entspricht dieselbe zu sehr der Darstellung Platners, um sich nicht mit dieser wechselseitig zu bekräftigen. Da das Mädchen über ihren Dienst nicht zu klagen hatte, so ist es gewiss, dass nur reines Heimweh (verbunden freilich mit Mangel an Einsicht und an Mitgefühl) sie zur Begehung der Unthaten veranlasste.

2) Johanna Philipp, 14 Jahre alt, Dienstmädchen, körperliche Störungen, Geistesschwäche, Brandstif-

tung aus Heimweh am 2. Mai 1841 (Richter, jugendliche Brandstifter, p. 54).

J. Ph., Tochter armer, redlicher Eltern, war als kleines Kind kränklich, später ziemlich gesund, doch skrophulös, schwächlich, lang aufgeschossen, hatte eine schwache Brust, eine Seitwärtskrümmung der Wirbelsäule, eine Anschwellung der Schilddrüse und des linken Augenlieds. Sie war heiter, lebhaft, gutartig, verträglich und fleissig, aber unordentlich, empfindlich, geneigt zu kleinen Lügen. Obwohl zur Schule gut angehalten, hatte sie wegen ihrer schwachen Verstandeskräfte nur mittelmässige Kenntnisse erworben.

Am 13. April 1841 bei einer guten Dienstherrschaft in Dienst getreten, bekam sie sehr heftiges Heimweh, weinte viel, lief oft, selbst ohne Erlaubniss nach Hause, kehrte aber stets, ohne dass Strenge nöthig wurde, und in viel besserer Stimmung von dort zurück. In Folge von Drohungen ihres Dienstherrn und auf ernstliches Zureden ihres Vaters hörten indessen nach dem 24. diese heftigen Aeusserungen ihrer Sehnsucht auf. Schon seit längerer Zeit klagte sie nebenbei über Schwäche, Mattigkeit, Kopfschmerz und Schwindel, namentlich beim Aufstehen, über Aengstlichkeit und Unruhe. Die weibliche Entwicklung hatte kaum begonnen, die Menstruation fehlte noch.

Am 1. Mai war sie Abends von ihrer Herrschaft wegen eines abermaligen heimlichen Besuches bei ihren Eltern zur Rede gestellt, hatte denselben beharrlich geläugnet, war aber endlich durch eine Anzeige von Seiten ihrer Mutter überführt worden. Alsbald fasste sie den Entschluss, Feuer anzulegen und versah sich zu diesem Zwecke mit einem Töpfchen, welches sie in ihrer Tasche mit sich forttrug. Am 2. Mai gegen 6 Uhr geweckt, fühlte sie sich schwach und drehend im Kopfe, nahm einige Hoffmann'sche Tropfen, trug kurz darauf mittelst des Töpfchens in der Tasche glühende Kohlen in die Scheune, warf diese ins Heu und kehrte in ihre Kammer zurück. Als nach 10 Minuten Feuerlärm entstand, eilte sie zu ihrer Herrschaft, ohne an die Rettung ihrer Sachen zu denken, welche alle verbrannten. Als ihr diese das jüngste Kind fortzutragen gegeben, warf sie bei dieser Gelegenheit das Töpfchen vor sich.

Mehrfach befragt, läugnete sie jedes nähere Wissen ab, weinte sehr über den Verlust ihrer Sachen, namentlich eines seidenen Tuches, ward aber durch das Auffinden des Töpfchens zum vollen Geständniss gebracht. Sie versicherte, sie wüsste keinen Grund ihrer That, ihre Herrschaft hätte ihr nichts zu Leide gethan, es wäre ihr sehr schlecht und so gewesen, als ob Jemand bei ihr gestanden und ihr gesagt hätte, sie sollte das Feuer anlegen. Dem Arzte räumte sie indessen ein, dass das Heimweh sie nicht verlassen hätte und dass die That ungeschehen geblieben wäre, wenn sie Entdeckung gefürchtet hätte.

Sie wurde in erster Instanz zu dreijähriger Arbeitshausstrafe verurtheilt und trat diese sofort an. Dort war sie deprimirt, zeigte ernstliche Reue und Spannung über ihre Lage, aber kein Heimweh; die erwähnten Beschwerden, anfangs noch vorhanden, schwanden bald, dagegen stellten sich Congestionen zu Kopf und Brust ein und mehrfach gingen spontan und noch mehr nach Arzneien Spulwürmer ab. Als Motiv ihrer That gab sie stets das Verlangen nach Hause an. Die Geschlechtsentwicklung war bis zum 30. März 1842 noch wenig vorgeschritten.

Die ärztlichen Gutachten nahmen übereinstimmend beschränkte Zurechnungsfähigkeit, aber keine Geisteskrankheit an; das Urtheil lautete in beiden Instanzen auf dreijährige . Arbeitshausstrafe, doch, als Milderung, in der Correctionsselecte für weibliche Sträflinge.

Auch dieser Fall entspricht noch so ziemlich Platner's psychologischer Darstellung. Interessant ist überdies, dass der Entschluss zum Verbrechen erst dann hervortrat, als die Uebelthäterin alle andern Wege zur Erreichung ihres Zweckes abgeschnitten sah. Es kann daher wohl keinem Zweifel unterliegen, dass das Heimweh das alleinige Motiv der Brandstiftung war, wenn auch anzunehmen ist, dass die Kränklichkeit die Reizbarkeit der Uebelthäterin vermehrte und die Geistesschwäche ihre Ueberlegung und Besonnenheit verminderte.

3) Juliane Krebs, 14 Jahre alt, Kindermädchen, Kränklichkeit, Brandstiftung aus Heimweh am 11. Januar 1842 (Richter, jugendliche Brandstifter, p. 69.).

J. K. stammte von armen redlichen Eltern ab, welche ihre Kinder gut und strenge erzogen; eine ihrer Schwestern war lahm, ein Bruder taubstumm, sie selbst von jeher schwächlich, welk, skrophulös. Sie litt besonders viel an Kopfschmerzen, namentlich nach körperlichen Anstrengungen, und oftmals an Anschwellung der Halsdrüsen, Ohrenreissen, Obrensausen und Ohrenausfluss; auch in der Schule wurden Nervenreizbarkeit, Kopfcongestionen und Abspannung durch Kopfschmerz häufig an ihr bemerkt. Sie war weich, friedfertig, fleissig, allgemein beliebt, ihre Aufführung war lobenswerth, ihr Verstand mittelmässig, doch ausreichend zur Erwerbung der erforderlichen Kenntnisse, ihre Aeusserungen waren einfach und natürlich, doch neigte sie zur Leichtgläubigkeit und zum Aberglauben.

Um Weihnachten 1841 fand sich für sie ein Dienst als Kindermädchen beim Bauern P.; sie trat denselben am 7. Januar 1842, nachdem sie sich zuvor von den Verhältnissen persönlich unterrichtet hatte, in wehmüthiger Stimmung zwar, doch mit guten Hoffnungen an. Sie ward gut gehalten, nicht mit Arbeit überlastet, nur von der Hausfrau mitunter etwas angetrieben und mit ihrem kindischen Geschwätze und neugierigen Fragen öfters kurz abgewiesen, was sie übermässig schwer empfand; fremde Leute redeten ihr überdies ein, dass sie einen schweren Dienst haben würde, und endlich musste sie auch wider Gewohnheit viel allein sein, namentlich allein schlafen. Obwohl in der letzten Zeit vor und während des Dienstes nicht leidend, wurde sie schnell von Aengstlichkeit und Heimweh befallen, weinte sich häufig im Stillen aus, verlor die Esslust, scheute sich aber, ihren Zustand merken zu lassen. Diese Verstimmung wurde am 11. dadurch gesteigert, dass sie von der Frau P. abermals eine zurückstossende Antwort erhielt und dass sie ihre Mutter, deren Stimme sie sogar schon zu hören glaubte, vergeblich erwartete. In diesem Zustande fiel ihr um Mittag die Idee Feuer anzulegen und zugleich die Art der Ausführung ein, ohne dass sie einen speciellen Entstehungsgrund dieses Gedankens anzugeben wusste. Da derselbe sie nicht wieder verliess, so warf sie um 3 Uhr eine Kohle auf den mit brennbaren Stoffen belagerten Boden, mit dem Gedanken „möge es nun brennen oder nicht brennen, im letzten Falle habe es auch nichts zu bedeuten;" weiter wollte sie nichts gedacht haben. Sie kehrte zu ihrer Arbeit zurück, half später retten, barg unter Anderem, bis auf eine Kleinigkeit ihre eigenen Sachen, ward nach Hause entlassen, erschien ruhig und läugnete, etwas Näheres zu wissen. Sie ward aber zu Hause gleich krank, hatte keinen Appetit, klagte über Schmerzen in Kopf und Gliedern und lag einige Tage darnieder.

Erst am 18. Februar gestand sie einem Gendarmen ihre Schuld und äusserte am folgenden Tage gegen den Untersuchungsrichter, sie hätte das Feuer aus Heimweh angelegt, sie hätte es aus Unverstand gethan und wollte es nie wieder thun. Sie sah sehr kränklich, bleichsüchtig aus, litt an Kopfschmerzen, an heftigem Ohrensausen und hatte im Gefängnisse einmal sogar eine Vision; sie sprang nämlich plötzlich vom Fussboden auf, mit dem Ausrufe: „Da laufen sie herum die Luders," gleich darauf fügte sie hinzu: „Herr Gott, was war denn das für ein Knall in meinen Ohren?" Was eigentlich in ihr vorgegangen, darauf konnte sie sich indessen später nicht besinnen. Die körperliche Entwicklung begann erst im Gefängnisse, die Menstruation fehlte noch ganz.

Die ärztlichen Gutachten nahmen an, dass die Brandstiftung eine kindische Handlung und durch einen unwiderstehlichen Affect (Heimweh) unter Mitwirkung langjähriger Kränklichkeit und Nervenreizbarkeit hervorgebracht sei. Gerichtlich wurde die K. als unzurechnungsfähig angesehen und in ihrem Heimathsorte unter polizeiliche Aufsicht gestellt.

Dieser Fall gleicht dem Vorigen sehr, nur bietet er offenbar eine bereits weiter vorgeschrittene pathologische Entwicklungsstufe. Dass dies auch von den begutachtenden Aerzten und von den Gerichten angenommen wurde, ist aus den Urtheilen ersichtlich. Der Zustand der Uebelthäterin gehörte offenbar zu den Mittel- und Uebergangszuständen zwischen psychischer Gesundheit und entschiedener Krankheit.

V. Muthwille.

Dass Brandstiftungen auch durch blossen Muthwillen veranlasst werden können, darüber lassen die Beobachtungen keinen Zweifel. Indessen ist es selbstverständlich unzulässig, eine Handlung für eine muthwillige auszugeben, wenn nicht in dem Charakter des Handelnden und in der Stimmung, in welcher die Handlung begangen wurde, Beweise dafür zu finden sind. Die Annahme eines blossen „Dranges, seine Persönlichkeit geltend zu machen" (Casper), welcher in den verschiedensten Stimmungen und bei den verschiedensten Charakteren Brandstiftungen veranlassen sollte, ist, wie schon oben (p. 47) erwiesen worden, eine ganz unbegründete Hypothese. Der Muthwille ist begründet in einer angeregten, gehobenen, ausgelassenen Stimmung, er hat im Allgemeinen keinen Zweck, als die Bethätigung der Willenskraft, wenn auch oft der Wunsch nebenhergeht, Andere in Schrecken oder Erstaunen zu versetzen. Die Art der muthwilligen Handlungen ist daher einestheils von der gerade sich bietenden Gelegenheit, andererseits von dem Charakter des Handelnden abhängig; je nachdem letzterer mehr oder weniger unbedacht, leichtsinnig, eitel, schadenfroh, boshaft u. s. w. ist, werden die muthwilligen Handlungen auch verschieden sich gestalten. Sehr zu beachten ist aber, dass auch bei entschieden Geisteskranken, namentlich bei Schwachsinnigen, eine grosse Neigung zu muthwilligen Streichen vorkommt. Handlungen aus Muthwillen entspringen daher nicht nothwendig einem normalen Geisteszustande.

1) **Adolph Koppe, 14 Jahre alt, Brandstiftung aus Muthwillen am 27. August 18—** (Casper, Denkwürdigkeiten p. 383.).

A. K., Sohn eines Tagelöhners, war körperlich etwas zurückgeblieben, sonst aber ganz gesund, konnte sich über gewöhnliche Dinge klar und frei ausdrücken, auch lesen und schreiben, aber nicht den Inhalt des Gelesenen wiedergeben; doch schien seine geistige Ausbildung gegen andere Knaben seines Alters und Standes nicht zurückgeblieben.

Er wurde von seinen Eltern häufig abgeschickt, um Victualien zu holen; der Weg führte ihn durch eine Schonung, in der eine Bretterhütte stand. Im August sah er im Vorbeigehen, dass in dieser Stroh lag, er dachte, es müsste hübsch sein, wenn das Stroh angesteckt würde und brennte, konnte aber aus Mangel an Feuerzeug die

Lust, es anzuzünden, nicht befriedigen. Wenige Tage nachher kam er, nunmehr mit Feuerzeug versehen, wieder des Weges, wartete (etwa ½ Stunde,) die Entfernung einer Frau ab, die auf dem Felde beschäftigt war, und zündete dann das Stroh an. Als die Flamme emporloderte, reute ihn die That; er suchte das Feuer durch Erde zu ersticken, ging aber, als dies nicht gelang, seinen Geschäften nach. Da ein bedeutender Waldbrand entstand, wurde er gleich darauf ausgefragt und räumte ein, dass er zufällig ein Stück Schwamm in der Hütte hätte fallen lassen; später gestand er vollständig. Er versicherte, er hätte nur das Stroh verbrennen wollen und würde dies gewiss unterlassen haben, wenn er vorher gewusst hätte, dass ein so grosses Feuer daraus entstehen würde; einen anderen Grund wusste er nicht anzugeben. Sonst offen, wurde er bei Erwähnung seines Vergehens sehr verlegen.

Das Gutachten nahm völlige Zurechnungsfähigkeit an, so weit dieselbe bei einem Knaben der Art überhaupt stattfände. Das Urtheil lautete auf körperliche Züchtigung bis zu zwanzig Ruthenhieben.

2) **Karl Arnold, 16 Jahre alt, Brandstiftung aus Muthwillen, Mord aus Rachsucht (Cuno in Hitzig's Annalen der deutschen und ausländischen Criminalrechtspflege, Bd. 28, p. 123.).**

K. A. wurde in Dresden unehelich geboren und von seiner Grossmutter bis zu seinem fünften Jahre dort, später von seinen Eltern in J. sehr nachsichtig erzogen. Anfangs schwer von Begriffen, machte er seit seinem 10. Jahre rasche Fortschritte, selbst in Erlernung der alten Sprachen, blieb aber sittlich sehr zurück und zeigte sich leichtsinnig und boshaft; er stiftete sogar einmal unter den Schulknaben ein Complott, 18 angesehenen, förmlich auf einer Liste verzeichneten Familien der Stadt durch Fenstereinwerfen und dgl. Schaden zuzufügen.

Nach Zurücklegung der Schuljahre wurde er zuerst als Arbeiter in einer Leistenfabrik untergebracht, von dort aber bald wegen Widerspenstigkeiten wieder entlassen. Darauf in einer Maschinenfabrik angestellt, betheiligte er sich im Mai 1849 an einem Freischaarenzug nach Dresden, ward zwar von Verwandten in Altenburg zur Rückreise genöthigt, entwendete aber bald darauf seinem Hauswirthe eine Pistole und entfloh deshalb und wahrscheinlich Schulden halber. Von Schneeberg aus forderte er seine Eltern schriftlich auf, ihm Lebensmittel und Geld an einem bestimmten Orte im Freien an der böhmischen Grenze hinzulegen, damit er sich beim österreichischen Militär könnte anwerben lassen; als dies aber nicht geschah, fand er sich zu Anfang Juni 1849 zu Hause ein und blieb dort, ohne Arbeit zu suchen oder zu wollen. Dieser Müssiggang und seine freche Widerspenstigkeit erregten bald den Unwillen seiner Eltern; Beide machten ihm Vorwürfe und der Vater züchtigte ihn wiederholt hart, ohne ihn dadurch aber im Mindesten zu bessern; vielmehr sann er auf ein Mittel, sich zu rächen und beschloss, beide Eltern zu ermorden. Diesen Vorsatz wollte er am 2. September 1849 gefasst haben, als er nach einem Zank mit seiner Mutter und nach einer derben Züchtigung seitens seines Vaters beim Fischfange alle ähnlichen Vorfälle sich lebhaft vergegenwärtigte. Vier Wochen lang trug er sich mit diesem Plane herum, indem er theils noch schwankte, theils über die Wahl der Mittel zweifelhaft war; endlich aber beschloss er, blos die Mutter zu ermorden. Während dieser Zeit ging er nach einem Wortwechsel mit letzterer einmal in den Wald, um Beeren zu suchen, fand dort eine Feldwachthütte und zündete diese, wie ein Zeuge gesehen, geflissentlich und wohlbedacht an allen vier Ecken an, so dass sie niederbrannte.

Am 28. September Abends machte seine Mutter in seinem Beisein gegen eine andere Frau eine Bemerkung über seinen nichtsnutzigen Lebenswandel, welche ihn sehr verdross und wodurch er seinerseits zu lieblosen Aeusserungen veranlasst wurde. Der Vater war ausgegangen und er konnte daher, als die Mutter eingeschlafen war, ungestört den Mord vollbringen; er erschlug mittelst einer Axt und eines Hammers nicht sie allein, sondern auch seinen kleinen Bruder, der zu schreien anfing. Seine kleine Schwester dagegen trug er unbeschädigt aus dem Bette der Mutter in seine Kammer und suchte dann, noch einmal zurückkehrend, durch Eindrücken einer Fensterscheibe u. s. w. den Schein herzustellen, als ob der Mörder von aussen eingedrungen wäre.

Als der Vater zurückkehrte und an die verschlossene Thüre klopfte, trat der Sohn aus seiner Kammer, übergab ihm das Kind und lief unter dem Vorgeben, einen Schlosser zu holen, fort, begab sich aber nach der Gerichtsfrohnveste, wo er unter dem Vorgeben, er hätte einen grässlichen Traum gehabt, als ob er sich mit seiner Mutter geschlagen und diese geblutet hätte, um Aufnahme bat. Als die Nachricht von dem Geschehenen dorthin kam, sagte er: er hätte sich mit seiner Mutter entzweit und sie mit einem Stück Holz geschlagen. Am andern Tage legte er ein volles Geständniss ab.

Bei der Untersuchung, selbst bei den ergreifendsten Acten derselben, zeigte er sich völlig gefühllos, sprach über seine Mordpläne wohlgefällig und mit lächelnder Miene, suchte seine Erzählungen durch Lügen, die auf Effect berechnet waren, auszuschmücken (z. B. durch die Behauptung, seine Mutter hätte ihn vergiften wollen) und erheuchelte bisweilen sogar Gemüthserschütterungen. Er gestand ein, dass er durch den Gebrauch der beiden verschiedenen Mordwerkzeuge und die übrigen Vorkehrungen die Untersuchung auf eine falsche Spur hätte leiten wollen; es blieb aber zweifelhaft, ob es nicht auch in seiner Absicht gelegen, den Vater bei seiner Rückkehr zu überfallen, da er das eine Mordwerkzeug mit in seine Kammer genommen hatte. Er wurde in beiden Instanzen zur grösstmöglichen Strafe, nämlich zu 15jähriger Zuchthausstrafe verurtheilt.

3) H. N., 15 Jahre alt, Pferdejunge, Brandstiftung aus Muthwillen am 13. März 1850 (Vezin in Henke's Zeitschrift, Bd. 68, p. 138.).

H. N. war sehr früh verwaist und bis zu seinem 11. Jahre von einem Vormunde erzogen worden, der in schlechtem Rufe stand; er erwies sich schon früh als ein unsteter, leichtsinniger, furchtsamer, arbeitsscheuer Knabe von lebhafter Phantasie, der bei Bubenstreichen in der Regel den Anführer machte, grossen Hang zum Lügen hatte und sich selbst eine Entwendung zu Schulden kommen liess. Sonst war er höflich, bescheiden, dienstfertig und nicht rachsüchtig gegen Personen, von denen er, was nicht selten geschah, Züchtigungen empfangen hatte. Zur Schule schlecht angehalten, lernte er, obwohl es ihm an Verstand nicht fehlte, nur mangelhaft lesen. Körperlich war er klein, zart, schwächlich, in der Entwicklung zurückgeblieben und noch völlig kindlich; er gab an, dass er oft, namentlich bei starker Hitze, an Kopfschmerzen, auch wohl mit Erbrechen verbunden, gelitten hätte, war aber sonst gesund.

Früher hatte er nach Kinderart oftmals beim Hüten der Kühe Feuer angemacht; im Jahre 1849 zündete er auf der „Leinknotenbahn" eines Bauern ein Strohbündel an und hatte, wie er später sagte, mehrfach den Wunsch gehabt, ein grosses Feuer zu sehen. Im Winter 1849 hieb er aus Muthwillen Stämme in einem Gehölze ab, wofür er eine Schulzüchtigung erhielt.

Am 1. Januar 1850 trat er bei einem Bauern in Dienst und machte auch dort muthwillige Streiche, indem er Fensterscheiben einwarf und Garn falsch haspelte. Gegen Ende Februar versicherte er den Mägden, er hätte einen Schein bei dem Backhause gesehen und das bedeutete Brand; sie möchten aber nicht davon sprechen. Am 13. März rief er die Knechte, unter dem Vorgeben, dass es im Backhause hell wäre. Kaum waren diese, nachdem sie sich überzeugt, dass er gelogen, ins Haus zurückgekehrt, so stürzte er abermals hinein und rief, es brenne. Das Backhaus brannte in der That; H. N. aber half nicht allein aus Furcht nicht beim Retten, sondern warf, als das Haus niedergebrannnt war, aus Spielerei, wie er sagte, das gerettete Heu in die Gluth, bis es ihm verboten ward.

In mehreren Verhören läugnete er hartnäckig, behauptete sogar im Besitze des zweiten Gesichts zu sein, bekannte aber doch zuletzt. „Er hätte, sagte er, beim Einheizen das Feuer im Ofen so hell brennen sehen, dadurch wäre ihm der Gedanke gekommen, ob wohl das Backhaus auch so hell brennen würde, er hätte dasselbe daher mittelst einer Kohle angezündet. Hernach hätte er Reue gefühlt und wünschte, ein solches Feuer nicht wieder zu sehen. Von seiner Herrschaft wäre er stets gut behandelt und hätte nicht daran gedacht, ihr Schaden zufügen zu wollen."

Das ärztliche Gutachten fand ihn zurechnungsfähig, nahm aber Rücksicht auf seine schlechte Erziehung und auf seine zurückgebliebene körperliche Entwicklung. Das Gericht verurtheilte ihn aus denselben Rücksichten nur zu einer neunmonatlichen Arbeitshausstrafe.

4) **August Grabe, 18 Jahre alt, Brandstiftung aus Muthwillen am 15. Mai 18—** (Casper, Denkwürdigkeiten, p. 300.).

A. G., Sohn eines Häuslers, dessen Eltern vom Ortsgericht als die unordentlichsten und widerlichsten Personen in der ganzen Gemeinde bezeichnet wurden, hatte die Schule vom 9.—16. Jahre, jedoch sehr unregelmässig, besucht, so dass er nur Gedrucktes lesen und nothdürftig seinen Namen schreiben konnte. Schon seit Jahren war er oftmals dem elterlichen Hause und 'der Schule entlaufen, in welche letztere er sogar mit gebundenen Händen geschickt worden war. Er war aber, wie sein eigner Vater sagte, unverbesserlich, ja er wagte selbst dem Schullehrer die freche Antwort zu geben, dass er lieber stehlen, als sich gut aufführen, und sich deshalb zu solchen gesellen wollte, die recht zerlumpt aussähen. Wiederholt war er wegen Vagabondirens in Untersuchung gewesen und erst im Februar von einer drittehalbjährigen Correctionsstrafe im Zuchthause entlassen, wo er Religionsunterricht empfangen hatte und confirmirt worden war. Die Direction des Zuchthauses schrieb: „Dies an Geist und Körper verwahrloste Subject (hat sich) in der Anstalt mehr schlecht als gut geführt. Vielen Bestrafungen für andauernden Unfleiss, besonders in der Schule, für sein träges, unreinliches Wesen und seine stets an den Tag gelegte Abneigung zum Guten, entging er hauptsächlich aus Rücksicht für seinen erbärmlichen Gesundheitszustand." Selbst beim Genuss des Abendmahles benahm er sich frech und äusserte gegen einen andern Züchtling, dass er bald das alte Leben von Neuem beginnen würde.

Körperlich war er von Fehlern und Krankheiten frei, hatte aber einen schwächlichen gebeugten Körper und noch ganz die Stimme und das Ansehen eines Knaben von zehn Jahren. Die Geschlechtstheile waren noch ganz unbehaart und das erschlaffte Skrotum enthielt zwei nur kleine, tief herabhängende Hoden. In seiner Kindheit wollte er einen Fall auf den Kopf, an dem eine Narbe vorhanden war, gethan und zu Zeiten an Kopfschmerzen gelitten haben, die aber, wie er sagte, seine Verstandeskräfte und sein klares Bewusstsein nicht gestört hatten. Am Tage der Brandstiftung hatte er geständlich nicht an Kopfschmerzen gelitten. Geistig zeigte er gesunde Fassungskraft, Ueberlegung, Umsicht und ein sehr treues Gedächtniss.

Zu Ende April hatte er das elterliche Haus abermals heimlich verlassen und sich bettelnd umhergetrieben; es war ihm dabei einmal in einer Schäferei ein Nachtlager gegeben worden. Am 15. Mai schlich er sich heimlich in ein Stallgebäude derselben ein, um dort abermals zu übernachten. Um sich einen geeigneten Platz dazu zu suchen, machte er mittelst eines Zündhölzchens Licht und entzündete dabei aus Unvorsichtigkeit ein Strohseil, welches indessen bald von selbst ausbrannte. Er schlief darauf ein, wachte aber kurz darauf mit einem früher nie gefühlten „unwiderstehlichen Drange, Feuer anzulegen," wieder auf. Weil er nun wollte, dass das Feuer recht gross würde, zündete er nicht blos das Stroh im Stalle an, sondern kletterte auch bis zum Dache einer nebenstehenden Scheune empor und steckte auch dieses mit einem Zündholze in Brand. Darauf machte er Feuerlärm, warf das Feuerzeug fort, um es im Betretungsfalle nicht bei sich zu haben und lief, als er sah, dass Hülfe kam, in den nahen Wald, wo er bis zum andern Morgen schlief. Einige Tage später entwandte er an einem andern Orte Kleider, wurde beim Verkauf derselben ertappt und auch der Brandstiftung verdächtig, welche er gleich im ersten polizeilichen Verhöre gestand. Ein Knabe und eine Menge Vieh waren verbrannt, zwei Menschen beim Brande beschädigt worden.

Bei den Verhören zeigte er keine Spur von Reue, sondern die grösste Gleichgültigkeit und Gefühllosigkeit; als Motiv gab er an, er hätte nur einmal ein rechtes Feuer selbst erzeugt sehen wollen, er hätte „so gerne" (zum Vergnügen, ohne Zweck) angezündet, einmal äusserte er auch, er hätte dem Schäfer einen Possen spielen wollen. Es war so wenig zu seiner Entschuldigung zu sagen, dass selbst der Defensor auf zwölfjährige Zuchthausstrafe antrug. Er wurde indessen in erster Instanz zum Tode verurtheilt. Nach Publication dieses Urtheils begann er, durch einen Mitgefangenen verleitet, alle seine Aussagen zu widerrufen und hartnäckig zu läugnen. Er benahm sich dabei mit solcher Frechheit und Unverschämtheit, dass der Defensor erklärte, eine eigentliche Vertheidigungsschrift könnte nicht seine Aufgabe sein und es könnte nicht einmal der Versuch gemacht werden, seine Zurechnungsfähigkeit zu widerlegen.

Der Kreisphysicus erklärte, wie der Inquirent, das Verbrechen aus der sittlichen Entartung des Uebelthäters, das Medicinalcollegium nahm mit höchster Wahrscheinlichkeit Unfreiheit an und wollte den Uebelthäter als einen Blödsinnigen betrachtet wissen. Das Superarbitrium fand die Handlung durch den Muthwillen eines sittlich entarteten kindischen Subjekts erklärt und nahm daher einen dieser Ansicht entsprechenden Grad von Zurechnungsfähigkeit an. Die letzte gerichtliche Instanz bestätigte die Todesstrafe, welche auf dem Gnadenwege in lebenslängliche Zuchthausstrafe verwandelt wurde.

Zur Erläuterung dieser Fälle ist wohl kaum etwas hinzuzufügen. Wir sehen auch hier gutartige und bösartige, ganz gesunde und kränkliche jugendliche Individuen sich der Brandstiftung schuldig machen. Eine psychische Krankheit war gewiss in keinem der mitgetheilten Fälle vorhanden, selbst nicht in dem letzten; denn wenn auch in diesem der Gesundheitszustand des Uebelthäters ein erbärmlicher genannt wird, so ist doch viel wahrscheinlicher, dass die körperliche Verkommenheit von dem Vagabundenleben mitbedingt wurde, als dass umgekehrt der elende Gesundheitszustand die schlechten Neigungen hervorbrachte. Der vorletzte Fall ist besonders interessant durch die beständige, grosse Neigung zu muthwilligen Streichen, welche in ganz ähnlicher Weise auch bei Schwachsinnigen vorkommt, so dass man sich in solchen Fällen vor Verwechselungen wohl zu hüten hat.

5) **Andreas Gless, 17 Jahre alt, Knecht, Geistesschwäche, zwei Brandstiftungsversuche aus Muthwillen am 21. und 23. April 1830.** (Venedey in Hitzig's Annalen für deutsche und ausländische Criminalrechtspflege 1831, p. 341.)

A. G., über dessen Kinderjahre nichts mitgetheilt ist, von ungeschickter Haltung und dummer Physiognomie, hatte sich im Allgemeinen stets gut geführt und zu keinen Klagen Veranlassung gegeben. Die ihm gewordenen Aufträge verrichtete er ordentlich, sein Betragen aber war kindisch, bisweilen schien er das, was man ihm sagte, nicht gleich zu begreifen, öfters versank er bei der Arbeit in Betrachtungen und arbeitete erst fort, wenn er angeredet wurde. Sein Gedächtniss war gut, er wusste Gutes vom Bösen zu unterscheiden und machte später in der Arresthausschule gute Fortschritte im Lesen, während er vorher kaum die Buchstaben gekannt hatte. Auch dort fuhr er fort sich oft gedankenlos zu zeigen, z. B. Viertelstundenlang mit einem Hölzchen in der Hand zu spielen, bis er geweckt wurde. Er schien den Zeugen theils schwachsinnig, theils in der Entwicklung zurückgeblieben.

Den ersten Brandstiftungsversuch machte er in den Gebäuden eines Nachbarn, indem er glühende Kohlen auf einem Dachziegel in die Wand schob und eine Handvoll Stroh dazu steckte. Hierauf stellte er sich in einiger Entfernung hin und wartete eine halbe Stunde vergebens auf das Aufgehen des Feuers; dann ging er zu Bette, ohne die Materialien, welche nachher gefunden wurden, zu entfernen. Als Beweggrund gab er später vor, dass ihn die Magd des Nachbarn geschimpft hätte.

Den zweiten Brandstiftungsversuch machte er im Hause seines Dienstherrn. Zufällig allein in der Küche, nahm er einen glimmenden Spahn mit dem angebrannten Ende in den Mund, ging damit nach seiner Schlafstelle über dem Schweinestalle und kroch in letzteren durch ein enges Loch hinab. Hiebei wurde ihm der Spahn zu heiss, er spuckte ihn aus und zerdrückte dann die Kohle in kleine Stückchen, welche tief ins Stroh hinabfielen. Voll Angst kroch er zurück, sprang in den Hof hinab und ging in die Scheune, um Stroh zu anderweitigem Gebrauch zu holen, blieb aber dort von Angst festgebannt stehen, bis das Feuer auflodderte, worauf er die Knechte herbeirief.

Verdächtig geworden und verhaftet, gestand er schon am andern Morgen vollständig. Einen Beweggrund zu dem zweiten Brandstiftungsversuche wusste er nicht recht anzugeben; das Brennen der Gebäude, sagte er, verursachte ihm keine Freude, auch hätte ihn Niemand im Hause geschimpft. Ein anderes Mal sagte er: „Das kam mir so in den Kopf," aber auch: „Er hätte bei einem früheren Brande gesehen, dass Alles zusammengelaufen wäre, er hätte einmal sehen wollen, ob auch jetzt Alles so zusammenlaufen würde."

Bei den Sitzungen des Assisenhofs in Cöln versuchte er sich wahnsinnig zu stellen, verfuhr dabei aber sehr ungeschickt. Theils wollte er nämlich die einfachsten Dinge nicht wissen, theils gab er zu alberne Antworten, erwiederte z. B. auf die Frage, wie er in den Stall gekommen, „Ich stand am Rheine, da soll wohl eine grosse Brücke sein" und dgl. Als der Gerichtspräsident sagte, dass er den Narren spielen wollte, aber durch Zeugen überführt werden könnte, antwortete er sehr naiv, dass er wirklich närrisch wäre und dass ihm die ganze Bürgermeisterei dies bezeugen könnte.

Die Geschwornen sprachen ihn schuldig, empfahlen ihn aber der Gnade des Königs.

Der Zustand des Gless unterscheidet sich bedeutend von dem der vorerwähnten muthwilligen Brandstifter. „Dort waren die Brandstiftungen entweder ganz gewöhnliche, nur recht unbedachtsame, muthwillige Handlungen, oder sie liessen sich wenigstens aus dem Charakter und den Antecedentien der Uebelthäter, vollkommen begreifen. Hier war dies weit weniger oder gar nicht der Fall, die Beweggründe waren unklar und unzureichend, auf der andern Seite aber auch die Geisteskräfte gering unentwickelt. Dadurch, dass er dem Nachbarn das Haus ansteckte, konnte er sich an dessen Magd nicht eigentlich rächen, wohl aber ihr einen Possen spielen. Dies und die eingestandene Absicht, einen Auflauf zu bewirken, gaben seinen Brandstiftungen einen muthwilligen Charakter, aber sie dürfen den aus Affecten entstandenen nicht schlechthin, sondern nur mit dem Beisatze zugerechnet werden, dass bei ganz normalen Individuen solche Art von Muthwillen nicht mehr vorkommt. Der Vergleich mit den vorhergehenden wird das, wie ich glaube, vollkommen deutlich machen. Simulation endlich kommt bekanntlich auch bei geistesarmen und selbst bei geisteskranken Individuen vor; die Ungeschicklichkeit und Naivetät, mit welcher Gless dabei verfuhr, zeigen wenigstens gänzlichen Mangel von Schlauheit.

6) **Johann Hartsch**, 20 Jahre alt, Bauernknecht, zwei Brandstiftungen am 12. Februar 1839 und am 7. Januar 1840. (Richter, Ueber jugendliche Brandstifter, p. 28.)

J. H., Sohn eines Zeugarbeiters, wurde verhältnissmässig gut und mit der nöthigen Strenge erzogen, besuchte die Schule im Ganzen fleissig und mit Lob, kam aber über das mechanische Auswendiglernen, Lesen und dgl. nicht hinweg. Als Kind hatte er keine erheblichen Krankheiten durchgemacht, erst als er bereits in Dienst gegangen war, in seinem 16.—18. Jahre, und, wie es scheint, auch später litt er an heftigen Kopfschmerzen, oft begleitet von Uebelkeit und Erbrechen, die ihn oft „ganz dämisch" machten, aber durch zeitiges Niederlegen und Schlafen stets beseitigt wurden. Für schwere Arbeit war er zu schwach, er war „gleich hin und musste sich niederlegen."

Seine Dienstherren waren durchgehends sehr gut mit ihm zufrieden, indessen hatte er sich Entwendungen von Näschereien und selbst von Geld zu Schulden kommen lassen, einmal nämlich von mehreren Eisenbahnthalern, welche damals etwas Neues waren und welche er in einer aus Versehen angezogenen, fremden Jacke gefunden, einen sich angeeignet, aber, als er vermisst wurde, sogleich ausgeliefert; das andere Mal aus einem offnen Topfe 8 Pfennige genommen. Für beide Vergehen wurde er von seinem Vater, wie ein Knabe, abgestraft. Von Geisteskrankheit oder Geistesschwäche hatten weder die Zeugen, noch der Vater, noch das Gericht etwas bemerkt.

Seit dem 1. Januar 1839 bei dem Bauern Hanzsche in Dienst, nahm er am 12. Februar spät Abends beim Viehfüttern einige glühende Kohlen von den zum Leuchten benutzten brennenden Spähnen, trug sie in den Strohschuppen und steckte sie in die dort liegende Streu. Der Dienstherr gab an, er hätte am Abend ungewöhnlich wenig gegessen, wäre auch nicht in die Schenke gegangen, sondern hätte sich für krank ausgegeben und in die Ofenhölle gelegt; sonst wäre nichts an ihm zu bemerken gewesen. Er selbst sagte, er hätte noch eine Zeitlang spinnen müssen, wäre dann ohne nachzusehen, ob es brennte, zu Bett gegangen und hätte ruhig geschlafen, bis er früh geweckt wäre. Hierauf besorgte er seine Geschäfte, welche ihn auch in die Nähe des Schuppens führten, ohne dass er an die Brandstiftung dachte. Erst als gegen 8 Uhr das Feuer ausbrach und er von Weitem, im Gehölz arbeitend, den Feuerlärm vernahm, „dacht' er sich gleich ein Bissel, dass es von jenen Kohlen angebrannt sein würde, doch glaubte er es auch nicht ganz, weil es so lange her war." Als er zurückkam, war das Gebäude schon niedergebrannt, er zeigte sich dann sehr ängstlich, „barmte, jammerte und weinte sehr." Allerdings waren ihm dabei alle seine Sachen mit verbrannt, allein er wollte nur deshalb geweint haben, „weil es ihn so dauerte, dass er an dem Unglücke Schuld wäre." Auf ihn fiel kein Verdacht, „weil ihm keine Veranlassung zur Rache gegeben worden sei und trotz der bewiesenen Aengstlichkeit Niemand ihm so etwas zugetraut habe." H. selbst, obwohl zugebend, dass er das Feuer vorsätzlich und in der Absicht angelegt hätte, dass Scheune und Haus abbrennen sollten, läugnete doch durchaus, das Feuer aus Rache oder Bosheit angelegt zu haben, denn er wäre mit seinem Herrn gut ausgekommen; er wüsste nicht, wie ihm dieser Gedanke eingekommen wäre. „Es war mir immer, sagte er, als wenn ich's thun müsste."

Bald nach diesem Brande suchte er sich von seinem Dienste loszumachen; er ging zu seinen Eltern zurück und wollte sich in der Seite Schaden gethan, dort Stiche, Schmerz und Geschwulst gehabt und einen Arzt gebraucht haben, auch erst im October wieder auf Arbeit gegangen sein. Sein Dienstherr meinte dagegen, er hätte sich nur krank gestellt, weil die frühere Ordnung und Bequemlichkeit im Hause gefehlt hätte, er hätte auch schon früher wieder gearbeitet; er entliess ihn indessen im Mai mit guten Zeugnissen.

Am 3. Juni 1840 bei dem Bauern Puruck in Dienst getreten, fand er am 7., an welchem Tage die schwere ländliche Arbeit begann, Abends zufällig ein Stück trocknes, faules Holz und plötzlich fiel ihm ein, dieses anzubrennen und in die Scheuer zu stecken. Durch die Lampe, welche er bei sich hatte, brachte er das Holz zum Glimmen und schob es dann unter die Thür des Schuppens durch so weit als möglich in das Stroh hinein; ehe er aber zu Bette ging, sah er nochmals zu, ob es brenne. Da er nichts bemerkte, dachte er: „Es ist recht gut, dass es wieder ausgelöscht ist," legte sich ruhig nieder und schlief, bis er geweckt wurde. Darauf sah er zum Fenster hinaus, freute sich, als er nichts vom Feuer sah, und ging ruhig an seine Arbeit. Als aber doch Feuerlärm entstand, wurde ihm wieder sehr ängstlich und es dauerte ihn, dass doch noch ein Unglück entstanden wäre; er rettete das Vieh und half beim Ausräumen, vergass aber seine eignen Sachen, die von Anderen gerettet wurden. Beim Verhör stellte er sich ganz unwissend und blieb unverdächtig. Später gab er an, er hätte dennoch gleich geglaubt, dass es einmal herauskommen würde und fügte hinzu: „Ich weiss selber nicht, was ich dachte." Auch bei späteren Gesprächen über den muthmasslichen Brandstifter blieb er unbefangen und verrieth sich nicht. Wie er als solcher endlich entdeckt wurde, ist nicht mitgetheilt.

Er blieb noch 4 Monate treulich helfend bei Puruck, der überhaupt „gar nichts anzugeben wusste, was etwa Verdacht auf den Jungen hätte werfen können" und behauptete, dass es ihm dort gut gefallen hätte und dass er gar keinen Grund seiner That angeben könnte, obwohl er sie vorsätzlich verübt hätte. Insonderheit läugnete er jede Feuerlust aufs Bestimmteste ab und gab entweder an, er hätte geglaubt, dass kein so grosses Feuer entstehen oder dass es wohl gelöscht werden würde, oder sprach von einem unwiderstehlichen Triebe. „Ich wollte es nicht thun, sagte er, es trieb mich aber immer dazu, es liess mir keine Ruhe, es hat mich etwas dazu getrieben, was ich nicht nennen kann, ich konnte nicht widerstehen." Ein anderes Mal versicherte er, er hätte sich dabei gar nichts gedacht; er wüsste nicht, warum er es gethan, er könnte keinen Grund dafür angeben; ein innerer Trieb hätte ihn verleitet; es wäre gewesen, als wenn ihn etwas nicht gehen liesse und er es thun müsste; er bereute beide Thaten sehr u. s. w.

Seine körperliche Entwicklung war sehr zurückgeblieben, die Statur klein, der Körperbau gedrängt und schwächlich, die Glieder schwach, die Hände klein und mädchenhaft, die Brust dagegen breit und fett, die Oberschenkel stark und dick, der Habitus überhaupt weibisch, die Haut glatt und durchaus unbehaart, die Geschlechtstheile unreif, wenig entwickelt, die Hoden und der Penis klein, die Stimme weich und knabenhaft. Der Hals war kurz, die Stirn kurz und bedeckt, das Gesicht rund, aufgetrieben, die Nase stumpf, klein, an der Wurzel breit eingedrückt, mit grade ausgehenden offnen Nasenlöchern und weit auseinanderstehenden kleinen enggeschlitzten Augen, kurz mit einer Gesichtsbildung, wie sie, nach Ansicht des Arztes, besonders für alberne, geistesunreife Individuen charakteristisch zu sein pflegt. Der Arzt fand auch die geistigen Fähigkeiten dürftig, den Verstand und die Gemüthsstimmung, welche schnell aus Furcht und Zittern in Freude und Gesprächigkeit und wiederum in Weinen und Zerknirschung überging, ähnlich beschaffen, wie bei 14—15jährigen Knaben und die höheren Geistesvermögen trotz des guten Gedächtnisses und der leidlichen Schulkenntnisse mangelhaft. Eine speciellere Darlegung der Geistesfähigkeiten ist nicht gegeben.

Das ärztliche Gutachten ist nicht mitgetheilt, die Sächsische chirurgisch-medicinische Akademie erklärte ihn für nicht geisteskrank und für zurechnungsfähig, aber nur in einem seiner gehemmten Entwicklung entsprechenden Grade. Er wurde in beiden Instanzen zu dreijähriger Arbeitshausstrafe verurtheilt.

Die psychischen Processe, welche in diesem Falle den lebhaft empfundenen Antrieb zum Brandstiften erzeugten, sind wohl nicht mehr zu ermitteln. Die Akademie wollte keine Pyromanie anerkennen, einestheils weil die Feuerlust fehlte, anderntheils weil der Brandstiftungstrieb als besondere Krankheitsform ihr jeder pathologischen Begründung zu ermangeln schien. So weit gewiss völlig im Recht, gab sie übrigens doch nur ein sehr unbestimmtes Urtheil ab; sie fand es nämlich einestheils nicht unmöglich, zum

Theil sogar wahrscheinlich, dass eine heimliche Unlust am Dienst, Arbeitsscheu und Sehnsucht nach freierem Leben, unterstützt vielleicht von Heimweh und körperlichem Schwächegefühle, unter Mitwirkung von sittlicher Rohheit und „bäuerischer" Schadenfreude eingewirkt haben könnte; anderntheils meinte sie, dass sich die Brandstiftungen aus einem knabenhaften Gelüste, Unfug zu stiften u. s. w., sehr gut erklären liessen. (p. 36). Schon diese Wortfassung giebt zu erkennen, dass ein im Allgemeinen möglicher Beweggrund im speciellen Falle nicht wirklich nachzuweisen war; in der That ist dazu in den weiteren Auseinandersetzungen auch nicht einmal ein ernstlicher Versuch gemacht worden. Ebensowenig aber lässt sich in der Geschichtserzählung eine bestimmte Andeutung von Unzufriedenheit im Dienste oder von Muthwillen erkennen, nach dieser fehlt vielmehr entschieden jedes Motiv und sind die Brandstiftungen völlig unerklärlich. Gewiss ist es den Lesern oftmals schon aufgefallen, dass in Superarbitrien selten oder nie das *non liquet* ausgesprochen wird; es ist einmal Gebrauch, in diesen eine Erklärung und Beurtheilung der Uebelthaten zu geben, so wenig auch bisweilen die Beobachtungen dazu ausreichen. Dies ist auch hier geschehen, obwohl dieser Fall in Wirklichkeit ein durchaus zweifelhafter geblieben ist. Ich habe denselben hier nur deshalb nacherzählt, um zu zeigen, wie willkürlich in solchen Fällen die Annahme eines bestimmten Motives wird; hier hinderte nichts, je nach vorgefassten Meinungen, entweder Muthwillen oder Pyromanie anzunehmen oder auch noch ganz andere psychische Vorgänge zu vermuthen. Das Letzte liegt sogar sehr nahe. Der mitgetheilte Fall hat nämlich grosse Aehnlichkeit mit einem später Mitzutheilenden, in welchem Geistesschwäche die Hauptrolle spielte. Auch dort hatten alle Zeugen (mit Ausnahme eines Arztes) den Kranken verständig, wenn auch beschränkten Geistes gefunden, und dennoch war er blödsinnig; auch dort waren mehrere, sogar sieben, Brandstiftungen ohne jedes Motiv begangen, auch dort fehlte die Feuerlust, auch dort nahm der Gerichtsarzt keine Geisteskrankheit (ausser Brandstiftungstrieb) an und das Untersuchungsgericht wollte den Kranken sogar zum Tode verurtheilt wissen. Dem entsprechend liegt auch hier die Vermuthung sehr nahe, dass die Geistesschwäche des Hartsch viel bedeutender war, als sie angesehen wurde. Wenigstens ist es nach der Beschreibung keineswegs zuzugeben, dass der Hartsch 14—

15jährigen Knaben geistig auch nur ungefähr geglichen hätte, denn solchen ist weder ein auffallend rasches Umspringen der Stimmungen eigen, noch eine Mangelhaftigkeit der höheren Geistesvermögen insbesondere. Zwar kommen jugendliche Individuen vor, deren körperliche und geistige Beschaffenheit praktisch hinlänglich genau dadurch bezeichnet wird, dass man sie normalen Kindern von einem gewissen Alter vergleicht, aber strenge genommen passt ein solcher Vergleich nie ganz genau; eine gehemmte Entwicklung bringt im Allgemeinen andere Eigenthümlichkeiten mit sich, (am gewöhnlichsten körperliche und geistige Schlaffheit), als solche, welche ganz normalen Kindern irgend eines Alters eigen sind.

Die Brandstiftungen in Geisteskrankheiten.

Ueber die Entstehungsweise der Verbrechen aus Geistesstörungen*) herrschen noch manche unrichtige Ansichten. Unter Nichtärzten ist noch immer die Meinung sehr verbreitet, dass die Seelenthätigkeit Geisteskranker ein regelloses Chaos sei, dass aus diesem die verbrecherischen Handlungen ohne Regel und Gesetz entsprängen, ja dass eine solche Entstehungsweise für diesen Ursprung charakteristisch wäre. In diesem Irrthum befangen sträuben sich viele Richter eine Geisteskrankheit als solche anzuerkennen, wenn sie Methode zeigt, wenn die Kranken Recht und Unrecht unterscheiden (vgl. oben p. 98), wenn sie im partiellen Wahnsinn über die meisten Dinge verständig reden können, wenn Gemüthsstörungen vorherrschen, die Intelligenz dagegen verhältnissmässig wenig gestört ist und namentlich wenn es den Anschein gewinnt, als ob die verbrecherischen Handlungen lediglich aus einem normalen Zwecke oder Affecte hervorgingen. Selbst eine grosse Zahl von Gerichtsärzten**) hat sich von ähnlichen Ansichten noch nicht losgemacht; wir finden daher

---

*) Ich bemerke hiebei, dass im Nächstfolgenden nur von ganz ausgebildeten Geisteskrankheiten und nicht von zweifelhaften oder unausgeprägten Krankheitsformen die Rede sein soll.

**) Es ist ein grosser Uebelstand, dass solche Gerichtsärzte, welche nicht die nöthigen psychiatrischen Kenntnisse besitzen, dennoch lediglich kraft ihres Amtes als psychiatrische Sachverständige zugelassen werden. In den vereinigten Staaten Nordamerikas wird in solchen Fällen jeder vorgeladene Arzt zuerst vom Gerichte befragt, ob er sich für sachverständig halte, und wenn er dies bejaht, was keineswegs immer geschieht, zu weiteren Erklärungen darüber veranlasst, auf welche Studien und Erfahrungen er diese Annahme gründe, und insonderheit, wie viele Geisteskranke er ungefähr beobachtet habe. Es wäre dringend zu wünschen, dass dieses Verfahren in Deutschland Nachahmung finde.

nicht allein in der Literatur eine erstaunlich grosse Menge mangelhafter oder verkehrter Gutachten, sondern hören auch von Aerzten an Staatsasylen und Gefängnissen leider nur zu häufig, dass Geisteskranke zu harten Strafen verurtheilt wurden*); ein Beispiel davon wird sich auch weiter unten finden.

Die Motive der verbrecherischen Handlungen Geisteskranker können zunächst entweder an und für sich normale oder abnorme sein. Diesen Unterschied hat schon Jacobi**) auseinandergesetzt und an den Eigenthümlichkeiten diebischer Geisteskranker nachgewiesen. „Häufig tritt da, sagt er, wo Jene sich zum Stehlen geneigt zeigen, derselbe Fall ein, wie bei andern Handlungen, die wir während des Irreseins bei so manchen Individuen wahrnehmen. Indem sie der Besonnenheit bis auf einen gewissen Grad beraubt und dadurch unvermögend werden, die Rücksichten zu beobachten, die ihnen bei ihren Handlungen im geistesfreien Zustand zur Richtschnur dienten, treten die sie beherrschenden Neigungen, Schwächen, Leidenschaften, Laster, mehr oder weniger verhüllt hervor, und was sich uns dann offenbart, ist nicht Krankheitserscheinung, sondern giebt sich nur in Folge der Krankheit kund." Zur Bestätigung dieser Ansichten theilt Jacobi zwei Krankheitsfälle mit, in welchen während der Krankheit eine weit grössere Neigung zu Diebereien bestand, als vor Eintritt und nach Heilung derselben; auch Delbrück***) bestätigt, dass Gewohnheitsdiebe nach Ausbruch einer Geistesstörung in der Ausübung ihrer Diebereien fortfahren können. In den Asylen sieht man sogar alltäglich, dass auch solche Kranke, welche keine krankhafte Neigung zum Entwenden, Verstecken, Sammeln oft ganz nutzloser Gegenstände haben, Anderen Näschereien, Cigarren, Putzsachen und dgl. wegstehlen, lediglich zu dem Zwecke, sie zu eignem Nutzen

---

*) „Aus allem Vorhergehenden, sagt Sauze (Arzt des Zellengefängnisses in Marseille) geht klar hervor, dass die Tribunale jeden Tag ungerechter Weise Geisteskranke verurtheilen." (*Annales médico-psychologiques* 1857, p. 54, vgl. auch Delbrück in der Zeitschrift für Psychiatrie 1854, p. 66 ff. 75.)

**) Jacobi und Nasse, Zeitschrift für die Beurtheilung und Heilung der krankhaften Seelenzustände. Berlin 1838, p. 180.

***) Zeitschrift für Psychiatrie 1857, p. 383. Die Ansicht von Ideler (Lehrbuch der gerichtlichen Psychologie. Berlin 1857, p. 341), dass wahnsinnig gewordene Diebe nicht stehlen, ist hiernach unrichtig.

zu verwenden. Ich beobachte z. B. zur Zeit einen Kranken, der ausschliesslich Cigarren stiehlt, weil er leidenschaftlich gern und am liebsten ununterbrochen raucht; er lässt sich ausschliesslich und ohne jedes Bedenken von seinem Gelüste bestimmen. Demnach steht im Allgemeinen fest, dass an sich normale Motive bei Geisteskranken wirksam sein und sie im Allgemeinen leichter, als Gesunde, zu unerlaubten und verbrecherischen Handlungen treiben können. Wir können daher erwarten, alle die verschiedenen Motive, welche Gesunde zu Brandstiftungen veranlassen können, mitunter auch bei Geisteskranken wieder zu finden und können es von vorn herein nicht im entferntesten als Grund gegen die Existenz einer Geisteskrankheit gelten lassen, wenn eine Brandstiftung zunächst aus an sich normalen, selbst aus rein egoistischen Zwecken oder aus den gewöhnlichen Affecten hervorgegangen ist. Die unten folgenden Beobachtungen werden in der That bereits den grössten Theil der normal vorkommenden Beweggründe zum Brandstiften auch bei einzelnen Geisteskranken erkennen lassen.

Zu den verbrecherischen Handlungen Geisteskranker, welche aus an sich normalen Motiven entstehen, kann man wohl auch diejenigen rechnen, welche durch sehr geringe Anreize, bisweilen schon durch blosse Einfälle, bei zugleich sehr verminderter vernünftiger Widerstandsfähigkeit hervorgebracht werden. Schon Casper hat sich (Denkwürdigkeiten, p. 294) mit dieser Entstehungsweise von Verbrechen, welche nach seiner Meinung auch bei Gesunden in Betracht kommt, angelegentlich beschäftigt. „Es giebt, sagt er, eine Tendenz in der Menschenbrust, ursprünglich wie wenige Andere, eingeboren und inhärirend: der Drang seine Persönlichkeit geltend zu machen. Wenn derselbe sich in den verschiedenen Geschlechtern, Altern und Lebensverhältnissen auch verschiedenartig gestaltet, immer begleitet er den Menschen von der frühesten Kindheit bis in das späteste Alter. Wenn der Knabe den Papphelm auf den Kopf setzt und mit dem Stocke in die Luft ficht, so folgt er diesem Drange: er spielt den Mann, und wenn der Greis mit geschwätziger Lust den Enkeln die Heldenthaten seiner Jugend, seine „burschikosen" Streiche erzählt, so versucht er noch mit einer Persönlichkeit zu imponiren, die er heute nicht mehr auf andre Weise geltend machen kann. In der Zeit der zweiten Emancipation, dem Lebensalter der Pubertät, wenn Körper und Geist überhaupt sich entwickeln und kräftig und rasch wahrnehmbar ausbilden, entwickelt sich auch dieser Drang, die Thatkraft, der Muth und der Wille, diesen Muth zu zeigen, mit demselben hervorzutreten. Er wird Muthwille, wenn die Aeusserung dieses Dranges zum Zweck, nicht zum Mittel gemacht wird, und die muthwilligen Streiche sind bekanntlich recht eigentlich dem Alter der zweiten Kindheit und der ersten Jugend angehörend. Beim herangewachsenen Manne, beim sittlichen und erzogenen Menschen wird dies Streben, seine Persönlichkeit geltend zu machen, Motiv zu edlen Thaten, zur Auszeichnung vor den Nebenmenschen und die Fortbildung des Menschengeschlechts beruht auf diesem Drange und seiner Schwester der Eitelkeit." Hier ergiebt sich indessen ein Fehler in Casper's Auseinandersetzungen, denn das, was er beschreibt, ist die Eitelkeit selber. Er schildert die renommirende Jugend und das renommirende Alter und bemerkt mit Recht, dass die Eitelkeit zur Auszeichnung vor den Nebenmenschen anspornt, wenn er auch deren weltverbessernde Kraft zu hoch anschlägt und darüber die höheren Motive des Handelns vergisst; schon der Ausdruck, Drang, seine Persönlichkeit geltend zu machen, kennzeichnet die Eitelkeit hinlänglich. Die Eitelkeit ist nun freilich ein sehr verbreiteter Fehler, aber doch keineswegs so allgemein, wie Casper ihn darstellt; es giebt bekanntlich auch Menschen, die zu bescheiden sind und sich geradezu scheuen, ihre Persönlichkeit geltend zu machen. Es folgt hieraus dasselbe, was oben (p. 47) für den Muthwillen geltend gemacht wurde, nämlich dass die Eitelkeit, wenn sie als Motiv einer Handlung gelten soll, nicht vorausgesetzt werden darf, sondern als wirklich und in genügendem Grade vorhanden nachgewiesen werden muss. Dies gelingt aber, wie wir schon oben gesehen haben und wie auch Casper (p. 297) ausdrücklich zugiebt, in anscheinend motivlosen Fällen keineswegs immer; wir haben daher noch weitere Aufklärungen zu suchen.

Casper hat bereits an einer anderen Stelle, ohne, wie es scheint, den Unterschied bestimmt aufgefasst zu haben, eine wesentlich abweichende und zugleich weit allgemeinere Erklärung gegeben. „Tief im Menschen begründet, sagt er (p. 397), ist der Drang, seine Thatkraft zu üben und geltend zu machen." Hätte er diesen Thätigkeitstrieb, dessen Existenz durch die Langeweile beim absoluten Müssiggang hinlänglich bewiesen wird, von der Eitelkeit und dem Muthwillen sorgfältiger unterschieden und hätte er ferner fest an seinem Satze gehalten, dass eine That geschieht, sobald der Anreiz zu derselben den Gegenreiz überwiegt (p. 298), so würde er die Erklärung, scheinbar motivloser Handlungen gewiss in einer anderen Richtung gesucht und auch gefunden haben. Er führt als Beispiel an, dass selbst ein verständiger und gebildeter Mann wohl in einer müssigen Stunde bei einem Spaziergange mit dem Stocke in das Unkraut schlage; letzterer thut dies aber doch gewiss nicht in dem Drange, seine Persönlichkeit geltend zu machen, sondern weil der Mensch, wenn müssig, überhaupt gern irgend etwas thut und weil dieser geringe Anreiz eine ganz gleichgültige Handlung, bei welcher gar kein Gegenreiz stattfindet, auszulösen vermag. Wir nehmen täglich, wenn unsere Gedanken oder Neigungen nicht anderweitig in Anspruch genommen sind, eine Menge gleichgültiger und zweckloser Handlungen vor und lassen dabei sehr oft einen blossen zufälligen Einfall über unser Thun und Lassen entscheiden.

Wir müssen also, um eine verbrecherische Handlung zu begreifen, häufig oder strenge genommen immer nicht allein den Anreiz zu derselben, sondern auch den Gegenreiz oder Widerstand in Anschlag bringen und werden daher ziemlich sicher darauf rechnen können, dass solche Geisteskranke, bei denen alle wesentlichen, d. h. aus Pflichtgefühl und vernünftiger Ueberlegung entspringenden Widerstände fehlen, selbst schon durch die geringsten Anreize zur Verübung von Uebelthaten bewogen werden können. In der That wird sich unten, namentlich aus einem sehr klaren Falle, ergeben, dass selbst der blosse Einfall einer Brandstiftung Blödsinnige zu deren Verübung bewegen kann. Etwas ähnliches können wir unter den gesunden Verbrechern nur bei solchen erwarten, welche sittlich ganz verdorbt und überaus leichtfertig sind, denn diese haben ebenfalls die sittliche Widerstandsfähigkeit eingebüsst und setzen sich über die Furcht vor der Strafe durch Unbedachtsamkeit hinweg; solche Fälle sind im Obigen bereits mitgetheilt. Aber solche Verderbtheit darf ebenso wenig vorausgesetzt werden, wie eine Geisteskrankheit, wenn die Uebelthat nicht unerklärt bleiben soll.

Dieser blosse Trieb zum Handeln ist nun in Geisteskrankheiten bald annähernd normal, bald erhöht (Erregung, Tobsucht, Präcordialangst), bald vermindert (Trübsinn, Abulie), oder ganz vernichtet

(Starrsucht) *). Bei erhöhtem Thätigkeitstriebe haben wir selbstverständlich am häufigsten Handlungen zu erwarten, die nicht einem bestimmten Zwecke oder Interesse, sondern nur einem Einfalle oder sonst irgend einem geringfügigen Anreize bei gleichzeitigem Mangel an Widerständen ihren Ursprung verdanken. In der That kommen solche Handlungen in Asylen alltäglich vor. Der Zerstörungstrieb Tobsüchtiger ist oft seiner Richtung nach lediglich äusserlich bedingt und keineswegs immer durch bestimmte Zwecke (z. B. ins Freie hinauszubrechen, aus zerstörten Kleidern andere Dinge anzufertigen u. s. w.) oder durch Affecte verursacht; ebenso wenig braucht dabei eine muthwillige Stimmung zu herrschen, man kann vielmehr nicht selten Tobsüchtige, wenn man sie belauscht, grade so ruhig, wenn auch emsig, an ihrem Zerstörungswerke arbeiten sehen, wie einen fleissigen Handwerker an der Anfertigung eines nützlichen Gegenstandes. Ich habe unter Anderen ein junges Mädchen beobachtet, welches von Wahnideen ganz frei war, eine nur wenig abschweifende, sonst ganz richtige Gedankenverbindung erkennen liess, gemüthlich sich zwar reizbar, aber spontan fast gar nicht erregt zeigte, welches dagegen einen ausserordentlichen Zerstörungstrieb entwickelte. Sie besass eine solche Ueberlegtheit und Geschicklichkeit im Zerstören, namentlich ihrer Kleider, das nichts anderes übrig blieb, als sie im Hemde gehen zu lassen, denn dieses schonte sie aus Schamhaftigkeit und wusste sich darin sehr gewandt, wie in einen Bademantel einzuhüllen. Nach der Genesung wusste sie nicht die geringste Erklärung ihrer Zerstörungssucht zu geben, obwohl ihre Erinnerungen aus der Krankheitsperiode vollkommen klar waren. Interessant war es, dass die Schamhaftigkeit noch den Zerstörungstrieb in Etwas hemmte, während alle anderen äussern Rücksichten bereits geschwunden waren; dieser Gegenreiz allein hatte also noch die nöthige Stärke, um die verkehrten Handlungen aufzuhalten. Noch seltsamer gestalten sich die Handlungen oftmals bei beängstigten Kranken. Eine ältere unverheirathete Dame von grosser geistiger und gemüthlicher Begabung und Bildung litt während ihrer langen Krankheit an Wahnideen gar nicht und an Unfähigkeit zum vernünftigen Nachdenken nur zur Zeit der heftigen

---

*) Worauf diese Veränderungen der Begierde nach Handlungen und Bewegungen weiter beruhen, ist unbekannt; in der Regel denkt man sich dieselben als unmittelbar von pathologischen Processen im Gehirn abhängig.

Angstparoxysmen. Während dieser Paroxysmen schrie sie nicht allein, drehte sich um sich selbst, wühlte sich in den Haaren, suchte sich hinauszudrängen u. s. w., sondern nahm auch ganz barocke Handlungen vor, warf z. B. fortwährend ihre Pantoffeln gegen die Decke ihres Zimmers. Während der Remissionen erschienen ihr diese Handlungen lächerlich oder sie klagte seufzend über die Thorheiten, zu welchen man in der Angst kommen könne; eine Erklärung derselben wusste sie trotz ihrer fast völligen Klarheit und ihres scharfen, gut ausgebildeten Verstandes nicht zu geben. In ähnlicher Weise habe ich auch eine Brandstiftung von einem beängstigten Kranken, einem bejahrten hohen Beamten begehen sehen, der von Wahnideen frei und mit bedeutender Intelligenz begabt, diese fast unversehrt bewahrt hatte, seine Krankheit selbst erkannte, aus freiem Entschluss sich in einem Asyle aufhielt und über seine ziemlich complicirten Vermögensangelegenheiten selbst mit grösster Klarheit disponirte. Er wanderte häufig von Unruhe getrieben auf einem Corridore auf und ab, wo versuchsweise eine sogenante Fidibuslampe aufgestellt war, und zündete dort zweimal im Vorübergehen den ganzen Fidibusvorrath an, ohne einen Zweck damit zu verbinden oder durch ein an sich krankhaftes Motiv dazu veranlasst zu werden. Die den Umständen nach mögliche Gefahr eines erheblichen Brandes hatte er nicht bedacht; auf Vorhaltung aber schämte er sich dieser thörichten Handlungen sehr, welche seinem ernsten, umsichtigen und wohlwollenden Charakter schlechterdings nicht entsprachen, wie denn auch sonst von einer Neigung zu bösartigen oder muthwilligen Streichen Nichts an ihm zu spüren war. — Uebrigens ist es bekannt, dass die Angst auch bei Gesunden unüberlegte, ja ganz sinnlose Handlungen veranlassen kann.

Als an sich abnorme Motive lassen sich zwar strenge genommen nur solche bezeichnen, welche bei gesunden Individuen gar nicht vorkommen; da indessen eine scharfe Abgrenzung dieser Art von Beweggründen praktisch einerseits schwierig, andererseits nicht wichtig genug ist, so wird es wohl richtiger sein, unter dem Ausdrucke krankhafte Motive alle solche zusammenfassen, welche unverkennbare Producte der Geisteskrankheiten zu sein scheinen, welche also (was immer noch das sicherste Kennzeichen ist) bei einem Individuum erst mit oder nach dem Ausbruch einer Geisteskrankheit auftreten. Dabei versteht es sich von selbst, dass krankhafte und normale Motive unter Umständen ebenso schwer zu unterscheiden sein können, wie psychische Krankheit und Gesundheit überhaupt.

Die krankhaften Motive lassen sich, wie die normalen, in krankhafte Zwecke, Begierden (Leidenschaften) und Affecte eintheilen, indem die Handlungen Geisteskranker, grade wie die Gesunder, bald vorzugsweise von einer dieser Arten von Beweggründen, bald von mehreren derselben bedingt werden. Im Allgemeinen lässt sich über diese Motive und ihr Verhältniss zu den Handlungen der Kranken nur wenig sagen, da dieselben namentlich mit den verschiedenen Krankheitsformen sehr variiren, bei welchen unten Weiteres angegeben werden wird.

Gewiss am seltensten werden die verbrecherischen Handlungen Geisteskranker durch wirklich **krankhafte Begierden** angeregt. Zwar giebt es deren Einige (wie z. B. den Sammeltrieb und namentlich den überreizten oder perversen Geschlechtstrieb), welche wohl Vergehen hervorrufen können, in der Regel aber sind die Leidenschaften Geisteskranker auf normale, nur entfesselte Begierden zurückzuführen. Demgemäss werden wir unten zwar mehrere Fälle finden, in welchen normale Begehrungen (Geldsucht, selbst Liebe) Kranke zu Brandstiftungen veranlassten, aber keinen einzigen, in welchem eine abnorme Begierde deutlich nachzuweisen gewesen wäre. Die Feuerlust (die Feuerschausucht, der Lichthunger) würde allerdings eine krankhafte Begierde darstellen, ihr Vorkommen ist auch sicherlich nicht *a priori* für unmöglich zu erklären, aber wirklich nachzuweisen oder auch nur wahrscheinlich zu machen war sie in keinem einzigen Falle. Zwar haben die Kranken manchmal angegeben, theils, dass sie gewünscht hätten, ein hellbrennendes Feuer anzumachen, theils, dass sie über das angelegte Feuer die grösste Freude empfunden hätten, aber diese Empfindungen lassen in der Regel verschiedene Erklärungen zu. Insbesondere wird der wirkliche Vollzug einer prämeditirten Handlung schon an sich geeignet sein, eine Art von Genugthuung, die Befriedigung des Triebes, wie es schon der gewöhnliche Sprachgebrauch nennt, hervorzubringen. Da nun die Begehrungen der Geisteskranken durchschnittlich sehr lebhaft sind und sie unablässig zu beschäftigen pflegen, oder mit anderen Worten, da sie sehr leicht den Charakter von Leidenschaften annehmen, so ist die lebhafte Freude, welche die Kranken bei der Befriedigung solcher leidenschaftlicher Triebe empfinden, ganz im Allgemeinen wohl erklärlich. Nach dieser Auffassung würde also die Freude an dem Gelingen einer Brandstiftung nicht von einer specifischen Lust am Feuer, sondern von der weit allgemeineren Lust am Gelingen einer beabsichtigten und leidenschaftlich begehrten Handlung abhängen, während die Leidenschaft und das Ziel der Handlung ihrerseits wieder wesentlich durch die Art der psychischen Erkrankung bedingt wären. Diese Auffassung scheint mir den Thatsachen völlig zu entsprechen und namentlich auch auf solche Handlungen anwendbar zu sein, bei welchen die Kranken nothwendig die grösste Unlust an der Handlung an sich empfinden müssen. Es haben sich z. B. wiederholt Kranke in Folge von religiösen Wahnideen selbst ans Kreuz geschlagen; auch solchen muss doch die Vollziehung ihres Vorsatzes eine Genugthuung gewährt haben, obwohl sie an der langwierigen, schmerzhaften Operation selbst sicherlich keine Lust empfanden. Wir dürfen daher nicht die Lust, welche einige Kranke nach Vollzug einer Brandstiftung empfunden haben, ohne Weiteres als einen Beweis für die Existenz einer specifischen Feuerlust ansehen, besonders da die meisten kranken Brandstifter Gleichgültigkeit oder selbst Abneigung und Scheu vor Feuersbrünsten verriethen.

Weit häufiger als Leidenschaften sind krankhafte Affecte die Triebfedern Geisteskranker. Da sich diese vor den normalen Affecten im Allgemeinen nur durch leichtere Erregbarkeit, längere Dauer und grössere Heftigkeit auszeichnen, so können ihre Wirkungen als bekannt vorausgesetzt werden; von einigen besonderen Wirkungen einzelner Affecte, namentlich der Angst, wird weiter unten die Rede sein. — Für die Diagnose ist es wichtig, sich stets zu erinnern, dass Handlungen ebenso leicht, ja leichter bei Geisteskranken durch Affecte veranlasst werden, als bei Gesunden. So bekannt dies ist, so oft wird es dennoch namentlich bei zwei Affecten, nämlich bei dem Heimweh und bei der Unzufriedenheit, vergessen; obwohl beide sehr häufig blosse Symptome einer Geisteskrankheit sind, so sind doch manche gerichtsärztliche Untersuchungen mit dem Nachweise dieser Affecte abgeschlossen worden, als ob sie mit Geistesstörungen unverträglich wären. Aber auch nach der andern Seite ist man häufig, wenigstens theoretisch, zu weit gegangen, indem man das Heimweh zu den Geisteskrankheiten rechnete; dies ist unrichtig oder führt doch zu Begriffsverwirrungen, weil gewöhnlich jede normale oder abnorme Sehnsucht nach der Heimath als Heimweh bezeichnet wird. Der reine Affect **Heimweh** und die **Melancholie mit Heimweh**, welche auch als *melancholia nostalgica* beschrieben worden ist, müssen daher im Allgemeinen, von Ueborgangsformen abgesehen, strenge unterschieden werden.

Endlich werden **krankhafte Ideen** häufig Ursache verbrecherischer Handlungen, wenn auch oft nur dadurch, dass sie Affecte, namentlich Rachsucht, erzeugen. Indessen scheinen Brandstiftungen unmittelbar durch krankhafte Ideen verhältnissmässig viel seltener hervorgebracht zu werden, als Mordthaten. Dies hat wahrscheinlich darin seinen Grund, dass der sog. Verfolgungswahn oder die fixe Idee von Feinden bespionirt, bedroht oder geschädigt zu werden, gemeiniglich nicht allein Rachsucht, sondern geradezu die Absicht hervorbringt, aus Nothwehr die Feinde zu vernichten. Einflussreicher sind die Sinnestäuschungen oder die **Hallucinationen und Illusionen***), und zwar ganz besonders die Gehörshallucinationen, da sie den Kranken nicht allein unmittelbar verkehrte Ideen eingeben, sondern ihnen sehr häufig zugleich eine Art von moralischem Zwang anthun, diesen Ideen gemäss zu handeln. In dieser Hinsicht ist besonders der Kranke **Esquirol's****) interessant, welcher lange Zeit regungslos blieb, weil ihm eine Stimme bei Todesstrafe verbot zu reden, der dann aber plötzlich einen gefährlichen Angriff auf einen Krankenwärter machte, weil die Stimme sagte: „Wenn Du Jemand tödtest, wirst Du gerettet sein." Indessen kommt es auch vor, dass die Kranken solchen Einflüsterungen mit mehr oder minder vollständigem Erfolge Widerstand leisten.

Die Gehörshallucinationen sind grade in Brandstiftungsfällen häufig falsch beurtheilt worden. Gesunde Brandstifter geben nicht selten an, dass es ihnen so vorgekommen wäre, als ob Jemand

---

*) Unkundigen wird ein Beispiel den Unterschied dieser beiden Classen von Sinnestäuschungen am leichtesten klar machen. Wenn ein Kranker eine menschliche Stimme ihm etwas zuflüstern oder zurufen hört, während in der That Niemand spricht, so ist das eine Hallucination; wenn er dagegen aus wirklichen Geräuschen, wie aus fernem Sprechen oder Rufen, bestimmte Worte heraushört, so bezeichnet man das als eine Illusion.

**) Esquirol, Die Geisteskrankheiten. Deutsch von Bernhard. Berlin 1838. Bd. II., p. 349.

hinter ihnen oder als ob eine innere Stimme ihnen befohlen hätte, Feuer anzulegen. Mit Recht hat namentlich Casper lebhaften Einspruch dagegen erhoben, dass aus solchen Angaben auf das Bestehen von Hallucinationen geschlossen werden dürfe. Jedes Denken ist bekanntlich ein innerliches Sprechen; je lebhafter das Denken vor sich geht, desto mehr wird auch diese innerliche Stimme sich geltend machen und desto mehr einen objectiven Charakter annehmen; die poetische Fiction, die innere Stimme als eine äussere vorzustellen, wird dadurch den Verbrechern sehr nahe gelegt; sie werden daher auch nicht unterlassen, sich dieser Fiction zu ihrer Entschuldigung zu bedienen. Demnach sind die Angaben gesunder Brandstifter über diese inneren, resp. nach aussen versetzten Stimmen als Mythen zu betrachten, denen zwar die Wahrnehmung eines wirklichen inneren Vorganges zu Grunde liegt, die aber nicht auf wirkliche Gehörshallucinationen zu beziehen sind.

Auf der andern Seite wird aber auch die forensische Bedeutung wirklicher Hallucinationen nicht selten unterschätzt. Zwar ist eine Anzahl von Krankheitsfällen bekannt geworden, in welchen psychisch gesunde Individuen an wirklichen Hallucinationen litten, aber solche Fälle sind verhältnissmässig sehr selten, während bei Geisteskranken Sinnestäuschungen aller Art sehr häufig vorkommen. Ferner kann die psychische Gesundheit nur dann als ungestört angesehen werden, wenn der von Hallucinationen Befallene dieselben als Sinnentrug erkennt; ist er dazu ausser Stande, so leidet er gewiss an einer Geisteskrankheit*). Dagegen ist nicht umgekehrt Jeder, welcher den Sinnentrug erkennt, als geistesgesund anzusehen, vielmehr ist es erwiesen, dass einzelne Geisteskranke dazu wohl im Stande sind. Hieraus erhellt, dass Sinnestäuschungen zu den sichersten Kennzeichen der Geisteskrankheiten gehören und dass das Fortbestehen der psychischen Gesundheit neben ihnen in irgend einem gegebenen Falle sehr sorgfältig nachgewiesen werden muss, wenn diese Annahme Glaubwürdigkeit haben soll. Wenn dennoch bei gerichtlichen Verhandlungen die Sinnestäuschungen mitunter, namentlich von Juristen, als etwas irrelevantes bezeichnet werden, weil sie ja auch bei Gesunden vorkämen, so ist das gewiss zu

---

*) Von den Delirien körperlich Kranker und von ganz besonderen Fällen, in welchen z. B. der Aberglaube die Erkenntniss des Sinnentruges verhindert, durfte ich im Texte wohl absehen.

tadeln. Es giebt vielmehr eine Anzahl abnormer psychischer Zustände und Symptome, deren Vorkommen eine so starke Präsumtion für die Existenz einer Geistesstörung giebt, dass neben ihnen nicht, wie gewöhnlich, die psychische Gesundheit, sondern die psychische Krankheit so lange vorausgesetzt werden muss, bis das Gegentheil erwiesen ist; dahin gehören z. B. lucide Intervalle, häufige epileptische Anfälle und vor Allen grade die Sinnestäuschungen. Welchen Einfluss die Richter solchen Präsumtionen auf ihr Urtheil einräumen wollen, muss freilich dahin gestellt bleiben; dass sie aber in der Wissenschaft gelten, beweist die Sorgfalt, mit welcher die Thatsache, dass bei Sinnestäuschungen wirklich psychische Gesundheit vorkommen könne, in guten wissenschaftlichen Werken nachgewiesen wird. Um dies nicht misszuverstehen, muss man bedenken, dass alle menschlichen Urtheile strenge genommen nicht eine absolute, sondern nur eine mehr oder minder wahrscheinliche Richtigkeit haben und dass jene Präsumtion grade auf starken Wahrscheinlichkeitsgründen beruht.

Endlich verdienen die Sinnestäuschungen *in foro* noch deshalb eine besondere Beachtung, weil sie von den Kranken oft verhehlt und von ihrer Umgebung häufig gänzlich übersehen werden. Die Schwierigkeit der sichern Diagnose ist in der That nicht selten so gross, dass selbst Sachversändige über ihre Existenz lange Zeit in Zweifel bleiben können, wenn auch in der Regel die eigenthümliche Verschlossenheit, das unheimliche Wesen und namentlich das häufige heimliche Lachen und leise Flüstern solcher Kranker Anhaltpunkte für die Diagnose geben.

I. Geistesschwäche.

1. Blödsinn.

Der Blödsinn ist eine zu bekannte Krankheitsform, als dass über denselben hier weitläufig gehandelt zu werden brauchte. Die grösste Schwierigkeit besteht darin, den Grad desselben in jedem gegebenen Falle zu bestimmen. In neuerer Zeit hat man allgemein die verschiedenen Grade, welche früher, namentlich von Hoffbauer, aufgestellt wurden, verworfen. Dies ist nur zu billigen, da für jene Grade eine gewisse Bestimmtheit in Anspruch genommen wurde, während sie in Wirklichkeit sehr unbestimmt und ganz willkührlich waren. Dagegen haben in neuester Zeit manche

Schriftsteller den Gebrauch angenommen, den Grad des Blödsinns durch einen Vergleich mit der psychischen Beschaffenheit von Kindern eines gewissen Lebensalters zu bestimmen. Dieses Verfahren ist aber nicht minder verwerflich, einestheils weil der psychische Zustand mehr oder minder bildungsunfähiger Blödsinniger von dem bildungsfähiger Kinder wesentlich verschieden ist, anderntheils weil bei diesem Vergleiche einseitig nur die Verstandeskräfte (die Fähigkeit, etwas zu unterscheiden oder zu begreifen), dagegen weder die Vernunft (die Fähigkeit, folgerichtig zu denken), noch die Gemüthsthätigkeit berücksichtigt zu werden pflegt (vgl. oben p. 130). Ueberdies wird bei einem solchen Urtheile die Fehlerquelle unnöthiger Weise verdoppelt, denn es wird dabei erstens die Verstandeskraft des Blödsinnigen an seinen Begriffen gemessen und dann zweitens das mittlere Maass der Verstandeskräfte von Kindern jeden Alters als etwas Bekanntes vorausgesetzt. Da aber eine sichere Vorstellung von diesem Maasse nur durch eine sehr genaue Kenntniss vieler Kinder erworben werden kann, so ist es sehr zweifelhaft, ob überhaupt die Mehrzahl der Richter und Aerzte dieselbe besitzen; jedenfalls wären hierbei nicht die Aerzte, sondern die Lehrer die eigentlichen Sachverständigen und zwar um so mehr, da es sich meistens um einen Vergleich mit Kindern niederer Stände handelt, deren psychische Eigenheiten zu studiren den meisten Aerzten ganz fern liegt. Die Benutzung dieser Analogie ist aber auch deshalb nutzlos, weil der Richter sein Urtheil vernünftiger Weise nicht auf diesen abgeleiteten, sondern auf den ursprünglichen Nachweis stützen, das Maass für die Begriffsfähigkeit eines Blödsinnigen demnach unmittelbar von seinen Begriffen hernehmen wird. Verfährt der Richter anders, so läuft er Gefahr, ein verkehrtes Urtheil abzugeben, da ein Geistesschwacher anders beurtheilt werden muss, als ein blos hinter seinen Jahren zurückgebliebener Gesunder. Soll daher ein ärztliches allgemeines Endurtheil gegeben werden, so bleibt nichts übrig, als zu sagen, der Blödsinn sei niederen, mittleren oder hohen Grades, oder als ähnliche Ausdrücke zu gebrauchen, welche auf Bestimmtheit keinen Anspruch machen und daher auch den Richter nicht irreleiten können.

1) H. O. Sch., 29 Jahre alt, Bauernsohn, Blödsinn, 5 Brandstiftungen und 2 Brandstiftungsversuche in den Jahren 1821, 22 und 35. (Nach den Acten.)

Sch., Sohn eines Bauern, erhielt einen verhältnissmässig guten Unterricht in einer Dorfschule, lernte aber seines schwachen Fassungsvermögens wegen nur wenig. Der Schullehrer gab an, seine natürlichen Geistesanlagen wären nicht sehr ausgebildet, er wäre vielmehr „eher stupide" gewesen; er hätte in der Religion sich die zur Confirmation erforderlichen, nothdürftigsten Kenntnisse angeeignet, hätte recht gut schreiben, auch seine Gedanken schriftlich verständlich ausdrücken und die vier Species rechnen können; beim Lesen wäre ihm sein Stammeln hinderlich geworden. Aus der Prüfung, welche der Prediger später während der Untersuchungshaft mit ihm anstellte, ergab sich aber, dass er von den erworbenen Kenntnissen das Meiste wieder vergessen hatte. Er wusste weder eins der zehn Gebote, noch das Vaterunser, noch einen Gesang auswendig, kannte ebenso wenig die Bedeutung der christlichen Feste und hatte von der Religion ausser einigen erinnerten Phrasen gar keinen Begriff. Die hochdeutsche Sprache war ihm fast unverständlich. Schreiben und rechnen konnte er so gut wie gar nicht und lesen nur mit Mühe.

Im 7. Jahre wurde er von krampfhaften Anfällen ergriffen, bei welchen er besinnungslos war, weder gehen, noch stehen konnte und irre redete. Dieselben kehrten einen Winter hindurch in Zwischenräumen von einigen Tagen oder Wochen wieder, später verloren sie sich, sollten aber noch im 21. Jahre bei Veranlassung einer Feuersbrunst zuletzt wiedergekehrt sein. Ob diese Anfälle epileptische waren, wie sie der Vater des Sch. nannte, war nicht zu ermitteln. Nach jenem Winter traten heftige periodische Kopfschmerzen auf, welche nach bald kürzerem, bald längerem Zwischenraume zurückkehrten und $\frac{1}{2}$—1, ja bis zu 2 Tagen dauerten. Der Kranke musste dann das Bett hüten, war appetitlos, litt wechselnd an Frost und Hitze, schlief viel und redete im Schlafe (?) irre über seine landwirthschaftlichen Beschäftigungen, niemals aber über Feuer. Nach überstandenen Schmerzen stand er auf und ging wieder an seine Arbeit, zeigte sich aber noch eine Zeitlang schläfrig und still. Im 13. Jahre erhielt er von einem Pferde einen Hufschlag ins Gesicht, wovon eine schiefe Stellung der Nase und mehrere Narben zurückblieben. So viel zu ermitteln war, hatte diese Verletzung keine erheblichen Folgen für seinen Geisteszustand.

Mit Ausnahme eines Arztes, der den Sch. „dwatsch" (wirrig) nannte, stimmten alle Zeugen (Dorfbewohner) darin überein, dass er zwar nicht aufgeweckten Geistes wäre, aber doch seinen vollen Verstand besässe. Selbst sein eigner Bruder erklärte, es hätte ihm allerdings an Fähigkeit zum Lernen gefehlt, er hätte dagegen immer gewusst, was er thäte und Einsicht davon gehabt, was unerlaubt wäre. Andere Zeugen sagten, er hätte zwar in seinem Benehmen etwas Einfältiges und Tölpelhaftes gehabt und deshalb auch wohl als Zielscheibe des Witzes gedient, hätte aber immer seinen gehörigen Verstand besessen.

Fast ebenso einstimmig nannten die Zeugen ihn tückisch und boshaft. Nur seine nächsten Angehörigen erklärten, dass sein Betragen zu Hause gut, ja untadelhaft, dass er gutmüthig gegen Menschen und Vieh, dienstfertig und treu gewesen und dass er nur, wenn Andere ihm etwas zu Leide gethan, böse geworden wäre und sich Genugthuung zu verschaffen gesucht hätte. Mehrere boshafte, muthwillige Handlungen (Umstossen von Bienenstöcken, Zerstören von Einfriedigungen, Eintreiben des Viehs in das Kornfeld seines Vaters) wurden ihm nachgewiesen und musste er endlich eingestehen. In der Schule ward überdies an ihm die Eigenthümlichkeit bemerkt, dass er immer auf Bestrafung drang, wenn er sich mit einem Mitschüler veruneinigt hatte, mochte die Strafe ihn selbst auch doppelt so schwer treffen, als seinen Gegner.

Seine Eziehung scheint den Umständen nach verständig gewesen zu sein; der Vater nahm zwar auf seine Kränklichkeit Rücksicht, liess ihm aber entschiedene Unarten keineswegs hingehen und züchtigte ihn einmal sogar, als er ihn in Verdacht der Brandstiftung hatte, sehr strenge. Die Behauptung Sch.'s dagegen, dass sein Vater überhaupt hart gegen ihn verfahren, erwies sich als eine Unwahrheit.

Am 31. Januar 1821 (im 15. Lebensjahre) stand er Morgens aus dem Bette, in welchem er wegen Kopfschmerz länger als die übrigen Hausgenossen gelegen hatte, auf, um Pferde zu tränken. Während des Ankleidens entstand bei ihm plötzlich der Gedanke, Feuer anzulegen, ohne dass es ihm aber zugleich klar ward, auf welche Weise er diese Idee ausführen, oder dass er seines Vaters Haus anzünden wollte. Aus der Stubenthür tretend, sah er auf dem Heerde Feuer brennen, ging gradeswegs hin, nahm ein angebranntes Torfstück, stieg auf den Boden, warf dasselbe dort in Stroh und begab sich dann wieder ins Bett. Nach entstandenem Feuerlärm sprang er auf und half retten.

Am 21. Februar 1821 Mittags fiel es ihm, nachdem er Pferde gefüttert, ebenso plötzlich ein, ein Nebengebäude, in welches die Familie gezogen war, anzuzünden. Auch diese Idee führte er ohne Besinnen sofort in einer ähnlichen Weise und mit demselben vollständigen Erfolge aus, wie die erste Brandstiftung.

Am 12. Februar 1822 früh kam es ihm, während er Feuer im Backofen anschürte, wieder in den Sinn, Feuer anzulegen; er legte demzufolge Kohlen in einen Topf und ging damit ins Dorf, nur mit der dunkeln Idee, irgendwo Feuer anzulegen, ohne aber eine bestimmte Absicht und Richtung festzuhalten, da er in Folge von Kopfschmerzen „fast bewusstlos" war. Die Kohlen steckte er unter das vorspringende Dach einer an der Dorfstrasse gelegenen Scheune, deren Eigenthümer mit ihm und den Seinigen nie Unfrieden gehabt hatte. Dann kehrte er zum Backofen zurück, legte noch einige Stücke Holz hinein und begab sich darauf zum Frühstück. Als Feuerlärm entstand, eilte er nach der Brandstätte. Es verbrannten eine Scheune und ein Wohnhaus.

Im Jahre 1822 machte er zweimal mit einem Zwischenraum von 8 Tagen den Versuch, die Scheune eines andern Eigenthümers anzuzünden, zu welchem er ebenfalls durchaus nicht in feindseligen Beziehungen stand. Eines Morgens dachte er, wie er sagte, er wollte auch mal Feuer anlegen und trug sogleich einen Topf mit brennenden Kohlen, die er aus einem Nebenhause holte, nach der wenig entfernten Scheune, wo er denselben schräge aufs Dach stellte. Das Feuer ging aber nicht auf und der Topf wurde gefunden. Er dachte nun nicht weiter an Brandlegen, bis ihm dieser Gedanke nach acht Tagen eines Morgens beim Füttern von Schafen wieder in den Sinn kam, worauf er dann aus demselben Nebenhause, worin eine andere Familie wohnte, eine Schaale, die er mit Kohlen füllte, nach derselben Scheune trug. Er setzte dieselbe unter das Strohdach und ging, ohne sich weiter darum zu bekümmern, wieder nach Hause. Der Brand wurde im Entstehen gelöscht, die Schaale gefunden und eine erfolglose gerichtliche Untersuchung angestellt. Die Eigenthümerin der Schaale vermisste diese unter ihren Sachen, schöpfte gegen den Sch. Verdacht und sprach diesen gegen seine Mutter in seinem Beisein aus. Jene rieth ihr zum Schweigen, weil sie selbst in Verdacht kommen würde, und Sch. setzte hinzu, alles weitere Nachforschen würde vergeblich sein, weil die Schaale zerbrochen wäre und sie dieselbe in den Scherben schwerlich wiedererkennen würde.

Am 3. December 1822 Vormittags, als er Kühe tränkte, fiel ihm ein, seines Vaters Haus in Brand zu stecken; er führte diese Idee wiederum sogleich und in ähnlicher Weise, wie früher aus, so dass das Haus ganz niederbrannte.

Hierauf verging ein Zeitraum von 13 Jahren, in welchem er keiner Brandstiftungen sich schuldig machte. Am 20. October 1835 aber, als er aus der nahen Stadt vom Markte gegen 9 Uhr Abends allein zurückkehrte, fiel ihm unterwegs plötzlich ein, er wollte ein bestimmtes Haus, welches an seinem Wege lag, „einmal anstecken." Er führte diesen Plan sofort aus, indem er ein Stück Schwamm an seiner Cigarre anzündete und in das Strohdach des Hauses steckte. Um sich zu überzeugen, ob es brennte, kehrte er nochmals zurück, zog es wieder hervor und steckte es darauf abermals in das Dach. Bei diesen Handlungen wurde er von zwei Personen beobachtet, welche aber, obwohl gleich hinzutretend, das Feuer nicht zu löschen und das Niederbrennen des Hauses nicht zu verhüten vermochten. Sch. ging indessen, nachdem er sich überzeugt, dass Niemand auf dem Wege ihn sähe, eilends ins Dorf und in ein Wirthshaus zurück, wo er schon auf dem Heimwege gewesen war, und eilte von dort nach entstandenem Feuerlärm mit Andern zur Brandstätte, wo er löschen half und nachher Wache stand.

Ueber seine Beweggründe sagte Sch. aus, er hätte die Brandstiftungen vorsätzlich begangen, indessen wäre der Entschluss dazu nie ein vorbedachter gewesen. Der Gedanke wäre jedesmal plötzlich in ihm aufgestiegen und die Ausführung demselben unmittelbar gefolgt. Warum das so gekommen, davon könnte er keinen Grund auffinden und keine Rechenschaft ablegen. Während der Haft hätte er sich täglich häufig damit beschäftigt, sich die Gründe und Zwecke der Brandstiftungen klar zu machen, könnte aber zu keinem Resultate gelangen. Er hätte keine Freude am Brennen gehabt, wäre vielmehr jedesmal traurig geworden, wenn das Feuer aufgegangen; gleichwohl hätte ihn ein unwiderstehlicher Trieb dazu genöthigt. Er litte viel an Kopfschmerzen und unter deren Einflusse glaubte er vorzugsweise eine Neigung zum Brandstiften in sich bemerkt zu haben, er hätte aber auch verschiedentlich zu solchen Zeiten, wo er schmerzfrei gewesen, so namentlich das letzte Mal, Gebäude angezündet. Er hätte gewusst, dass die Gebäude niederbrennen würden, aber weder beabsichtigt, Jemandem dadurch Schaden zu thun, noch Feindseligkeiten gegen die Beschädigten gehegt, noch bedacht, dass Menschen dabei ums Leben kommen könnten. Er hätte die Brandstiftungen aber deshalb heimlicher Weise begangen, weil er gewusst, dass er etwas Unrechtes thäte und weil er sich vor der Entdeckung und Bestrafung gefürchtet hätte.

Mit diesen Aussagen stimmten auch seine Angaben über seine Beweggründe zu den oben erwähnten muthwilligen Streichen überein. Die Bienenkörbe wollte er „in seiner Unschuld" umgestossen haben; obgleich er die Absicht, sie zu ruiniren, eingestand und die Erfolge dieses Mittels gut kannte, so stellte er doch die Absicht, die Eigenthümer dadurch zu schädigen, in Abrede. Die Einfriedigung wollte er zerstört haben, blos um ihre Stärke zu probiren; das Vieh seines Schwagers endlich wollte er in seines Vaters Kornfeld getrieben haben, um dem Ersteren, der heftig gegen ihn gewesen, einen Possen zu spielen. Seine zu einem Zeugen gesprochenen Worte: „die Leute im Dorfe wären so traurig, er wollte sie in die Beine bringen," wollte er zwar nicht erinnern, aber, weil er den Zeugen als glaubhaft kannte, auch nicht bestreiten. Das vorhandene Schuldbewusstsein bewies auch das Zittern, welches ihn bei der Eröffnung befiel, dass er bei der letzten Brandstiftung gesehen worden wäre, während er doch noch eine Zeitlang zu läugnen fortfuhr. Seine Aufregung bei diesem Verhöre schien dem Gerichte sogar so bedeutend, dass es Vorsichtsmassregeln gegen seine Entweichung und gegen Selbstmord treffen liess.

Der Geistliche, welcher ihn während der Haft besuchte, fand seine Kenntnisse, wie schon oben erwähnt, höchst dürftig, aber auch seine geistigen Fähigkeiten sehr gering. Seine Gedanken bewegten sich ausschliesslich im Kreise sinnlicher Wahrnehmungen und auch hier interessirten ihn nur seine früheren Beschäftigungen im elterlichen Hause, so dass seine Gedankenarmuth sehr gross war. Während der Haft las er viel in einem Gesangbuche, aber stets nur einen Gesang, den er dessenungeachtet nicht fertig lesen und gar nicht verstehen lernte, da er mit den Worten keinen Begriff zu verbinden wusste. Eben so gering war seine Gemüthsthätigkeit; Reue oder Theilnahme mit den Beschädigten fühlte er nicht, nur die drohende Strafe machte, aber nur auf Augenblicke, Eindruck. Der Prediger erklärte ferner, er würde seinen Charakter verschlossen nennen, wenn er eine nur etwas bedeutende Geistesthätigkeit bei ihm hätte bemerken können, allein, an allen Geisteskräften abgestumpft, redete er wirklich nach Vermögen offen und frei.

Meyn, welchem Sch. zur Beobachtung und Begutachtung gestellt wurde, fand ihn ungewöhnlich beleibt, gedunsen und schwerfällig; er war sehr nachlässig in seiner Kleidung, ungewaschen und ungekämmt und ward stets in der haltungslosesten Stellung, die Hände auf den herabgesunkenen Hosenlatz gestützt, vor seinem Nachtlager stehend angetroffen. Bei den Unterredungen veränderte sich weder die Haltung, noch der Gesichtsausdruck, nach etwas längerer Besprechung trat aber ein Zittern des ganzen Körpers ein, welches auch ein starkes Tremuliren seiner Stimme bewirkte. Aufschlüsse von ihm zu erhalten, hielt sehr schwer, er beschränkte sich in der Regel auf Bejahungen und Verneinungen und antwortete auf alle allgemeinen Fragen: „Das weiss ich aber nicht." Ein Mitgefangner sagte aus, er wäre Nachts sehr unruhig, schlüge mit den Armen, spräche viel und verfiele nicht selten in „erschütternde Bewegungen," bei welchen die Daumen nicht eingeschlagen wären; am Tage lachte er oft ohne Veranlassung und murmelte vor sich hin.

Meyn stellte die Hypothese auf, dass das Gehirn des Sch., unter der Congestion eines kohlenstoffreichen Blut leidend, durch die Brandstiftungen sich eine Erleichterung hätte verschaffen wollen, wobei ihm der Umstand Aufmerksamkeit zu verdienen schien, dass bei zwei Brandstiftungen „eine *exoneratio alvi* ganz nach der Analogie dieses Freier- und Leichterwerdens als Vorbereitung hätte dienen müssen." Obgleich er erkannte, dass Sch. geistig und gemüthlich im höchsten Grade beschränkt wäre, erklärte er ihn dennoch nicht für blödsinnig, sondern nahm einen „krankhaften, die vernünftige Bestimmungsfähigkeit ausschliessenden Trieb" an.

Die medicinische Facultät in Kiel hielt die Existenz eines übermächtigen Triebes nicht für erwiesen; das plötzliche Entstehen der Entschlüsse zu den Uebelthaten, bemerkte dieselbe, und die Gleichgültigkeit bei ihrer Ausführung würde in diesen vielmehr die Ergebnisse eines aus Langerweile entsprungenen boshaften Muthwillens erkennen lassen, wenn nicht jede Schadenfreude gefehlt hätte. Die Facultät erklärte ihn schliesslich wegen Geistesschwäche für unzurechnungsfähig.

Das Untersuchungsgericht trug auf Todesstrafe an und hielt die Geistesschwäche nur zur Motivirung eines Gnadengesuchs ausreichend;

das Obercriminalgericht dagegen sprach den Sch. als unzurechnungsfähig frei.

Er wurde darauf in die Schleswiger Irrenanstalt versetzt, wo er bis zu seinem Lebensende blieb. Er zeigte dort keine gefährlichen Antriebe und wurde sogar Jahrelang regelmässig zum Botengehen benutzt, da er einfache Aufträge pünktlich ausrichtete. Dagegen blieb allen Beobachtern über den hohen Grad von Blödsinn, an welchem er litt, kein Zweifel.

Hieraus folgt zunächst, dass man Meyn nicht länger als Autorität gegen den Brandstiftungstrieb aufführen kann, da er seine Ansicht, wie man sieht, später änderte und selbst in einem Falle blos Brandstiftungstrieb annahm, wo der entschiedenste Blödsinn vorhanden war. Die Existenz des Letzteren schliesst ferner die Annahme einer instinctiven Monomanie aus, dessen angebliche Charaktere der Kranke übrigens vollständig zeigte; der Krankheitsfall erweckt daher nothwendig den Gedanken, dass bei jener vorgeblichen Krankheit oft oder immer noch ganz andere abnorme Zustände im Hintergrunde liegen, wenn überhaupt Krankheit obwaltet. Endlich würde dieser Fall, wenn nur nicht wieder der Blödsinn im Wege wäre, die günstigste Gelegenheit zur Anwendung der Theorie Casper's bieten. Fast alle Zeugen erklärten den Sch. für geistesgesund, aber für tückisch und boshaft. Anwandlungen eines freilich sonderbaren Muthwillens liessen sich in einzelnen Aeusserungen und Handlungen erkennen, genügende Motive waren nicht aufzufinden, alle Umstände sind demnach der Annahme eines Triebes, Etwas von sich ausgehen zu lassen, günstig. Aber schon die Facultät erkannte vollkommen, dass jede Schadenfreude und auch jede Andeutung davon fehlte, dass der Kranke bei den Brandstiftungen in gehobener Stimmung sich befunden, oder dass er eine Erleichterung oder irgend ein für ihn angenehmes Gefühl durch deren Ausführung sich verschafft hätte. Wenn man nicht Hypothesen machen oder die Zustände des Kranken besser, als er selbst, fühlen oder seine Aussagen ohne jeden Grund verdächtigen will, so muss man erkennen, dass er die Brandstiftungen gleichgültig, ursprünglich ohne Gemüthsthätigkeit, vielmehr ausschliesslich in Folge des Gedankens an Feueranlegen ausführte. Der Gedanke als blosser Einfall konnte natürlich auf sehr verschiedene Weisen entstehen, die nicht genauer ergründet wurden oder ergründet werden konnten; einmal entstanden fand er aber weder in dem moralischen Gefühl, noch in der Ueberlegung des Kranken, da beide sehr stumpf waren, einen Widerstand; wenn der Kranke daher überhaupt etwas vornehmen wollte, so konnte er ebensowohl diesem Einfalle folgen, ebensowohl Feuer anlegen, wie eine andere, ihm gleichgültige Handlung vornehmen. Jede andere Erklärungsweise des psychischen Processes scheint durch die ungekünstelte Auffassung der Thatsachen ausgeschlossen. Dieser Krankheitsfall scheint mir daher die Ansichten entschieden zu bestätigen, welche oben im Allgemeinen über die motivlose Entstehung von Brandstiftungen vorgetragen wurden.

2) **Fr. N.**, 20 Jahre alt, Knecht, angeborner Blödsinn, Brandstiftung aus Liebe (Wildberg, Praktisches Handbuch für Physiker. Erfurt 1823, Thl. 3, p. 118.).

N., Sohn eines Tagelöhners, hatte von Jugend auf sehr schwache Fähigkeiten gezeigt, sehr schwer begriffen, namentlich sehr schwer lesen gelernt und war überdies immer träge, unsauber und unordentlich gewesen. Von den andern Dorfkindern sonderte er sich gern ab, theils weil sie ihn immer aufzogen, theils weil er ausserordentlich misstrauisch war. Den Religionsunterricht zu begreifen, fiel ihm so schwer, dass ihn der Prediger denselben 3 Jahre besuchen liess, ehe er ihn einsegnete, und doch wusste er nicht einmal die zehn Gebote herzusagen. Er hätte genug gewusst, sagte er, aber der Prediger hätte immer gesagt, es wäre falsch. Boshaft und hämisch hatte er sich dagegen nie gezeigt.

Nach seiner im 17. Jahre geschehenen Confirmation kam er als Halbknecht zu einem Bauern. Dieser war mit seiner Arbeit nicht unzufrieden, meinte aber, er hätte sich immer treiben lassen, wäre nie recht aufgeweckt, sondern dummlich gewesen und hätte sich von den Knechten stets abgesondert; die Gesellschaft der Mädchen dagegen hätte ihm mehr zugesagt und namentlich hätte ihm des Schulmeisters älteste Tochter wohlgefallen.

Am 2. September brach in des Schulmeisters Hause Feuer aus; es fiel aber auf N. kein Verdacht, weil er sich erst gegen Ende des Brandes im Dorfe sehen liess. Er behauptete, er wäre bei den Pferden auf dem Felde gewesen, hätte von da das Feuer sehr schön sehen können, wäre aber nicht zum Löschen gekommen, weil er gleich gewusst hätte, dass es des Schulmeisters Haus wäre und was er da hätte helfen sollen.

Der Tochter des Schulmeisters war seine Gleichgültigkeit bei ihrem Unglück sehr ärgerlich und, als er mehrmals wiederholt hatte, das schade nichts und dgl., versetzte sie: er spräche grade, als ob er das Feuer selbst angelegt hätte. Hierauf vertraute er ihr unter dem Siegel der Verschwiegenheit, dass dies allerdings der Fall wäre; er hätte sie gar zu lieb und wollte sie jetzt auch ganz gewiss heirathen. Als aber das Mädchen ihn in Folge dieses Geständnisses als Thäter anzeigte, nahm er dieses Versprechen wieder zurück, weil sie ihn verrathen hätte.

Bei der ärztlichen Untersuchung zeigten sich die körperlichen Funktionen des N. im Wesentlichen normal; der Puls war klein und träge, die Sprache langsam, der Gang schleppend, die Gesichtsfarbe gelblich, der Blick matt und dumm. Auf Befragen: wie alt er wäre? antwortete er, das wüsste er nicht; wo er geboren wäre? im Dorfe; wie es hiesse? das hätte er· vergessen. Ob er noch Geschwister hätte? er glaubte zwei oder drei, die er aber lange nicht gesehen hätte. Wo er gedient hätte? im Dorfe X. bei einem Bauer; wie dieser hiesse? das wüsste er nicht mehr. Auf die Aufforderung, sich zu besinnen, schwieg er erst etwas stille, dann sagte er lachend: „Ih, darauf kommt ja wohl nichts an, ich besinne mich nicht."

Als Motiv gab er an, er hätte des Schulmeisters Tochter gerne heirathen wollen, hätte aber eingesehen, dass der Vater, weil er ein eignes Haus besässe, sie ihm nicht geben würde. Das Mädchen hätte ihn auch wohl haben wollen, ihren Vater hätte er aber nicht gefragt, da er doch erst nach einigen Jahren hätte heirathen können; der Pastor würde ihn doch nicht eher getraut haben, denn er hätte ihn ja sogar auf seine Einsegnung drei Jahre warten lassen. Dass es Unrecht wäre, seines Nächsten Haus zu verbrennen, hätte ihm der Pastor nicht gesagt, er wüsste aber, dass er in die Hölle kommen würde, wenn er es aus Bosheit gethan hätte. Aus Furcht, dass die Menschen das von ihm glauben könnten, hätte er auch mit der Ausführung seines schon lange gehegten Planes gezögert, aber endlich hätte er ihn doch aus guter christlicher Absicht ausgeführt, weil er das Mädchen zu lieb gehabt und sie hätte heirathen wollen. Er hätte dies zwar nachher wieder abgelobt, aber jetzt sich doch wieder besonnen, denn es wäre ja doch einmal bekannt, dass das Feuer von ihm gekommen wäre und, wenn die Leute auch glaubten, dass es aus Bosheit geschehen wäre, so wüsste doch der liebe Gott, dass er es aus christlicher Absicht gethan hätte. Ein Christ wäre er und das Vaterunser könnte er auch beten, aber nur in der Kirche, wenn er den Hut vor den Augen hätte u. s. f.

Wildberg erklärte hierauf: dass der Mensch an wahrem Blödsinn litte und dass er die Brandstiftung in diesem kranken Seelenzustande vorgenommen hätte. Das Erkenntniss ist nicht mitgetheilt.

Ob dieses derselbe Fall ist, dessen Masius (vgl. oben p. 33) nach einer mündlichen Mittheilung Wildberg's gedacht hat, muss dahingestellt bleiben; jedenfalls wären dann seine Bemerkungen über denselben sehr ungenau. Die Beobachtung selbst ist einfach, klar und lehrreich. Sie bestätigt zunächst die Unsicherheit jedes Vergleichs blödsinniger und kindlicher Geisteszustände. Die Fassungskraft dieses Kranken stand in mancher Beziehung noch unter der siebenjähriger Kinder, da er nicht einmal die alltäglichsten Dinge aufgefasst hatte; dagegen waren die Heirathsgedanken, die

Ueberlegung und planmässige Beseitigung des Hindernisses, welches seinem Wunsche im Wege stand, das lange Festhalten an seinem Plane und die Umsicht, welche er allem Anscheine nach bei dessen Ausführung bewies, gewiss nichts weniger als kindlich. Eine partielle Fortentwicklung einzelner Fähigkeiten bei gänzlichem Zurückbleiben anderer ist bekanntlich bei Blödsinnigen überhaupt nichts seltenes. Besonders interessant ist es aber, hier die That neben der unzweifelhaften bedeutenden Geistesschwäche aus einer ganz normalen Leidenschaft und einer mit dieser zusammenhängenden, selbst raffinirten Ueberlegung entspringen zu sehen. Ausserordentliche Beschränktheit verräth es zwar, dass der N. seiner Geliebten seine That gestand, offenbar in der Voraussetzung, dass sie dieselbe billigen, so wie sein Glaube, dass sie ihn hernach noch heirathen würde; an sich aber ist das Verbrechen ein Streich, dessen man unter ähnlichen Umständen auch wohl von einem verzweifelten Liebhaber sich versehen könnte. Hieraus zeigt sich denn auch, dass es für die Beurtheilung der Zurechnungsfähigkeit keineswegs, wie Damerow und Kieser gemeint haben, einen Unterschied machen kann, ob eine Uebelthat Geisteskranker aus normalen oder abnormen Motiven entstanden ist, denn bei einem so hohen Grade von Blödsinn, wie im vorliegenden Falle, bei der Unfähigkeit, ein grobes Verbrechen von einer christlichen Handlung zu unterscheiden, wird gewiss Niemand auch nur einen Rest von Zurechnungsfähigkeit annehmen wollen.

3) K., 22 Jahre alt, Hirt, Blödsinn, Brandstiftung aus Rachsucht am 12. August 1833 (Heinroth, Gutachten, p. 6.).

K., von seiner Mutter unehelich erzeugt und aus der Fremde mitgebracht, wurde zuerst von dieser aufgezogen und häufig misshandelt, später aber in seinem 8. Jahre, nachdem seine Mutter wegen Diebstahls ins Zuchthaus gekommen, dem Hirten B. zur Pflege übergeben. Dieser liess ihn zur Schule gehen, gebrauchte ihn aber auch zum Viehhüten, so dass der Schulbesuch ziemlich unregelmässig wurde. Obwohl er wegen schlechter Kenntnisse ein halbes Jahr über die gesetzliche Confirmationszeit die Schule besuchen musste, so lernte er doch nichts und bewies noch bei der Confirmation durch Lachen, dass er nichts von der feierlichen Handlung begriff. Er selbst konnte sich später nicht entsinnen, dass er überhaupt Religionsunterricht erhalten hätte; er war nicht im Stande, ein einzigstes Gebet zu behalten; im Einmaleins hatte er es nur bis zu 2 mal 4 gebracht und wusste nicht, wie viel Groschen ein Thaler hätte; ebenso wenig konnte er lesen oder schreiben.

Dieses blödsinnigen Zustandes wegen wurde K., selbst als er schon erwachsen war, von den Kindern stets geneckt und auf der Strasse verfolgt, was ihn erbitterte und rachsüchtig machte. Nach dem Abgange des Hirten B. entzog ihm dessen Nachfolger C., der selbst Kinder hatte, den Verdienst als Viehhüter, beköstigte ihn nicht mehr und versetzte ihn aus seiner Wohnstube (im Armenhause) in eine kleine, von der 60jährigen Wittwe B. bewohnte Nebenstube. Er ernährte nun sich selbst und zum Theil die Wittwe B. mit Betteln. Für die übrige Zeit nahm ihn letztere zu Handleistungen in Anspruch, fand aber auch oft Anlass, ihn zu schelten und zu schlagen, da er unreinlich war, Ungeziefer hatte und an nächtlichem Bettpissen litt. Dieselbe sagte aus, es wäre mit ihm nicht immer richtig gewesen, denn er hätte zuweilen unaufhörlich gelacht und lauter verkehrtes Zeug gesprochen, selbst wenn sie ihn ausgezankt und geschlagen hätte.

In der Nacht des 12. August träumte K., er legte Feuer an; dies fiel ihm am Morgen wieder ein und er schritt sogleich zur That. Als Motiv nannte er später seine „Bosheit" über die ihm widerfahrene Behandlung und als Zweck die Verbrennung des Armenhauses nebst der Wittwe B. und der Hirtenfrau C. Er nahm, als erstere die Stube verlassen hatte, deren Feuerzeug, begab sich damit auf den Oberboden, wo in einer Dachkammer sein Strohlager sich befand und zündete dies an, hierauf verbarg er das Feuerzeug unter einem umgestülpten Korb. Von der B. inzwischen abgerufen, kam er unbefangen herunter und ging fort, um Milch zu holen. Während die Verkäuferin in den Keller gegangen war, brachte ein Mädchen die Nachricht, dass das Feuer (welches übrigens gleich gelöscht wurde) ausgebrochen wäre, worauf K. „aus Furcht vor dem Hirten" davonlief. Eigentlich wollte er „ganz fort"; da er aber nicht wusste, wohin, so blieb er im nächsten Dorfe und erzählte dort von dem ausgebrochenen Feuer.

Daselbst verhaftet, bekannte er gleich höchst unbefangen und ohne Reue; Furcht vor Strafe oder vor den Gerichten schien ihm nicht in den Sinn gekommen, vielmehr schien er der Strafe wegen Brandstiftung ganz unkundig zu sein.

Er hatte einen ungewöhnlich schmalen Kopf, einen stieren, dummen, stets gleichsam fragenden Blick, eine schlaffe, unbeholfene Haltung, sehr schwache Behaarung und kleine, aber ausgebildete Genitalien. Erectionen hatten sich, wie er mit einem Anflug von Schamgefühl erzählte, erst in der jüngsten Zeit eingestellt. Den rechten Schenkel zog er etwas nach. Sein Benehmen war bescheiden, offen und weder erregt, noch roh; Gedächtniss und einige Urtheilsfähigkeit besass er, verstand jede Frage, war weder zerstreut, noch ängstlich, konnte über gewöhnliche Verhältnisse Auskunft geben, aber die mit warum anfangenden Fragen kaum beantworten. Seine Stimme war nicht sonor, aber vernehmlich, der Gesichtsausdruck ehrlich und rücksichtslos, häufig sperrte er den Mund auf und zupfte gedankenlos am Stuhle.

Der begutachtende Arzt hielt ihn für nicht im vollen Besitz seines Vernunftsgebrauchs, Heinroth nannte ihn geistig unfrei und seinen Zustand einen kindischen Blödsinn (*fatuitas puerilis*). Das Erkenntniss ist nicht mitgetheilt.

Auch in diesem Falle ist die Mitwirkung eines an sich normalen und durch hinreichende Veranlassungen begründeten Affects nicht zu bezweifeln. Es wird also auch hier das oben Gesagte bestätigt.

4) **Theodor A., 18 Jahre alt, Blödsinn, Brandstiftung aus Unvorsichtigkeit am 6. Juli 1852 (Ideler, Zur gerichtlichen Psychiatrie. Berlin 1854, p. 189.).**

Th. A., Sohn eines Steuereinnehmers, hatte sich bis in sein 5. Jahr normal entwickelt, sich geistig und körperlich wohl befunden und durch gutes Gedächtniss, leichte Auffassungsgabe, ungewöhnliches Talent für Musik sogar Bedeutendes hoffen lassen. Allein im 5. Jahre wurde er von heftigen Skrophelleiden ergriffen, welche einmal eine gefährliche Hirnhautentzündung und häufig Augenentzündungen, Ausschläge, Anschwellungen und Eiterungen der Halsdrüsen veranlassten. Zugleich blieb seine geistige Entwicklung stehen, er konnte nichts lernen, verlor sein Gedächtniss, vergass selbst die Noten, nach denen er früher die Geige gespielt hatte, hatte zwar einige, aber nicht ausdauernde Neigung zu mechanischen Arbeiten und konnte selbst durch strenge körperliche Züchtigungen nicht zu einer bestimmten Thätigkeit gebracht werden. Heftige, plötzlich eintretende, congestive Kopfschmerzen, die indessen nie lange anhielten, und nächtliches Aufschrecken und Nachtwandeln, sowie geringe skrophulöse Augenentzündungen und Drüsenanschwellungen machten noch in den letzten sechs Jahren ärztliche Behandlung nöthig. Er hielt sich im elterlichen Hause auf und wurde mit körperlichen Arbeiten im Hause und Garten beschäftigt. Aus eignem Antriebe nahm er nur kindische Spielereien vor, spielte gern mit Kindern, liess sich von solchen, die kaum so alt waren, wie er, geduldig necken und misshandeln, beging auf den geringsten Antrieb durch Andere Kindereien und verübte nicht selten bösartige Streiche gegen seine kleineren Geschwister; Züchtigungen waren ohne Erfolg und schnell vergessen.

Am 6. Juli beabsichtigte er nach seiner Aussage mit dem Lehrjungen H., den er irrthümlicher Weise statt des 14jährigen K. nannte, ein Kunststück zu machen, welches darin bestand, mit Essig in die Hand zu schreiben und diese Schrift durch Papierasche sichtbar zu machen. Weil der H., wie er sagte, grade keine Zeit gehabt, so begab er sich allein, mit etwas Essig versehen, in eine Scheune und rieb dort an einem Ständer einen Cigarrenzünder an. Obwohl er das Verbot, bei den Scheunen nicht zu rauchen, gelesen und begriffen, und obwohl er noch wenige Stunden zuvor wegen unvorsichtigen Tabackrauchens einen Verweis erhalten hatte, so wusste er doch nicht, dass es auch verboten wäre, dort einen Zünder anzubrennen. Von diesem fiel ein Stück auf Stroh nieder, welches sofort zu brennen anfing, doch fiel es ihm nicht ein, das Feuer sofort auszutreten, oder er dachte auch, das Bischen Stroh würde wohl so aufbrennen; er warf vielmehr den Zünder, der ihm auf die Finger brannte, noch dazu und sah nun das Feuer, durch den heftigen Wind emporgeführt, das Scheunendach ergreifen*). Als dieses brannte, sah er ein, dass alle Scheunen abbrennen würden, und begab sich eiligst aus Furcht vor Strafe, worunter er das Gefängniss verstand, nach Hause. Unterwegs begegneten ihm einige Personen, gegen welche er über das Unglück völlige Gleichgültigkeit äusserte. Darauf erzählte er seiner Mutter von dem Brande, verschwieg ihr aber, dass er der Urheber wäre.

Er wurde der Brandstiftung bald verdächtig und, wegen seiner bekannten Unvernehmlichkeit und schwachen Geisteskräfte, unter Zuziehung seines Vaters zweimal polizeilich vernommen. Indessen läugnete er entschieden, erzählte nur von kindischen Spielereien und machte sogar absichtlich falsche Angaben; seine Antworten waren indessen klar und bestimmt. Am 10. gelang es aber seinem Vater, ihn zu einem offenen Geständniss zu bewegen.

Sein Körper war regelmässig gebaut, stark und robust, der Schädel normal, nur am Hinterkopf etwas hervorragend, dagegen liessen die dicken, knotigen, gerötheten, wimperlosen Augenlieder, die dicke Nase, die wulstige Oberlippe, die charakterischen Narben am Halse über seine skrophulösen Leiden keinen Zweifel. Die Beschaffenheit der Geschlechtstheile entsprach dem Alter, die körperlichen Verrichtungen waren regelmässig, der Appetit sehr stark, die Neigung zum Schlaf so gross, dass er oft am Tage aufgerüttelt werden musste. Nachts schlief er immer sehr unruhig, schrie oft laut auf, stand im Schlafe auf und ging im Zimmer umher.

Seine Fähigkeiten und Kenntnisse erwiesen sich als sehr gering. Er las nur mangelhaft und verstand das Gelesene nur unvollkommen. Beim Schreiben nach Dictiren liess er Buchstaben und ganze Sylben aus und sollte er Vorstellungen von ganz gewöhnlichen Dingen schriftlich ausdrücken, so gebrauchte er dazu lange Zeit und lieferte nur ein höchst dürftiges, meist gedankenloses Product. Rechnen konnte er fast gar nicht; er zählte kaum einige Zahlen und selbst diese nicht richtig zusammen; es ward ihm schwer, 2 von 20 abzuziehen. Von den übrigen Gegenständen des Elementarunterrichts hatte er gar nichts behalten; weder die 10 Gebote, noch etwas aus dem Katechismus wusste er herzusagen, selbst nicht, wenn man ihm den Anfang vorsagte. Weshalb die christlichen Feste gefeiert würden, wusste er nicht oder nicht richtig anzugeben. Von der Erdbeschreibung hatte er keinen Begriff; Europa hielt er für eine Stadt. Sein Alter und seinen Geburtstag kannte er, wusste aber nicht zu berechnen, in

---

*) Es verbrannten 153 Gebäude.

welchem Jahre er geboren wäre. Als die Zahl des laufenden Jahres gab er 1858 an. Aus seinem frühern Leben erinnerte er sich nur solcher Thatsachen, welche ihm entweder besonders interessant gewesen, oder durch wiederholtes Erzählen der Seinigen eingeprägt waren. Mit vielen ganz gewöhnlichen Lebensverhältnissen war er ganz unbekannt oder er beurtheilte sie falsch oder gar nicht, wenn er darüber nachzudenken veranlasst wurde. Mit dem Stehlen z. B. verband er nur die Vorstellung, dass dasselbe bestraft würde. Mechanische Dinge begriff er besser, konnte von Feldarbeiten Manches ganz richtig angeben, erzählte, dass er sich eine kleine Stampfmühle ausgeschnitzt hätte, beschrieb ihre Einrichtung ziemlich verständlich und widerlegte manche Einwürfe recht gut. Ebenso hatte er eine deutliche Erinnerung von einem Dampfschiffe, auf welchem er vor mehreren Jahren gewesen, und bewies durch seine Erzählung, dass er sich Manches gemerkt und darüber nachgedacht hatte. Es hielt schwer, seine Aufmerksamkeit zu fesseln, welche leicht auf andere Gegenstände übersprang, und er war kaum im Stande, selbst wo es sehr leicht war, Urtheile abzugeben; die Richtigkeit oder Unrichtigkeit derselben hing vielmehr lediglich vom Zufalle ab.

Er wusste, dass er durch die Brandstiftung in Haft gekommen war, hatte aber kein Gefühl dafür, dass er durch eine strafbare Unvorsichtigkeit ein so grosses Unglück verschuldet hätte, fürchtete sich auch nicht vor der Strafe, auf welche man ihn aufmerksam machte, sondern dachte nur an seine baldige Freilassung, da er Alles, was man von ihm verlangt, gesagt und gethan zu haben glaubte. In der Haft war er stets heiter und froh, selbst ausgelassen lustig; nie erkundigte er sich nach seinen Eltern, obgleich er wusste, dass beide krank waren und dass sein Vater an gefährlichen Zufällen litt.

Beide begutachtenden Aerzte hielten ihn für völlig unzurechnungsfähig, das Medicinalcollegium fand ihn nur verstandesschwach und dumm und meinte, dass er die Brandstiftung nur in einem Zustande kindischer Unbesonnenheit verübt hätte. Die wissenschaftliche Deputation erklärte, dass er die Brandstiftung in einem Zustande von, wenn auch vermindertern, Zurechnungsfähigkeit begangen hätte. Das Erkenntniss ist nicht mitgetheilt.

Da diese Brandstiftung unvorsichtiger Weise veranlasst, also gar nicht motivirt war, so lässt sich hier die Wirkung einer Schwächung der Vernunftthätigkeit ganz rein erkennen. Der Uebelthäter liess das Feuer gleichgültig und leichtsinnig brennen, während jeder Vernünftige es im Keim erstickt hätte, und erkannte die Folgen seiner Handlungen erst dann, als sie zum Theil schon eingetreten waren. Grade ebenso wird ein Geistesschwacher einen Gedanken als Anreiz zu einer Uebelthat in sich gewähren und ihn sich äussern lassen, ehe er die Folgen erkennt. — Beiläufig ist bemerkenswerth, dass die Urtheile dreier Medicinalbehörden über die Zurechnungsfähigkeit in einem so einfachen und vollständig aufgeklärten Falle dreifach verschieden ausfallen konnten. Sicherlich wäre das völlig unmöglich gewesen, wenn die Zurechnungsfähigkeit sich nach objectiven Gründen und nicht blos nach subjectiven Ansichten beurtheilen liesse.

5) **Pierre Jacquinot, 25 Jahre alt, Blödsinn, Brandstiftung aus Unzufriedenheit, am 26. Juni 1846** (Girard in *Annales médico-psychologiques*, Bd. 9, 1847, p. 71.).

P. J., aus einer Familie, in welcher mehrfach Geisteskrankheiten vorgekommen waren, war von Jugend auf schwachen Geistes und hatte denselben trotz neunjährigen Unterrichts wenig oder gar nicht ausgebildet. Er war reizbar, träge, geneigt, ein vagabundirendes und sonderbares Leben zu führen, und entzweite sich deshalb schon früh mit seiner Mutter, die ihn zur Arbeit anhalten wollte. Er verliess diese daher und lebte bei seiner Grossmutter, welche schwächer und nachsichtiger gegen ihn war. Meistens trieb er sich umher, erbettelte sein Brod in den Dörfern, war dabei der Gegenstand vieler Neckereien, über welche er sich stets heftig erboste, arbeitete sehr wenig und schlief in einer kleinen Winzerhütte. Nach dem Tode seiner Grossmutter wurde er im Mai und Juni dreimal wegen Vagabundirens verhaftet. Er galt allgemein für geisteskrank.

Da er nunmehr wieder bei seiner Mutter leben musste, diese ihn seiner Trägheit wegen zu schelten fortfuhr und ihn für seine eigne Rechnung leben hiess, so verlangte er, um sich ihrer Herrschaft zu entziehen, eine Theilung ihres Vermögens, welches etwa 4—5000 Fr. gross im Wohnhause angelegt war. Sie verweigerte dies und darüber kam es mehrmals, namentlich auch am 26. Juni, zum Wortwechsel. Dadurch veranlasst, verfügte sich P. J. in das Haus eines Nachbarn, zündete dort in Gegenwart eines Knaben, der ihn vergeblich durch das Vorgeben, es sei kein Feuer da, davon abzuhalten suchte, ein Schwefelholz an, trug dieses, während jener ihm nachsah, nach dem Stalle seiner Mutter und zündete dort mittelst eines Strohwisches das Strohdach an[*]. Hierauf ging er ins Haus, nahm eine baumwollene Mütze und lief in die Weinberge; einigen Personen, die ihn unterwegs anredeten, antwortete er nicht, sondern lief nur um so schneller davon. Man fand ihn eine halbe Stunde nachher platt auf dem Bauche unter einer Hecke liegen; an den Händen hatte er Brandspuren.

In den Verhören läugnete er hartnäckig, obwohl sein Verschulden klar vorlag. Seine Ausreden, die er stets rasch und bestimmt vorbrachte, waren möglichst unwahrscheinlich. Er hätte, behauptete er, gar kein Schwefelholz angezündet, sondern Feuer geholt, um sich

---

[*] Es verbrannten fünf Häuser mit ihren Nebengebäuden.

einen Pfannkuchen zu backen, wäre davongelaufen, weil er gefürchtet hätte, das Feuer könnte auf ihn fallen, und um Hülfe zu holen, und zwar in die Weinberge, um von oben besser nach Menschen sich umsehen zu können und dgl. m. Ueber seine Motive war daher nichts Näheres von ihm zu erfahren.

Sein Kopf war etwas verbildet, so als ob die beiden Hälften des Schädeldachs in der Mitte über einander geschoben wären; seine Haltung war geneigt, schlotternd, seine Miene misstrauisch, sein Blick dumm, schielend. Er hielt sich für sich (in der Irrenanstalt), ging finster und schweigsam umher, fragte Niemand, antwortete einsylbig und schien durch Anreden und Fragen sehr belästigt. Seine Aufmerksamkeit längere Zeit zu fesseln, hielt sehr schwer, doch sprach er leicht und frei heraus. Er konnte lesen, wenig schreiben und kaum rechnen; einen Brief brachte er leicht zu Stande, doch war dieser unzusammenhängend und bezog sich fast ausschliesslich auf ihn selbst. Ueber gewöhnliche Dinge äusserte er sich richtig und wusste, dass es Unrecht wäre, Verbrechen zu begehen, dagegen mangelten ihm fast alle abstracten Begriffe. Was ein Volk wäre, wusste er nicht; unter Glauben, Hoffnung, Nächstenliebe verstand er Feuer, Dinte und Federn. Er gab seine Antworten sehr gleichgültig, gähnte, seufzte oder lachte dazwischen, stockte, verwirrte sich und ward auch von seinem Gedächtniss häufig im Stiche gelassen.

Ueber sein Befinden vor der That gab er an: Er hätte an einem Furunkel auf dem Rücken, an Hitze im Kopfe und im Bauche, am Abend vorher an Durst, Appetitlosigkeit und an Schlaflosigkeit gelitten; zu seinem grössten Schrecken hätte er auf der Erde und überall Funken und Feuer gesehen und weibliche Stimmen rufen hören: „Setz' Dich in den Rauch, setz' dich in den Rauch! (*Mets-toi dans la fumée!*)

Girard erklärte ihn wegen seiner allgemeinen Geistesschwäche und um so mehr wegen der eben erwähnten, noch hinzutretenden, vorübergehenden psychischen Störungen für unzurechnungsfähig. Die Geschworenen sprachen ihn frei.

Bekanntlich sind Aufregungen, Hallucinationen und andere psychische Störungen bei Blödsinnigen nicht selten; die Aussagen des Kranken entbehren daher der inneren Wahrscheinlichkeit keineswegs. Einige andere Fälle von solchen Complicationen oder Mischformen werden noch unten bei anderen Formen psychischer Krankheit erzählt werden, wo deren Mittheilung mehr Interesse hat.

2. Schwachsinn.

Obwohl es bis jetzt wenig üblich ist, den Schwachsinn vom Blödsinn als eine besondere Krankheitsform zu trennen, so ist dies doch namentlich für die gerichtliche Medicin durchaus nothwendig, weil der 'erstere häufig verkannt wird und in Folge dessen Schwachsinnige oft für gesund gehalten werden. Es kommt dies wohl daher, weil die Schwachsinnigen nicht an einer allgemeinen Schwäche der Intelligenz leiden, wie die Blödsinnigen, sondern nur die Vernunft, die Fähigkeit des Schliessens und logischen Denkens krankhaft verkümmert zeigen. Schwachsinnige haben oft gute Verstandeskräfte, fassen leicht und scharf auf, haben namentlich oft ein gutes, ja ein überraschendes Gedächtniss und nicht selten eine Art Witz, der freilich meistens etwas albern ist. Jedermann wird einige solche, noch für gesund geltende Personen kennen, auf welche Vernunftgründe und Logik gar keinen Eindruck machen, welche für diese gar keinen Sinn zu haben scheinen; solche Personen werden gewöhnlich als unvernünftig und albern, ihre Reden als Faselei bezeichnet. Diese lassen sich als Schwachsinnige niedrigsten Grades, wie die Dummen als Blödsinnige niedrigsten Grades auffassen; von diesem niedrigsten Grade aber steigt der Schwachsinn immer vermehrt bis zu einem Extrem auf, welches wohl am bezeichnendsten Narrheit genannt werden kann.

Wegen dieser Verwandschaft mit Normalzuständen lassen sich auch die übrigen Eigenthümlichkeiten der Schwachsinnigen von jenen aus besser begreifen, als es bei den meisten andern abnormen Geisteszuständen der Fall ist. Der Eigensinn, sagt man wohl, sei die Waffe der Schwachen; in der That würden diese auch ihre Selbständigkeit gegen die besseren Gründe klügerer Personen nicht zu behaupten vermögen, wenn sie diesen nicht ein unmotivirtes Nichtwollen entgegenstellten. Der Eigensinn, häufig bis zu einer grossen Reizbarkeit gesteigert, findet sich denn auch bei Schwachsinnigen sehr ausgebildet. Dazu kommt noch ein gewöhnlich sehr grosser und bisweilen unmässiger Eigendünkel, wie derselbe auch bei den erwähnten schwachsinnigen Gesunden häufig ist. Dieser Dünkel wird vielleicht hervorgebracht, jedenfalls aber genährt durch zweierlei Einflüsse. Versucht man nämlich einem Schwachsinnigen mit Vernunftgründen beizukommen, so zeigt sich bald die Nutzlosigkeit, ja Schädlichkeit dieses Bemühens. Gegengründe machen auf sie wegen der Vernichtung ihrer logischen Fähigkeiten gar keinen Eindruck, dagegen halten sie ihre eignen Faseleien, deren Gedankenlosigkeit sie, selbst dadurch völlig befriedigt, nicht einzusehen vermögen, für die triftigsten und vollständigsten Beweise;

diese Ueberzeugung aber macht sie sehr geneigt zum Disputiren, weil sie sicher sind, immer den Sieg über ihren Gegner davonzutragen; ihre Gedanken, welche sie selbst nicht verstehen, halten sie für genial. Der zweite nachtheilige Einfluss wird durch den vermeintlichen Besitz grossen Witzes geübt. Indem die Kranken aus Mangel an Nachdenken heterogene Begriffe zusammenmischen, bringen sie oftmals Begriffscontraste hervor, die Lachen erregen; sie bemühen sich in Folge dessen auch absichtlich, Witze zu machen, die ihnen bisweilen zwar gelingen, die aber meistens in Albernheit ausarten. Wann aber über sie selbst, wann über ihre Bemerkungen gelacht wird, vermögen sie selten zu unterscheiden und werden deshalb leicht in dem Glauben an ihren eigenen Witz bestärkt. Wie gewöhnlich gesellt sich auch bei ihnen zu dem Eigendünkel eine grosse Empfindlichkeit und in ihrem Bemühen, stets Recht zu behalten, stets tadellos zu sein, oder auch die Bewunderung oder das blosse Erstaunen Anderer zu erregen, nehmen sie es oft mit der Wahrheit nicht sehr genau, sind bisweilen sogar ausserordentlich lügenhaft.

Die Handlungen solcher Kranken sind oft sonderbar und unberechenbar; ihre Beschäftigungen haben meistens einen unregelmässigen und zerfahrenen Charakter, wie ihre ganze geistige Thätigkeit. Muthwillige Handlungen, hervorgehend aus der Neigung, sich selbst geltend zu machen, Andere in Erstaunen oder Schrecken zu setzen und Beweise einer vermeintlichen geistigen Ueberlegenheit über Andere durch die That zu liefern, sind daher bei ihnen etwas Gewöhnliches. Schlechte Streiche, welche im Normalzustande nur aus Bösartigkeit und Schadenfreude erklärlich wären, entspringen bei ihnen aus einem Muthwillen, den und dessen Folgen sie selbst nicht richtig zu beurtheilen wissen; so kommt es, dass ihnen selbst grobe Verbrechen lediglich als guter Witz erscheinen können, mittelst dessen sie alle Welt necken und in Verwirrung setzen wollen. In Hitzig's Zeitschrift (1826. Hft. 3, p. 173) ist z. B. die Geschichte eines schwachsinnigen Tagelöhners erzählt, der unter zahlreichen muthwilligen und bösartigen Streichen auch einmal einen Knaben ersäufte, unmittelbar nach der That sich pfeifend auf einen Baum setzte und dann munter und aufgeräumt hinging, um Kartoffeln zu behacken; beim Verhör läugnete und log er zuerst hartnäckig, gestand aber, als ihm ein halb Quart Branntwein versprochen wurde. Ein Kranker mit angeborenem Schwachsinn, welcher alle oben geschilderten Eigenthümlichkeiten im ausgeprägtesten Maasse zeigte, wurde in seinem 21. Jahre in eine Heilanstalt gebracht, nachdem bei gleichzeitiger Anämie eine gänzliche Ideenverwirrung bei ihm entstanden war; er hatte nur wenige und ganz confuse Gedanken und war zeitweise erregt. Nachdem dieser Zustand wieder in den ihm habituellen Schwachsinn übergegangen war, verhielt er sich, abgesehen von den damit zusammenhängenden Eigenthümlichkeiten, recht verständig und wurde zuletzt zur Probe auf einem Comptoir beschäftigt und dort auch nicht unbrauchbar gefunden. Während dieser Zeit setzte er seine Leidensgefährten täglich durch seine enormen Kenntnisse in den verschiedensten Fächern des Wissens in Erstaunen, bis einer derselben entdeckte, dass er zu diesem Zwecke täglich einige Zeitschriften, namentlich die illustrirte Zeitung, las und das Gelesene, durch ein vortreffliches Gedächtniss unterstützt, sehr unbefangen und geschickt als längsterworbenes geistiges Eigenthum vorzutragen wusste. Zur selben Zeit fiel er eines Tages über einen Krankenwärter her, welcher einen anderen Geisteskranken an einem gewaltsamen Fluchtversuche verhinderte; er liess sich von seiner Ueberzeugung, dass der letztere im Recht, der Krankenwärter im Unrecht und er seinerseits befugt gewesen wäre, diesen zu misshandeln, auf keine Weise abbringen, obwohl er auf Vorhaltungen zuerst die Thatsache gänzlich in Abrede gestellt hatte. Endlich versetzte er eines Tages, als seine Entlassung schon nahe bevorstand, seine Uhr, machte sich heimlich davon, durchreiste seinen Geburtsort, ohne sich bei den Seinigen sehen zu lassen und gab erst aus einer fernen Stadt, wo ihm die Geldmittel ausgegangen waren, wieder von sich Kunde. Diese Beispiele werden wohl hinreichen, um auch den mit den Schwachsinnigen weniger bekannten Lesern einen allgemeinen Begriff von ihrer bizarren Handlungsweise zu geben.

1) Gustav Walther, 23 Jahre alt, Aufwärter, angeborner Schwachsinn, viele kleine Diebstähle, Brandstiftungsversuch am 11. März 1823 in Berlin (Hitzig's Zeitschrift, Hft 8, p. 390.).

G. W. war von Jugend auf körperlich und geistig schwach; seine Grossmutter und eine Tante waren geisteskrank gewesen. Er lernte lesen, schreiben und rechnen, hatte ein gutes Gedächtniss, konnte sich auch mündlich und schriftlich in der Regel verständig und zusammenhängend ausdrücken, hatte aber auch Zeiten, in denen er ganz kindisch war, und pflegte dann zu sagen: „Heute bin ich unglücklich, das Blut quält mich." Oft äusserte er auch, dass ihm das Leben eine Last wäre und wünschte sich den Tod. Er klagte beständig über Hitze, schlief deshalb nur halb zugedeckt und trank nur Wasser; sein Appetit war sehr stark, bewirkte aber keine körperliche Zunahme. Er hatte eine kleine Statur, zarten Bau, blasse Farbe und eine schlaffe, unkräftige Muskulatur. Er wurde leicht erzürnt, besänftigte sich aber bald wieder; Frauenzimmer konnte er nie gut leiden. Er liebte sehr die Einsamkeit, vermied die Vergnügungen, besuchte dagegen gern die Kirchhöfe und half dem Todtengräber Gräber machen.

In seinem 16. Jahre hatte er das Glaserhandwerk erlernen sollen, war aber schon nach 14 Tagen als unfähig zur Erlernung desselben, als träge und arbeitsscheu von seinem Meister zurückgeschickt worden. Darauf wurde er im Hause seines Stiefvaters zu häuslichen Arbeiten gebraucht und diente auch in anderen Häusern als Aufwärter. Hiebei zog er sich einmal einen Verweis von dem Sohne eines Hausbesitzers zu, fasste deshalb einen Groll gegen diesen und dachte auf Mittel, sich zu rächen. Nach 4 Wochen, als er im Keller Holz holte, fiel ihm ein, dort Feuer anzulegen, um, wie er behauptete, nicht etwa das Haus, sondern nur die hölzerne Decke des Kellers abzubrennen. Er holte deshalb aus der 3. Etage Feuerzeug und legte brennende Kiehnstücke in den Holzvorrath, dann packte er seinen Holzkorb voll und trug ihn hinauf. Als das Feuer bemerkt wurde, lief der Sohn des Hausbesitzers zu ihm hinauf und fragte ihn, ob er es angelegt hätte, worauf er zuerst unverständlich antwortete, dann aber sagte: „Nun ja, ich bin es gewesen und habe es aus Rache gegen Sie gethan."

Im Gefängnisse rühmte er sich einer Menge Diebstähle und gestand, dass er 23 Gegenstände entwendet hätte. Die meisten derselben waren ganz unbedeutende Dinge; gewöhnlich behielt er dieselben auch nicht, sondern verschenkte sie oder stellte sie auf die Strasse, auf die Hausflur oder an ähnliche Plätze heimlich hin, ohne sich weiter darum zu bekümmern. Er hätte keine Gelegenheit gehabt, äusserte er, das Gestohlene zu verkaufen, sonst würde er sich dasselbe allerdings zu Nutzen gemacht haben; er hätte auch einen Nachschlüssel machen wollen (sein Wille, sagte er, sei gewesen, einen Schlüssel zu begehen), aber er hätte keine Instrumente dazu gehabt und auch nicht gewusst, wo er das Gestohlene hätte lassen sollen, denn nach Hause hätte er es nicht bringen dürfen. Zu manchen Diebstählen hätte ihn auch ein Freund, dem er mehreres Gestohlene schenkte, angeleitet. Einmal hätte er einen Eimer gestohlen und denselben, da er nicht gewusst, wo er ihn hätte lassen sollen, auf eine fremde Hausflur gestellt; nachher hätte er ihn holen und verkaufen wollen, da er noch neu gewesen, aber er wäre fortgewesen und Niemand hätte gesehen, wo er geblieben. Einmal hatte er für 40—50 Thlr. Kleider entwendet und wurde verhaftet, als er sie in Charlottenburg für 2 Thlr. verkaufen wollte; er hätte, sagte er, sich auf diese Weise Geld verschaffen und dann Berlin verlassen wollen, aus Furcht, dass seine Eltern seine vielen Diebereien erfahren möchten.

Alle diese Dinge erzählte er verständig und leicht, mit ungewöhnlichem Gedächtniss für die Einzelheiten, Daten u. s. w. und ohne Verwirrung oder Unaufmerksamkeit. Dabei hatte er eine fast immer lächelnde Miene, betrachtete häufig seine Hände, zeigte einen scheuen, unstäten Blick, leises Zittern der Hände und oftmaligen Wechsel der Gesichtsfarbe. Sein Puls war schwach, zuweilen unregelmässig, sein Appetit nicht übermässig, der Schlaf ruhig. Er vertauschte an einen Mitgefangenen seine neuen Stiefel gegen alte, zerrissene; er könnte, sagte er, nicht gut Jemandem etwas abschlagen. Er hatte einigermassen verständige religiöse Begriffe, wusste die zehn Gebote und das Vaterunser auswendig, aber an die Unsterblichkeit der Seele glaubte er nicht, denn er schrieb: „Ich habe die Einsicht, dass nach dem Tode für den Menschen keine besondere Fortdauer mehr vorhanden sein kann, denn wenn der Mensch diese irdische Laufbahn verlassen hat, so kann er unmöglich noch Rechenschaft von seinem Lebenswandel ablegen, alsdann hört Alles auf. Daher kann ich dieses keinem Glauben beimessen, wenn man sagt, der Mensch würde nach seinem Tode vor ein höheres Wesen vorgelassen." Er versicherte, das Strafbare seiner Handlungen vollkommen einzusehen, schien aber über die Folgen wenig bekümmert. Er würde wohl 10—15 Jahre ins Zuchthaus kommen, meinte er; was das Gericht von Todesstrafe gesprochen, wäre wohl nur gesagt, um ihn zu schrecken, er wäre sich aber keines Schreckens bewusst, man müsste sich in Alles finden und er wäre des Lebens müde. Er wünschte auch gar nicht frei zu sein, denn dann würde doch nichts Kluges aus ihm werden, weil er das Stehlen doch nicht lassen könnte. Er fände die Brandstiftung auch nicht sehr gefährlich, denn es wäre ja am Tage gewesen und er hätte das Feuer so angelegt, dass es nicht schnell um sich greifen könnte; auch wäre ja Niemand dabei umgekommen. „Ich kann, schrieb er, in keiner Hinsicht wegen meiner vielen Vergehungen keine besondere Reue fühlen, da ich einsehe, dass mir eine sehr harte Strafe auferlegt wird, und sehe ein, die Strafe ist ja weit härter, als was die Reue anbetrifft, denn dieses ist ja schon hart genug, indem ich bereits schon ein halb Jahr im Arrest bin und wünschte, dass meine Sache bald entschieden sein möchte."

Vom Gerichte wurde gegen ihn auf Verschonung mit Strafe erkannt, da wegen zweifelhafter Zurechnungsfähigkeit keine Freisprechung erfolgen könnte, dagegen wurde er der Polizeibehörde zur Bestimmung der nöthigen Sicherheitsmassregeln überwiesen.

Diese Beobachtung hat vor allen Dingen den grossen Vorzug der Bestimmtheit; es kann kein Zweifel sein, dass der Uebelthäter in einem entschieden geisteskranken Zustand war. Sein Zustand unterschied sich aber durch wichtige Eigenthümlichkeiten von dem gewöhnlichen Blödsinn. Der Unterricht war keineswegs an ihm verloren gegangen, er konnte Etwas lernen, sein Gedächtniss war gut, ja für einige Dinge scharf, er war im Stande, sich schriftlich und mündlich auszudrücken, ja er hatte sich selbst abstracte Begriffe angeeignet. Seine charakteristischen Aeusserungen über die Unsterblichkeit zeigen, dass er nicht allein den Sinn dieses Wortes vollkommen begriffen, sondern auch eine bestimmte Ansicht über dieselbe angenommen hatte. Aber sein Räsonnement ist überall kläglich beschaffen; obwohl mit den Partikeln dann, daher, also wohlversehen und in einem Tone gehalten, der die logische Befriedigung des Schreibenden deutlich anzeigt, führt es ihn doch zu nichts, sondern dreht sich immer im Kreise herum. Noch bezeichnender für seinen Geisteszustand sind seine Handlungen; die Ueberlegung der Folgen fehlte darin so sehr, dass ihm selbst eine planmässige Verwerthung des gestohlenen Gutes unmöglich wurde. Verwerthen wollte er es, er that dies auch, wenn die Umstände es grade erlaubten, aber ein System konnte er in sein Diebsgewerbe nicht bringen. Zur Begehung so vieler Diebstähle war sicherlich ein nicht unbedeutendes Maass von Schlauheit nöthig; dies besass er, aber einen Plan, um zu einem Nachschlüssel zu gelangen, konnte er nicht anlegen. Er war ferner offenbar mit sich selbst sehr zufrieden; was er gethan, erschien ihm als nicht der Rede werth, er war ganz sicher, dass das Feuer nicht weiter um sich greifen würde, als bis wohin er ihm das Ziel gesteckt hatte; Reue fühlte er nicht, glaubte dagegen Ursache zu haben, sich über Härte zu beschweren; das Gericht wollte ihn erschrecken, er wurde sich aber keines Schreckens bewusst. In allem Diesem ist eine innere Sicherheit und Selbstbefriedigung, beruhend auf Mangel an vernünftigem Nachdenken, unverkennbar. Selbst die Zuchthausstrafe brachte ihn nicht ausser Fassung, er konnte jedes Schicksal männlich ertragen, ja die Strafe nannte er sogar gut, denn das Stehlen könnte er doch nicht lassen. Hierin hatte er unzweifelhaft Recht, denn seine Vernunft war zum Widerstande gegen die aus Muthwillen, Habsucht oder Gefälligkeit entspringenden Antriebe zu schwach; die augenblickliche Stimmung beherrschte ihn, wurde er gereizt, so suchte er sich zu rächen, war er melancholisch, so wählte er die triste Beschäftigung eines Todtengräbers. Von dem allgemeinen Krankheitsbilde, welches oben entworfen wurde, fehlt kaum ein charakteristischer Zug. Incohärenz der Ideen, Reizbarkeit, Selbstzufriedenheit, Zerfahrenheit in den Handlungen, Unfähigkeit zu einer stetigen Beschäftigung, alle diese Eigenthümlichkeiten finden sich in dem vorliegenden Falle in höherem oder geringerem Grade vor. Nur der Lügenhaftigkeit geschieht keine Erwähnung; man darf dieselbe aber wohl voraussetzen, da die Verheimlichung so vieler Diebereien ohne Lügen schwerlich möglich gewesen wäre. Unzweifelhaft enthält also diese Beobachtung ein sehr charakteristisches Beispiel von einer im schwachsinnigen Zustande versuchten Brandstiftung.

2) P., 29 Jahre alt, Rechtscandidat, nachentstandener Schwachsinn, Brandstiftung als Mittel zur Befreiung am 9. Januar 1849 (Eigene Beobachtung).

P. gehörte einer gebildeten Familie an, in welcher Fälle von Seelenstörungen vorgekommen waren; im Jahre 1849 ward auch eine seiner Schwestern vorübergehend von Melancholie befallen. Als Knabe und Jüngling gab er durch geistige Lebendigkeit, durch seinen Eifer, sich eine vielseitige Bildung zu erwerben, durch grosses Interesse für Künste und Literatur, so wie durch eine gewinnende Persönlichkeit und hervorstechende gesellige Talente zu grossen Hoffnungen Veranlassung. Indessen traten schon früh Eigensinn, Egoismus, Selbstgefälligkeit und Unstetigkeit im Arbeiten hervor. Auf der Universität spielte er eine hervorragende Rolle, da er grosse körperliche Gewandtheit, Geschicklichkeit in allen Leibesübungen und Spielen, feine gesellige Formen, rasches Auffassungsvermögen, Humor und die Befähigung zu einer sog. geistreichen Unterhaltung in ungewöhnlichem Maasse besass. Das ernste Studium dagegen vernachlässigte er, machte daher auch ein weit weniger gutes juristisches Examen, als seine Familie und er selbst erwartet hatten und gerieth darüber sowohl mit ersterer, als mit seinem grossen, bisher stets genährten Eigendünkel in Zwiespalt. Als Rechtsaccessist indessen fuhr er fort, sein Fach, welches ihm weder Ehre brachte, noch ihn interessirte, zu vernachlässigen; seine Beschäftigungen mit Literatur, Kunst und Philosophie, sein Umgang mit Schauspielern und ähnlichen Personen machten ihn vielmehr immer zerfahrener.

Im Frühling 1846 wurde er von Eingenommenheit des Kopfs, Beängstigungen und Wechsel der Stimmungen zwischen Depression und Erregtheit befallen; er war unfähig zu jeder Beschäftigung und musste ärztliche Hülfe suchen. Der Arzt, welcher die beginnende Seelenstörung richtig erkannte, fand keine Abnormität seiner Organe und rieth ihm, nach einer kurzen fruchtlosen Behandlung, sich in seine Heimath zu begeben und sich dort in Ruhe behandeln zu lassen. Indessen fehlte ihm dazu theils die Ausdauer, theils zerfiel er mit seinem Vater, so dass seine Genesung nicht gefördert werden konnte. Endlich im Jahre 1848, nach Ausbruch des Krieges mit Dänemark, entschloss er sich, als Freiwilliger in das Contingent seines Heimathlandes zu treten Er machte den Feldzug mit und betrug sich tadellos. Inzwischen war er aber nur noch kränker geworden, so dass der erwähnte, namhafte Arzt seinen geistigen Zustand folgendermassen schilderte: „Im Sprechen und Schreiben verliert er zwar für gewöhnlich den Zusammenhang und den logischen Faden nicht, so dass er Fremden gegenüber keine Störung der Intelligenz darbietet. Lässt man sich aber mit ihm in ein Disput über die Beweggründe seiner unangemessenen Entschlüsse oder Handlungen ein, so bemerkt man, dass er für Gegengründe unzugänglich ist und an seinen Propositionen, wie an fixen Ideen festhält. Das richtige Gefühl, das über den Werth der Motive entscheidet, ist geschwächt oder verkehrt worden, so dass er nicht selten befriedigt ist, wo er sittlichen Schmerz empfinden sollte, und dass seinem grillenhaften Denken und Wollen gegenüber die Rücksichten der Pietät, der Sitte und Ordnung, wie auch die Scheu vor dem öffentlichen Urtheile ihr Gewicht verloren haben. Seine Entschlüsse und Handlungen beurkunden ihn daher als Gestörten, während sein Bewusstsein anscheinend ungestört ist, so weit sich dieses im gewöhnlichen Sprechen und Schreiben offenbart." Der Kranke musste im October 1848 aus dem Militärdienste entlassen werden, weil er in die Garnison, seinen früheren Aufenthaltsort, zurückgekehrt, sich jeder vernünftigen Ordnung zu widersetzen und sich als unzweifelhaft geisteskrank zu zeigen anfing.

Seine Krankheit wuchs nunmehr so rasch an, dass er am 9. November 1848 einer Heilanstalt übergeben werden musste. Hier angelangt, zeigte er körperlich nichts wesentlich Abnormes, war aber geistig im höchsten Grade unklar. Früher stets ein Anhänger und Nachahmer des Adels war er jetzt zu ultrademokratischen Gesinnungen gelangt, hatte den Soldateneid, der ihm nach der Rückkehr aus dem Felde behufs seines Eintritts in das reguläre Militär abverlangt wurde, zu leisten sich geweigert, glaubte, dass ihm durch die Entlassung grosses Unrecht geschehen wäre, sprach überhaupt viel Verworrenes über Politik und gestand endlich im tiefsten Vertrauen, er wäre ausersehen, den König von Preussen zu ermorden, er müsste und wollte dies auch thun, da es politisch nothwendig wäre, würde aber nun deshalb verfolgt, eingesperrt u. s. w. Diese und ähnliche Gedanken gingen ihm vielfach durch den Sinn, waren aber nicht fix, sondern entstanden und vergingen wieder unter vielfachen Widersprüchen von einem Tage, ja von einer Stunde zur andern. Besonders trat dabei, wie so oft, das Bemühen hervor, Gründe aufzusuchen, um seine Verbringung in ein Asyl zu erklären; da er den Gedanken an seine Geisteskrankheit empört und heftig zurückwies, so construirte er sich Feinde, denen er eine solche Gewaltmassregel zuschreiben könnte. Seine Erregung, welche durch Widerspruch, durch Hindeutung auf seine Krankheit und durch Verweigerung der Entlassung sehr hoch gesteigert wurde und ihn zu Drohungen und Gewaltsamkeit verleitete, machte mehrfach Seclusion und einmal eine kalte Begiessung nothwendig. Er kam dadurch zu dem Entschlusse, sich ruhig in das Unvermeidliche zu fügen, nahm sich zusammen, beruhigte sich im Laufe des December sehr, wurde zugleich verständiger, schämte sich seines Mordplanes, den er nun als einen aufgedrungenen darzustellen suchte, und bat nur noch um die Erlaubniss, frei ausgehen zu dürfen, welche nicht zu missbrauchen er sein Ehrenwort verpfänden wollte. Im Januar wurde ihm diese Erlaubniss ertheilt, er hielt sein Wort aber nur einige Tage und machte dann einen Fluchtversuch, der indessen durch die getroffenen Vorbereitungen vereitelt wurde. Ueber seine Wortbrüchigkeit zur Rede gestellt, sprach er sich äusserst beleidigt von Schuld frei, da er sein Ehrenwort durch einen Krankenwärter dem Arzte zurückgeschickt hätte, und behauptete, dass es lediglich ein Beweis von schlechter Disciplin des Dienstpersonals wäre, wenn diese Bestellung unterblieben wäre. Auf die Vorhaltung, dass ein solches Zurückschicken des Ehrenworts durch einen Diener, der seine Aeusserung nicht einmal verstanden hätte, ganz unerhört und unzulässig wäre, behauptete er nur mit grösserer Gereiztheit sein Recht. Bald erfolgten noch mehrere Fluchtversuche, die wieder zu einer temporären Seclusion Veranlassung gaben. Während derselben zündete er eines Abends sein Bett an, indem er, weil man sich einer solchen Handlung von ihm nicht versah, mit Licht versehen war, löschte den Brand aber sofort wieder. Diese Handlung, welche er nicht aus Rachsucht, die ihm überhaupt nicht eigen war, sondern um sich zu befreien begangen haben wollte, erkannte er aber selbst als unrecht und zweckwidrig und suchte dieselbe mit seiner verzweifelten Lage nur zu entschuldigen, aber nicht zu rechtfertigen; ja diese Brandstiftung gab sogar in Verbindung mit dem früher geäusserten Mordplane die erste Handhabe, um ihn zur Erkenntniss seines abnormen Zustandes zu bringen, jedoch wollte er noch immer nicht für geisteskrank, sondern nur für nervös erregt gelten. Von nun an besserte sich sein Zustand stetig, er wurde ruhiger, verständiger, erhielt nach einigen Monaten seine Freiheit wieder, die er nun nicht mehr missbrauchte, blieb aber schwachsinnig. Seine ultrademokratischen Ansichten verwandelten sich zugleich nach und nach wieder in die ihm natürlichen hocharistokratischen.

In diesem Zustande lebte er mehrere Jahre in der Heilanstalt, ohne erhebliche Veränderungen zu zeigen. Er benahm sich fast durchgehends verständig, war ein liebenswürdiger, lebhafter Gesellschafter, excellirte in allen Spielen und geselligen Unterhaltungen, die er durch seine Lebendigkeit, seinen Anstand und seinen Humor angenehm machte, und war selbst unter diesen Verhältnissen völlig zufrieden. Er klagte wieder über seine ursprünglichen Leiden, über Beängstigungen und Druck auf der Brust, erkannte, dass er in einem abnormen psychischen Zustande sich befunden hätte, wollte aber nicht eigentlich geisteskrank gewesen und vor allen Dingen nicht noch geisteskrank sein. Versuche, ihn von Letzterem zu überzeugen, regten ihn lediglich auf, ohne seine Selbsterkenntniss zu fördern. Häufig, namentlich im nicht angeregten Zustande, war er zerstreut, missmuthig, seufzte tief, als ob er an Luftmangel litte und fuhr sich häufig nach der Stirn, als ob ihm das Denken schwer fiele; über Beides klagte er auch gelegentlich. Seine Beschäftigungen waren höchst charakteristisch; er ergab sich nämlich fast ausschliesslich ethnologischen und etymologischen Studien, bei welchen er nur sehr wenig lernte, dagegen die abentheuerlichsten Conjecturen über die Abstammung von Völkern und Worten machte. Hierin setzte er seinen ganzen Stolz und wurde durch Widerspruch, Zweifel oder gar Spott heftig erbittert und zur Hintansetzung aller Rücksichten verleitet. Als er z. B. eines Tages eine spottende Bemerkung über die Frugalität der heutigen Sachsen hörte, nahm er dies persönlich, da er dem niedersächsischen Stamme angehöre und dieser der edelste von allen sei, den er nicht beschimpfen lasse. Im Schachspiele, welches er früher viel geübt hatte, war er selbst für starke Spieler ein gefährlicher Gegner, da er jeden kleinen Vortheil schlau benutzte, unterlag aber denen, die zugleich vorsichtig waren und einen geregelten Plan zu machen verstanden, weil er zu letzterem nicht im Stande war. Kurz er zeigte in Allem die charakteristischen Eigenthümlichkeiten des Schwachsinns, denn auch mit der Wahrheit nahm er es nach Art rechthaberischer Personen nicht genau.

Im April 1852 wurde er auf den Wunsch seiner Familie entlassen, um anderweitig untergebracht zu werden, aber schon nach 10tägiger Abwesenheit wegen einer schweren Krankheit, die ihn plötzlich im Freien befallen hatte, wieder zurückgebracht. Er war gänzlich verwirrt, im höchsten Grade beängstigt, schrie laut, wenn man sich ihm näherte, zitterte über den ganzen Körper und sprach nur wenige angsterfüllte Worte, z. B.: Nun sind wir alle verloren und dgl. Körperlich litt er an Fieber, Verstopfung, äusserst belegter Zunge und Schlaflosigkeit. Unter einer entsprechenden Behandlung besserte sich sein Befinden in kurzer Zeit, wobei die sonderbare Einbildung eintrat, dass er eine ungeheuere Menge Kleider, z. B. hundert Schlafröcke anhätte. Das Nähere gehört nicht hieher; nur ist noch zu bemerken, dass er nach dieser Krankheit eine merkliche Abnahme seiner Geisteskräfte zeigte. Im Juli 1853 wurde er definitiv entlassen und anderweitig untergebracht.

Diesen Krankheitsfall habe ich ausführlich mitgetheilt, theils weil er mir sehr charakteristisch scheint, theils um ein Beispiel von dem ganzen Verlaufe nicht angebornen, sondern andern psychischen Störungen folgenden Schwachsinns zu geben, theils endlich, um die Leser zu überzeugen, dass die oben vorgetragenen Ansichten nicht auf einer aprioristischen, psychologischen Doctrin beruhen. In den Citaten, welche ich dem ärztlichen Krankheitsberichte entnommen habe, wird man deutlich erkennen, dass der Verfasser desselben, wenn er auch andere Bezeichnungen gebraucht, ebenfalls grade die Fähigkeit des logischen Denkens, die Empfänglichkeit für Gründe, nicht aber die Functionen des Verstandes oder Auffassungs- und Unterscheidungsvermögen beeinträchtigt gefunden hat. Das Urtheil des Kranken über alle Dinge, welche kein logisches und consequentes Denken erforderten, war richtig, über die übrigen aber mangelhaft bis zur Absurdität; Rechthaberei trat an die Stelle der Ueberlegung und die Behauptungen des Patienten wurden dadurch fixen Ideen ähnlich. Wie leicht unter solchen Umständen bei oberflächlicher Untersuchung ein Kranker als ein unvernünftiger und verstockter Gesunder erscheinen kann, liegt auf der Hand. In diesem Falle hielt es sehr schwer, den eignen Vater des Patienten zu überzeugen, dass sein Sohn wirklich krank und nicht vielmehr nur moralisch tadelnswerth wäre; er blieb darüber sogar bis zuletzt zweifelhaft, obwohl der Kranke in völlige Verwirrtheit verfiel und darauf blödsinnig zu werden begann.

3) **Ehlert K., 11½ Jahre alt, Schwachsinn, 2 Brandstiftungen aus Muthwillen am 24. Mai und 1. Juni 1828.** (Nach den Acten; Meyn in Henke's Zeitschrift, Bd. 22, p. 45. Abgedruckt in Marc, Die Geisteskrankheiten etc., Bd. 2, p. 235.).

E. K. hatte ausser an Masern und Wechselfieber, welches 1828 nach langer Dauer von selbst gewichen war, keine erheblichen körperlichen Krankheiten durchgemacht. Sein psychisches Befinden war aber stets abnorm gewesen; sein Verstand befähigte ihn zwar, über alltägliche Dinge genügende Auskunft zu ertheilen, nicht aber die Gegenstände, selbst des ersten Schulunterrichts aufzufassen; über diese befragt, stockte er oder legte sich blos auf wildes Rathen. Der Schullehrer, welcher sich viele Mühe mit ihm gegeben, hatte ihn dennoch nicht einmal die Buchstaben lehren können, ja vor Gericht vermochte er selbst nicht, drei Gegenstände richtig zu zählen. Auf die Frage, wie alt er wäre, antwortete er, 4 Jahre, behauptete, der Lehrer hätte ihm das noch vor Kurzem gesagt, und war auf Vorhaltungen nicht im Stande, diesen Irrthum zu verbessern. Seine Sprache war lallend und schwerfällig, was durch Anstossen und Schwerbeweglichkeit der Zunge veranlasst wurde; er ging mit hohen Schultern und schlotternden Beinen. Sein Benehmen war ungewöhnlich; er hatte eine besondere Neigung, in die Schule zu gehen, aber nicht zu lernen, und veranlasste den Lehrer durch die Art seines Gebehrdens und Gesichterschneidens zu der Annahme, dass er wohl nicht immer seinen völligen Verstand hätte. Alle Zeugen stimmten darin überein, dass er bisweilen zwar ganz verständig sein und Aufträge oft richtig und ordentlich bestellen könnte, dass er aber auch häufig dummes Zeug machte und ganz verkehrt wäre; besonders charakteristisch war die Aussage eines Zeugen, dass er nur mit den allerkleinsten Geschwistern spielte. Zu unbedeutenden Verrichtungen war er zu gebrauchen, z. B. zum Distelnschneiden, doch zeigte er sich stets träge und nachlässig. Er war ängstlich und hatte oft ein scheues und furchtsames Wesen; bei Unterredungen, welche ihn in Verlegenheit setzten, sass er zusammengedrückt, sah den Fragenden nicht grade an, sondern warf ihm seitwärts schielende und scheue Blicke zu, welche durch eine auffallende Pupillenerweiterung an beiden Augen etwas krankhaft Starres erhielten; dabei hielt er mit einer an Veitstanz erinnernden Beweglichkeit seine Beine, Kopf und Hände in steter Unruhe, welche aber mit der Verlegenheit oder auf Verbot verschwand. Wenn er Züchtigungen erhielt, was seiner Aengstlichkeit wegen selten geschah, lief er in der Regel gleich davon, sich im Felde zu verstecken. Er drohte sogar ins Wasser zu springen und ward nach einer Züchtigung einmal in der Morgendämmerung neben einem Wassergraben gefunden. Ueberhaupt fanden alle Zeugen, die Eltern, der Lehrer und selbst die Knechte, welche ihm wohl bisweilen Schläge versetzten, dass Züchtigungen nur auf Augenblicke halfen und dass übrigens sein wunderliches Wesen, welches Niemand näher zu charakterisiren wusste, dadurch noch schlimmer gemacht wurde. Albernheiten scheinen vielfach bei ihm vorgekommen zu sein; er war stets zuvorkommend im Grüssen, sagte häufig am Morgen guten Abend und dgl., war aber im Allgemeinen nicht ungewöhnlich ungezogen.

Am 24. Mai ward er, nachdem ihm seine Weigerung ins Korn zum Jäten mitzugehen, hingegangen war, von seiner Mutter beschäftigt, welche ihn unter Anderem einen Kessel heizen liess. Hiebei sich selbst überlassen, erblickte er auf dem Küchentische einen ausgehöhlten Zierkürbis; in diesen legte er eine Kohle (das kam auf einmal so, sagte er, dass ich das thun musste), trug Beides vor das Haus und suchte den Kürbis auf das Strohdach desselben, zu welchem er an einer durchlöcherten Planke hinaufstieg, hinzustellen. Da aber der Kürbis nicht stehen wollte, liess er die Kohle in das Dachstroh rollen und warf ersteren dann in den Kuhstall. Im Begriff, Wasser zum Löschen herbeizuschaffen, wurde er ausgeschickt, um Milch zu holen, sah das Dach schon rauchen, mochte aber nichts davon sagen und fand das Feuer bei seiner Rückkehr schon gelöscht. Bei den späteren Gesprächen über den muthmasslichen Brandstifter äusserte er: „Ich weiss, wer es gethan," holte, als diese Aeusserung nicht beachtet wurde, den Kürbis herbei und fragte: „Sollte es da wohl drin gewesen sein?"

Am 1. Juli wollte er mit seiner Schwester in die Schule gehen, ward aber von ihr seiner Unarten wegen zurückgewiesen; seine Mutter schalt ihn dafür und liess ihn die Gänse hüten und Disteln holen; auf seine Weigerung schalt sie ihn wieder und stiess ihn, wie er behauptete, in den Rücken. Er verrichtete diese Arbeiten sehr lässig und wurde wiederholt angetrieben. Nach darauf eingenommenem

Frühstücke kam es ihm „höllisch schwer" in den Kopf, wieder Feuer anzulegen. Er ging zu diesem Zwecke in die Küche, trug von dort in den blossen Händen eine Kohle in den Pferdestall und warf sie auf altes Dachstroh. Dann holte er sofort Wasser, goss es über das schon brennende Stroh, holte von Neuem Wasser, vermochte aber nicht die Flammen zu löschen. Auf den Hülferuf seiner hinzukommenden Mutter eilte er zuerst, seinen nicht weit entfernten Vater herbeizuholen, und lief dann, nachdem er sich bis aufs Hemd entkleidet hatte, „aus Furcht, dass er mit aufbrennen möge," durch einen Wassergraben auf eine Weide. Hier sah er das Haus brennen, mochte es aber nicht sehen; es that ihm leid, dass er das gethan. Auf Geheiss einer Nachbarin, die ihn dort entkleidet stehen sah, kleidete er sich wieder an.

In dem „freien Arreste," in welchem er nach seiner Verhaftung gehalten wurde, betrug er sich ganz, wie sonst; gegen die Trennung von den Seinigen war er gleichgültig. Er wusste, dass das Feueranlegen unrecht und strafbar wäre, aber nicht, welche Strafe darauf stände; er entschuldigte sich indessen damit, dass er das Feuer gleich hätte ausgiessen wollen. Mehrfach gab er, namentlich im späteren Verlaufe der Untersuchung, Zeichen von Reue und wurde besonders im letzten Verhöre sehr niedergeschlagen und einsylbig, als die Rede auf sein Vergehen kam.

Die ärztliche Exploration ergab das schon oben Angeführte und körperlich gar keine Abnormität. Der Gerichtsarzt (Meyn) erklärte, dass E. K., der bei einer mangelhaften Schulbildung in kindischer Einfalt erhalten worden und bei einer ganz verfehlten Erziehung zu einer sich bereits offenbarenden Entartung des Charakters gelangt wäre, aller Wahrscheinlichkeit nach nur spielend auf den ersten Versuch mit der glühenden Kohle verfallen wäre, demnächst aber im heimlichen Grolle diesen Versuch zu wiederholen sich bewogen gefunden hätte, ohne dass irgend ein ursprünglich normaler oder zufällig krankhafter Zustand nachgewiesen wäre, der dabei von Einfluss hätte sein können.

Ueberraschend ist in diesem Falle die gänzliche Unrichtigkeit des ärztlichen Endurtheils, aber noch mehr zu verwundern ist, dass Marc (l. c. p. 235) diesen Fall als Beispiel einer strengen medicinisch-gerichtlichen Untersuchung aufstellt und dass Ideler (in seinen Zusätzen zu seiner Uebersetzung von Marc's Buch p. 270) das Gutachten Meyn's ein musterhaftes nennt und in seinen Mittheilungen eine tief eindringende psychologische Forschung erkennen will. Durch solche Autoritäten gestützt, ist dieser Krankheitsfall bis jetzt durch die Literatur als ein Beweis gegen den Brandstiftungstrieb fortgeschleppt und von vielen Autoren unbedenklich als solcher citirt worden, obwohl die Erzählung

Meyn's (die im Obigen nur wenige Zusätze aus den Acten erhalten hat) jedem Sachverständigen den Schwachsinn des Knaben auf den ersten Blick darthun zu müssen scheint.

Um diesen verjährten Irrthum zu verbessern und den merkwürdigen Fall dahin stellen zu können, wohin er gehört, hielt ich es für nöthig, von den Acten selbst Einsicht*) zu nehmen. Der psychische Zustand des Knaben ist nämlich von dem Arzte eben so wenig erforscht und begriffen worden, wie von den Zeugen. Der beste Beobachter ist in diesem Falle weder der Arzt, noch der Geistliche, sondern ein Schullehrer gewesen, der ihn während seiner Haft unterrichtete. Dieser nämlich berichtete wörtlich Folgendes: „Bei meinen ersten Unterredungen mit ihm fand ich, dass er mit Dingen im täglichen Leben, d. h. was hier auf dem Lande in seinen Wahrnehmungskreis gehört, recht gut bekannt war; dass sein Wahrnehmungsvermögen im Vergleich zu den übrigen Seelenkräften weit mehr gebildet war, was aber sicher eine natürliche Folge seiner Neugierde ist; dass ferner sein Gedächtniss schwach ist und dass endlich seine Schulkenntnisse sich auf Zählen bis Fünf und nothdürftig auswendiges Hersagen des ersten Gebotes, so wie Kopfbuchstabiren, ohne Kenntniss der Buchstaben, beschränkten. In Hinsicht seiner Geistesthätigkeit bemerkte ich gleich Anfangs ein plötzliches Ueberspringen von einem Gegenstande auf den anderen." Er bemerkt darauf, dass er ihn einige Buchstaben, weiteres Zählen und dergl. gelehrt habe und fährt fort: „In Betreff der Ausbildung seines Verstandes, worauf meine Unterredungen mit ihm abzweckten, bemühte ich mich, seine Denkkraft eine Zeitlang auf einen Gegenstand zu richten, dadurch ihn allmählich zur Ausdauer bei einer Sache zu gewöhnen und so dem oben erwähnten schnellen Abspringen von dem Einen auf das Andere entgegen zu wirken. Dieser doppelte Zweck, Ausbildung des Verstandes und Ausdauer bei einer Sache, wurde nur in einem mässigen Grade erreicht. Die Hauptsache war, dass er in den Unterredungen, die wegen der Schwäche seines Verstandes und seiner oft sehr abweichenden Antworten nur langsam fortschreiten konnten, aus Eigensinn**) still schwieg und durch kein Zureden zum

---

*) Ich verdanke dieselbe der Güte des Herrn Justizrath Königsmann, welcher auch die Untersuchung geführt hat.
**) Dieser vermeintliche Eigensinn, welcher bei Schwachsinnigen

weiteren Fortschreiten zu bringen war. Der Gegenstand der Unterredung muss zum sinnlich Wahrnehmbaren gehören und ihm nahe liegen, wenn es möglich sein soll, es ihm recht begreiflich zu machen. Ist die Rede von einer Sache, die schon etwas entfernter ist, so fällt dies schon sehr schwer, und vom Abstracten habe ich mich nicht überzeugen können, dass er im Stande wäre, sich einen richtigen Begriff zu machen."

Schon der Untersuchungsrichter wies nach, dass das ärztliche Gutachten unrichtig wäre. Er sagte nämlich: „Bei dieser mangelnden Aufklärung (über die Motive des Verbrechens) möchte ich es zugeben und halte mich davon überzeugt, dass Inquisit den ersten Versuch mit der Kohle spielend gemacht, — kann mich aber nicht davon überzeugen, dass bei dem zweiten Mal heimlicher Groll ihn dazu bewogen, um darin ein neues ihm diensames Schreckmittel gegen seine Aeltern zu finden. Zu dieser Annahme, scheint mir, bieten die Acten nicht Stoff genug dar, denn sollte die Aufforderung zum Distelnstossen, das wiederholte Anmahnen deshalb (dass die Mutter ihn gestossen, ist nur von ihm gesagt, von der Mutter in Abrede gestellt), sollten diese kleinen Verdriesslichkeiten, die ihm bei seiner Unlust zur Arbeit gewiss nicht neu waren und keinen so tiefen Eindruck auf ihn machen konnten, ihn solchergestalt verstimmt haben, dass er zu diesem Mittel geschritten wäre, um zu drohen und sich vor ähnlichen Vorwürfen in Zukunft sicher zu stellen? *) Das ärztliche Gutachten stellt auch meinem Bedünken nach den Knaben zu hoch, wenn er ihn urtheilen lassen, dass das gewöhnliche Schreckmittel des Entlaufens diesmal bei der allseitigen Beschäftigung im Hause kein Aufsehen und keine Angst erregen würde." Der Richter führt dann weiter aus, dass der Knabe auch das zweite Mal schnelles Löschen des Feuers, wie das erste Mal, beabsichtigt und erwartet und die That in kindischer Einfalt und aus Muthwillen, um sich eine Abwechselung und Unterhaltung zu verschaffen, begangen habe. Da der Geisteszustand des Knaben, fährt er fort, dem eines 6—7jährigen Kindes zu vergleichen sei, so könne er nicht Gegenstand der Strafe, sondern nur

---

nicht ungewöhnlich ist, muss wohl hauptsächlich aus ihrer Unfähigkeit, einem strengen Gedankengange zu folgen, erklärt werden.

*) Diese Frage des Richters muss schon deshalb verneint werden, weil keine Drohung vorhanden war, wenn der Thäter unbekannt blieb.

der Fürsorge sein; er trage deshalb darauf an, dass er einem gewissenhaften Manne zur Obhut und zur fernern Erziehung übergeben werde. Diesen Antrag nahm das Obercriminalgericht an.

Da der Vater des Knaben wiederholt um die Erlaubniss, ihn wieder zu sich nehmen zu dürfen, anhielt, so erwuchsen nachträglich noch mehrere Actenstücke. Unter diesen findet sich auch ein Bericht eines Predigers vom 14. April 1833 (fünf Jahre nach der Brandstiftung), in welchem endlich eine richtige Auffassung des Krankheitszustandes sich ausspricht. Die Entwicklung des Knaben, heisst es darin, werde durch eine Hemmung und Lähmung seiner Kräfte weit hinter der anderer Kinder seines Alters zurückgehalten und zwar könne diese nicht durch verwahrloste Erziehung (worauf man früher sein Zurückbleiben grösstentheils geschoben hatte), sondern nur durch einen organischen Fehler erklärt werden. Von Gemüth sei er weich, empfänglich für religiöse und andere Empfindungen, zeige eine ungewöhnliche Liebe und grosse Sorgfalt für kleine Kinder und schmiege sich gern an das weichere, weibliche Geschlecht an. „Wo sein Gefühl erregt wird, heisst es wörtlich, da ist sein ganzes Benehmen verändert, das sonst gesenkte Haupt aufgerichtet, das sonst irrende Auge fest und lebendig, alle Gesichtszüge gespannt, und er kann in solchem Zustande, sich selbst überlassen, Gedanken hervorbringen, die man in ihm nicht gesucht hätte. Freilich, wenn er durch eine bestimmte Frage genöthigt wird, seine Gedanken auf einen bestimmten Gegenstand zu richten, dann erscheint wieder das Gebundensein seines Willens; er geräth leicht in einen Zustand, wo ihm Hören und Sehen vergeht, verliert sich selbst und versinkt und verschwimmt in das All.*) Dass darin seine Willensasthenie besteht und nicht in einem Eigensinn, scheint daraus hervorzugehen, dass keine Vorstellung über Recht und Pflicht, noch weniger Drohungen ihn aus diesem Zustande hervorreissen können, wohl aber körperliche Züchtigungen, die ihn wieder zu sich selbst bringen, ihn an sein körperliches Dasein erinnern, so wie sanfte Zureden, die seine weiche Seele berühren und seinen Muth beleben." Die Entwicklung seiner intellectuellen Fähigkeiten wird von dem Prediger als gering dargestellt, obwohl es ihm an Aufmerksamkeit nicht fehlte. Die einfach-

---

*) Diese etwas poetische Darstellung soll ohne Zweifel ein gänzliches Stocken der Gedankenentwicklung andeuten.

sten religiösen Vorstellungen, die zehn Gebote, einige Gebete und dergl. machten fast alle seine Kenntnisse aus. „Er liest, heisst es, wenn er gespannt ist, mehrere Worte ohne Anstoss, sonst aber kann er oft die einfachsten Worte nicht aussprechen. Da er aber von der ganzen Operation des Lesens keine Vorstellung hat, so ist das nicht so auffallend, als der Mangel an Schreibfertigkeit, der doch fast rein mechanisch ist. Von der Zahl hat er keinen Begriff, daher denn sein Rechnen nur eine an Strichen vollzogene Nennung der im Gedächtniss behaltenen Ziffernamen ist." Besser dagegen war sein Urtheil über bekannte concrete Dinge. Ungehörige Streiche beging er nicht, war im Ganzen still, willig und gehorsam, nur hatte Alles, was er vornahm, etwas Kindisches, Auffallendes und gab stets die Unklarheit seines Bewusstseins zu erkennen.

Nach einer brieflichen Mittheilung des Untersuchungsrichters lebt Ehlert K. noch, steht unter Curatel und hält sich bei seinem Bruder auf, der den Hof des Vaters bewohnt. Er ist demselben bei der Landwirthschaft behülflich und hat nie wieder Anlass zu Klagen gegeben, zeigt aber noch jetzt, nachdem er herangewachsen, etwas sehr Kindliches.

Nach allem diesen wird wohl Niemand mehr zweifeln, dass es sich in diesem Falle um ein wirklich geistesgestörtes Individuum, um einen im höchsten Grade Schwachsinnigen handelte. Die Ansicht des Schullehrers, dass er zur Fassung abstracter Begriffe, zum eigentlichen Denken also, unfähig sei, wird durch alle Einzelheiten vollkommen bestätigt, während ihm auf der andern Seite ein Urtheil über concrete Dinge nach allen Beobachtern nicht abging. Sehr charakteristisch ist es für seinen Geisteszustand, dass er sich besonders zu kleinen Kindern hingezogen fühlte, die in der That psychisch am meisten seines Gleichen waren. Bekanntlich ist der Umgang, den sich Geisteskranke wählen, der Grund der Vertraulichkeit, welche sie mit anderen mehr oder minder Gestörten unterhalten, ein ziemlich sicheres Mass ihrer eignen Erkrankung; gleich und gleich gesellt sich auch hier gern. In einem Asyle hätte sich der Kranke daher sicherlich am liebsten zu anderen Schwachsinnigen gehalten; in Ermangelung derselben wählte er Kinder, die ihn nicht durch ihr überlegenes Denkvermögen in Verlegenheit oder gänzliche Bestürzung zu setzen drohten. Dass er die Brandstiftung aus Muthwillen beging, lässt sich eben so wenig bezweifeln, denn dieser spricht sich zu deutlich in seinem Verhalten nach der ersten Brandstiftung aus. Die alberne Freude über den gespielten Streich, über das eigne Wissen gegenüber der Unwissenheit und den Vermuthungen der Erwachsenen, die Dreistigkeit, dieselben durch ihnen unverständliche Anspielungen zu necken — dies und alles Andere zeigen unverkennbar eine muthwillige Laune an. Damit stimmt auch vollkommen überein, dass er später Reue über die Brandstiftung fühlte, sie, wenn auch nicht im ganzen Umfange, doch bestimmt als eine willkürliche Handlung erkannte oder empfand. Dies wäre sicher nicht der Fall gewesen, wenn sie aus einer fixen Idee hervorgegangen wäre, von welcher übrigens auch sonst keine Spuren zu entdecken waren. Ueber seine Aeusserung, dass ihm der Gedanke des Feueranlegens so schwer in den Kopf gekommen, sagte der Prediger, welcher ihn während der Untersuchung besuchte, ähnlich wie Casper, und gewiss ganz richtig: „Hiermit täuschen Verbrecher gewöhnlich sich und wollen auch Andere damit täuschen, allein grade das „Schwer in den Kopf Kommen" beweist das vor der That anklagende und warnende Gewissen und zeigt daher auch bei ihm, dass er sich bewusst gewesen, die That sei Unrecht." Hieraus folgt beiläufig weiter, dass das Bewusstsein des Rechts und Unrechts an sich auf die Beurtheilung der Zurechnungsfähigkeit keinen Einfluss haben kann, denn dieser Knabe war doch gewiss ganz unzurechnungsfähig.

4) **Anton Bührer, 27 Jahre alt, Schwachsinn, Brandstiftung am 7. Juli 1857 in Mühlenbach** (Schneider, Zeitschrift für Staatsarzneikunde. 1858, p. 408.).

A. B. hatte, nachdem seine beiden Eltern und sein älterer Bruder wegen Brandstiftung ins Zuchthaus gekommen waren, von seinem 12. Jahre an bei fremden Leuten gelebt. Er musste die Schweine hüten, hatte aber auch die Schule und noch nach seiner Confirmation die Christenlehre und die Sonntagsschule besucht. Der Pfarrer erklärte, dass er den nöthigsten Unterricht im Lesen und Schreiben begriffen, auch nie Spuren von Seelenstörung gezeigt hätte, indessen doch etwas in sich gekehrt, melancholisch und so tappig gewesen wäre, dass er nicht einmal die Schneiderprofession hätte lernen können. Sein Lehrherr indessen war im ersten Jahre mit ihm zufrieden gewesen, hatte ihn aber im zweiten so eigensinnig und halsstarrig gefunden, dass er deshalb die Profession, obwohl im Besitz der nöthigen Fähigkeiten, nicht hätte erlernen können. Dennoch und obwohl ihm der B. ins Gesicht gesagt hatte, dass er ihm zu Leid nicht mehr arbeitete, war der Lehrherr mit ihm zufrieden gewesen*). Der Pfarrer und der Gemeinderath erklärten übereinstimmend, dass er sich von Jugend an friedlich, gut, ja untadelhaft betragen hätte.

Hierauf wurde B. wechselnd und ohne Lohn zu erhalten, bei den einzelnen Hofbauern beschäftigt; namentlich blieb er zwei Jahre lang bei dem Bürgermeister, wo er sich gut betrug, bis er wegen Streitigkeiten mit dem Gesinde fortgeschickt wurde. Die übrigen Hofbauern behielten ihn aber nicht lange, weil er langsam, träge und unbeholfen war und nicht jede Arbeit verrichten konnte.

Im Sommer 1856 wandte sich B. wiederholt an den Bürgermeister mit dem Verlangen, ihm zu seinem Antheile an dem elterlichen Vermögen zu verhelfen, welches indessen durch frühere Untersuchungskosten längst aufgezehrt war.

Nach seinem Aussagen wurde er am 6. Juli 1857 von Anton Klausmann, wo er gegen Kost und Verpflegung diente, entlassen und entfernte sich von dort mit dem Vorsatze, ein Haus anzuzünden. Nachdem er sich bis zum Abend umhergetrieben hatte, erhielt er von der Ehefrau des Anton Matt ein Abendbrod und ein Nachtlager in der Scheune. Am 7. Juli trieb er sich wieder umher und kehrte gegen 10½ Uhr Nachts wieder auf den Hof des Matt zurück. Dort zog er vor dem Scheunenthor seine Stiefeln aus, damit die Hausbewohner seine Anwesenheit nicht merken sollten, begab sich in die Scheune und setzte nach Verlauf einer halben Stunde mittelst Zündhölzern einige Strohbündel in Brand. Hierauf lief er, um nicht gesehen zu werden, rasch davon, fühlte aber inzwischen schon Reue. Als er kaum 100 Schritte gelaufen war, sah er schon die Flamme aus dem Dache schlagen und hörte Feuerlärm machen.

Zwei Personen, welche ihm begegneten, wich er aus und kam noch vor Tagesanbruch auf Klausmann's Hofe an, wo er sich ins Heu schlafen legte. Dort blieb er bis zum 9., ging dann zu dem Bauern Volk, wo er 8 Tage blieb, und begab sich dann zu dem Lehrer Limberger, den er fragte, ob er eine Feuersbrunst im Unterdorfe machen sollte. Von diesem unter Scheltreden fortgejagt, begab er sich zu der Ehefrau Flach und erklärte ihr, er wollte ihr oder ihres Nachbarn Haus anzünden, worauf diese ihm sein Geld und seine Zündhölzer wegnahm. Ob er noch jetzt, sagte er bei seiner Arretirung, diese Häuser anstecken würde, wüsste er nicht bestimmt.

Endlich wurde noch anderweitig ermittelt, dass er schon acht Tage vor dem Brande geäussert hatte, er wollte ein Freudenfeuer oder etwas Grausiges machen, damit er wegkäme, sowie, dass er am 12. gesagt hatte, es würde ihm das Leben genommen werden, wie es schon Vielen gegangen wäre. Ferner hatte er am zweiten Tage nach

---

*) Diese widersprechenden Urtheile sind nicht mit einander zu vereinigen und lassen die Urtheilsfähigkeit des Lehrherrn als sehr gering erscheinen.

dem Brande den Bürgermeister gebeten, ihm einen Heimathsschein zu geben, und sich beschwert, dass er immer ohne Lohn arbeiten müsste. Der Bürgermeister hatte ihn abschlägig beschieden, weil er „als ein **simpelhafter Mensch** zwecklos hätte umherstreichen und dann auf dem Schube der Gemeinde wieder zugeführt werden können." Endlich (wahrscheinlich am 22. Juli) hatte er auch dem Bürgermeister ganz unverholen sein Vorhaben, mehrere Häuser anzuzünden, mitgetheilt und ihm die Brandstiftung im **Matt**'schen Hause gestanden.

Als Motiv gab er den Wunsch an, von Mühlenbach weg und ins Zucht- oder Arbeitshaus zu kommen, wohin sein Bruder auch gekommen und wo seine Eltern gestorben wären. Wenn er sein Brod sonst hätte verdienen können, würde er kein Haus angezündet haben. Bei **Klausmann** hätte er gerne gearbeitet, allein dieser hätte zu wenig Arbeit für ihn gehabt und grade, um ein Haus in Brand zu stecken, wäre er von ihm weggelaufen*). Ueberdies behauptete er zwei Zeugen ins Gesicht, dass sie ihn zum Brandstiften angeleitet hätten.

Er gab zu, dass weder der Beschädigte, noch diejenigen, deren Häuser er anzustecken beabsichtigt hätte, ihm Etwas zu Leide' gethan hätten, und sah auf Vorhaltung ein, dass er bei dem Brande die Leute auf ihre Lebensgefahr hätte aufmerksam machen sollen, was er aber aus Angst unterlassen hätte. Wenn Leute verbrannt wären, fügte er hinzu, würde er sie bedauert haben und er wäre dann wohl nicht gut weggekommen; das wäre aber auch nicht seine Absicht gewesen, das **Haus des Matt** niederzubrennen, hätte er dagegen allerdings beabsichtigt.

B. war 5' 5" hoch, gut genährt, von gesunder, frischer Gesichtsfarbe; sein Auge war hell, sein Blick drückte aber Scheu und Befangenheit aus; den Kopf neigte er fast immer abwärts, als ob er die mit ihm Sprechenden offen anzusehen fürchtete. Er war etwas schwerhörig, seine Sprache war rauh, schwerfällig, etwas stotternd, näselnd und unverständlich. Seine Haltung war nachlässig, sein Gang unbeholfen und schleppend; seine körperliche Gesundheit war stets ungestört gewesen.

Er konnte ziemlich gut lesen, das Gelesene aber nicht gehörig verstehen; auch schrieb er ziemlich gut. Das kleine Einmaleins konnte er ziemlich fehlerfrei hersagen und kleinere Zahlen zusammenrechnen; die übrigen drei Species kannte er dagegen nicht. Die gewöhnlichen und selbst die grösseren französischen Geldsorten kannte er, konnte aber nur mit Mühe den Betrag „einzelner kleiner" Geldsorten zusammenzählen. Die gewöhnlichen Gebete sagte er ziemlich gut her.

Sein Gedächtniss und sein Auffassungsvermögen hielt der untersuchende Arzt nicht für gestört, setzt aber unmittelbar darauf hinzu, dass B. die Fragen, die er ziemlich aufmerksam anhörte, nicht gleich

---

*) Nach der früheren Aussage war er von diesem fortgewiesen.

verstand. Sie mussten ihm deshalb unter mancherlei Variationen wiederholt werden, bis er sie recht begriff, dann antwortete er meist nach längeren Besinnen ziemlich entsprechend, aber kurz, mühsam und abgebrochen. Im Erkennen, Urtheilen und Schliessen fand der Arzt dagegen eine unverkennbare Schwäche und bemerkte, dass er nicht im Stande wäre, seine Aufmerksamkeit gleichzeitig auf mehrere Gegenstände zu richten*).

Ueber die Motive seiner That wusste er dem Arzte nichts weiter zu sagen, als dass es ihm so „vorgekieselt (vorgemacht, vorgetragen)" worden wäre, ein Haus anzuzünden, damit er von Mühlenbach weg und ins Zuchthaus käme, weil man ihn ja doch zu Nichts brauchen, er aber dort noch Etwas erlernen könnte. Seinem Lehrherrn hätte er, äusserte er ferner auf Befragen, desbalb zu Leid gelebt, weil er zu seinem Verdruss mehr auf dem Felde, als auf dem Handwerk hätte schaffen müssen. Die Frage, ob er die Brandstiftung bereute, bejahte er ziemlich gleichgültig und auf die Frage, welche Strafe er dafür wohl erwartete, erwiederte er eben so ruhig, dass man ihn vielleicht das Leben nehmen würde.

Der Amtsgerichtsarzt erklärte die Brandstiftung aus einem niederen Grade von Geistesschwäche und aus Heimtücke, Bosheit, Trägheit und Arbeitsscheu; eine geistige Störung nahm er nicht an. Ebenso urtheilte der Superarbitrant nach vorhergegangener eigner Beobachtung; er erkannte indessen ausdrücklich die Verstandesschwäche des B. an, meinte aber, dass diese nicht den Grad erreicht hätte, um den B. unzurechnungsfähig zu machen.

Die Geschworenen verurtheilten ihn zu fünfjähriger Gefängnissstrafe und zu fünfjähriger Polizeiaufsicht.

Diese Mittheilung kann als warnendes Beispiel dienen, zu wie grossen Fehlern des Urtheils die Unkenntniss des Schwachsinns zu führen vermag. Der B. wurde in seinem 27. Jahre noch wie ein Unmündiger behandelt, erhielt keinen Lohn, vermochte sich sein Brod nicht zu verdienen, liess sich der Reihe nach bei den Bauern in Kost geben, konnte als simpelhafter Mensch, den man auf dem Schub zurückerwartete, nicht aus dem Bereich der Gemeinde gelassen werden, liess sich von einer Frau sein Geld wegnehmen, konnte das Gelesene, ja Fragen nicht ordentlich verstehen, nur mühsam antworten, gar nicht subtrahiren, kaum Geld zählen und zeigte im Erkennen, Urtheilen und Schliessen unverkennbare Schwäche. Nimmt man noch dazu, dass ein solcher Mensch eine Brandstiftung beging um ins Zuchthaus zu kommen und dass er diesen Wunsch nicht

---

*) Da dies Niemand kann, so ist nicht wohl zu verstehen, was damit gesagt sein soll.

etwa wegen Nothleidens hegte, sondern weil seine Angehörigen auch dort gewesen und um Etwas zu lernen, so kann man wohl nicht zweifeln, dass nicht ein geringer, sondern ein hoher Grad von Geistesschwäche bei ihm vorhanden war. Er litt offenbar zugleich im hohen Grade an Schwachsinn, und im minder hohen Grade an Blödsinn. Die Aerzte zogen offenbar nur seine Verstandeskräfte in Betracht und liessen ihr Urtheil dadurch leiten, dass sie diese nicht in hohem Grade vermindert fanden, bedachten dagegen nicht, wie sehr der gänzliche Mangel an Vernunft und wirklichem Nachdenken das ganze Geistesleben beeinträchtigen musste. Ueberdies war die Annahme von Heimtücke und Boshcit, welche dem Gerichtsarzte zur Erklärung des Verbrechens nothwendig schienen, eine ganz willkürliche und widersprach den Zeugenaussagen gradezu. Der schwerste Tadel muss aber die Gemeinde treffen, weil sie für einen notorisch geistesschwachen Menschen nicht in verständiger Weise sorgte; wäre er rechtzeitig in ein Asyl gebracht worden und hätte er dort eine ähnliche Uebelthat begangen, so würde gewiss Niemand seine Unzurechnungsfähigkeit bezweifelt haben.

5) **Andreas P.**, 51 Jahre alt, Hausirer, Schwachsinn, Brandstiftung aus Rachsucht am 22. December 1832 (Heinroth's Gutachten p. 36.).

A. P. war der jüngere Sohn eines Hausbesitzers, welcher ihn seiner körperlichen und geistigen Schwäche halber in dem Hause, welches der älteste Sohn erbte, herbergsfrei gemacht hatte. Nach dem Tode des letzteren heirathete dessen Wittwe den K., welcher das Haus kaufte. Dieses brannte im Jahre 1809 ab, wurde aber wieder aufgebaut und A. P. hatte seine Herbergsfreiheit in demselben behalten.

Dieser war von Kindheit an schwach und gebrechlich gewesen, hatte eine verkrümmte Hand, lernte erst im 4. Jahre gehen und war anerkannt sehr beschränkten Geistes. In der Schule hatte er die nöthigsten Religionsbegriffe, Lesen, nothdürftig Schreiben und etwas Kopfrechnen gelernt, da er dieselbe fleissig und gern besucht hatte; später hatte er sich durch einen kleinen Hausirhandel ernährt. Er war sehr unreinlich und wurde deshalb von den K.'s nicht gern in ihrem Wohnzimmer gesehen und öfters unfreundlich weggewiesen; auch waren ihm mehrfache Bitten um einige Thaler von dem Gelde, welches er noch in dem Hause stehen hatte, von den K.'s abgeschlagen worden. Hierüber ärgerlich, fasste er in der „Bosheit" schon um Ostern 1832 den Entschluss, das Haus anzuzünden. Es bot sich ihm aber dazu, wie er meinte, keine Gelegenheit, bis er endlich, ohne dass noch ein besonderer Anlass hinzugekommen wäre, am 22. Decembor zur That schritt. Er ging nämlich auf den Oberboden, zündete mittelst Vitriol, welches er sich schon im Frühling gekauft, mittelst Zündbölzern und Schwamm das Strohdach des Hauses an, zog dann statt des gewöhnlichen Leinwandkittels seine Sonntagskleider an, nahm einen Quersack mit allen seinen geringen Effecten auf die Schulter und ging so am Nachmittage zum Hausiren aus. Da gegen seine Erwartung nicht erst in der Nacht, sondern schon eine Viertelstunde nach seinem Weggange das Feuer ausbrach, und da er durch das Sturmläuten nicht zum Umkehren veranlasst wurde, so wurde er sogleich der That verdächtig.

Als er am 25. zurückkehrte und vernommen wurde, stellte er sich sehr beleidigt, wurde aber am folgenden Tage durch einen Gendarmen nach langem Zureden zum Geständniss gebracht; er hätte, sagte er, gestanden, weil er gefürchtet, dass ihn der Gendarm mittelst eines daliegenden Stricks in die Frohnveste führen würde. Im ersten Verhör bekannte er seine That mit den Worten: „Ja, die Bosheit hat mich dazu getrieben"; er beantwortete und erzählte Alles auf eine ganz ruhige und verständige Weise. Da die Rache nicht im Verhältniss zu den Beleidigungen stand, so wurde er gefragt, ob denn die K.'s ihm noch sonst Etwas gethan hätten; er erklärte darauf: Bei dem früheren Brande hätte ihm der K. vorgeworfen, dass er das Haus angezündet hätte; das hätte aber dieser wohl selbst gethan und er seinerseits hätte alle seine Sachen verloren; jetzt hätte er ihm das vergelten wollen. Seine Sachen waren aber damals gerettet und für jenen Verdacht gab er nur den albernen Grund an, K. hätte kurz vor Ausbruch des Feuers in der Hausflur auf dem Hackstock gesessen. Da die K.'s durch den zweiten Brand an den Bettelstab kamen, so verlor P. jetzt seine Herbergsfreiheit und dadurch viel mehr an Werth, als seine Kleider, auf deren Rettung er so bedacht gewesen, ausmachten. Er gab zu, dass er gewusst und gelernt hätte, dass die Brandstiftung ein schweres Verbrechen wäre und mit Todesstrafe belegt würde, so wie auch, dass er durch sein Gewissen beunruhigt und erst nach dem Geständniss wieder ruhiger geworden wäre.

Dem Gerichte selbst fiel nicht allein die erwähnte Widersinnigkeit seiner Aussagen, sondern auch namentlich in späteren Verhören eine Zerstreutheit und Abgestumpftheit auf, die bisweilen einen Anstrich von Stupidität und Albernheit erhielten. Es wurde daher ein ärztliches Gutachten erfordert. Heinroth erklärte, dass A. P. bei der That seines Verstandes nicht vollkommen mächtig gewesen wäre. Das Erkenntniss ist nicht mitgetheilt.

In diesem Falle ist besonders wieder das Hervorgehen der Brandstiftung aus einem ganz normalen und hinlänglich motivirten Affect interessant, ja der Kranke handelte in dieser Beziehung nicht allein wie ein gesunder Verbrecher, sondern er erkannte auch, wie dieser, das Unrechte seiner Handlungsweise und empfand darüber

Gewissensbisse. Dabei aber war sein Vermögen, die Folgen seiner
Handlungen zu überlegen, so gering, dass er sich selbst einen
eben so grossen Schaden that, wie denen, an welchen er sich rächen
wollte, ja ein Motiv seines Hasses, die angeblich von K. verübte
Brandstiftung, beruhte lediglich auf einer albernen Schlussfolgerung.
Es darf daher wohl bei diesem Kranken ein hoher Grad von Schwach-
sinn angenommen werden, doch sind wir in dieser Hinsicht auf
Vermuthungen beschränkt, da die Originalmittheilung keine directe
Untersuchung der Geistesbeschaffenheit des Kranken enthält.

6) **Johann Adam Schenk, 67 Jahre alt, Spitalpfründer,
Schwachsinn, Brandstiftung aus Rachsucht** (Rösch, Deutsche
Zeitschrift für Staatsarzneikunde 1856. Hft. 1, p. 157.).

Schenk, genannt Hansodel, hatte einen dummen, jedoch nicht
ganz blödsinnigen Vater, einen taubstummen Bruder, war von Kindheit an schwachsinnig und schwerhörig, lernte, obwohl er bis zum
12. Jahre die Schule besuchte, nichts und konnte sich später nicht
selbständig fortbringen, weshalb er ins Spital aufgenommen wurde.
Sein Habitus war der eines Blödsinnigen, doch hatte er wohl etwas
mehr Verstand, als sein Aussehen erwarten liess. Er war eigensinnig,
träge und, da er oft bei unbedeutenden Veranlassungen und Neckereien
in die grösste Wuth gerieth, auch gefährlich; einmal z. B. war er
beim Mähen auf Jemanden mit der Sense losgegangen. Zu gewöhnlichen körperlichen Arbeiten war er brauchbar und musste sich damit
seine Kost verdienen; da er aber meistens mit seinem Lohne nicht
auskam und Schulden machte, so hielten die Spitalbeamten einen
Theil desselben zurück. Dies ärgerte ihn immer sehr, so dass er oft
aus dem Spitale fortlief und erst Nachts heimkam; um ihm das ab-
zugewöhnen, wurde die Thür seiner Kammer verschlossen und, als er
darauf zum Fenster hineinstieg, dieses vergittert.

Diese Vorfälle hatten bei Schenk einen lebhaften Hass gegen
den Spitalmeister Rommel erzeugt. Noch spät Abends vor der
Brandstiftung beklagte er sich in einem Wirthshause über das „Hin-
aussperren"; er wüsste nun nicht, sagte er, wo er übernachten sollte.
Auf den Rath, den Spitalmeister um Einlass zu bitten, erwiederte er:
„Er lässt mich aber nicht hinein und wenn er mich nicht hineinlässt,
thue ich heute Nacht einen Streich." Der Wirth antwortete ihm: „Du
wirst doch nicht ins Wasser springen. Narr, das musst nicht thun,
das Wasser ist gar kalt und die Fische hangen Dir aus Ohrläppchen
hinan." Darauf erwiederte er: „Ihr werdet es schon sehen, wenn ich
weg bin, kann man mich doch nicht mehr plagen."

Als er nach Hause kam und wieder seine Thür verschlossen
fand, legte er sich im nahen Stalle auf Stroh nieder und schlief ein.
Als er erwachte, Kälte und Unbehaglichkeit empfand, überfiel ihn der
Aerger wieder und er warf im Zorn über den Spitalmeister das Zünd-

holz, mit welchem er grade seine Pfeife anzündete, ins Stroh, welches sogleich aufflammte. Hierüber erschrak er selbst und lief davon in den Wald, von wo er erst nach einigen Tagen zurückkehrte. Inzwischen hatte das Feuer mehrere dem Spital gehörige Gebäude verzehrt.

Im Gefängniss war Sch. sehr unruhig, stand Nachts öfters auf, wanderte umher und sprach leise mit sich; auf die Frage, was er hätte, antwortete er stets, auf eine kleine Luftöffnung zeigend: „Da prellt er rein, der Hummel," wie er den Spitalmeister fälschlich nannte. Er hätte, fügte er hinzu, sein Bett von dieser Oeffnung weggemacht, damit er das „Hineinprellen" des ihm verhassten Spitalmeisters, der ihm ins Gefängniss gefolgt wäre, nicht mehr hörte. Von diesem sprach er überhaupt beständig und seine stehende Redensart war: „Wenn er mich nicht hinausgesperrt hätt', hätt' ichs nicht gethan."

Vor Gericht war er nicht ganz offen, sondern läugnete, so weit er es für gut fand; als Motiv gab er Rachsucht an („dem Hummel einen Tuck anzuthun"), läugnete aber, dass er ein so grosses Feuer beabsichtigt hätte, diese Möglichkeit wäre ihm nicht eingefallen. Bei den Verhandlungen vor den Geschworenen war er sehr ängstlich und. erhielt insonderheit bei seiner Schwerhörigkeit, die einen eignen Dolmetscher nöthig machte, gar keinen Begriff von der Bedeutung des Vorganges.

Der eine Arzt erklärte, dass Schenk ein Cretin und im höchsten Grade geistesschwach wäre, aber die That doch nicht, ohne zu wissen, was er thäte, verübt hätte und daher in vermindertem Grade zurechnungsfähig wäre; der Andere hielt ihn im Affect für ganz unzurechnungsfähig.

Die Geschworenen thaten den Ausspruch, dass der Angeklagte das Feuer in der Absicht, dass der Stall, nicht aber dass auch Wohngebäude abbrennen sollten, angelegt hätte und dass bei ihm ein hoher Grad von Verstandesschwäche anzunehmen wäre. Der Gerichtshof erkannte auf 11monatliche Arbeitshausstrafe.

Dieser Fall ist ein Beispiel einer Mischung von Schwachsinn mit allgemeiner Geistesschwäche, also mit Blödsinn, unter gleichzeitiger Complication mit Hallucinationen. Dass nämlich auf diesem das vermeintliche „Hereinprellen des Hummel" beruht, wird keinem Sachverständigen zweifelhaft sein; ohnehin kommen Hallucinationen bei Geistesschwachen nicht selten vor. Aehnliche Mischformen bei secundärer Verwirrtheit werden unten noch erwähnt werden. Wie übrigens ein Mann, der im höchsten Grade geisteskrank war, noch bestraft werden konnte, ist nicht zu begreifen.

II. Geistesverwirrung.

1. Melancholie.

a. Trübsinn.

Von vornherein ist es schwer einzusehen, wie bei Trübsinn, der doch die Willenskraft stets mehr oder weniger lähmt, Brandstiftungsversuche vorkommen können. Man sollte glauben, dass das in sich gekehrte oder in sich versunkene, selbstquälerische, willensschwache Wesen der Trübsinnigen sie zu einem Verbrechen (ausser dem Selbstmord) unfähig machen, selbst normale Antriebe zu einem solchen lähmen und am allerwenigsten sonst unbekannte Motive hervorrufen würde. Die Erfahrung lehrt indessen, dass diese Voraussetzung, wenn sie auch im Ganzen richtig sein wird, doch nicht allemal zutrifft und dass die erwähnten Unwahrscheinlichkeiten wirklich eintreffen können. Die nachfolgenden Beobachtungen werden dies wohl als unzweifelhaft herausstellen.

1) **Magdalene Starup, 22 Jahre alt, Meiereimädchen, Trübsinn, Brandstiftung aus Kummer, am 13. October 1833 in Borghorster-Hütten (Graba, Theorie und Praxis des gemeinen deutschen Criminalrechts. Hamburg 1838.).**

M. St. war ein uneheliches Kind. Sie ward, nachdem sich in ihrem dritten Jahre ihre Mutter mit einem trunkfälligen Schuster verheirathet hatte, von diesem sehr schlecht behandelt, später aber (in ihrem 9.' oder 12. Jahre) von den Eheleuten Verdick aus Mitleiden ins Haus genommen und bis zu ihrer Confirmation im 14. Jahre in der Religion, im Lesen und Schreiben recht gut unterrichtet. Hierauf trat sie an verschiedenen Stellen in Dienst, ging eine Verlobung ein, welche aber rückgängig wurde, und verlobte sich im 21. Jahre zum zweiten Male mit dem Böttcher Krey. Am 7. Mai 1833 trat sie in den Dienst des Meiereipächters Petersen in Borghorster-Hütten.

Von Kindheit an hatte sie ein schwermüthiges Temperament, war selten heiter, leicht zu Thränen gebracht, überhaupt für gemüthliche Einwirkungen sehr empfänglich und fast ganz unfähig zu allen erregten Leidenschaften; wegen dieses sanften Charakters war sie bei allen Dienstherrschaften sehr beliebt. Von körperlichen Krankheitszuständen waren nur Störungen der Menstruation vorhanden, da diese, zuerst im 18. Jahre unter den gewöhnlichen Beschwerden eingetreten, später unregelmässig, öfter mit mehrmonatlichen Pausen geflossen war.

Im Anfange des Jahres 1833 hatte sie geglaubt, von dem Krey schwanger zu sein und war im 3. Monate von diesem beredet worden, oder hatte, wie jener behauptete, ihn beredet, die Frucht durch rohes

Quecksilber abzutreiben; nach ihren Angaben war auch wirklich auf eine Gabe von etwa ¼ Unze nach Verlauf von 8 Stunden ein handgrosser Fötus unter heftigen Leibschmerzen abgegangen und ohne nähere Besichtigung sogleich von ihr begraben worden. Die Anwendung des Quecksilbers wurde erwiesen; ob aber überhaupt eine Schwangerschaft stattgefunden hatte und ob das Abgegangene wirklich ein Fötus war, blieb sehr zweifelhaft. Ausser dieser verbrecherischen Handlung hatte die St. einmal auf Anstiften ihrer Mutter ein Pfund Butter und auf den Antrieb einer Mitmagd bei der Wittwe Arpe, wo die Beköstigung sehr schlecht war, Victualien entwendet.

Die Wittwe Arpe beschuldigte sie überdies ohne Grund, ihr einen Kamm entwendet zu haben, liess den Krey zu sich kommen und machte gegen diesen die St. so schlecht, dass er gegen Ende Mai das Verlöbniss mit ihr abbrach. Hierüber wurde die St. sehr missmuthig, gegen Alles gleichgültig und sprach davon, sich ins Wasser zu stürzen, unterliess indessen auf eine ernste Vorstellung ihrer damaligen Dienstherrin solche Reden. Dagegen verfügte sie sich zu der Wittwe Arpe, erhielt von dieser eine Ehrenerklärung und bewog dadurch ihren Bräutigam, wieder mit ihr anzuknüpfen. Aber das Benehmen des Letzteren blieb trotzdem launenhaft, bald anlockend, bald abstossend und gab ihr gegründete Ursache zur Eifersucht. Sie blieb daher äusserst missmuthig und trostlos, quälte sich fortwährend mit der Idee seiner Untreue und ging fast jeden Abend weinend zu Bette.

Am 7. October 1833 suchte sie ihren Bräutigam im Hause seiner Eltern auf, fand ihn aber nicht zu Hause. Dagegen wurde sie von seiner Mutter noch genauer über seinen Wankelmuth unterrichtet und endlich Abends von ihm selbst durch ein höchst gleichgültiges und zurückstossendes Betragen gekränkt. Als er, sie gänzlich vernachlässigend, zu Bette gegangen war, folgte sie ihm, setzte sich auf sein Bett und sprach, wie gewöhnlich, weinend ihre Befürchtung aus, dass er sie verlassen würde. Durch sinnliche Begierden entflammt, wurde er zuthunlich gegen sie, nach Befriedigung derselben aber ihrer überdrüssig und zurückstossend; er weigerte sich sogar, sie zu geleiten. Nachdem sie nun noch einige Zeit auf dem Bette sitzend geweint hatte, entstand plötzlich in ihr der Entschluss „um Krey's Willen" eine Brandstiftung zu begehen; nicht Zorn, Hass oder Verzweiflung, sagte sie später, hätte sie gefühlt, sondern nur die düsterste Schwermuth und Trostlosigkeit und der Gedanke, sich selbst so unglücklich wie möglich zu machen, wäre der herrschende gewesen.

Demzufolge nahm sie sogleich aus der Weste ihres Bräutigams ein Stück Zunder, aus dem Nebenzimmer Schwefelhölzer mit und begab sich damit um Mitternacht auf den Weg nach Hause, wo sie gegen Morgen wieder ankam. Da die Arbeit dort schon begonnen hatte, wurde sie mit Scheltreden empfangen und ihr der Dienst aufgekündigt, was aber keinen erheblichen Eindruck auf sie machte.

Ihre innere Erregung verminderte sich an den folgenden Tagen nicht; sie hatte vor dem Gedanken an Brandstiftung weder Tag, noch Nacht Ruhe und fühlte sich immer heftiger dazu getrieben. Sie machte daher am 11. Abends den Versuch mittelst des Zunders und der Schwefelhölzer den Hühnerstall anzuzünden, aber ängstlich und zitternd kam sie nicht damit zu Stande. Sie ging zu Bette, stand dann wieder auf, trug aus der Küche eine glühende Kohle auf das Strohdach des Hühnerhauses und brachte die Nacht in ängstlicher Erwartung schlaflos zu. Aber die Kohle war, ohne zu zünden, zu Asche verbrannt, welche sie am folgenden Morgen fand. An diesem Tage hatte sie keine bösen Gedanken, am 13. aber, als sie vom Melken der Kühe nach Hause gekommen war, dachte sie, sie müsste sich jetzt ganz unglücklich machen und das Verbrechen begehen, damit doch auch ein Theil des Unglücks auf Krey falle. Sie warf deshalb brennenden Torf in einen aus Stroh geflochtenen, im Hühnerhause aufgehängten Hühnerkorb, eilte in das Wohnhaus zurück, empfand Reue, ging deshalb wieder in den Hof, um das Feuer wegzunehmen, wurde aber durch Begegnung mit einem Knecht zum Umkehren veranlasst. Gleich darauf ging sie nochmals hinaus, als sie aber den Stall schon rauchen sah, beschloss sie, der Sache ihren Lauf zu lassen. Sobald Feuerlärm entstand, eilte sie in den Stall, riss den brennenden Hühnerkorb herunter und dämpfte das Feuer.

Ihr Benehmen war so verdächtig, dass ihr Dienstherr ihr sogleich sagte, sie hätte das Feuer angelegt, worauf sie erwiederte, wenn sie es gethan, müsste sie dafür leiden. Als derselbe sie nach Einziehung von Erkundigungen am nächsten Morgen wieder zu sich kommen liess, gestand sie die That, welche sie nie hätte verhehlen wollen, sogleich ein. Am 16. October steckte sie ein Messer zu sich und suchte zu entfliehen, um sich zu entleiben, wurde aber zurückgehalten und versprach dann, keinen Selbstmordversuch mehr zu machen.

In den Verhören gestand sie ausser den Diebstählen von Victualien, der Fortsetzung des fleischlichen Umgangs mit Krey und der Fruchtabtreibung Alles offen ein. Als Motiv ihrer That war ihr nur die Absicht, sich unglücklich zu machen, gegenwärtig; die Idee, dem Krey Reue und Gewissensbisse zu erwecken, mochte mitgewirkt haben, wurde aber erst aus ihr herausexaminirt. Auf die Frage, warum sie nicht vielmehr Krey's Haus angezündet, erwiederte sie, sie hätte ihm ja keinen Schaden zufügen wollen, wäre ihm auch nicht böse. Ebenso wenig, versicherte sie, hätte sie Petersen Schaden thun wollen; deshalb hätte sie auch grade das Hühnerhaus angezündet, indem das Wohnhaus erst dann bedroht gewesen wäre, wenn jenes und die Buttermühle wirklich abgebrannt wären. Sie erklärte, dass sie keine Reue empfände, dass sie zufrieden wäre, ihre Absicht erreicht zu haben, dass sie einsähe, etwas Unrechtes gethan zu haben und dass sie, obwohl sie vorher die drohende Strafe nicht bedacht hätte, mit ihrem Schicksale zufrieden wäre. Im Gefängniss betrug sie sich musterhaft, verrichtete die gewöhnlichen weiblichen Arbeiten, war auch mitunter heiter und ruhig, in der Regel aber tiefsinnig und weinte sehr häufig, besonders Nachts; der Gefangenwärter hielt sie ihres Verstandes mitunter nicht recht mächtig, da sie zuweilen ohne allen Anlass von der Arbeit sich wegwendete und in heftiges Weinen ausbräche. Am 22. März (1834?) machte sie den Versuch, ihre Kleider zu zerschneiden, fiel dann plötzlich auf die Kniee, betete und flehte um Erbarmen; zugleich klagte sie über Leibschmerzen. Nach dem Gebrauche einiger Hausmittel beruhigte sie sich indessen wieder. Ihr Wesen hatte so viel Gewinnendes und Mitleiderregendes, dass nicht allein die Gerichtsbeisitzer öfters zu Thränen gerührt wurden, sondern dass sogar mitgefangene schwere Verbrecher einer um den andern den einen Schilling, welchen sie täglich für kleine Bedürfnisse erhielten, hingaben, um ihr ein Stück Kuchen und dgl. dafür zu verschaffen.

Der begutachtende Arzt nahm die Existenz einer *mania occulta*, hervorgegangen aus der melancholischen Stimmung und der Verhaltung der Regeln an und erklärte sie für unfrei. Die Kieler medicinische Facultät dagegen gab einstimmig ihre Meinung dahin ab, dass die M. St. weder an einer körperlichen, noch psychischen Krankheit gelitten hätte, wohl aber wegen der constitutionell begründeten und durch die erste Erziehung geweckten Präponderanz des Gemüthslebens unter dem fortwährenden Einflusse einerseits der Menstruationsstörung, andererseits entsprechender, nicht absichtlich herbeigeführter Einwirkungen in einen Zustand versetzt wäre, der mit dem Vorsatze und während der Vollführung der Brandstiftung als thätig werdende Anlage zur psychischen Krankheit sich ausspräche und daher die Unbeschränktheit der vernünftigen Selbstbestimmung sehr zweifelhaft machte.

Das Gericht erkannte wegen Brandstiftung und wegen Versuchs zur Abtreibung der Leibesfrucht auf Enthauptung; auf dem Wege der Gnade wurde diese Strafe aber in fünfjährige Zuchthausstrafe verwandelt. Bei der Vorlesung zögerte der Richter mit der Eröffnung der Begnadigung, so dass die St. glauben konnte, dass es beim Todesurtheile bliebe. Sie hörte es ohne die mindeste Bewegung an und nahm die Begnadigung ebenso gleichgültig auf.

Da der Gerichtsarzt in diesem Falle eine verborgene Manie, die Facultät „eine thätig werdende Anlage zur psychischen Krankheit" annahm, was ungefähr auf dasselbe hinausläuft, so kann an der psychischen Abnormität der Uebelthäterin, welche ohnehin aus der Geschichtserzählung deutlich genug erhellt, um so weniger ein Zweifel sein. Auffallend ist es nur, dass Beide über die psychische Krankheit so unbestimmt sich ausdrückten, während doch alle Erscheinungen der Melancholie vorhanden waren. Namentlich waren für diese charakteristisch einestheils die Scene im Gefängnisse, welche eine melancholische Aufregung genau so darstellt, wie wir sie täglich beobachten, anderntheils die Gleichgültigkeit der Kranken gegen ihr ferneres Schicksal und ihre Apathie bei Verlesung ihres Todesurtheils, welche mit ihrer früheren Weichheit im stärksten Widerspruche steht. Trotz dieser Unempfänglichkeit für äussere Gemüthsreize herrschte aber auch bei ihr genau eben so, wie bei allen Trübsinnigen, innerlich ein heftiger, hartnäckiger und unveränderlicher Affect, der stets das Mitleiden Anderer rege machte und bisweilen ohne äussern Anlass zu heftigen Schmerzensausbrüchen Anlass gab.

Als Hauptmotiv der Brandstiftung müssen wir den Geständnissen der Kranken zufolge ihre Absicht, sich selbst recht unglücklich zu machen, ansehen. Die Entstehung eines Verbrechens aus einem solchen Gedanken ist gewiss eine grosse Seltenheit, aber ähnliche Ideen kommen bei Melancholischen sehr häufig vor. Die meisten sogar haben die Neigung, sich in ihren Seelenschmerz absichtlich hineinzuarbeiten, sie suchen Etwas darin, die unglücklichsten aller Menschen zu sein, und gestehen, wenn sie einmal heiter gewesen sind, dies meistens nur ungern und mit einer Art von Scham ein; sie halten es gewissermaassen für ihre Pflicht, immer sehr traurig und unglücklich zu sein, ja Einzelne stellen sich noch gedrückter, als sie sich wirklich fühlen. Eine innere Unwahrscheinlichkeit liegt daher nicht darin, wenn eine trübsinnige Kranke einmal einen Schritt weiter geht und in dem Bedürfniss, sich unglücklich zu fühlen, sich durch eine Handlung wirklich unglücklich macht. Selten genug mögen solche Handlungen indessen sein; mir ist gar kein ähnlicher Fall bekannt, da verunglückte Selbstmordversuche und wenigstens alle mir bekannten Verstümmelungen nicht hierher zu ziehen sind.

Ganz unklar ist es dagegen geblieben, wann die Geistesstörung bei der St. begann. Dies mag um so schwerer zu erforschen gewesen sein, weil die Kranke von jeher eine Anlage zum Trübsinn hatte und da letzterer durch heftige, äusserlich veranlasste Affecte wahrscheinlich zugleich hervorgerufen und zugleich maskirt wurde. Warum die Facultät den Beginn der Geistesstörung mit der Uebelthat gleichzeitig setzte, ist daher nicht wohl einzusehen.

2) **Joh. Krahbenhöft, 33 Jahre alt, Käthner*), Melancholie, Brandstiftung aus Verzweiflung am 10. August 1844 in Cropp** (P. Jessen, Zeitschrift für Psychiatrie, Bd. 2, p. 655; Schleswig-Holsteinische Anzeigen 1846, p. 37.).

J. K. war der Sohn eines Käthners, der früh verstorben, und einer Mutter, welche mehrmals geisteskrank gewesen war. Er selbst wurde einmal als Kind durch einen herabfallenden Holzklotz am Kopf und ein zweites Mal im 15. Jahre durch den Hufschlag eines Pferdes an der Stirn verletzt, welche Verletzungen indessen nur Hautnarben hinterlassen hatten. In Folge der zweiten, wie er meinte, litt er an heftigen Kopfschmerzen, namentlich Sommers, welche ihn manchmal mehrere Tage das Bett zu hüten zwangen. Uebrigens war er gesund und zeigte weder während seiner Schuljahre, noch in seinen späteren Dienstverhältnissen als Knecht und als Soldat etwas Besonderes. Als Soldat hatte er einmal wegen einer dienstwidrigen Klage 10tägige Gefängnissstrafe erlitten.

Im November 1836 bezog er die elterliche Kathe und nährte sich als Tagelöhner. Er war verheirathet und hatte mehrere Kinder. Er ward als ordentlicher und fleissiger Arbeiter gelobt, hatte aber zweimal wegen kleiner Entwendungen an Wagen- und Pferdegeschirr Gefängnissstrafen abbüssen müssen.

Im Frühling 1844 verkaufte er seine Kathe und kaufte sich eine grössere in Cropp, welche er am 1. Mai bezog. Er hatte indessen zu theuer und unter drückenden Bedingungen gekauft, so dass er in Geldverlegenheiten gerieth und von einem Gläubiger sehr bedrängt wurde. Am 11. Juli versicherte er sein Inventar, zu welchem Behuf er wegen Geldmangels seine Uhr versetzte. Die Versicherung war nicht so hoch, dass er durch Abbrennen einen bedeutenden Vortheil haben konnte, aber doch der Art, dass er durch Empfang der Versicherungssumme, so wie durch die von seinem Gläubiger in solchem Falle gewiss bewilligten Fristen, mit Klugheit und gehöriger Benutzung der Umstände Nutzen daraus hätte ziehen können.

Kurz vor, namentlich aber nach dem Kaufe, traten bei K. auffallende Veränderungen der Stimmungen und des Benehmens ein. Er erschien zuerst unstet, unruhig, that sonderbare Fragen und ward nachher still, in sich gekehrt und träge. Das Anerbieten eines Nachbarn, ihm in der Landwirthschaft behülflich zu sein, wies er von der Hand, obwohl er dieselbe weder in so grossem Massstabe, noch auf dem dortigen sandigen Boden zu betreiben gelernt hatte; er behauptete vielmehr, Alles besser zu wissen, sprach von grossen Unternehmungen, betrieb aber Alles verkehrt, wechselte mehrmals mit bedeutendem Schaden durch Kauf und Verkauf seine Pferde, liess diese fast verhungern und betrieb auch rein mechanische und gewohnte Arbeiten so lässig, dass er nicht mehr schaffte, als ein Junge. Zu-

---

*) Kathe wird in Holstein ein kleiner bäuerlicher Besitz genannt.

gleich trank er oft Branntwein, ohne sich indessen zu betrinken. Verwirrt waren seine Gedanken indessen nicht.

Obwohl er sich aus seiner Bedrängniss hätte herausarbeiten können, so versank er doch immer mehr in Unthätigkeit und Trübsinn und that endlich gegen seine Ehefrau die Aeusserung, er „könne kein Loch in der Sache finden und es wäre wohl das Beste, wenn er das Ganze ansteckte." Diese nahm ihm zwar das Versprechen ab, hieran nicht mehr zu denken, dennoch aber schritt er am 10. August Morgens in Abwesenheit seiner Frau, nachdem er sich durch Branntwein etwas aufgeregt hatte, zur Ausführung jener Idee. Er warf eine glühende Kohle in den Torfvorrath, packte einige Kleidungsstücke in zwei Säcke, spannte an, lud die Säcke auf, schloss das Haus zu und fuhr gegen 7 Uhr Morgens weg, nachdem er den Hausschlüssel seiner ältesten Tochter übergeben hatte. Diese begab sich mit den andern Kindern in ein Nachbarhaus.

Bald darauf wurde das Feuer, welches nur für 10 Thlr. Schaden anrichtete, bemerkt und gelöscht. Der Verdacht, es angelegt zu haben, fiel gleich auf K., da mehrere Personen ihn mit den Säcken davonfahrend gesehen hatten. Man verfolgte ihn und traf zuerst seinen Wagen und seine Pferde auf dem Acker, fand dann in einem Haidehaufen die beiden Säcke, deren wenig werthvoller Inhalt die Gefahr, durch sie verrathen zu werden, durchaus nicht aufwog, und gewahrte endlich K. selbst, der aus der Bodenluke eines Nachbarhauses herabsah. Der Aufforderung, nach seinem Acker zu kommen, leistete er Folge, verneinte unterwegs die Frage, ob er wüsste, dass es in seinem Hause brennte, schickte sich aber nicht an, nach Hause zu eilen, obwohl er von dem Auffinden der Säcke und dem gegen ihn gehegten Verdacht noch nichts wusste. Erst auf Geheiss fing er an die Pferde wieder anzuspannen, rannte aber plötzlich davon und verbarg sich in einem Haidehaufen. Als man ihn hervorzog, wandte er sich ab und sagte, man sollte ihn nicht anfassen; als ihm erwiedert wurde, dass er Arrestant sein müsste, antwortete er, das wäre auch einerlei. Auf die Frage, warum er entsprungen, äusserte er, so viele Leute, die ständen ihm so nah, er wüsste nicht, was das zu bedeuten gehabt. Ueber die Säcke befragt, antwortete er, er hätte sie zu seinem (Stief-) Vater bringen wollen, damit er doch Etwas unter der Hand hätte, wenn ihm seine Gläubiger vielleicht seine Sachen abnähmen.

Seiner Frau steckte er später mehrere Papiere zu, welche in einer Police, einem Kaufbriefe und mehreren Lombardzetteln bestanden. Er war verstört und wie verzweifelt, welcher Zustand sich nach seiner Einlieferung ins Gefängniss noch steigerte.

Schon im ersten Verhöre am folgenden Tage gestand er und gab als Grund der Brandstiftung an, es wären so viele Wanzen im Hause gewesen (was allerdings der Fall war), dass er es nicht hätte aushalten und mit seiner Familie keine Nacht ruhig hätte schlafen können.

Ueber sein Davonlaufen äusserte er, er hätte sich das Leben nehmen wollen, aber bedacht, dass er sich dasselbe nicht gegeben, also auch nicht nehmen dürfte; versteckt hätte er sich, um sich, nachdem er sich etwas erholt, selbst anzugeben. Er wäre im Grunde seines Lebens müde und nur deshalb hätte er das Haus angezündet.

Er war in grösster Angst und Unruhe, zupfte oder rieb unaufhörlich, sah scheu, verzerrt aus, das Auge rollte unstet umher, die Pupillen waren sehr erweitert und wenig veränderlich. Der Gang war langsam und schleppend, der Körper vorübergebeugt und ohne Haltung, der Puls unregelmässig und sehr veränderlich, bald 78, bald 120 Schläge machend; die Zunge weisslich belegt, der Appetit gering, der Durst stark, 5—6 dünnflüssige Stuhlgänge täglich, der Schlaf unruhig. Gewöhnlich lag er zusammengekauert, den Kopf an die Bettpfosten gelehnt, im Bette, und spielte mit den Fingern, oder er sass vorübergebeugt auf einer Bank und stützte den Kopf gegen die Wand. Er sprach unaufgefordert nie zu Anderen, häufig aber mit sich selbst von landwirthschaftlichen Gegenständen. Auf Fragen antwortete er entweder gar nicht, oder unpassend.

Am 17. September in die Irrenanstalt gebracht, blieb er in diesem Zustande etwa acht Tage, dann fing er an belebter zu werden und genas bald völlig, so dass er am 26. November entlassen werden konnte. Vom Anfang seiner Genesung an blieb er bei der unglaubwürdigen Behauptung, dass seinem Gedächtniss Alles, was seit mehreren Wochen vor der That geschehen, entschwunden wäre; die Vorhaltung, dass er dadurch seine Sache verschlimmerte und sich als Lügner darstellte, fruchtete nicht.

Die begutachtenden Aerzte erklärten, dass K. wahrscheinlich schon vor der Brandstiftung sich in einem krankhaften Zustande befunden hätte, welcher auf den Entschluss zu dieser That und auf ihre Ausführung nicht ohne Einfluss geblieben sein könnte und dieselbe vielleicht allein oder hauptsächlich veranlasst hätte.

In erster Instanz wurde K. für zurechnungsfähig angesehen und wegen nächsten Versuchs zur Brandstiftung zu zweijähriger Zuchthausstrafe verurtheilt; in zweiter Instanz aber wurde er völlig freigesprochen.

Auch dieses ist eine ganz eigenthümliche und in mancher Hinsicht auffallende Beobachtung. Zunächst liesse sich annehmen, dass K. als ein so dreister Simulant, wie er sich zuletzt zeigte, nicht blos die Vergesslichkeit, sondern auch die andern abnormen Erscheinungen nur simulirt hätte. Die im Gefängniss beobachteten somatischen Symptome liessen sich unter dieser Voraussetzung durch die von Schürmayer beschriebene Präcordialangst des Gefangenen erklären. In der That war es auch den begutachtenden Aerzten wahrscheinlich, dass Simulation und Gerichtsfieber K.'s Benehmen mitbedingten, aber beide Momente konnten selbstverständlich nicht auf sein Verhalten vor und bei der That Einfluss üben. Wollte man auch dieses aus einem Normalzustande ableiten, so müsste man sagen, er hätte aus Reue über seinen unüberlegten Kauf, aus Sorge und Verzweiflung den Kopf verloren und wäre so zu der Brandstiftung getrieben. Dieser Erklärung würde aber der Umstand widersprechen, dass K. schon kurz vor dem Kaufe eine geistige Veränderung hatte erkennen lassen, wonach man umgekehrt seine Unüberlegtheit beim Kaufe einer beginnenden Geistesstörung, zu welcher eine erbliche Disposition vorhanden gewesen, zuschreiben könnte. Wie dem aber auch war, jedenfalls ist gegen den Ausdruck, dass K. den Kopf verloren hätte, nichts einzuwenden, nur muss man dabei bedenken, dass nur der Grad dieses Verlustes einen Normalzustand von einer Geistesstörung unterscheidet, und sich erinnern, dass in manchen Fällen Sorge und Reue die einzigen, nachweisbaren Ursachen einer wirklichen Geisteskrankheit bilden. Bekanntlich ist die Idee, verarmt zu sein, verhungern zu müssen und dgl. bei Trübsinnigen häufig. Steht dieselbe mit den Vermögensverhältnissen der Kranken in entschiedenem Widerspruch, so charakterisirt sie sich ohne Weiteres als Wahn, thut sie das aber nicht, so kann man über ihren Charakter sehr zweifelhaft sein. Ein sehr wohlhabender Mann vornehmen Standes erlitt durch den Kauf eines Ritterguts einen grossen Verlust, verfiel in Trübsinn und wurde (sogar als voraussichtlich unheilbar) in ein Asyl gebracht. Dort erklärte er sich für psychisch gesund und erwiederte auf die Vorhaltung, dass die Idee seiner Verarmung, mit der er sich fortwährend trüge, doch nur ein Wahn sei, ganz verständig, für ihn käme der erlittene Verlust einer Verarmung gleich, denn wenn auch Andere sich trotz desselben noch für wohlhabend halten würden, so würde doch er dadurch verhindert, ferner standesgemäss zu leben und seine Söhne eine entsprechende Laufbahn verfolgen zu lassen. Obwohl sein Zustand dem Krankheitsbilde des Trübsinns völlig und genau entsprach, obwohl er auf rein somatischem Wege (namentlich durch starke Abführmittel) davon befreit wurde, und obwohl die Kunde, dass er von seinen früheren Aerzten sogar als unheilbar betrachtet worden, einen tiefen Eindruck auf ihn machte, so konnte er sich selbst, sogar nach seiner Genesung, nicht völlig davon überzeugen, dass er wirklich geisteskrank gewesen war. Ein anderer Kranker, ein junger Kaufmann, wurde von seinen Angehörigen als wahnsinnig der Heilanstalt übergeben, weil er trübsinnig wäre und sich mit unbegründeten Geldsorgen quälte. Er war allerdings im höchsten Grade gedrückt, nur mit jenem einen Gedanken beschäftigt, unfähig zu jeder anderen Unterhaltung, sowie zu jeder Beschäftigung. Aber in der Hauptsache war er vollkommen im Recht; unglückliche Speculationen hatten ihn wirklich ruinirt; sein Haus fallirte und er verlor Alles. Körperliche Krankheitserscheinungen von Belang waren bei ihm nicht vorhanden, sein Charakter war weich und schwach und sein Tiefsinn verlor sich bald unter aufheiternden psychischen Einwirkungen und fleissiger Körperbewegung. Dieser Kranke hatte allerdings den freien Gebrauch seiner Geisteskräfte, Kopf und Muth so vollständig verloren, dass er selbst zu seiner Versetzung in eine Heilanstalt seine Einwilligung gab, aber dennoch liess er sich willkürlich entweder als geisteskrank, oder als einem heftigen Affect unterlegen ansehen. Die Grenze zwischen Geisteskrankheit und Affect ist in solchen Fällen offenbar verwischt.

Solche Erfahrungen erklären die an dem Krabbenhöft gemachten Beobachtungen vollkommen. Wenn auch die Geldsorgen, wie schon bemerkt, die Verstimmung bei ihm nicht ursprünglich hervorriefen, so nahmen sie ihn doch späterhin vollständig in Anspruch, nährten seinen Trübsinn, lähmten seine Willenskraft, beeinträchtigten seine Ueberlegung und bedingten vorzugsweise seine Handlungen. Dass die Brandstiftung planmässig, die Versicherung behufs derselben geschah, dass K. an allen anderen Mitteln verzweifelnd durch das Verbrechen seine Lage bessern wollte, lässt sich schwerlich bezweifeln, ebenso wenig aber auch läugnen, dass sein Verfahren und Benehmen zweckwidrig und albern, sowie dass er gar nicht der Mann war, die geringen Vortheile, welche die Brandstiftung ihm bedingungsweise in Aussicht stellte, wirklich aus derselben zu ziehen. Pathologisch lässt sich daher sein Zustand auch ohne Benutzung der späteren zweideutigen Erscheinungen im Gefängnisse und in dem Asyle erklären, aber sehr schwierig musste natürlich die Beurtheilung der Zurechnungsfähigkeit werden. Die vorsichtige Fassung des ärztlichen Gutachtens, die entgegengesetzten Urtheile der beiden Gerichte beweisen, dass diese Schwierigkeit allerseits gefühlt wurde; die Frage aber, welche Ansicht die richtige gewesen, lässt sich bekanntlich nicht discutiren; jeder Leser muss sich dieselbe daher selbst beantworten. Schliesslich ist noch zu bemerken, dass in diesem Falle ein normales, sogar rein egoistisches Motiv vorhanden war, wodurch aber dennoch, wie man sieht, die Geistesstörung nicht ausgeschlossen wurde.

3) Chr. Gries, 25 Jahre alt, Schneidergeselle, Melancholie, Brandstiftung aus Verzweiflung am 5. August 1828 (Schütz, Henke's Zeitschrift 1829, p. 151.).

Chr. Gr. war aus einer Familie, in welcher psychische Krankheiten mehrfach vorgekommen waren; sein Vater war 8 Jahre lang gemüthskrank gewesen und seine ältere Schwester Regine mit fixen Ideen behaftet. Er war, nachdem er die Schule ohne viel Erfolg besucht hatte, im 14. Jahre bei einem Schneider in die Lehre gekommen und später auf die Wanderschaft gegangen. Im 19. Jahre hatte er, wie er sagte, einmal in B. mit einem Kalbe Sodomie getrieben und seitdem fortwährend an Pollutionen gelitten; beide Angaben blieben aber zweifelhaft. Von Gewissensbissen verfolgt, verliess er B. und arbeitete noch ½ Jahr in Durlach. Hier magerte er ab, liess sich einreden, dass er schwindsüchtig wäre und wurde insbesondere durch einen Quacksalber sehr ängstlich gemacht, der ihm ein wirkungsloses Mittel mit den Worten gab, wenn ihm dies nicht in einem Jahre hülfe, müsste er sterben. In beständiger Todesfurcht kehrte er nach Hause zurück, gab das Arbeiten auf, klagte darüber, dass er seine Arbeiten „im Kopfe nicht mehr zusammenbringen" könnte, betete viel, lag zwei Tage, ohne zu essen und zu sprechen, im Bette und dgl. m. Dieser Melancholie folgte gegen Ende 1822 ziemlich plötzlich ein Anfall von Manie; er glaubte, seine Mutter wollte ihr Haus anzünden und schickte sich an, sie mit einem Tische zu erschlagen. Er machte nun die tollsten Streiche, wurde gewaltthätig und zerstörungssüchtig, ass rohe Fische und Käfer, trank seinen Urin, war fortwährend in Bewegung, äusserte sich indessen noch ziemlich verständig. Zugleich litt er an Schlaflosigkeit und trockenem Hüsteln und magerte ab. Er wurde nun zuerst unter Aufsicht eines Zimmermanns Huber gestellt, der ihn band, prügelte und durch Misshandlungen den Erregungszustand unterhielt, endlich aber am 1. August 1823 in die Irrenanstalt zu Zwiefalten geschickt, wo er unter milder Behandlung und zweckmässiger Beschäftigung bis zu seiner Entlassung am 24. April 1824 keine krankhaften Symptome blicken liess; nur die fraglichen Pollutionen wurden arzneilich behandelt.

Nach der Entlassung trat nach und nach wieder ein deprimirter Zustand ein; er klagte über Kopfschmerzen, liess alle 2—3 Monate zur Ader, fühlte sich darnach stets etwas erleichtert, wurde aber im Ganzen immer kränker. In den Jahren 1824—26 wanderte er wieder als Geselle, blieb aber nirgends lange, wahrscheinlich weil er vieles Wandern gegen die Pollutionen heilsam hielt. Endlich ging er aus Stuttgart mit Zurücklassung seines Wanderbuchs fort und wurde deshalb um Michaelis 1826 als Vagabund in seine Heimath zurückgeliefert.

Da inzwischen seine Mutter gestorben war, lebte er mit seiner Schwester Regine in dem nun den Geschwistern gehörenden Hause. Jene zog aber schon in demselben Winter aus, weil sie fürchtete, dass ihr Bruder, der Drohungen gegen sie ausstiess, ihr etwas zu Leide thun möchte. Er lebte nunmehr allein im Hause, besorgte seine Küche selbst, arbeitete bei den Leuten, die ihm Arbeit gaben, lag aber auch nicht selten mehrere Tage im Bette oder ging müssig an einsamen Orten umher. Im Frühling 1827 hatte er wieder einen Anfall von Manie, wobei er neben anderen Zerstörungen namentlich eine Menge Kleidungsstücke, theils ihm, theils seiner jüngeren Schwester gehörig, verbrannte. Wegen des der letzteren zugefügten Schadens in das Ortsgefängniss gesetzt, warf er seine Weste in den Ofen. Einen Grund dieser widersinnigen Handlungen konnte er später nicht angeben, bald sagte er, er hätte gedacht, das müsste so sein, bald, er hätte das Feuer an den verbrannten Kleidern sehen wollen, bald endlich, er hätte sich nicht anders zu helfen gewusst, er hätte es nicht aus Rache, sondern in einem Anfall von Wahnsinn gethan, indem er längere Zeit nicht zur Ader gelassen; nachdem dies geschehen, wäre ihm besser geworden. Im Sommer ging es ihm in der That besser; doch blieb er wunderlich, lachte nicht selten ohne Anlass und schlief aus Furcht vor Pollutionen und in Ermangelung seines von ihm verbrannten Bettes in knieender Stellung, den Kopf auf eine Truhe gestützt.

Seine Schwester Regine, welche schon mehrmals bei ihm einzuziehen verlangt hatte, kam endlich am 3. August zu ihm und erklärte ihm, sie würde am 5. einziehen; er willigte darein unter der Bedingung, dass sie ihren Antheil an den Baureparaturen mit 20 Kreuzern bezahlte. Während des Gesprächs sah er nicht, wie sonst, ihr ins Gesicht, sondern zum Fenster hinaus, wo er seinen früheren Zuchtmeister Huber umhergeben sah; als seine Schwester seine Forderung abschlug, erwiederte er kurz: „Wart' nur."

Am 3. und 4. arbeitete er zu Hause an einem Rock, den er am 4. Abends ablieferte. Hierauf trug er zwei Bündel Reisig unter das Dach und las dann in der Bibel und im Gesangbuch; am 5. früh zündete er die Reisigbündel an und sprang darauf von plötzlichem Schrecken ergriffen zum Fenster hinaus und in den Wald. Erst hier wurde er durch die Kälte darauf aufmerksam, dass er nur mit Beinkleidern und Hemd bekleidet war, und gegen Abend, als er bedachte, dass er im Walde erfrieren würde, dass ihn Niemand ohne Ausweis aufnehmen dürfte und dass man ihn „ausschreiben" würde, meldete er sich selbst dem Gerichte als Brandstifter.

Die Motive seiner That waren ihm, namentlich anfangs, durchaus unklar; zuerst gab er an, die früher von seiner Schwester veranlassten und von Huber ausgeführten Misshandlungen hätten einen Hass gegen sie zurückgelassen, so dass er ihr Einziehen um jeden Preis hätte verhüten wollen; später aber klagte er, dass die Schneidermeister ihn wegen unberechtigten Arbeitens verklagt, ihm dadurch die Möglichkeit des Verdienens genommen hätten, dass er ebenso wenig von der Polizei einen Ausweis behufs ferneren Wanderns hätte erhalten können; dadurch wäre er in Verzweiflung gerathen, und als nun seine Schwester, die er freilich nicht grade gefürchtet hätte, wieder bei ihm einziehen und die Reparaturkosten nicht hätte bezahlen wollen, hätte er gedacht, was nun noch aus ihm werden sollte und hätte seiner Verzweiflung auf irgend eine Art Luft machen müssen. Es wäre ihm aber nicht recht im Kopf gewesen, sonst hätte er ja nicht so gegen seinen eignen Vortheil gehandelt, und er hätte die That deshalb auch gleich bereut. Wie ihm eigentlich gewesen, könnte er gar nicht beschreiben, als dass er in solchem Zustand der Verzweiflung wäre und sich nicht zu helfen wüsste und dann dumme Sachen machte. Die Zeugen bestätigten seine Aussagen und seine Schwester Regine erklärte, selbst wenn ihr Bruder einen Mordversuch gegen sie gemacht hätte, würde sie doch sagen, dass er unschuldig wäre, da er in seiner Narrheit einmal den Gedanken in sich habe fest werden lassen, dass ihr etwas Leides geschehen müsste. Wenn ihr Bruder in seinem rappelköpfischen Zustande sie gescholten oder bedroht und sie ihm das nachher vorgehalten hätte, so hätte er jedesmal gesagt: „Ach, es war mir gewiss nicht ernst!"

G. war ziemlich mager, das Gesicht etwas eingefallen, blass, öfters von flüchtiger Röthe übergossen, die Augen meistens geröthet, der Blick matt, schwermüthig, der Kopf meist warm, die Extremitäten kühl, der Puls klein, härtlich, sehr veränderlich, durch jeden Gedankenwechsel in seiner Frequenz abgeändert. Er klagte über klopfende Schmerzen im Vorderkopf, über Schwindel, namentlich beim Bücken und Aufrichten, so dass es ihm schwarz vor den Augen würde und er sich anhalten müsste, über Beängstigung, trägen Stuhlgang, unruhigen Schlaf mit lebhaften Träumen und über Pollutionen, deren Vorkommen objektiv sich aber nicht bestätigte. Seine Stimme war weinerlich, leise und schwach, seine Rede abgebrochen, bei jeder Unterredung weinte er, beständig las er in der Bibel; er machte den Eindruck eines tief Melancholischen. Seine Intelligenz dagegen war ziemlich ungestört.

Der Arzt erklärte ihn für geisteskrank und unzurechnungsfähig; das Gericht sprach ihn frei und stellte das Weitere polizeilicher Verfügung anheim.

Dieser Krankheitsfall hat mit dem vorigen offenbar eine Aehnlichkeit, die bei genauerer Betrachtung ziemlich gross erscheint. In dem Grade der Erkrankung ist allerdings ein grosser Unterschied und dem entsprechend erscheint die Handlungsweise des Gries viel verkehrter, als die des Krabbenhöft. Beide hatten indessen ein ähnliches Motiv, nämlich die völlige Rathlosigkeit und Verzweiflung. Beide handelten unter dem Druck äusserer, widerwärtiger Umstände, Beide beabsichtigten, sich diesen Umständen zu entziehen, konnten aber in Folge ihres thörichten Verfahrens nur eine Verschlimmerung ihrer Lage erreichen. Berücksichtigt man, dass der Eine die Grenze des Wahnsinns eben erreicht, der Andere sie längst überschritten hatte, so erscheinen ihre Zustände nur gradweise von einander verschieden, und es lassen sich noch eine Menge Zwischenstufen erwarten, von denen indessen in der Literatur keine Beispiele sich auffinden liessen.

4) **Michael Karl, 32 Jahre alt, Bauernsohn, Melancholie, Brandstiftung am 18. Juni 1843 (Miller in Henke's Zeitschrift. Bd. 48, p. 431.).**

M. K. war der Sohn gesunder, wohlhabender Eltern; sein Grossvater und eine Schwester seines Vaters hatten an Geisteskrankheit gelitten. Er selbst war stets körperlich gesund gewesen und hatte die Schule mit Erfolg besucht, war aber immer wortkarg, mürrisch, still und zurückgezogen. Später beklagte er sich oft, dass seine Eltern seinen Bruder ihm vorzögen, mehr Geld auf ihn verwendeten und ihm das Anwesen zudächten.

Im Jahre 1840 trat er, weil er sich mit seinem Vater nicht mehr vertragen konnte, bei einem Schuhmacher in Dienst, in welchem er einige Monate ganz verständig sich benahm. Im April aber erlitt er eines Tages auf dem Felde einen Anfall von Geistesstörung. Als er nämlich auf Geheiss einen Sack holte, brach er plötzlich in schallendes Gelächter aus, warf den Sack mehrmals in die Höhe, lief auf seinen Dienstherrn zu und sagte: „Ich muss die arme Seele des Bruders meines Vaters erlösen; lieber Herr, ich habe Euch gerne!" Dabei suchte er Jenen zu umarmen.

Da er von diesem Augenblicke an Alles verkehrt machte, so wurde er seines Dienstes entlassen. Er ging hierauf nach Hause, lachte aber immerfort und redete verwirrt. Bald indessen wurde er still, in sich gekehrt, menschenscheu, verrichtete aber noch ein ganzes Jahr willig und folgsam seine Arbeit. Oft besuchte er die Kirche, ging jedoch in derselben nie weiter, als bis in das Glockenhaus, wo er sich gewöhnlich in einen Beichtstuhl setzte.

Dieser Zustand nahm allmählig zu, er brach oft in Thränen aus und äusserte bisweilen: „Ich werde halt nimmer recht; mir ist nicht mehr zu helfen." Seit zwei Jahren liess er gänzlich von der Arbeit ab, brachte die meiste Zeit starrblickend und unaufhörlich blinzelnd im Bette zu und stand nur zu den Mahlzeiten auf, welche er von den Seinigen abgesondert und allein einnahm; zugleich schwieg er immer hartnäckiger, äusserte oft wochenlang keine Sylbe und beantwortete Fragen nur sehr selten, dann aber verständig. Bisweilen ging er schweigend auf das Feld um die Ochsen zu hüten, bisweilen jammerte er auch wohl über seinen Zustand und klagte weinend, der

Kopf thäte ihm weh, er wäre halt kein Mensch mehr. Sein Gang war immer langsam, häufig seufzte er.

Am 18. Januar Vormittags sah ihn ein 9jähriges Mädchen aus seinem elterlichen Hause kommen und mit einem Topfe, in welchem Feuer war, in den Stall des Nachbarn gehen. Sie belauschte ihn dort und sah, dass er einen Spahn an dem Feuer anbrannte und damit das Heu entzündete. Hierauf warf er den Topf auf die Tenne, lachte laut auf und sagte für sich: „Euch geschieht es ganz recht," worauf er ins Feld ging.

Vor Gericht antwortete er auf jede Frage „Das weiss ich nicht." Weiter war nichts aus ihm herauszubringen. Der untersuchende Arzt fand seine Gesichtsfarbe blass, den Herzschlag langsam und träge, die Haut kalt, den Stuhlgang sehr träge, den Schlaf ruhig. Er stand oft stundenlang auf einer Stelle, mit der Schulter angelehnt, oder sass auf dem Bette mit gesenktem Kopf und starrem Blick. Mitunter schlich er stumm mit niedergeschlagenen Augen an den Wänden seiner Zelle hin. Die Geschlechtstheile waren normal entwickelt, die Hoden indessen nur sehr klein.

Der Arzt erklärte ihn für melancholisch und für gänzlich unzurechnungsfähig. Das Erkenntniss ist nicht mitgetheilt.

Die Behauptung, dass in der Starrsucht *(melancholia attonita)* Uebelthaten ausgeübt werden können, klingt fast paradox und doch ist dies, wie man sieht, möglich. Indessen könnten solche Vorgänge doch nur dann unser Erstaunen erregen, wenn wir verschiedene Formen der Regungslosigkeit unterscheiden und jeder derselben eine gewisse Constanz zuschreiben wollten. Der Grad der Regungslosigkeit ist aber bei fast allen solchen Kranken ein wechselnder, er nimmt bald zu, bald ab und zwar bei verschiedenen Kranken innerhalb sehr verschiedener Grenzen und Zeiträume. Einzelne Kranke können sogar innerhalb weniger Minuten von der Catalepsie zur Tobsucht überspringen. Grade so war auch in diesem Falle der Verlauf; bald war der Kranke starrsüchtig, bald schlich er umher, bald klagte er, bald hütete er die Ochsen, befand sich also wechselnd in verschiedenartigen Zuständen. Dies machte ihm die Ausführung der Uebelthat möglich. Ganz unklar sind dagegen seine Motive geblieben; da er über dieselben gar keine Auskunft gegeben hat, so ist es nutzlos, Muthmassungen darüber anzustellen.

Ueber die *melancholia attonita* hat vor einigen Jahren unter französischen Psychiatern eine lebhafte Discussion stattgefunden, welche zwar nicht zu bestimmten Resultaten geführt hat, hier aber behufs der Erläuterung der nächstfolgenden eigenthümlichen Krankheitsfälle wieder aufgenommen werden muss. Es handelt sich nämlich dabei um die richtige Erkenntniss einer Krankheitsform, für welche mir der Name **stupide Melancholie** am passendsten scheint und welche nach meiner Meinung bis jetzt sowohl in der Pathologie, als namentlich auch in der gerichtlichen Medicin zu wenig beachtet ist. Ich halte es daher für nöthig, einige Bemerkungen über diese Krankheitsform vorauszuschicken.

Esquirol*) hatte bekanntlich die herkömmliche Bedeutung der Melancholie, nach welcher ihr Charakter in einer schmerzlichen Gemüthsverstimmung bestand, umgeändert und den fixen Wahn zum Charakter sowohl der Melancholie, welche er auch Lypémanie nannte, als der Monomanie gemacht. Diese beiden Unterarten sollten sich durch Exaltation und Depression von einander unterscheiden, so dass also die Melancholie ein partieller Wahnsinn mit traurigen Ideen, die Monomanie ein partieller Wahnsinn mit heiteren Ideen sein sollte. Da nun die *melancholia attonita* eine allgemeine Ideenverwirrung und nicht blos einzelne Wahnideen im Gefolge hat, so konnte sie nicht mehr zur Melancholie oder Lypémanie Esquirol's gerechnet werden und wurde deshalb von den französischen Psychiatern als besondere Krankheitsgattung unter dem Namen *stupidité* beschrieben. Nun hatten aber mehrere Psychiater, namentlich Baillarger, von Genesenen die Auskunft erhalten, dass sie während ihres starrsüchtigen Zustandes an schrecklichen Vorstellungen und an Hallucinationen gelitten hätten; darauf hin glaubte Baillarger *(Annales médico-psychologiques* 1853, p. 251 ff.) die *stupidité* als *mélancolie avec stupeur* der Melancholie (zuerst im Sinne Esquirol's, später in einer allgemeineren Bedeutung) unterordnen zu müssen. Es erhob sich darüber ein Streit, der aber deshalb unfruchtbar bleiben musste, weil seine Entscheidung offenbar nur von einer immerhin willkürlichen Definition des Begriffes Melancholie abhängt. Thatsächlich wurde nur der Umstand festgestellt, dass genesene Starrsüchtige nicht immer innerer Vorgänge sich erinnern, sondern bisweilen gradezu angeben, sie hätten **nichts** gedacht. Dies wurde namentlich von Sauze (an der eben citirten Stelle p. 344) geltend ge-

---

*) Esquirol, Die Geisteskrankheiten. Deutsch von Bernhard. Berlin 1838. Th. I, p. 234 ff. Th. II, p. 1 ff. Die oben gebrauchte Terminologie ist die in Deutschland übliche, nach welcher Monomanie und partieller Wahnsinn gleichbedeutend sind.

macht, welcher einen überzeugenden Krankheitsfall der Art veröffentlichte; auch ich kann die Richtigkeit jener Thatsache nach eigener Erfahrung bestätigen. Viel beweist dieselbe indessen nicht; die Kranken können ihre inneren Erlebnisse blos vergessen haben, wie es öfters (z. B. auch bei der Manie) vorkommt.

In Deutschland hat man dagegen den Namen *melancholia attonita* seit Jahrhunderten unverändert beibehalten; da man die Gemüthsdepression als wesentlichen Charakter der Melancholie ansah und diese bei den Starrsüchtigen vorhanden ist, so war zu einem Namenwechsel keine Veranlassung. Im Gegentheil musste es bedenklich scheinen, die Melancholie und die Starrsucht generell von einander zu scheiden, weil die letztere gewöhnlich, ja vielleicht ohne Ausnahme*), aus der ersteren sich entwickelt, und daher nicht selten als deren höchste Steigerung sich darstellt.

Aber die Starrsucht entwickelt sich nicht immer aus dem gewöhnlichen Trübsinne, sondern auch aus einer anderen Abart der Melancholie, welche meines Wissens zuerst Rénaudin**) als *Lypémanie stupide*, gemäss der in Deutschland üblichen Terminologie also als *Melancholia stupida* beschrieben hat. „Wenn wir, sagt er, vom Standpunkte des gewöhnlichen Lebens aus genau untersuchen, in welchem Zustande wir uns befinden, wenn wir entweder, unsere Beziehungen zu der Aussenwelt unterbrechend, unter dem Einflusse einer Suspension aller Fähigkeiten stehen, oder wenn wir bei Wahrnehmung eines aussergewöhnlichen Ereignisses oder durch die Mittheilung einer unvorhergesehenen Neuigkeit bestürzt werden, so haben wir ohne Zweifel die Elemente des Stupors, das Prototyp dieses Zustandes vor Augen. Diese momentane Suspension jeder psychischen Manifestation, dieser vorübergehende Torpor, gegen welchen der kräftigste Wille oft ohnmächtig ist, ist gewiss nur der erste Grad der stupiden Melancholie, deren Ursachen sehr verschieden sind. Die vage und unbestimmte Traurigkeit, der abstracte und doch, als ob er begründet wäre, unwider-

---

*) Ausgenommen sind vielleicht die Fälle, in welchen die Starrsucht sehr rasch oder selbst ganz plötzlich in Folge körperlicher Erkrankungen oder heftig erschütternder Affecte auftritt. Beispiele ihrer Entwicklung aus *melancholia tristis* und *stupida* siehe bei Baillarger *Annales médico-psychologiques* 1843, I. pag. 79 ff.

**) Nach einem Citat von Baillarger (*Annales médico-psychologiques* 1853, p. 253) im *Rapport sur l'Asile de Fains* 1846, p. 78.

stehliche Kummer ist für diese Varietät des Deliriums dasselbe, wie die Furcht für die Panophobie.*) Ich fürchte mich, antwortete der Panophobe; ich bin traurig, würde die ganze vom Stupiden zu erhaltende Erklärung sein, wenn er einige Worte zu sprechen vermöchte. Die Stupidität wird also meistens eine zur Krankheit gewordene Traurigkeit sein. Wie oft ist man traurig, ohne zu wissen, warum; die Wirkung des Denkens ist suspendirt; die Beziehungen zur Aussenwelt existiren kaum; es ist nur ein Traum im Wachen. Falls ein heftiger Reiz uns trifft, haben wir Mühe, diesen Torpor abzuschütteln, dessen Grund aufzufinden uns selten gelingt. Wenn man in diesem Zustande ist, erscheint man zerstreut, man antwortet mit Mühe, jede Conversation ermüdet und das Schweigen, welches man bewahrt, hängt von einer Art instinctartiger Indolenz ohne wahrnehmbare Ursache ab. Trägt man die Farben etwas stärker auf, setzt man einige Nuancen hinzu, so hat man den stupiden Melancholiker, geisteskrank ohne Delirium, automatisch ohne Selbstthätigkeit in Folge einer wohl charakterisirten Gemüthsdepression. Ein Grad weiter und wir gelangen zur delirirenden Stupidität, deren Grundidee oft schwer zu charakterisiren ist; der Kranke concentrirt sein ganzes Delirium in sich und nur, wenn er seine absolute Stummheit bricht, kann man genaue Rechenschaft geben über die Täuschungen der Wahrnehmung und des Urtheils bei diesen unglücklichen Kranken, bei welchen man mitunter eine allgemeine Lähmung zu diagnosticiren versucht ist."

Hiernach wäre also die stupide Melancholie dem Trübsinne zuzurechnen und von dessen gewöhnlicher Form nur durch einen besonders hohen Grad von Stupor zu unterscheiden. Für manche Fälle ist diese Darstellung gewiss richtig, wenigstens sieht man die Starrsucht nicht selten aus einem Zustande sich entwickeln, bei welchem ein hoher Grad von Unbesinnlichkeit mit schmerzlichen Affecten sich verbindet, aber damit ist natürlich keineswegs bewiesen, dass die *melancholia attonita* jedesmal oder doch in der Regel auf einem schmerzlichen Affect beruht, vielmehr wird dies von anderer Seite grade für die Mehrzahl der Fälle in Abrede gestellt „Stupidität, sagt Fr. Hoffmann (Zeitschrift für Psychiatrie 1859 p. 90), ist ein besserer Name — als *melancholia attonita*.

---

*) Panophobie nennt man den Zustand, in welchem die Kranken vor jedem äussern Vorgange (z. B. vor einem blossen Blicke) erschrecken.

Es ist ein Zustand von Erkältung, Erschlaffung oder öfter noch von anscheinender Congestion, von Betäubung mit den entsprechenden Geberden und Reflexactionen. Die Gefühlsseite ist dabei nur in den seltneren Fällen melancholisch erregt, sie ist vielmehr abgestumpft, wie die Intelligenz, wie die Alacrität des Geistes. Es ist im Wesentlichen ein Zustand acuter Dummheit und Verblüfftheit, der bald als Krankheitsindividualität, bald vorübergehend symptomatisch in andern Psychosen auftritt."

Abgesehen von dem Urtheile über die relative Häufigkeit der Fälle muss ich mich Hoffmann's Ansichten anschliessen; auch ich habe Starrsüchtige beobachtet, an welchen ich keine schmerzliche Verstimmung bemerken konnte. Diese Verstimmung hat demnach für die *melancholia attonita* keine pathognomonische Bedeutung, ihr Fehlen berechtigt uns aber dennoch nicht, die Starrsucht von der Melancholia generell zu trennen. Vielmehr giebt sich bei dieser Krankheitsform vor Allem eine starke Depression des Gemüths zu erkennen, ja man darf behaupten, dass diese ihr Maximum erst dann erreicht, wenn alle und jede natürlichen krankhaften Gefühle, Interessen und Thätigkeitsantriebe geschwunden sind. Logisch ist gewiss nichts dagegen einzuwenden, wenn man die Lähmung des Gemüths als das Resultat eines Maximums seiner Niederdrückung (Depression) bezeichnet; aber auch pathologisch betrachtet ist dies, wie schon oben gezeigt, nicht minder richtig, da die Starrsucht auf der Höhe des Trübsinns sich einstellen kann, ohne dass die Fortdauer des schmerzlichen Affectes nothwendig wäre. Daraus folgt, dass für die Melancholie ohne Angst, für welche wir bis jetzt nur die ungenauen Namen *melancholia tristis*, Lypémanie, Trübsinn haben und zu welcher nach Obigem auch die Starrsucht gehört, nicht schmerzliche Affecte, so oft sie auch vorkommen, sondern Hemmung oder Lähmung der Gemüthsthätigkeit wesentlich charakteristisch sind.

Um diesen Satz, der nicht ohne Wichtigkeit für die gerichtliche Medicin ist, noch auf anderem Wege zu erweisen, muss ich an eine andere Abart der Melancholie erinnern, welche sich wohl am besten als apathische Melancholie bezeichnen lässt; Fr. Nasse hat dieselbe (Zeitschrift für Psychiatrie 1847 p. 550; 1849 p. 369) unter dem Namen „Gemüthslosigkeit" beschrieben, welcher aber nicht in Gebrauch gekommen ist. Er warf dieselbe zuerst mit der *moral insanity* der Engländer zusammen, welche der *monomanie instinctive* und *raisonnante* der Franzosen synonym ist, theilte aber später zwei Krankheitsfälle mit, welche so ziemlich dem entsprachen, was man sonst wohl Willenlosigkeit (Abulie) genannt hat. Die apathische Melancholie hat zum wesentlichen Charakter eine krankhafte affectlose Indolenz, eine grosse Abschwächung aller gemüthlichen und geistigen Interessen, kurz eine Erschlaffung des Gemüths, welche wiederum eine grosse Trägheit des Denkens und der Bewegungen nach sich zieht. Das Denken ist oftmals bis zu dem Grade verlangsamt, dass die Gedanken der Kranken mitunter völlig stillzustehen scheinen und dass es dem Beobachter so vorkommt, als dächten sie während angebbarer Zeiträume gar nichts; das Gedachte selbst ist aber verständigen, wenn auch nur trivialen Inhalts; die Kranken sind weder verwirrt, noch betäubt, noch mit fixen Ideen behaftet. Handlungen nehmen sie möglichst selten vor; ihre leiblichen Bedürfnisse befriedigen sie zwar, wenn es ihnen bequem gemacht wird, der Erwerb aber kümmert sie ebenso wenig, wie überhaupt das Schicksal der Ihrigen; ausserdem lassen sie sich auch wohl zu einer bequemen Geselligkeit herbei, bei welcher sie nichts zu denken brauchen. Ich habe unter anderen lange Zeit einen solchen Patienten beobachtet, einen älteren Mann, dessen Beschäftigungen in Essen, Trinken, Schlafen, Karten- und Billardspielen, Rauchen, Besehen der Bilder in Bünden der illustrirten Zeitung und in einer Conversation bestanden, bei welcher er seine Gesellschafter, deren Beschaffenheit ihm völlig gleichgültig war, durch gelegentliche Fragen im Sprechen zu erhalten suchte, so dass er nur zuzuhören brauchte. Jeden Tag nahm er zu derselben Stunde dasselbe vor; sein Gesichtsausdruck war fast unabänderlich leer und schlaff; kurz er erinnerte lebhaft an einen regelmässig ablaufenden Automaten. Ganz analog sind die von Nasse mitgetheilten beiden Krankheitsfälle, namentlich der zweite. Solche Kranke könnte man allenfalls als willenlose bezeichnen, wenn man dabei nur an ihre Unfähigkeit denken wollte, Entschlüsse zu fassen und aus eigenen inneren Antrieben zu handeln; wollte man sich aber vorstellen, dass sie gegen einen fremden Willen durchaus nachgiebig seien, so würde man sich von ihnen ein ganz falsches Bild machen, denn die *vis inertiae* ist bei ihnen sehr gross und Versuche, sie aus ihrer trägen Ruhe zu bringen, bilden bisweilen den einzigen Reiz, welcher ihr Gemüth noch in Wallung bringen kann. Uebrigens kommt eine ähnliche Gemuthserschlaffung auch in Folge krankhafter schmerzlicher Affecte vor.*)

Wir sehen also auch hier wieder eine Hemmung der Gemüthsthätigkeit, welche sowohl von schmerzlichen Affecten, als auch von Verkehrtheiten des Denkens unabhängig ist und daher den Grundcharakter der Melancholie gewissermaassen rein darstellt. Der apathische Zustand kann sich nun aber compliciren mit verschiedenen anderen Störungen der Seelenthätigkeiten, unter denen hier namentlich eine Abstumpfung und selbst eine eigenthümliche Perversität der Intelligenz hervorzuheben ist. Alle solche Depressionszustände, bei denen eine Abstumpfung der Gemüthsthätigkeit und eine Benommenheit des Denkens besonders hervortreten, schmerzliche Affecte aber und Perversität des Denkens entweder ganz fehlen, oder in den Hintergrund treten, möchte ich unter dem Namen stupide Melancholie zusammenfassen. Der Begriff derselben würde demnach mit dem der *Lypémanie stupide* Renaudin's in sofern zusammenfallen, als er alle Grade von Stupidität von der Norm bis zur Starrsucht umfasst, sich dagegen von letzterem dadurch unterscheiden, dass er alle Depressionszustände und Hemmungen des Denkens, welche wesentlich durch das Vorherrschen eines traurigen Affectes hervorgebracht werden, ausschlösse. Diese letztgenannten Zustände glaube ich dem Trübsinne zurechnen zu müssen, denn beide Krankheiten können zwar bis zur Starrsucht anwachsen, aber im Beginne findet sich beim Trübsinne nur eine Zerstreutheit, Unaufmerksamkeit, Versunkenheit, welche den Kranken die grösste Aehnlichkeit mit tiefbetrübten Gesunden giebt, bei der stupiden Melancholie dagegen gewahrt man schon sehr früh eine eigene Unbesinnlichkeit, derjenigen ähnlich, welche durch heftige Kopfschmerzen u. dgl. hervorgebracht wird. Dass zwischen beiden Arten der Melancholie zahlreiche Mittelformen vorkommen, versteht sich von selbst, aber dass die stupide Melancholie, wenn sie sich recht rein ausprägt, einen eigenthümlichen Typus annimmt, wird

---

*) In Folge der Präcordialangst entwickelt sich bisweilen in den Kranken eine grosse Gleichgültigkeit gegen gemüthliche Eindrücke, welche dieselben als gänzliche moralische Verstocktheit sich selbst vorzuwerfen pflegen. Bisweilen klagen solche Kranke ausdrücklich darüber, dass sie nicht wollen können. Vgl. einen von Billod (*Annales médicopsychologiques* 1847, II. p. 172) mitgetheilten Krankheitsfall.

die folgende Beobachtung lehren, welche zugleich als allgemeines Bild der Krankheitsform dienen kann.

5) N., 19 Jahre alt, deren Mutter geisteskrank war, hatte im 5. Jahre an einer Hirnentzündung gelitten, die keine nachtheiligen Folgen hinterliess. Sie hatte stets ein sanftes, blödes, zurückhaltendes Wesen und war geistig wenig begabt. Körperlich entwickelte sie sich regelmässig, litt indessen von jeher an Verstopfung, die Menstruation trat ohne Beschwerde ein und war regelmässig; seit zwei Jahren bestand ein flechtenartiger Ausschlag an den untern Extremitäten, der beim Beginn der psychischen Störung schwand. Diese selbst trat im 19. Jahre ein. Die Kranke wurde auffallend still, in sich gekehrt, sonderte sich ab, glaubte sich zurückgesetzt, hielt sich für selbständig, wollte das elterliche Haus verlassen, war oft unfolgsam und trat den Befehlen ihres Vaters bisweilen mit Entschiedenheit entgegen. Die Menstruation wurde gleichzeitig etwas unregelmässig und sparsam, der Pulsschlag etwas frequenter. Nachdem sie 14 Tage ohne Nutzen in einer Kaltwasseranstalt zugebracht hatte, wurde sie in ein Asyl versetzt. Hier zeigte sie sich körperlich, bis auf die habituelle Verstopfung, normal, sie war nicht grade abgemagert, aber auch nicht völlig, die Menstruation zeigte sich regelmässig. Geistig erschien sie allen Laien normal; eine gebildete Dame, welche sie in die Kaltwasseranstalt begleitet hatte, stimmte dem Urtheile eines Predigers, der sie dort täglich gesehen hatte, bei, dass die Kranke blos eigensinnig sei, wenn sie auch dessen Vorschlag, sie durch körperliche Züchtigung zu curiren, nicht billigte; ebenso wenig konnte das Aufsichtspersonal des Asyls etwas Abnormes an ihr finden. Dessen ungeachtet war bei ihr die *melancholia stupida* auf den ersten Blick zu erkennen[*]; die Kranke sah benommen aus, ihr Gesichtsausdruck war gleichgültig, fast ohne alles Mienenspiel, sie antwortete verständig, aber höchst einsylbig, nahm kaum von ihrer Umgebung Notiz, arbeitete mechanisch an Handarbeiten fort, äusserte keinen Wunsch, keinen selbständigen Gedanken oder Antrieb, that aber willig, was ihr geheissen ward; von Eigensinn zeigte sie keine Spur, es wurde aber auch selbstverständlich nichts von ihr verlangt, was sie nicht zu thun vermochte. Unter der Einwirkung von psychischer Ruhe, fleissiger Körperbewegung, nahrhafter Diät, Regenbädern und eröffnenden Mitteln wurde sie sehr bald freier, aufgeweckter, theilnehmender und zugleich körperlich sehr stark. In dieser Weise, ohne irgend einen Zwischenvorfall, wich der Stupor allmählig ganz und die Patientin konnte bereits nach drei Monaten als ein recht munteres und sehr lebenslustiges Mädchen genesen entlassen werden. Ueber ihre inneren Zustände wusste sie niemals Auskunft zu geben, sie gab einmal auf Suggestion zu, dass

---

[*] Man sieht daraus, wie überraschend wenig man sich auf das Urtheil von Nichtärzten über Geisteskranke verlassen kann.

sie sich gedrückt gefühlt hätte, was auch dem ursprünglichen Gefühl des Zurückgesetztseins entsprach, die erste Empfindung aber, welche während der Genesung spontan zum Vorschein kam, war Heimweh, welches nicht übertrieben, sondern in jeder Hinsicht normal auftrat. Ob also ein geringer Grad von Trübsinn sich einmischte, konnte nicht entschieden werden, sehr gering war er jedenfalls nur; Wahnideen fehlten entschieden ganz.

Dieser Krankheitsfall ist unzweifelhaft ein Beispiel der reinen stupiden Melancholie, welcher die Erschlaffung des Gemüths, der Thätigkeitsantriebe und zugleich der Denkkraft, kurz alle auch von Hoffmann kurz und richtig angegebenen Charaktere vollständig und so gut wie ausschliesslich aufweist. Die folgende Beobachtung möge als Beispiel anderer ähnlicher Fälle dienen, welche schon complicirter sind und eigenthümliche, wunderliche Gedanken und Handlungen erkennen lassen.

6) M., 19 Jahre alt, ohne erbliche Disposition zu Geistesstörungen, aber von Jugend auf mit Anlage zur *Rhachitis* und *Scrophulosis* behaftet, entwickelte sich geistig sehr langsam, war aber stets ein braves, fleissiges, stilles, gehorsames Mädchen. Je schwerer das Lernen und Begreifen ihr wurde, desto mehr strengte sie sich an, sie war ehrgeizig, aber bescheiden. Im 13. Jahre litt sie an einer beginnenden Coxarthrocace, die aber im Keime erstickt wurde. Im 14. Jahre wurde sie menstruirt, in den ersten Jahren aber ziemlich unregelmässig; in diese Zeit fiel der Tod ihres Vaters. Im 16. Jahre bildete sich allmählig eine Melancholie aus, deren Ursache der behandelnde Arzt gewiss mit Recht in der bestehenden Anämie suchte, obwohl bei sparsamer Menstruation eigentliche Chlorose nicht vorhanden war. Ein Aufenthalt am Rhein und nachher Gebrauch von Eisen beseitigte diesen Krankheitsanfall. In Folge verschlechterter finanzieller Verhältnisse entschloss sich die Patientin, Lehrerin zu werden, was ihre Fähigkeiten gestatteten, wobei sie sich aber geistig sehr anstrengte. Im 18. Jahre (Herbst 1855) zeigte sich eine Aufregung, welche Anfang November fast zur Manie sich steigerte; ausser Stockung der Menstruation bot sie dabei körperlich nichts Abnormes. Aus äussern Gründen zu Hause behandelt, besserte sie sich anfangs, verfiel indessen später in eine geistige Erschlaffung, bei welcher nach und nach ein hoher Grad von Eigensinn und Starrsinn sich entwickelte; dabei wurden die Regeln wieder ziemlich regelmässig. In diesem Zustande wurde sie im Januar 1856 in einem Asyle aufgenommen. Sie war im hohen Grade abgemagert, hatte eine mässige Auftreibung des Unterleibs und gestörten Schlaf, bot aber sonst körperlich nichts Abnormes; die Menstruation setzte nur einmal (im April, auf der Höhe der Krankheit) aus, war aber sonst regelmässig. Die Aussenwelt machte keinen bemerkbaren Eindruck auf sie, ihre Aeusserungen waren spärlich und

obwohl die einzelnen Sätze verständigen Inhalt hatten, im Ganzen ohne Zusammenhang, so dass über Nichts eine klare Auskunft von ihr zu erhalten war. Sie erschien in hohem Grade benommen und gleichgültig. Ihre Handlungen bestanden in einem Zucken und Drehen des Oberkörpers, im Auskleiden, Sichkratzen und Hanthieren mit dem Nachtgeschirr; sie wurde durch diese Handlungen, namentlich durch die letzte, gänzlich in Anspruch genommen und kümmerte sich übrigens um Nichts. Im Verlaufe der folgenden Wochen wurde sie noch betäubter, schweigsam, einsylbig, liess ihre Ausleerungen unter sich gehen und war mehrere Wochen lang von ihrem Nachttopfe, auf welchem sie unbeweglich und ohne je von selbst aufzustehen, sass, nur mit Gewalt zu entfernen. Später trat geringe Besserung ein, die Kranke machte etwas Handarbeit, ging ordentlich spazieren und dgl., fiel aber im Mai bereits wieder in den vorigen Zustand zurück; zugleich trieb sich der Unterleib stark auf und sie klagte über Schmerz tief unten im Leibe. Die innere Untersuchung ergab, dass vom Hymen kaum etwas wahrzunehmen, dass die Vagina sehr weit und schlaff war und dass der Uterus für ein junges Mädchen auffallend tief stand; eigentliche Abnormitäten fehlten indessen; Verdacht auf Onanie bestätigte sich nicht. Unter dem Fortgebrauch namentlich von Leberthran und kalten Sitzbädern besserte sich das Befinden bald wieder, die Auftreibung des Unterleibes schwand und jetzt trat grade derselbe Genesungsprocess ein, wie in dem vorhergehenden Falle; das Denken wurde nach und nach klarer, das Benehmen verständiger und der Körper gewann zugleich eine ungewöhnliche Fülle. Die Kranke zeigte zuerst ein unruhiges, fahriges Wesen und eine nur im Einzelnen verständige, aber unzusammenhängende, stossweise Redeweise, so dass jeder Gedanke plötzlich aufzutreten, sehr rasch sich zu entwickeln, eine entsprechende Handlung hervorzurufen und dann alles Nachdenken eine messbare Zeit zu pausiren schien. Benommen und gleichgültig erschien sie trotz dieses Wesens immer, im December blieb sie sogar aus Trägheit (unter dem Vorgeben von Leibschmerzen, welches sie nachher widerrufen musste) mehrere Tage im Bette liegen; sie verfiel ferner, wenn sie nicht angeregt wurde, oftmals in Gedankenlosigkeit und war nie gemüthlich erregt oder deprimirt. Diese Erscheinungen hielten allmählich abnehmend sehr lange an, die Kranke konnte erst nach fünfvierteljährlicher Behandlung genesen entlassen werden und zeigte selbst in der letzten Zeit noch geringe Benommenheit, Gleichgültigkeit in mancher Rücksicht und einen sonderbaren Wechsel zwischen grosser Rührigkeit und anscheinend gedankenlosem Hinstarren. Sie pflegte z. B., als sie nahezu genesen war und im Sprechen keine Abnormität mehr zeigte, Mittags den Tisch decken zu helfen, was sie mit grosser Behendigkeit vollbrachte; sobald sie aber fertig war, stellte sie sich halb abgewandt und unbeweglich ans Fenster, blickte anscheinend gedankenlos hinaus und nahm von den inzwischen Eintretenden keine Notiz. Auch nach ihrer völligen Genesung war die Kranke nicht im Stande, von ihren früheren Zuständen Rechenschaft zu geben; es fehlte ihr keineswegs an der dazu nöthigen Intelligenz, aber ihre Erinnerungen aus der schlimmeren Krankheitsperiode waren nur sehr unklar*).

Auf den ersten Blick erscheint es unerklärlich, ja ein innerer Widerspruch, dass bei einem Krankheitszustande, dessen Hauptcharakter geistige Erschlaffung ist, ein hartnäckiger Eigensinn und stetige Antriebe zu seltsamen Handlungen vorkommen können. Mir scheint indessen die Erklärung im Allgemeinen durch die Thatsache gegeben zu sein, dass die Geistesstörungen überhaupt vorzugsweise und zuerst die höheren Seelenvermögen beeinträchtigen, die niederen dagegen selten so abschwächen, dass sie nicht durch einen entsprechenden Reiz noch in starke, durch keine inneren Widerstände mehr regulirte Thätigkeit versetzt werden könnten. Während sich z. B. das Gedächtniss gewöhnlich auffallend gut erhält und auch das Unterscheidungsvermögen oder der Verstand oft fast unversehrt bleibt, wird die Fähigkeit zum vernünftigen, logischen Denken meistens schnell ganz oder partiell vernichtet; während die Selbstsucht bleibt, mindern sich die Theilnahme, das Mitgefühl für Andere und das Pflichtgefühl gewöhnlich sehr. Daraus erklärt sich, wie mir scheint, von selbst, dass z. B. das zuerst erwähnte junge Mädchen ihrem übrigens von ihr sehr geliebten und respectirten Vater trotzig entgegentrat und auch gegen andere Personen grossen Eigensinn entwickelte, während sie in dem Asyle, wo alle unzweckmässigen Reize vermieden wurden, ihrem Charakter gemäss stets sanft und folgsam war. Es erklärt

---

*) Vom 14. November 56 findet sich im Krankenjournale folgende, zuverlässig ganz unbefangene Bemerkung: „Bei ihr ist die Intelligenz früher wieder hergestellt worden, als das Gemüth, insoweit diese Seelenthätigkeiten überall trennbar sind. In letzterem herrscht bei ihr noch immer eine Stockung der Thätigkeit; die Haupterscheinung ist eine Art Furchtsamkeit (richtiger wohl Blödigkeit), von Liebe, Theilnahme, Interesse ist noch nicht viel zu spüren; sie ist sich deshalb auch selbst genug und verschwendet Beweise von Liebe, wie sie junge Mädchen einander zu geben pflegen, zumeist an ein solches, dessen krankhafter Zustand wohl Mitgefühl hervorrufen kann, sie aber zur Freundschaft unfähig macht; auch dies ist also mehr eine gewohnte Form, als ein inneres Bedürfniss." Die anfängliche *Melancholia stupida* näherte sich also während der Genesung mehr einer *M. apathica*. Die nahe Verwandtschaft dieser Zustände wird dadurch einleuchtend.

sich daraus, wie schon oben nachgewiesen, überhaupt, dass Kranke ihren auf irgend eine Weise entstandenen Gedanken und Antrieben ohne vernünftigen Widerstand nachgeben; es lässt sich z. B. als wahrscheinlich annehmen, dass die zweite Patientin alle übrigen Rücksichten vergessend, durch unangenehme Empfindungen in den Geschlechtstheilen auf ihrem Nachtgeschirr sich festhalten liess. Aber die Entstehung von an sich abnormen Ideen*) und Antrieben wird uns dadurch nicht erklärt, ebenso wenig vermögen wir also die Handlungen, welche aus ihnen entspringen, zu begreifen. Die nachstehenden Beobachtungen werden Beispiele geben, sowohl von unerklärlichen, ziemlich stetigen Antrieben zum Brandstiften, als auch von solchen Brandstiftungen, welche mehr auf einer gedankenlosen Hingabe an ursprünglich beängstigende Feuergedanken beruhten.

Sehr bemerkenswerth ist endlich noch die Angabe Fr. Hoffmann's (l. c. p. 90), dass er (bei einer vergleichenden Untersuchung von 164 jugendlichen Geisteskranken) im Alter der Pubertätsentwicklung, verglichen mit anderen Altersstufen, „die Stupidität und die primäre *Moria*" überwiegend häufig gefunden habe. Ich kann diese Angabe insofern bestätigen, als ich die niederen Grade der stupiden Melancholie ebenfalls bei jugendlichen Individuen, namentlich weiblichen Geschlechts, am häufigsten gefunden habe; alle meine Kranken waren zwar über das Alter der Pubertätsentwicklung schon hinaus, aber oft in der körperlichen Entwicklung zurückgeblieben und durchgehends mangelhaft ernährt. Bei der Exploration jugendlicher Uebelthäter sollte man daher stets der stupiden Melancholie sich erinnern und daran denken, dass diese Krankheitsform nicht immer sehr augenfällige Symptome, namentlich nicht immer schmerzliche Affecte oder verkehrte Ideen, im Gefolge hat.

7) **Magdalene Klein, 17 Jahre alt, Dienstmädchen, Menstruationsanomalien, stupide Melancholie, sechs Brandstiftungen im Februar 1824 zu Miesenheim**, eine

---

*) Bei grosser Verschlossenheit der Kranken ist die Diagnose zwischen stupider Melancholie und partiellem Wahnsinn bisweilen erst nach längerer Beobachtung sicher zu stellen. Wie sehr verschieden dennoch (Mischformen ausgenommen) beide Zustände sind, zeigt am deutlichsten der Verlauf, welcher bei ersterer Krankheit weit öfterer zur Genesung führt, als bei letzterer.

am 30. Mai 1824 zu Plaidt (Settegast und Ulrich, Henke's Zeitschrift 1825, p. 311.).

M. K., früher ganz gesund, litt nach Eintritt der Menstruation im 15. Jahre an Unregelmässigkeit derselben und zugleich an Kopfweh, Uebelkeit und „Tollheit im Kopf." Diese Beschwerden nahmen sehr zu, nachdem die Regeln seit dem ersten Januar 1824 ganz ausgeblieben waren.

Am 7. Februar trat sie in Dienst des Becher zu Miesenheim und legte daselbst am 12. Februar, am 13. Morgens um 8, Vormittags um 10, Nachmittags um 3 und am 15. Nachmittags um 3 Uhr resp. im Wohnzimmer, im Stalle, in der Wäschkammer und zweimal in der Scheune Feuer an. Da Becher sie für behext hielt, schickte er sie fort, liess sich aber nach 10 Tagen bewegen, sie wieder ins Haus zu nehmen; als indessen am Tage ihres Einzugs (25. Februar) wieder ein Brand zwischen dem Kuh- und Schweinestalle entstand, schickte er sie noch an demselben Abende wieder fort. Alle Brände wurden gleich gelöscht.

Während dieser Dienstzeit sprach die K. fast täglich vom Brande: wenn es läutete, äusserte sie fast immer: „Das ist Brand"; öfter sagte sie ohne Anlass: „Es muss bald brennen." Ihr Dienstherr verwies ihr dies mehrmals; einmal aber fing sie dennoch kurz nachher dasselbe Gespräch mit der Hausfrau wieder an. Uebrigens schien sie verständig, ihre Gutmüthigkeit und ihre tadellose Aufführung wurden allgemein anerkannt; nie hatte sie mit ihrer Herrschaft Streit und beide Eheleute meinten daher später, dass die K., wenn sie die Urheberin der Brandstiftungen gewesen wäre, nicht mit Ueberlegung gehandelt, sondern vermuthlich nicht gewusst hätte, was sie thäte.

Nach zweimonatlichem Aufenthalte im elterlichen Hause trat sie Anfangs Mai in Dienst des Birkenhayer zu Plaidt. Auch hier erwarb sie sich die Zufriedenheit ihrer Herrschaft und zeigte sich dieser auch ihrerseits anhänglich. Man bemerkte hier, dass sie bisweilen stumm und starr auf einen Fleck sah, wenn angeredet aber um sich blickte, als ob sie erwachte, und den Fragenden ganz verstört ansah. Oft sah man sie ferner am Feuerheerde stehen und mit den Feuerbränden spielen; sie machte Feuer an, wenn es nicht nöthig war, und gab, darüber zur Rede gestellt, keine Antwort. Am 25. Mai that sie, als es zu läuten anfing, die ihrer Wortarmuth wegen doppelt auffallende Aeusserung: „Wenn es läutet, so meine ich immer, es brenne."

Am 30. Mai legte sie Feuer im Speicher an, wodurch mehrere Gebäude eingeäschert wurden. Als der Verdacht auf sie fiel, läugnete sie zuerst in sichtbarer Verlegenheit, als man ihr aber bemerklich machte, dass aus ihrem Läugnen für die Eheleute Birkenhayer Nachtheile erwachsen würden, bekannte sie sogleich, doch machte sie Anfangs noch lügenhafte Aussagen. Sie hätte, behauptete sie, Feuer an ihrer Schürze gehabt, sie wäre einer Katze, die Feuer an sich gehabt, mit einem Feuerbrande nachgelaufen und dgl. Diese Geständnisse legte sie zuerst aussergerichtlich vor dem Geistlichen ab, liess bei der Wiederholung derselben auch die Katze, welche ihr ohnehin nur durch eine zufällige fremde Aeusserung suppeditirt war, weg, bekannte auch auf die Vorhaltung, dass die Frau Becher in den Verdacht der Brandstiftung gekommen wäre, die früheren Brandstiftungen in Miesenheim, läugnete aber vor Gericht unter dem Vorwande, zu den früheren Geständnissen durch Versprechungen und Drohungen bewogen worden zu sein, wieder Alles ab. Mit dem Geistlichen confrontirt, legte sie indessen ein aufrichtiges Geständniss ab.

Ueber ihren Zustand nach Aufhören der Menstruation befragt, sagte sie: „Seitdem bin ich so toll im Kopfe und habe beinahe immer Kopfweh; hierüber habe ich jedoch noch nie in Gegenwart von Anderen geklagt; es ist, als wenn der böse Feind in mir wäre; es treibt mich immer zum Feuer und in der Tollheit muss ich das Feuer überall herumlegen, wo es nachher brennt; wenn ich alsdann das Feuer sehe, thut es mir immer leid, dass ich Schuld daran bin." Ferner: „Als ich damals bei meinen Eltern mich aufhielt, war es mir auch immer toll im Kopfe; ich habe aber nicht den starken Drang zum Feueranlegen gehabt. Ich war den Leuten, bei welchen ich in M. und P. diente, ja gar nicht falsch und diese Leute waren mir recht gut und hielten mich, als wenn ich ihr eigen Kind wäre; ich habe es gewiss nicht gern gethan, ich habe, als ich bei ihnen war, so gemusst." Auf die Frage, wie ihr gewesen, wenn sie toll war, antwortete sie: „Dann hatte ich grosse Hitze im Kopfe, empfand Lust zum Brechen, konnte aber nicht brechen und es drehte sich Alles mit mir herum." Ihren Eltern, äusserte sie ferner, hätte sie sich nicht offenbart, weil sie gedacht, diese würden böse auf sie sein und man würde sie für behext ansehen. Auf die Frage, warum sie bei früheren Verhören diese Umstände nicht angegeben, erwiederte sie: „Ich war keinmal so kühn und dachte, ich könnte nie mehr nach Haus." Ihren körperlichen Zustand wollte sie aus Schaam verschwiegen haben.

Sie war gut gebaut, körperlich ziemlich entwickelt, unbefangen und von unschuldigem Wesen; sie gab an, dass zur Zeit ihrer Verhaftung ihr Unterleib dick und steinhart gewesen wäre, dass sie öfters Leibschmerzen, kalte Füsse, Hitze im Kopfe gehabt hätte, durch die Behandlung des Gefängnissarztes aber besser geworden wäre. Anfang Juni wäre sie wieder unruhig gewesen, hätte Feuergedanken gehabt und aus dem Zimmer gewollt, wäre aber aufgehalten worden. Sie hätte sich dann ins Bett gelegt und sich beim Erwachen besser befunden. (Diese Aussagen wurden von ihrer Umgebung bestätigt). Solche Gedanken kämen ihr noch manchmal, doch lange nicht so oft wie sonst, sie hätte dann kalte Füsse, es stiege ihr die Brust hinauf und würde im Kopfe heiss. In Folge einer ununterbrochenen, energischen Behandlung trat am 1. August die Menstruation wieder ein und blieb dann regelmässig. Die Aerzte fanden ihr Aussehen seitdem verändert und sie selbst gab an, dass die verkehrten Triebe seitdem verschwunden wären.

Das ärztliche Gutachten nahm an, dass die körperliche Krankheit Unfreiheit der Seele bedingt hätte, die Geschworenen sprachen die Klein einstimmig und fast ohne weitere Deliberation frei.

Von diesem Krankheitsfalle sagte, wie schon oben erwähnt ward, Richter, man könnte ihn nicht beseitigen, ohne in den Fehler der Gegner zu verfallen, nämlich über die actenkundigen Thatsachen hinaus in das luftige Gebiet der Hypothesen zu schreiten. Er erkannte also an, dass hier ein eigenthümlicher Krankheitszustand vorgelegen hätte und hielt demgemäss die Pyromanie nur für eine grosse Seltenheit, nicht aber, wie sein Nachfolger Casper, für ein blosses Gespenst. Wie der Letztere mit diesem Falle fertig geworden, der so wenig zu seinen Hypothesen passte, hat er uns nicht gesagt; er hat ihn einfach ignorirt, obwohl Richter, von ihm so oft als Autorität benutzt, so bestimmt auf ihn hingewiesen hatte.

Prüfen wir nun an diesem merkwürdigen Krankheitsfalle die verschiedenen, über die Pyromanie aufgestellten Hypothesen, so zeigen sie sich alle als nicht stichhaltig. Einen Drang, ihre Persönlichkeit geltend zu machen, oder überhaupt nur einen erhöhten Thätigkeitstrieb liess die Patientin gewiss nicht erkennen, sie war nicht nach Aussen, sondern nach Innen gekehrt, träumerisch und oftmals sogar in sich versunken. Von einer Feuerlust wusste die Kranke Nichts, wohl aber davon, dass es ihr leid wäre, wenn sie das Feuer sähe und sich schuldig fühlte. Dagegen war allerdings ein sehr lebhafter Antrieb zum Brandstiften vorhanden, aber nicht als alleinige psychische Störung, sondern verbunden mit „Tollheit im Kopfe", Kopfschmerz, Hitze und Schwindel, also jedenfalls mit einem gewissen Grade von Unbesinnlichkeit oder Stupor, welcher sich auch objectiv durch ein zerstreutes und verstörtes Wesen zu erkennen gab. Diese Symptome gehören aber weder der instinctartigen Monomanie, noch dem specifischen Brandstiftungstriebe Meckel's an; in keiner Beschreibung dieser hypothetischen Krankheitsformen ist von einem Stupor die Rede, welcher, wie hier, auch während der Intermissionen des Antriebs zum Brandstiften fortgedauert hätte. Wollte man aber auch diesen und ähnliche Fälle unter jene beiden unklaren Krankheitsformen bringen, so würde man um so mehr mit anderen Brandstiftungsfällen ins Gedränge gerathen, welche den gewöhnlichen Vorstellungen von der Pyromanie eher entsprechen, mit denen nämlich, welche unter der Melancholie mit Angst unten mitgetheilt sind; man würde wegen der bedeutenden Verschiedenheiten dieser und jener Krankheitsfälle sich entschliessen müssen, eine *Pyromania stupida* und eine *Pyromania anxia* zu unterscheiden, und dadurch nur mit anderen Worten die Ansicht ausdrücken, welche ich für die richtige halte, nämlich dass sowohl die *melancholia stupida*, als die *m. anxia* Antriebe zum Brandstiften erzeugen können.

Dass dieser Krankheitsfall unter die *melancholia stupida* gestellt ist, bedarf wohl keiner besonderen Rechtfertigung, denn da es wohl unmöglich ist, die psychische Abnormität der Uebelthäterin in Zweifel zu ziehen, so bleibt einerseits keine andere Wahl, andererseits aber passt die oben gegebene allgemeine Schilderung auch hinlänglich genau auf diesen einzelnen Fall. Leider enthält die Geschichtserzählung fast gar nichts über die Entwicklung der Krankheit und über die psychischen Veränderungen, welche die Kranke dabei gezeigt haben musste.

Ganz unaufgeklärt ist es geblieben, woher die Feuergedanken der Patientin und der starke Antrieb zum Brandstiften rührten. Wahrscheinlich vermochte sie über ihre inneren Erlebnisse ebenso wenig Auskunft zu geben, wie die beiden oben erwähnten Mädchen; jedenfalls würde es ganz nutzlos sein, darüber Vermuthungen aufzustellen, da diese, wenn auch mehr im modernen Geschmacke gehalten, doch keinenfalls besser zu begründen wären, als die früher von Osiander aufgestellten. Wir müssen uns also vorläufig mit der nackten Thatsache begnügen, dass solche Gedanken und Antriebe in unerklärlicher Weise bei stupiden melancholischen Kranken auftreten können.

8) **Christine W., 17 Jahre alt, Dienstmädchen, Menstruationsanomalien, stupide Melancholie, drei Brandstiftungen am 21. September 1839, 29. April und 28. October 1840 (Schleswig-Holsteinische Anzeigen 1842, p. 120.).**

Chr. W., bei ihren Eltern erzogen, war ein folgsames Kind, welches wenig Strafe bedurfte und deshalb gut behandelt wurde. Ihr Schulbesuch war nicht regelmässig und ihre Kenntnisse nur dürftig, auch war ihre Fassungsgabe so gering, dass einer ihrer Lehrer sie in seinem Schulprotocolle als blödsinnig bezeichnet hatte. Dieser Lehrer erklärte auch später, sie wäre völlig gedankenlos gewesen, denn er hätte sie oft mehrmals zum Lesen aufrufen müssen, obwohl sie ihn beim ersten Aufrufe bereits mit starrem Blicke angesehen hätte; überhaupt hätte sie einen starren, wüsten Blick gehabt; wenn sie Aepfel in die Schule mitgebracht hätte, so hätte sie diese nicht aus Gutmüthigkeit, sondern aus Stumpfsinn und Gedankenlosigkeit ihren Mitschülerinnen auf deren erstes Wort hingegeben, obwohl ihr das nachher anscheinend leid gethan hätte.

Nach ihrer Confirmation zu Ostern 1837 diente sie an verschiedenen Stellen, aber immer nur kurze Zeit, weil sie an heftigen Kopfschmerzen und Schwindel litt und ihre Arbeiten nicht verrichten konnte. Nach mehrfachem Wechsel und Aufenthalt im elterlichen Hause kam sie endlich zu K. und zuletzt zum Zimmergesellen M. in Dienst.

Ein Arzt, an den sie sich mehrmals gewendet hatte, berichtete, dass sie, als er sie zum zweiten Male in Behandlung gehabt, an einem sehr heftigen, ungewöhnlich schnell verlaufenden Typhus darniedergelegen hätte. Die Kranke hatte dabei starke Kopfschmerzen, lebhafte Congestionen zum Kopf und viele Schmerzen im Rücken und in den Beinen. Am 3. Mai wandte sie sich wegen Schwindel, Kopfweh und Uebelkeit an ihn. Am 6. Mai fand er sie an einer Gehirnaffection leidend; sie klagte über Schwindel und heftigen Kopfschmerz; er bemerkte an ihr Gereiztheit, Heftigkeit und eine gewisse Verkehrtheit in ihren Begriffen und Urtheilen. Auffällig waren ihm überhaupt an ihr: ein eigenthümlich starrer, gedankenloser Blick, eine gewisse Gleichgültigkeit und Verdrossenheit, eine eigene Heftigkeit in ihrem Thun, so wie öfters mürrische, das Gepräge der Unzuverlässigkeit an sich tragende Antworten.

Während der Verhöre wurden ein starrer Blick, sichtbarer Blutandrang zum Kopf, grosse Wortkargheit bis zum hartnäckigen Schweigen an ihr bemerkt.

Die beiden Prediger, welche sie während der Haft besuchten, berichteten, dass ihre Kenntnisse höchst dürftig wären und dass sie bei gewöhnlichen Fragen häufig in völlige Gedankenlosigkeit verfiele, wobei eine Anhäufung des Blutes im Kopf und eine zitternde Bewegung des Körpers sichtbar würde. Im Zusammenhange spräche sie sich nie aus und oft müsste man von einem Gegenstande zum andern schnell übergehen, um sie, so zu sagen, wieder zu sich selbst zu bringen.

Als der Gerichtsarzt nach ihrer gefänglichen Einziehung am 31. October 1840 zu ihr gerufen wurde, litt sie an heftigen Congestionen nach Brust und Kopf. Ihr Blick war stier, auf Fragen antwortete sie zwar nicht unvernünftig, aber doch mit einer gewissen Unbesonnenheit. In seinem am 30. December 1840 erstatteten Gutachten nahm er an, dass diese Leiden der Annäherung der weiblichen, noch nicht zu Stande gekommenen Entwicklung zuzuschreiben und dass die verbrecherischen Handlungen durch eine krankhafte Gehirnthätigkeit veranlasst, daher im unzurechnungsfähigen Zustande begangen wären. Endlich zeigte er unterm 8. Mai 1841 an, dass die W. sich jetzt vollständig entwickelt hätte und von allen früheren Leiden vollkommen befreit wäre.

Nachdem auf die W. der Verdacht der Brandstiftungen gefallen war, weil sie in allen drei abgebrannten Häusern gewohnt hatte, wurde sie zur Untersuchung gezogen. Sie legte dann nach anfänglichem Läugnen folgende Geständnisse ab, welche durch die Zeugenaussagen, soweit möglich, bestätigt wurden.

1) In der Nacht des 21. September 1839 war sie im elterlichen Hause und lag neben ihrer Mutter im Bette, fühlte sich aber sehr unwohl und musste sich mit Feuergedanken quälen. Sie stand auf, um ein Bedürfniss zu verrichten. In der Küche kam sie auf den Einfall, Feuer anzulegen, zündete ein Licht an, begab sich damit auf den Boden und steckte das Heu in Brand. Dann ging sie wieder zu Bette und schlief, bis das Feuer zum Ausbruch kam und sie von ihren Eltern geweckt wurde.

2) Am 29. April 1840 besorgte sie am Morgen verschiedene häusliche Geschäfte, als es ihr einfiel, dass es auf dem Heuboden brenne. Um sich davon zu überzeugen und in der Meinung, dass es auf dem Boden dunkel wäre, zündete sie in der Küche ein Licht an und begab sich damit auf den Boden. In dem Wahn, dass es beim Schornstein brennen müsste, ging sie dorthin, wobei ihr Alles dunkel vor den Augen war. Als sie indessen kein Feuer bemerkte, hielt sie das Licht an das beim Schornstein liegende Stroh und verfügte sich dann, nachdem sie dies hatte brennen sehen, zur Hausfrau in die Stube. Mit dieser arbeitete sie dann bis zum Ausbruch des Brandes, welcher das Haus einäscherte.

3) Als sie am 28. October 1840 die Stallgebäude ihres Dienstherrn anzündete, hatte sie bei ihm seit Michaelis desselben Jahres zu ihrer Zufriedenheit gedient. In der Nacht auf den 28. hatte sie geträumt, dass die ganze Häuserreihe in Flammen stände. Sie war in grosser Angst aus dem Bette gesprungen, aber, als Alles dunkel war, wieder zu Bette gegangen und hatte geschlafen, bis sie von ihrem Brodherrn geweckt wurde. Sofort dachte sie wieder an Feuer und beschloss, den Stall anzuzünden. Zu dem Ende ging sie, nachdem sie in der Küche einige Geschäfte verrichtet hatte, mit einem brennenden Lichte nach dem Stalle, steckte dort herabhängendes Stroh an und entfernte sich, als es gezündet hatte. Bis zum Ausbruch des Feuers beschäftigte sie sich dann wieder mit häuslichen Arbeiten. Nur ein Theil des Stalles brannte ab.

Weshalb sie Feuer angelegt, wusste sie nicht anzugeben. Sie hätte, sagte sie, jedesmal an starken Kopfschmerzen gelitten, die ihr die Besinnung gänzlich genommen hätten. Sie hätte es nicht gethan, um Andern zu schaden, und keine Lust am Schauspiel des Feuers gehabt. Sie hätte auch nur das Heu auf dem Boden ihrer Eltern anzünden wollen, aber nicht das Haus; sie wäre in den Tagen sehr unwohl gewesen. Ebensowenig könnte sie sagen, warum sie das Haus des K. und den Stall des M. angezündet hätte; sie hätte nicht daran gedacht, dass auch die nahe liegenden Häuser mit abbrennen, oder die im Stalle befindlichen Schweine dabei umkommen könnten.

Das Gericht verschonte sie mit aller Strafe und gab der Obrigkeit anheim, sie noch einige Zeit unter Aufsicht zu stellen.

Diesen Krankheitsfall werden die Leser gewiss nicht allein dem vorhergehenden sehr ähnlich, sondern auch dem allgemeinen Krankheitsbilde der stupiden Melancholie vollkommen entsprechend finden. Die völlige Uebereinstimmung der Schilderungen, welche der Lehrer, die Prediger, die Aerzte und der Richter von dem Zustande der W. machten, lässt keinen Zweifel, dass der Stupor bei ihr zu einem bedeutenden Grade entwickelt war. Aber auch die feineren Züge fehlen nicht; Gleichgültigkeit, gedankenloser Ausdruck des Gesichts und dabei doch ein eigensinniges, verstimmtes, mürrisches Wesen und eine eigne Heftigkeit im Thun finden sich hier grade so zusammen, wie bei der oben geschilderten M., welcher diese Kranke überhaupt in den meisten Eigenthümlichkeiten gleicht. Die Feuergedanken ohne Feuerlust finden sich in diesem Falle grade so, wie im vorhergehenden; der Drang zum Brandstiften scheint aber hier geringer gewesen und nur in Folge der grossen Stupidität verwirklicht zu sein; namentlich die zweite Brandstiftung giebt ein auffallendes Beispiel, wie der Gedanke an Feuer, der Anfangs mehr als eine Besorgniss vor demselben auftrat, durch eine sonderbare Begriffsverwirrung grade die Brandstiftung veranlasste; auch bei der dritten wiederholte sich etwas Aehnliches.

9) **Marie Brand, 14 Jahre alt, Menstruationsanomalien, stupide Melancholie, Brandstiftung am 3. Juli 1830 (J. Scholz. Merkwürdige Strafrechtsfälle. Braunschweig 1840. Bd. 1, p. 482.).**

M. B., Tochter eines Tagelöhners, nach dessen Tode von ihrer Mutter ordentlich und redlich erzogen, trat nach beendigtem Schulunterricht und nach ihrer Confirmation bei dem Halbspänner Müller als Kindermädchen in Dienst und betrug sich dort musterhaft.

Als Kind hatte sie die gewöhnlichen Kinderkrankheiten überstanden und noch vor ½ Jahre die Masern gehabt, in Folge derselben an den Augen gelitten und bei mangelnder Esslust etwa 3 Wochen lang das Bett gehütet. Sie war wohlgebildet, mittlerer Grösse, blass, etwas mager, in starkem Wachsen begriffen und litt etwa 6 Monate vor dem ersten Eintritt der Menstruation (welcher erst nach der That stattfand) an periodischen Leibschmerzen, Andrang des Blutes zum Kopfe, Kopfschmerz und abnormen Appetit, den sie durch Essen von Gras und von Klee (wozu ihr, wie sie sagte, die Kühe Appetit gemacht hätten) zu befriedigen suchte. Sie war sehr einsylbig, in sich gekehrt, aber verständig, fleissig, folgsam und friedfertig. Auffallender Weise hatte sie öfters von den 10 Geboten gesprochen und gefragt, warum denn das Feueranlegen nicht untersagt wäre? Ihre eigenen Reden und namentlich ihre krankhaften Gelüste waren ihr hinterher selbst sinnlos und unbegreiflich vorgekommen.

Am ersten Ostertage hatte sie, wie sie sagte, ein Osterfeuer so gross, wie nie zuvor, brennen sehen; hiemit beschäftigte sie sich nachher in Gedanken vielfach und endlich nach 3—4 Wochen war es ihr, als ob ihre Hände auch Feuer anlegen müssten. Sie trug daher einen Brand in den Stall, als sie sich aber schlafen legen wollte, dachte sie, es wäre Unrecht und nahm ihn wieder fort. Nach vier Wochen wiederholte sie ganz dasselbe, und nach einiger Zeit trug sie zum dritten Male einen Brand in den Stall, worauf sie sich zu ihrer Mutter verfügte, um unter einem Vorwande bei ihr zu übernachten. Beim Ausziehen überfiel sie aber die Angst, sie lief wieder nach dem Hofe, sah indessen, dass das Feuer schon um sich gegriffen hatte und eilte nun ins Feld. Etwa eine Viertelstunde entfernt, blieb sie stehen und sah dem Feuer zu, ohne sich ängstlich oder froh zu fühlen. Als sie Feuerlärm hörte, ergriff die Angst sie wieder, und sie lief in ein Gehölz, bis die Müdigkeit sie zwang, sich niederzusetzen. Nach einer Weile ging sie wieder zurück, sah das Feuer erlöschen und begab sich wieder zu ihrer Mutter, von welcher sie angstvoll angeredet wurde. Sogleich fing sie an zu weinen, kehrte weinend zu ihrer Herrschaft zurück, weinte auch fortwährend im ersten Verhör, in welchem sie läugnete, und wurde erst wieder gefasster, als sie kurz darauf gegen ihre Mitmagd ein Geständniss abgelegt hatte. Hierauf legte sie auch vor Gericht ausführliche und wahrscheinlich ganz wahre Geständnisse ab.

Motive der That waren durchaus nicht aufzufinden; Heimweh, Rachsucht, Muthwille wurden weder bemerkt, noch lag in den Verhältnissen oder in ihrem Charakter ein Grund, sie vorauszusetzen. Sie selbst begründete ihre That dadurch, dass der Gedanke zum Feueranlegen ihr immer in den Kopf gekommen wäre und dass es nicht anders gewesen wäre, als wenn Jemand gesagt hätte, sie müsste es thun.

Der Gerichtsarzt erklärte, es wäre weder Blödsinn, noch particller Wahnsinn, noch Verstellung zu bemerken, es läge aber eine Entwicklungskrankheit vor, wodurch ihr Geist und Gemüth eine verkehrte, dem eigentlichen Charakter fremde Richtung erhalten hätten. Von dem Gerichtshofe wurde sie mit Berücksichtigung ihrer Jugend und der mehrseitig bezeugten körperlichen und geistigen Zustände zur Zeit der That, wodurch die Willensfreiheit, wenn nicht ganz ausgeschlossen, doch sehr beengt worden wäre, als ausserordentliche Ahndung zu einer sechsmonatlichen Gefängnissstrafe verurtheilt.

In diesem Falle ist besonders die Wiederholung der Brandstiftungsversuche in etwa vierwöchentlichen Perioden merkwürdig, da dies auf einen engen Zusammenhang des krankhaften Triebes mit der Amenorrhoe zu deuten scheint. Interessant ist auch die bestimmte Anknüpfung der Feuergedanken an den Anblick eines wirklichen Feuers, wodurch freilich der Trieb zum Brandstiften nicht viel erklärlicher wird, da eine Feuerlust nicht nachzuweisen war. Den Trieb zum Brandstiften gab die Kranke dagegen sehr bestimmt an und verglich ihn, wie andere gesunde und kranke Brandstifter, einem äusseren Befehl. Ein blosses Befolgen des Gedankens, als eines Einfalls, dem die geschwächte Vernunft keinen Widerstand mehr leistete, fand demnach nicht statt. Die Schilderung des psychischen Zustandes lässt allerdings viel zu wünschen übrig, aber die Gemüthsdepression und der Stupor sind doch deutlich genug zu erkennen.

10) Sies, 15 Jahre alt, Dienstmädchen, Menstruationsanomalien, Brandstiftung am 6. März 1841 in Varel (Buttel in Hitzig's Annalen, fortgesetzt von Demme 1844. Bd. 28, p. 3.).

S. war die Tochter eines verarmten Schusters, hatte ihre Mutter schon früh verloren und wurde vom Armenwesen schon im 4. Jahre ausverdungen. Ihre Pflegeeltern hielten sie schlecht, gaben ihr weder Kleider, noch Speisen genug und schlugen sie oft. Der Pfarrer, welcher sie confirmirte, sagte von ihr: An natürlichem Verstande hätte es ihr nicht gefehlt, ausgezeichnete Geistesgaben hätte sie aber nicht besessen. Sie hätte lesen, schreiben und etwas rechnen können, auch das Nöthige von der Religion, der biblischen Geschichte und selbst der deutschen Sprache gefasst. Ihr Betragen in der Schule und beim Religionsunterricht wäre gut gewesen. Von Charakter wäre sie phlegmatisch und darum weder zum Guten leicht zu begeistern, noch zum Bösen geneigt. Rachgierige Gesinnungen und Aufwallungen zum Zorn gingen ihr diesem Naturelle noch beinahe gänzlich ab, aber ihr moralisches Gefühl wäre wenig geschärft, so dass das sittlich Gute keinen starken Reiz für sie gehabt und die Abneigung vor dem Bösen nicht gross bei ihr gewesen wäre. Endlich hätte sie jene bei der Jugend häufig anzutreffende Art des Leichtsinns besessen, den man Bedachtlosigkeit nennen könnte, sie handelte, wie man zu sagen pflege, in den Tag hinein, ohne an die Folgen zu denken.

Nach ihrer Confirmation nahm sie zuerst einen Dienst bei ihrem Pflegevater an, verliess denselben aber und zwar heimlich, sobald sie einen andern Dienst, bei Gerson, erhalten konnte. Sie kam dort am 1. November 1840 ganz abgerissen und so verhungert an, dass sie Anfangs kaum zu sättigen war. Ihr Betragen war dort vollkommen gut, sie selbst war, wie sie mehrfach rühmend ausgesprochen hatte, zufrieden und hatte mit ihrer Herrschaft nie Misshelligkeiten.

Am Nachmittage des 6. März stieg ihr ohne alle Veranlassung der Gedanke auf, Feuer anzulegen, während sie grade beim Spinnen sass; wie sie zu demselben gekommen, wusste sie nicht; der Ort, wo sie anzünden könnte, fiel ihr dabei zugleich ein, nicht aber die Zeit, wann sie diesen Gedanken zur Ausführung bringen wollte. Als ihr dies einmal eingefallen war, bekam sie grosse Lust dazu, so dass sie immer daran denken musste. Sie war bis Abend meistens mit Spinnen beschäftigt, hatte aber auch einige Wege ausserhalb des Hauses zu machen. Während dieser verliess sie der Gedanke, kehrte aber zurück, wenn sie wieder allein hinter dem Spinnrade sass. „Als ich nun, sagte sie, nach dem Abendessen wieder beim Spinnrade sass, dachte ich so lange an das Feueranlegen, bis ich mir vornahm, den Torf der Wittwe D i e r k s (einer Hausbewohnerin, mit der sie nie Misshelligkeiten gehabt) beim Schlafengehen mittelst einer Kohle anzuzünden." Ueber diesem Gedanken schlief sie hinter dem Spinnrade ein, wo sie von ihrer Dienstherrin um 10 Uhr geweckt wurde. Beim Erwachen hatte sie den Gedanken nicht, aber nachdem sie noch einen Augenblick zu spinnen angefangen, kam derselbe gleich wieder. Als sie nun zu Bette ging, trug sie in ihrem Schuh eine Kohle vom Feuerheerde auf den Boden, wo ihr Bett stand, steckte den Schuh mit der Kohle durch ein Loch in einer Lattenwand, auf deren anderer Seite das Torf lag, und liess die Kohle auf diesen fallen. Dann entkleidete sie sich und ging zu Bette.

Nachdem sie eine halbe Stunde wach gelegen, stand sie wieder auf und suchte durch Blasen den Torf in Brand zu setzen. Als ihr dies nach einer Viertelstunde noch nicht gelungen war, nahm sie ein Stück Holz, legte es auf die Kohle und brachte nun Flammen hervor, „dann, sagte sie, ich wollte haben, dass der Torf in Flammen brennen sollte." Warum sie das wollte, wusste sie nicht anzugeben; das Haus wollte sie nicht anzünden, sondern dachte, dass man den Torf würde löschen können; die Gefahr, dass das Haus abbrennen könnte, bedachte sie dabei nicht. Sie wusste überhaupt sehr wohl, was sie that, als sie die Kohlen anblies, aber an das Unrecht, was sie dadurch beging, dachte sie nicht. „Als nun der Torf brannte, sagte sie ferner, stand ich vor der Flamme und sah ihr zu, mich freuend, dass es mir gelungen wäre, den Torf in Brand zu setzen*). Das mochte wohl eine Viertelstunde dauern, da fiel mir ein, dass ich doch Unrecht gethan hätte, und ich dachte schon daran, meine Herrschaft zu wecken, als diese (welche sie nämlich umhergehen hörte) rief und fragte, was ich da machte. Nun nahm ich erst das Stück Holz, was

---

*) Diese Aeusserung bestätigt die oben (p. 140) gemachte Bemerkung, dass eine anscheinende Lust am Feuer im Grunde nur eine Lust am Gelingen einer prämeditirten Handlung sein kann.

ich auf die Kohle gelegt hatte, wieder weg, blies die Flamme daran aus und warf das Holz zwischen meine Bettstelle und die Lattenwand, denn ich fürchtete, dass man es würde sehen können, dass ich das Feuer angelegt hätte, wenn ich das Holz liegen liesse. Darauf erst rief ich den Gerson's zu, dass es oben brennte."

Gerson stürzte etwa um Mitternacht hinauf, liess sich von der Sies Wasser zutragen und löschte mit anderen Hausbewohnern das Feuer. Die Sies setzte sich darauf in die Küche zum Kaffeetrinken und suchte dann in ihrem Gesangbuche einen Gesang auf, der von Feuersnoth handelte; sie las denselben und zeigte ihn der Frau Gerson mit den Worten, ob das nicht ein passender Gesang wäre. Als später amtliche Besichtigung auf dem Boden vorgenommen wurde, blieb die Sies, als das Amt den Augenschein aufgenommen hatte und auf das Gericht wartete, unaufgefordert beinahe eine halbe Stunde in geringer Entfernung vom Amtmann stehen, ohne ein Wort zu sprechen.

Der Verdacht fiel natürlich auf sie, sie läugnete aber. Als ihr indessen die Tochter Gerson's ins Gesicht sagte, dass sie das Feuer angelegt und dass Jemand sie dabei gesehen hätte, räumte sie es gegen sie unter Thränen ein. Hierauf gestand sie nach einigen Ausflüchten auch vor Gericht und wiederholte in vielen Verhören wesentlich immer dasselbe.

Sie selbst erinnerte sich nicht, je krank gewesen zu sein, hatte indessen die Masern und einen unbedeutenden „Fistelschaden" am Arme gehabt; nur bisweilen hätte sie wohl Kopf- oder Leibschmerzen gehabt. Dies wäre auch einmal im letzten Winter gegen Weihnachten der Fall gewesen, aber bald vorübergegangen. (Sie hatte zu der Zeit übermässig viel gegessen). Zur Zeit der Brandstiftung hätte sie sich nicht unwohl gefühlt. Im Gefängniss war sie meistens munter und sang viel, nur einmal hatte sie zu weinen angefangen.

Sie war noch durchaus kindlich, die Brüste waren noch ganz flach, die Geschlechtstheile unbehaart, die Scheide fest verschlossen und unentwickelt. Uebrigens war sie „wohlgenährt, wenigstens nicht mager, eher etwas aufgedunsen, lymphatisch und skrophulös." Der Gerichtsarzt meinte, sie wäre nicht zurechnungsfähig, aber doch einer correctionellen Strafe verfallen (!) und müsste wenigstens bis zur vollendeten Pubertätsentwicklung unschädlich gemacht werden.

Die Justizkanzlei verurtheilte sie zu einjährigem Gefängniss; sie nahm an, dass die Sies „durch nichts Anderes als die sogenannte Feuerlust oder den Brandstiftungstrieb" zum Anlegen des Feuers veranlasst worden wäre, indem es an anderen Motiven gänzlich fehlte. Das Gericht hob dabei namentlich hervor, dass die That nicht als ein ohne alle Ueberlegung, in blossem Leichtsinn ausgeführter Streich jugendlichen Uebermuths oder kindischen Muthwillens zu betrachten sei, da eine solche Annahme ihrem in sich gekehrten, verschlossenen, trägen Charakter widerspreche. Sie erscheine als ein gutgeartetes Kind mit mittelmässigen Fähigkeiten und für ihren Stand mittelmässiger Ausbildung; die schlechte Behandlung und Erziehung hätten bei ihr keine weiteren Folgen gehabt, als dass sie ein scheues, verschlossenes Wesen, zu dem die Anlage ihr vielleicht angeboren gewesen, angenommen hätte und dass ihr sittliches Gefühl auf einem niedrigen Standpunkte geblieben wäre. Da aber in ihrem Benehmen, wie in ihrem psychischen Zustande nichts Abnormes zu entdecken gewesen, so könne die Unwiderstehlichkeit des Brandstiftungstriebes nicht zugestanden werden, die Sies sei völlig zurechnungsfähig und nur, weil sie selbst für die Dämpfung des Feuers thätig gewesen, sei sie nach gesetzlicher Vorschrift milde zu bestrafen.

Der Vertheidiger behauptete bei der Appellation gegen diese Ansicht, der Brandstiftungstrieb müsse immer als unwiderstehlich angesehen werden, weil das Gegentheil niemals zu erweisen sein würde; es könne sich deshalb nur darum handeln, ob die Pyromanie das einzigste Motiv gewesen oder nicht; wolle man diese aber einmal durchaus nicht als völligen Entschuldigungsgrund zulassen, so sei sie doch jedenfalls ein Strafmilderungsgrund.

Es wurde nunmehr ein Gutachten des Medicinalcollegiums eingeholt. Dieses fand die Sies (ein halbes Jahr später, im Alter von 15¾ Jahren) kräftig, wohlgenährt, um einen Zoll gewachsen, ihre Brüste etwas entwickelt, die Geschlechtstheile noch unbehaart und unentwickelt. Das Collegium erklärte: Die Sies sei weder körperlich, noch geistig über die Kindheit hinausgewesen, krankhaft sei die Pubertätsentwicklung nicht, weil sie in dortiger Gegend zwar zwischen dem 14.—15. Jahre einzutreten pflege, Verspätungen aber nicht selten wären. Ein anderes Motiv, als der Wunsch, das Feuer zu sehen, sei allerdings nicht aufzufinden, indessen sei die Annahme einer Feuerlust überhaupt unstatthaft, weil sich diese nie im Anzünden erlaubter Feuer bekundet habe; wahrscheinlich habe der Tumult, die Flamme, die Aufgeregtheit der Menge ihrem kindischen Sinne zugesagt. Hier wurde also gegen die Ansicht der Justizkanzlei doch Muthwille angenommen, aber zugleich heisst es sehr widersprechend: „Sie erwachte (nach dem Löschen des Feuers) wieder aus dem Halbtraum, worin sie seit dem Nachmittage befangen gewesen war, und begann wieder um sich zu schauen und nachzudenken. Aber zugleich mit dem träumerischen Zustande verliess sie auch die Sicherheit des Benehmens und sie zeigte sich fortan als ein einfältiges Kind." Dies nannte das Medicinalcollegium unbegreiflicher Weise eine Erklärung aus der Natur des gesunden Seelenlebens, während es doch damit entschieden aussprach, dass die Sies zur Zeit der That nicht in einer natürlichen, muthwilligen Stimmung, sondern in einem abnormen betäubten Zustande sich befunden hätte. Das Gutachten erklärte sie für völlig zurechnungsfähig unter Berücksichtigung, dass sie geistig nur auf der Stufe eines 12—13jährigen Kindes gestanden habe.

Der Vertheidiger, hierauf gestützt, verlangte, dass sie wie ein Kind unter 12 Jahren beurtheilt werden sollte. Das Oberappellationsgericht verurtheilte sie darauf unter Berücksichtigung ihrer Reue, ihres jugendlichen Alters und ihrer zurückgebliebenen Entwicklung, welche sie einem Kinde von 12—13 Jahren gleichstelle, zu sechsmonatlicher Gefängnissstrafe.

Diese Strafe verbüsste sie; das Criminalgericht hielt es aber für nöthig, Vorkehrungen zu treffen, um eine etwanige Wiederholung der Brandstiftung zu verhüten; entweder die Feuerlust oder ihr **kindischer Stumpfsinn, der nach Ansicht des Medicinalcollegiums erst mit der Pubertät aufhören würde**, könnte sie, so meinte das Gericht, doch wieder dazu treiben. Nachträglich wurde daher vom Gericht erkannt, dass sie im Zwangsarbeitshause detinirt werden sollte. Sie war aber inzwischen schon ihrer Haft entlassen und hatte einen Dienst als Magd angenommen, die Verkündigung des Erkenntnisses unterblieb also.

Die gerichtlichen Verhandlungen über diesen Fall sind zu merkwürdig, als dass sie mit Stillschweigen hätten übergangen werden können. Die Justizkanzlei nahm als einzigen Grund der Uebelthat die „Feuerlust" oder den „Brandstiftungstrieb" an, wollte aber doch nicht, dass dieser Trieb, der doch nicht aus normalen Ursachen, sondern nur aus einer Krankheit entspringen konnte, irgend wie die Zurechnung vermindern sollte. Das hiess die Sies zugleich als krank und als gesund betrachten und war gewiss ein Widerspruch. Aber grade in denselben Widerspruch verfiel das Medicinalcollegium; es erklärte die Uebelthat aus Muthwillen und sprach doch von einem Halbtraume und andern abnormen Zuständen, die es dann wieder für normal erklärte. Endlich hieb das Oberappellationsgericht den Knoten durch und kümmerte sich um den Trieb zum Brandstiften, obwohl er aus dem Normalzustande sich nicht erklären liess, gar nicht mehr. Zuletzt aber gab sich die Rathlosigkeit des Gerichts noch einmal dadurch zu erkennen, dass es die Uebelthäterin, grade wie eine gefährliche Geisteskranke, unter Aufsicht stellen wollte.

Alle diese Unsicherheiten und Widersprüche wurden gewiss nur durch die Mängel der Exploration veranlasst. Wir erfahren nur ganz beiläufig aus dem Urtheil, dass die Sies ein scheues, verschlossenes Wesen gehabt, zu welchem die Anlage ihr vielleicht angeboren gewesen. Von grösster Wichtigkeit wäre es aber grade gewesen, zu ermitteln, ob dieses Wesen nicht vielmehr erst in dem Pubertätsalter sich gezeigt hatte. Eine Verspätung der Pubertätsentwicklung kann allerdings, wie die Medicinalbehörde bemerkte, mit sonst ungestörter Gesundheit sich vertragen, aber sie kann auch Krankheitssymptom sein und selbst wieder zur Krankheitsursache werden. Entwicklungshemmungen und Geistesstörungen finden sich oft vereinigt; mangelhafte Ernährung und Blutmangel ist wahrscheinlich sehr oft die Ursache beider; dieses Causalmoment lag aber hier handgreiflich vor, die Kranke war halb verhungert. Jeder Sachverständige würde daher auf die Ermittelung dieser Verhältnisse die grösste Sorgfalt verwendet haben.

Die Kranke scheint ferner nicht einmal darum befragt zu sein, was sie dachte, als sie eine halbe Stunde lang stumm neben dem Amtmann stand. Dieses auffallende Benehmen lässt ebensowohl auf Gedankenlosigkeit schliessen, wie die gelegentlichen Aeusserungen des Gerichts und wie die Geschichte der Brandstiftung selbst. Ihrem harten Pflegevater heimlich entwichen, litt sie sicherlich nicht an Heimweh; sie musste sich vielmehr an einem Orte, wo sie zum erstenmale in ihrem Leben gut gehalten, zum erstenmale gesättigt wurde, im Vergleich mit ihrer früheren Existenz, wie im Himmel fühlen; sie war auch wirklich zufrieden, hatte mit Niemandem Misshelligkeiten gehabt, wurde daher sicher weder durch Unzufriedenheit, noch durch Rachsucht zu der Uebelthat bewogen. Endlich lag ein Hang zur Verübung muthwilliger Streiche weder, wie ausdrücklich hervorgehoben ward, in ihrem Charakter, noch lässt sich in ihren Bekenntnissen eine Andeutung von einer muthwilligen Stimmung während der That erkennen. Mit einem Worte, aus normalen Motiven war die Uebelthat schlechterdings nicht zu erklären.

Man konnte also in diesem Falle mit grosser Sicherheit schon im Voraus wissen, dass irgend eine bedeutende psychische Störung vorhanden sein musste. Statt aber zu untersuchen, welcher Störung der krankhafte Trieb seinen Ursprung verdankte, fing man ohne Weiteres von dem Brandstiftungstrieb und von Pyromanie zu reden an, als ob ausschliesslich nur aus der Krankheitsform Pyromanie (wenn man einmal fälschlich glaubte, dass diese eine Krankheitsform wäre) ein Antrieb zum Brandstiften hervorgehen könnte. Die Begriffe fehlten, das unselige Wort stellte sich aber richtig ein und verwickelte Richter und Aerzte in die wunderlichsten Widersprüche. Solbst eine Strafmilderung bewirkte das leere Wort nicht; die Richter verfuhren noch einfacher, wie Casper, sie gaben der Pyromanie nicht einmal einen andern Namen, sondern erklärten ihre Pyromane schlechtweg für zurechnungsfähig, oder sie ignorirten den Brandstiftungstrieb ganz. Schwerlich kann es einen Fall geben, welcher die Unzulässigkeit der Pyromanie und des Brandstiftungstriebes, ihren hemmenden Einfluss auf die Exploration, die Gefahr ungerechter Verurtheilung, in welche sie Geisteskranke bringen, schlagender darthun könnte, als der in Rede stehende. Er ist freilich nicht ganz aufgeklärt und man kann ihn nur mit Wahrscheinlichkeit der *melancholia stupida* zurechnen, aber dass der Zustand der Uebelthäterin ein abnormer war, daran wird gewiss Niemand zweifeln.

b. Präcordialangst.

Die Melancholie mit Angst *) ist eine der häufigsten und für die gerichtliche Medicin wichtigsten Formen psychischer Krankheit. Zwar ist die Angst der Melancholischen zunächst blosses Symptom und als solches nicht merklich verschieden von der normalen Angst und von derjenigen, welche bei Körperkrankheiten (z. B. bei Herzkrankheiten) vorkommt, sie ist aber bei zahlreichen Kranken die hervortretendste, bei Manchen fast die einzigste Krankheitserscheinung.

Allgemein wird angenommen, dass selbst Gesunde in grosser Angst oder, wie man gewöhnlich sagt, in Verwirrung durch Furcht und Schrecken Handlungen begehen können, die ihnen nicht zugerechnet werden dürfen, d. h. die bei ruhiger Ueberlegung nicht geschehen würden. Von der krankhaften Angst haben wir daher gewiss wenigstens ebenso heftige Rückwirkungen auf den ganzen Seelenzustand und einen bedeutenden Einfluss auf die Entstehung von verbrecherischen Handlungen zu erwarten. Die Erfahrung bestätigt diese Voraussetzungen vollkommen, zeigt aber zugleich, dass die verkehrten Handlungen in verschiedenartiger Weise aus der *melancholia anxia* ihren Ursprung nehmen können.

Bekanntlich regt die Angst sehr zu Bewegungen, zu einer unruhigen Geschäftigkeit an und stört zugleich in hohem Grade das Nachdenken. Dem entsprechend begehen die beängstigten Gei-

---

*) Vgl. Flemming, Zeitschrift für Psychiatrie 1848 p. 341. Meinen Artikel in der deutschen Klinik 1859.

steskranken häufig seltsame Handlungen (vgl. oben p. 138); welcher Art diese aber sind, das hängt von dem noch übrig gebliebenen Grade von Nachdenken und Geistesgegenwart ab; fehlen beide dauernd oder vorübergehend ganz, so werden die Handlungen durch den ersten, grade entstehenden Gedanken bestimmt werden. Dies kommt sogar bei sonst Gesunden vor und ist namentlich mehrmals die Ursache von Mord in Schlaftrunkenheit geworden; bekanntlich erschoss z. B. einmal ein aus dem Schlafe Aufschreckender seinen Vater, weil er ihn für einen einbrechenden Dieb hielt und im ersten Schrecken schon gehandelt hatte, ehe er sich zu besinnen vermochte.

Dazu kommt noch eine Eigenthümlichkeit, auf welche bereits Platner*) aufmerksam gemacht hat. Die Kranken, sagte er, wüssten selbst nicht herauszufinden, weshalb sie sich eigentlich ängstigten; dessenungeachtet nähmen sie gewaltsame Handlungen **als ein Mittel gegen ihre Angst** vor. In welcher Weise ihnen diese helfen könnten, sähen sie selbst nicht voraus, dennoch würde meistens durch die That die Beängstigung gehoben. Obgleich Fälle, welche genau zu dieser Schilderung passen, selten sein mögen (ich kenne wenigstens keinen), so ist es doch gewiss, dass die beängstigten Kranken in ihren verkehrten Handlungen eine Erleichterung suchen und momentan auch in ähnlicher Weise finden, wie der Schmerz durch Schreien gelindert wird; es ist auch nicht zu läugnen, dass bisweilen die verbrecherische Handlung einen Wendepunkt der Krankheit bildet, aber mir scheint in solchen Fällen der Schrecken über das begangene Verbrechen die heilende Wirkung zu üben und die Kranken, ähnlich wie Berauschte, gewissermassen wieder zu ernüchtern.

Wenn die Handlungen nicht, in der eben beschriebenen Weise, aus blossen Einfällen entstehen, so verbinden die Kranken mit denselben durchgehends einen mehr oder minder unklaren Zweck; sie ersehnen namentlich ganz gewöhnlich äussere besonders Ortsveränderungen, glauben, dass sie mit diesen ihrer inneren Angst entfliehen können, sind daher in der Regel mit ihrer Umgebung unzufrieden und reden oft fast ausschliesslich über die Mängel ihres Aufenthaltsortes, dessen Schattenseiten sie eifrig hervorsuchen,

---

*) *Ernesti Platneri*, *Opuscula academica*, Ed. Neumann. Berlin 1824, p. 13.

übertreiben und beklagen. Eine Dame so hohen Standes, dass ihre Wünsche Befehle waren, wechselte aus diesem Grunde etwa zwanzig Mal ihren Aufenthaltsort und hatte nicht weniger als 37 Aerzte, wurde aber doch nie zufriedengestellt. In den Asylen wird diese Eigenthümlichkeit eine um so grössere Plage, da den Kranken diese unruhige Veränderungssucht als natürliches Heimweh erscheint, wenn sie auch in der Heimath grade ein Fortwollen bedingt hatte, und da sie, wenn sie nichts Anderes zu klagen wissen, wenigstens das Zusammenkommen mit anderen Geisteskranken als etwas Entsetzliches und Verderbliches schildern. Nichtärzte, welche nicht erfahren haben, dass dieses Heimweh und diese Unzufriedenheit mit der Genesung in Anhänglichkeit an das Asyl und in Theilnahme für die Leidensgefährten umschlagen, stutzen oft über die Behauptung der Aerzte, dass jene Affecte Symptome fortdauernder Geistesstörung seien, und finden diese Ansicht wohl gar unnatürlich und gefühllos; sie ist aber dennoch zweifellos in der Erfahrung begründet und vollkommen wahr. Die nächstfolgende Beobachtung wird sogar zeigen, dass dieses Verlangen, aus sich und aus der Umgebung herauszukommen, Brandstiftungen veranlassen kann. Ueberhaupt ist es wichtig, sich zu erinnern, dass die Affecte Heimweh und Unzufriedenheit oft aus der Präcordialangst entstehen.

Die dauernden krankhaften Ideen, welche sich mit der Präcordialangst verbinden, sind immer peinigender Art und nehmen (wenn wir absehen von Verrücktheit und Verwirrtheit, deren Diagnose keine Schwierigkeiten hat) in der Regel die Form der Sorgen und besonders der Selbstvorwürfe an. Die letzteren sind bald mehr allgemeiner, religiöser oder moralischer, bald mehr praktischer Art; die Kranken bilden sich ein, moralisch schlecht, ewig verdammt zu sein, die Sünde wider den heiligen Geist begangen, ihre Berufspflichten nicht erfüllt, einzelne Handlungen verübt oder unterlassen zu haben u. s. w. Der gemüthliche Charakter der krankhaften Ideen ist demnach constant derselbe, der intellectuelle Inhalt aber nicht, vielmehr zeigt sich dieser, da er oft an zufällige, fast immer incongruente, äussere Umstände anknüpft, als unwesentlich; wenn z. B. ein wohlhabender Landmann, der mit besonderer Gewissenhaftigkeit und Uneigennützigkeit eine Erbtheilung leitete, später einem unverantwortlichen Egoismus dabei nachgegeben haben wollte, so knüpfte er die Selbstvorwürfe grade an diese Handlung offenbar nur deshalb an, weil er einestheils dabei sein Gewissen oft und sorgsam zu Rathe gezogen und sich viel mit der Sache beschäftigt hatte und weil er anderntheils keinen bessern Grund zu Selbstvorwürfen finden konnte. Die Gedanken folgen demnach der allgemeinen Regel, nach welcher ihr Inhalt sich mit der herrschenden Stimmung in Harmonie zu setzen sucht; dies ist ihre wesentliche innere Bedingung; im Uebrigen werden sie bedingt theils durch Ideenassociationen, theils durch äussere Anlässe. In Kürze kann man also sagen: Die beängstigten Kranken sind genöthigt, sich mit peinlichen Ideen zu quälen und zu diesem Zwecke diejenigen zu wählen, welche ihnen innerlich oder äusserlich am nächsten liegen.

Hiemit steht gewiss auch die merkwürdige Erscheinung in Zusammenhang, dass die krankhafte Angst momentane Gedanken so zu fixiren vermag, dass die Kranken sie trotz aller geistigen Anstrengungen und selbst dann nicht zu verbannen vermögen, wenn sie ihre Widersinnigkeit erkennen. Es lässt sich nachweisen, dass auch hiebei die Angst das wesentliche, das primäre Moment ist. Erstens nämlich wissen wir, wie erwähnt, überhaupt, dass jeder Affect, jede herrschende Stimmung sich gern mit entsprechenden Gedanken associirt, dass der Furchtsame überall Schrecken der Aergerliche überall Verdriesslichkeiten sieht, wo der ruhig Ueberlegende, ja derselbe Mensch nach Verschwinden des Affects nichts Derartiges zu erkennen vermag. Wir wissen ferner, dass auch in der Norm Gedanken, welche durch Affecte getragen werden, namentlich beängstigende (z. B. Sorgen) gewöhnlich, selbst dann, wenn sie als nicht hinlänglich begründet erkannt werden, sich dem Bewusstsein hartnäckig immer wieder aufdrängen. Zweitens sind die fixirten, beängstigenden Ideen oftmals so gleichgültiger Art, dass sie unmöglich die psychische Ursache der Angst sein können. Der Gedanke, dass eine im Zimmer stehende unschuldige Blume *(Azalea)* giftig sei, dass ein Bild oder Spiegel von der Wand herunterfallen könnte, dass zufällig hingeworfene Wäsche schmutzig geworden und dgl., sind gewiss nicht im entferntesten geeignet, eine langdauernde Angst hervorzurufen, in den Kranken einen fieberhaften Trieb zum Fortschaffen des vermeintlichen Giftes oder Schmutzes zu erzeugen und sie oft mit einer wahren Todesangst bei Annäherung an die Gegenstände ihres Schreckens zu erfüllen; dennoch sind solche Erfahrungen nicht selten und die gegebenen Beispiele wirklichen Beobachtungen entnommen. Drittens sind die ängstigenden Ideen nicht selten veränderlich und werden selbst von äusseren Umständen bedingt. Dieselbe Kranke z. B., welche das Herunterfallen von Bildern fürchtete, ängstigte sich zugleich vor Feuer, Gift und vor höchst unwahrscheinlichen Unglücksfällen, welche geliebte Personen treffen könnten; ihre Angst hätte man für eine zum Wahnsinn gewordene Steigerung einer normalen Aengstlichkeit, wie sie manchen Frauenzimmern eigen ist, halten können, wenn sie nicht im gesunden Zustande von letzterer frei gewesen wäre. Ein Mann ferner, dem ein gewissenhaft geleisteter Eid wider seine Ueberzeugung stets als Meineid erscheinen wollte, wurde bisweilen auch durch die Idee oder den Trieb, seine Frau zu ermorden, gepeinigt. Viertens kann die beängstigende Idee erst lange nach der Angst auftreten. Eine Frau litt z. B. nach ihrer Entbindung anfangs nur an gemüthlicher Depression und Beängstigungen ohne fixirte Ideen; als aber sechs Wochen später ihr erkranktes Kind starb, nachdem sie ihm Tags vorher auf den Rath einer Wartefrau etwas Oel eingeflösst, fixirte sich die Idee, dass sie an dessen Tode Schuld wäre. Fünftens kann eine Idee, welche noch während des Normalzustandes entstanden war und peinliche Empfindungen erzeugte, dann aber mit diesen sich verloren hatte, durch eine später auftretende krankhafte Angst wieder hervorgerufen und fixirt werden, um endlich mit dieser gleichzeitig zu verschwinden. Ein junger Mann hatte z. B. mit seiner erkrankten Mutter eine unbedeutende Zwistigkeit über eine versäumte Einladung; als die Mutter kurz darauf starb, machte er sich deshalb Vorwürfe und liess sich von dem Arzte darüber beruhigen, dass der Streit nicht zu ihrem Tode beigetragen. Mehrere Monate später befiel ihn aber dennoch dieser Gedanke unter heftiger Angst wieder und war nun fixirt. Nach und nach machte aber die Angst einer Erschlaffung des Gemüths, einer grossen Gleichgültigkeit gegen Alles Platz, zugleich verlor sich die ursprüngliche Idee und der Kranke fand sich nur verstockt und gleichgültig gegen alles Gute. Sechstens endlich ruft die willkürliche Reproduction der Ideen nicht zu allen Zeiten die Angst hervor. Der Verlauf der Krankheit ist gewöhnlich ein unregelmässig periodischer, namentlich wenn sie der Genesung entgegengeht; die Angst ist bald mehr, bald minder stark, bisweilen schwindet sie auch wohl ganz. Während der Remissionen können die Kranken die fixirte Idee oftmals willkürlich reproduciren, ohne von Angst befallen zu werden; wird die Angst aber stark, so stellt sich der Gedanke unfehlbar ein. Ueberhaupt können die fixirten Ideen bei der Präcordialangst fehlen, aber die Angst mangelt bei dieser eigenthümlichen Art von Gedanken nach meinen Erfahrungen niemals, wenn sie auch in einzelnen Fällen weniger stark ist.

Die fixirten Gedanken werden, wie die mitgetheilten Beispiele zeigen, zum Theil wichtigeren Lebensereignissen entnommen, zum Theil aber verdanken sie blos flüchtigen Einfällen und ganz unbedeutenden Vorfällen ihren Ursprung. Die Aeusserung eines Arztes, dass eine Blume giftig sei, das Umstossen eines Tisches mit Wäsche, das Herunterfallen eines Spiegels, das Ausklopfen von Kleidern eines Verstorbenen, das Finden eines Päckchens mit Gift*) und ähnliche Zufälligkeiten sind oftmals die Gelegenheitsursachen; in seltneren Fällen fehlen auch diese, die Gedanken sind dann nur die Folge von Erinnerungen, wie bei dem zuletzt erwähnten jungen Manne, von Ideenassociationen, wie bei einem jungen Mädchen, welche bei ihrem Abendgebete von gotteslästerlichen Ideen befallen wurde, oder von Einfällen, deren Ursprung sich nicht weiter ergründen lässt. Zum Belege mögen hier noch zwei vor Jahren aufgezeichnete Beobachtungen von P. Jessen im Wesentlichen wörtlich folgen.

Ein 18jähriges, anscheinend gesundes und kräftiges Dienstmädchen, dessen Geisteskräfte gehörig entwickelt und dessen Intelligenz im Uebrigen nicht beeinträchtigt war, klagte über gotteslästerliche Gedanken, welche häufig in ihr aufstiegen. Wenn sie ein Stück Brod abschnitt, kam ihr der Gedanke: „Könntest Du doch unserem Herrn Christus den Kopf abschneiden, da würdest Du Dich einmal recht darüber freuen"; wenn sie einen Baum sah, musste sie denken: „Könntest Du unseren Herrn Christus an dem Baum aufhängen und ihn zappeln sehen, da würdest Du einmal recht lachen." Sogar den lieben Herrgott so in ihrer Macht zu haben, ihn martern und quälen zu können, erschien ihr wünschenswerth. Sie fand diese Ideen theils sonderbar und lächerlich, theils in hohem Grade sündhaft; sie konnte nicht begreifen, wie solche Gedanken, als deren Sitz sie die Herzgrube bezeichnete, in ihr entstehen könnten und machte sich die bittersten Vorwürfe darüber. Aengstlichkeit, Unruhe und Schlaflosigkeit waren zu Zeiten damit verbunden, jedoch in keinem hohen Grade; die verkehrten Ideen traten bald stärker, bald schwächer hervor und waren für sie selbst bald mehr, bald minder quälend und

---

*) Flemming, Zeitschrift für Psychiatrie 1848. p. 356.

beängstigend. Sie betrug sich übrigens ganz verständig und verrichtete ihre Geschäfte zur Zufriedenheit ihrer Herrschaft. Ausser einiger Unregelmässigkeit der Menstruation war kein körperlicher Krankheitszustand zu entdecken und eben so wenig eine psychische Veranlassung der krankhaften Ideen. Bei einer angemessenen, hauptsächlich auf die Regelung der Menstruation gerichteten Behandlung verloren sich diese Ideen wenigstens so weit, dass sie seltner, in geringerem Grade und nach längeren freien Zwischenzeiten wiederkehrten. Der weitere Krankheitsverlauf konnte nicht beobachtet werden.

Die ziemlich gebildete und verständige Ehefrau eines Landbesitzers, 33 Jahre alt, 2 Jahre zuvor zum letzten Male entbunden, nachher gehörig und regelmässig menstruirt, stellte sich im April 1844 zu einer Consultation ein. Sie litt seit 6 Wochen an häufig und zu unbestimmten Zeiten wiederkehrenden Anfällen von Angst, welche $\frac{1}{2}$—4 Stunden anhielten, mit Herzklopfen verbunden waren, und wobei sie, ohne sonstige Störung des Bewusstseins oder des Verstandes, von beunruhigenden Gedanken gequält wurde, namentlich von dem Triebe zu fluchen und allerlei Böses und Gottloses zu sagen. **Das Uebel war plötzlich und ohne besondere Veranlassung entstanden.** Einige Neigung zu hypochondrischer Gemüthsverstimmung war habituell, jedoch zu keinem bedeutenden Grade gestiegen. Sie hatte früher viel an Zahnschmerzen, rheumatischen Affectionen, Cardialgien und Ascariden (die durch Klystiere beseitigt wurden) gelitten. Von diesen Beschwerden war sie seit dem Ausbruch der Krankheit frei geblieben.

Zufolge der mitgetheilten Beispiele werden die Kranken nicht blos von abnormen Gedanken, sondern auch von sonderbaren Antrieben befallen, sobald die Gedanken einen entsprechenden Inhalt haben, ja diese selbst haben in der Regel etwas Triebartiges; die Kranken fühlen sich getrieben, Etwas zu denken, sich vorzustellen, zu sagen, zu thun. Man hat bisher geglaubt, dass solche Triebe durch einen vereinzelten abnormen Gedanken hervorgebracht würden, ja Casper*) hat diesen abnormen Gedanken sogar lediglich als einen ursprünglich normalen, nur durch häufige Reproduction eingewurzelten betrachtet wissen wollen. Diese Auffassungsweise ist aber unrichtig, nicht allein, weil die Angst das primäre Moment ist, sondern auch, weil mitunter gar kein Gedanke da ist, welcher den Trieb möglicherweise verursachen könnte. Wenn z. B. eine Kranke**)

---

*) Handbuch der gerichtlichen Medicin. Biologischer Theil. Berlin 1858. p. 616 ff.
**) Nach meinen Erfahrungen kommt der Reinigungstrieb ausschliesslich bei Frauenzimmern vor, wahrscheinlich in Folge einer bei Männern nicht vorkommenden Ideenassociation.

von der Furcht befallen wird, dass hingeworfene Wäsche schmutzig geworden, wenn sie in Folge dessen nicht mehr aufhören kann, zu reinigen und zu waschen, und doch noch immer fürchtet, dass die Wäsche schmutzig geblieben, so könnte man diesen unwiderstehlichen Reinigungstrieb vielleicht für die Folge einer krankhaften Idee halten, obwohl die Heftigkeit des Triebes dabei unerklärlich bliebe; wenn aber ein Kranker ausschliesslich von dem Antriebe befallen wird, Jemanden umzubringen, ohne einen Grund dieses Antriebes auffinden zu können, so ist offenbar gar kein Gedanke da, welcher den Trieb veranlasst haben könnte. So gestaltet sich aber der Antrieb zum Morde meistens, wovon der folgende merkwürdigste aller ähnlichen Fälle ein Beispiel geben wird.

Ein eilfjähriges Mädchen, von zartem Körperbau und zierlicher Gestalt, wurde in ihrem 7. Jahre von ihrem Oheim und dessen Ehefrau (Landleuten) an Kindesstatt angenommen und aufs Zärtlichste geliebt. Der Pflegevater war, obwohl sonst vortrefflichen Charakters, verhältnissmässig etwas zu hart und ganz das Gegentheil von der Pflegemutter, mit welcher er deshalb nicht in den besten ehelichen Verhältnissen lebte. Die letztere und das Kind hingen dagegen mit einer solchen Zärtlichkeit an einander, dass sie sich kaum von einander trennen konnten.

Im 11. Jahre ging das Mädchen eines Tages auf den Hof, wo plötzlich ein Bock auf sie zusprang; sie ergriff darauf mit lautem, ängstlichem Geschrei die Flucht, ihr Pflegevater aber fasste sie heftig und scheltend am Arm und führte sie auf den Bock zu, so dass sie ihre Angst gewaltsam unterdrücken musste. Kurz darauf starb der Pflegevater.

Seit diesen Vorfällen verlor das Mädchen etwas von ihrer sonstigen Lebhaftigkeit und nach und nach entwickelte sich bei ihr die Idee, ihre Pflegemutter tödten zu müssen. Oft wenn sie in deren Armen lag und von ihr mit Küssen überhäuft wurde, rief sie ihr jammernd zu: „Ach jetzt kommt es mir schon wieder an!" Auf weitere Nachfragen gab sie an, dass Etwas hinter ihr wäre, was sie ängstigte und ihr zuriefe, dass sie die Mutter tödten sollte. Da der Rath des Arztes, welcher erst nach zweimonatlichem Bestehen der Krankheit gerufen wurde, das Kind mit mehr Ernst zu behandeln, sie mehr zu beschäftigen und übertriebene Zärtlichkeit zu meiden, befolgt wurde, verlor sich das Uebel nach und nach*).

Dieser Krankheitsfall scheint mir deshalb besonders merkwürdig, weil lauter gemüthliche Einflüsse (gemüthliche Verweichlichung,

---

*) Vogel in Rust's Magazin für die gesammte Heilkunde. XII, 3.

unterdrückte Furcht, Gemüthsbewegungen beim Tode des Pflegevaters) der Depression und dem Antrieb zum Tödten vorangingen und, wie man kaum zweifeln kann, die psychischen Störungen hauptsächlich hervorriefen; der Zusammenhang des normalen Schreckens mit dem Mordtriebe ist daher wenigstens höchst wahrscheinlich. Bemerkenswerth ist es auch, dass dem Mädchen das Antreibende als etwas Aeusserliches, hinter ihr Befindliches erschien, obgleich sie nicht an Hallucinationen litt.

Die krankhaften Antriebe können also aus der Angst hervorgehen, entweder unter Mitwirkung einer entsprechenden krankhaften Idee, oder ohne diese Mitwirkung und nur begleitet von einem Gedanken, wie er unentbehrlich ist, um dem Antrieb eine bestimmte Richtung zu geben. Aber selbst diese bestimmte Richtung fehlt bisweilen, der Kranke fühlt dann nur einen ganz allgemeinen Trieb, irgend etwas Böses zu thun, grade wie auch die Angst der Melancholischen oftmals nur ein ganz allgemeines, an keine bestimmten Gründe oder Thatsachen angeknüpftes Gefühl[*]) ist. Wo dieser Antrieb sehr stark wird oder wenig Widerstand findet, da kann er, wie einer der untenstehenden Fälle erweist, nicht blos eine, sondern kurz hintereinander verschiedene Arten verbrecherischer Handlungen hervorrufen.

Alle Autoren sind darüber einig, dass ein bestimmter Antrieb zum Tödten ohne weitere erhebliche intellectuelle Störungen und verbunden mit einem bedeutenden Angstgefühl bei einzelnen Geisteskranken vorkommt. Selbst die principiellen Gegner der Monomanie (z. B. Ideler, Casper) haben sich genöthigt gefunden, die Existenz solcher Triebe thatsächlich zuzugestehen, nachdem sie dieselben bei Personen beobachtet hatten, welche kraft ihrer wohlerhaltenen Geisteskräfte die verkehrten Antriebe bekämpften und sie nicht zur That werden liessen. Eigenthümlich, wenn auch nicht unerklärlich, ist es, dass auf die Existenz dieser Antriebe hin die Mordmonomanie zugelassen worden ist, ohne dass zuvor ermittelt wurde, ob denn aus denselben ohne bedeutendere Geistesstörung wirklich Mordversuche und Mordthaten hervorgehen können. Offen-

---

[*]) Ein Geistlicher, den Fr. Nasse an einem Zustande der Art behandelte, rief, nach der Ursache seiner Angst befragt, mit dem Ausdrucke der Verzweiflung aus: „O, es ist ein Unaussprechliches!" (Zeitschrift für Psychiatrie 1847. p. 543.)

bar kann doch wenigstens *in foro* keine Mordmonomanie anerkannt werden, wenn die erwähnten Antriebe ohne Ausnahme oder wenigstens so lange niedergehalten werden, bis die Geistesstörung eine viel bedeutendere, und daher das Vorhandensein einer anderen Krankheitsform (z. B. der *Melancholia anxia*) unverkennbar geworden ist.

Ein analoger Antrieb zum Brandstiften, der bei relativ wohlerhaltenen Geisteskräften aufgetreten und mit Erfolg bekämpft wäre, ist meines Wissens nie beobachtet worden, wird also jedenfalls äusserst selten sein. Diese Seltenheit kann nicht wohl eine blos scheinbare sein und etwa auf Beobachtungsmängeln beruhen, wenigstens ist nicht einzusehen, weshalb erfahrenen Psychiatern, von denen die Meisten einen oder mehrere Fälle des Mordtriebes beobachtet haben, nicht auch einmal ein ähnlicher Antrieb zum Brandstiften vorgekommen sein sollte. Eine Erklärung, weshalb solche Antriebe häufiger auf Mord als auf Brandstiftung gerichtet sind, lässt sich bis jetzt schwerlich geben.

Dagegen werden die nachstehenden Beobachtungen als zweifellos herausstellen, dass aus der *melancholia anxia*, wenn sie zu höherem Grade gediehen ist und die höheren Geisteskräfte in Mitleidenschaft gezogen hat, wirkliche Antriebe zum Brandstiften hervorgehen können, welche sich von blossen Einfällen und dgl. durch eine kürzere oder längere Prämeditation der Uebelthat merklich unterscheiden. Zweifelhaft aber muss es noch bleiben, ob diese Antriebe einen specifischen Charakter tragen, ob sie ausschliesslich auf Brandstiftung gerichtet sein können, ob sie nicht vielmehr immer aus dem allgemeinen Antriebe hervorgehen, irgend etwas Böses auszuüben, oder aus dem Bestreben, einem verzweifelten Seelenzustande Wandel zu schaffen. Wäre Letzteres ausschliesslich der Fall, so würden die Brandstiftungen beängstigter Kranker, wie Flemming meinte, immer zufällige oder vielmehr durch äussere Umstände und Gelegenheiten wesentlich mitbedingte Handlungen sein.

1) J. J. Behncke, 57 Jahre alt, Bauer, Melancholie mit Angst, Brandstiftung am 27. Juni 1830 (Hermes, Henke's Zeitschrift. Ergänzungsheft 20. 1834, p. 123.).

B., der Sohn eines Hauswirths, erhielt guten Schulunterricht und beschäftigte sich dann mit bäuerlichen Arbeiten. Vom 20—25 Jahre diente er als Soldat. Später übernahm er den Hof seines Vaters, verheirathete sich, lebte in glücklicher Ehe und zeugte mehrere Kinder, die er gut erzog. Seine Vermögensumstände waren gut und er war allgemein geachtet.

Von Jugend auf litt er an Kopfschmerzen und an Verdauungsstörungen, namentlich abwechselnd an Durchfall und Verstopfung. Im 40. Jahre hatte er eine Krankheit, in welcher eine hartnäckige Verstopfung stattfand und nach welcher ein Husten zurückblieb, der ihn nicht wieder verliess. Im 52. Jahre erlitt er einen sehr bedeutenden Blutsturz.

Im Jahre 1828 übergab er seinem ältesten 'Sohne den Hof, ohne ihm denselben gerichtlich abzutreten, und blieb in der Stellung eines Altentheilers im Hause. Zwischen Vater und Sohn war fortwährend das beste Verhältniss.

Bei der Hochzeit des Sohnes (20. November 1828) fühlte sich B. unwohl und schien schon damals dem Prediger sehr tiefsinnig. Im Anfang des Jahres 1829 bekam er, nach seinen gerichtlichen Aussagen, Beängstigungen und Druck im Herzen; dabei wäre ihm, sagte er, die Luft knapp und schlecht zu Sinne geworden, er hätte oft gedacht, wenn er nur aus der Welt wäre; solche Anfälle hätten zu Zeiten wohl einige Stunden angehalten.

B.'s Ehefrau gab an, ihr Mann wäre an manchen Tagen so gewesen, als wenn er von Nichts gewusst hätte; er hätte dann gewöhnlich still im Bette gelegen, auf ihre Fragen nach seinem Befinden selten geantwortet und auf vieles Zureden wohl nur erwiedert, dass ihn Gott verlassen hätte. Im Anfange der Krankheit hätte er wohl geistliche Lieder gesungen, später aber alle religiösen Bücher mit Händen und Füssen weggestossen und stets gesagt, dass ihn Gott verlassen hätte. Seine Krankheit hätte blos in grosser Aengstlichkeit bestanden und er hätte hierüber sowohl, als über Druck im Herzen geklagt. In der Angst hätte er das Stroh aus dem Bette gegessen und sich stets so gezeigt, als wenn er seines Verstandes nicht recht mächtig wäre. Am Morgen des 27. Juni hätte sie keine besondere Geistesabwesenheit bei ihm bemerkt, wohl aber hätte er über Druck im Herzen geklagt. Sie hätte schon früher die Besorgniss gehegt, dass er eine gewaltsame That begehen möchte.

Die Schwiegertochter B.'s gab an: Seit seiner Krankheit wäre er nicht ganz bei sich gewesen, hätte sich oft am Tage zu Bette gelegt, wäre aber nach kurzer Rast, auch Nachts, wieder aufgestanden, im Hause und auf dem Hofe umhergegangen, und oft geäussert, er fände nirgends Ruhe.

Ganz ähnlich äusserten sich auch die übrigen Zeugen, der Prediger führte noch besonders an, dass er bei einem Besuche nur 40*) Pulsschläge in der Minute bei B. gezählt hätte.

---

*) Diese Zahl dürfte auf einem Beobachtungsfehler beruhen. Rythmus und Stärke des Pulsschlages sind nämlich bei solchen Kranken oft so

Am Morgen des 27. Juni stand B., seiner Angabe nach, wegen grosser Beängstigung vom Bette auf, in welchem er fast angekleidet gelegen hatte, ging erst nach der Diele, um sein Wasser zu lassen, dann nach dem Heerde, nahm von diesem einen brennenden Spahn und zündete mit demselben das Dach des Wohnhauses an. Als das Haus in Flammen stand, ging er, wie seine Frau sah, durch eine Seitenthür hinaus, sah sich wild um, ging dann in den Garten, setzte sich dort ruhig nieder und sah das Feuer mit düsterer Miene starr an. Dort gestand er auch dem Prediger, dass er das Haus angezündet hätte; auf die Frage warum, erwiederte er: „Ich wusste ja nicht zu bleiben." Ohne Schwierigkeit verhaftet und in eine Scheune gebracht, ward er von den Beamten in einem „äusserlich kranken und geistesabwesenden Zustande" angetroffen; sein Körper war in hohem Grade abgezehrt, das Gesicht sehr blass, der Gang unsicher, er zeigte sich gleichgültig und gefühllos gegen die Umgebung. Gegen die Beamten gab er als Grund der Brandstiftung an, dass ihm nicht gut zu Sinne gewesen wäre; gegen andere Personen, er hätte es thun müssen, denn Gott hätte ihn verlassen, er hätte es schon längst thun müssen. Eben so antwortete er auch in den ersten Verhören auf dieselbe Frage, „weil der liebe Gott ihn verlassen hätte," und auf die fernere, was ihn zu diesem Gedanken geführt hätte „weil ihn Gott sonst auf andere Wege hätte bringen können und die von ihm verübte That niemals geduldet haben würde." In einem späteren Verhöre sagte er: „Es hätte nicht anders sein sollen, er hätte es nicht unterlassen können, das Feuer anzulegen. Er wäre von Gott verlassen und könnte nicht sterben. Auf diesen Gedanken wäre er gekommen, als er von den Beängstigungen befallen worden, und er könnte denselben nicht wieder los werden. Um von demselben frei zu werden, hätte er das Feuer angelegt. Er hätte gedacht, dass ihm diese That schon helfen, dass er festgenommen und vom Hause fortkommen würde. Er hätte das Feuer in der Angst angelegt." Einen Zweck mit seiner Handlung verbunden zu haben, stellte er stets in Abrede und behauptete, „dass er völlig willenlos gehandelt hätte und dass es ihm erst nachher eingefallen wäre, dass er etwas Strafbares begangen hätte."

Ueber sein Verhalten im Gefängniss bemerkte der Gerichtsdiener, B. schliefe viel, antwortete einsylbig, wechselte die Kleider nicht beim Schlafengehen, wüsche sich nicht, hätte überhaupt seinen Verstand nicht recht. Aehnlich verhielt er sich in einem anderen Gefängniss, er sprach nur, wenn er gefragt wurde, dann aber verständig, war sehr unrein und sah traurig und düster aus.

Die ärztliche Untersuchung ergab die Fortdauer der erwähnten Symptome. B. hatte einen melancholischen, stumpfsinnigen Ausdruck

---

ungleich, dass die schwachen, unregelmässigen Schläge leicht unbeachtet bleiben können, öfters ist der Puls auch aussetzend.

und litt an Verstopfung, Beängstigung und Brustbeschwerden. Der Puls war etwas frequent.

Das Gutachten besagte, dass B. die Brandstiftung in einem durch Melancholie bedingten unfreien Zustand verübt hätte. Das Erkenntniss ist nicht mitgetheilt.

Dieser unzweideutige Krankheitsfall beweist mit Sicherheit, dass die Präcordialangst Brandstiftungen veranlassen kann. Ueber die Realität der Krankheit kann kein Zweifel sein, da das ganze Verhalten des Kranken und alle Symptome genau denen gleichen, welche an solchen Kranken täglich beobachtet werden. Seine Aeusserungen, dass ihn Gott verlassen hätte, dass er nicht sterben könnte, die Unruhe, das Strohessen, die Vernachlässigung der Reinlichkeit, die körperlichen Störungen, kurz jeder Zug der Schilderung entsprechen vollständig dem Krankheitsbilde der Melancholie mit Angst. Zur Pyromanie oder Monomanie wird dagegen schwerlich Jemand diesen Fall rechnen wollen, weil die Krankheitssymptome zu bedeutend sind und weil die Intelligenz nicht allein in ihrer Wirksamkeit gehemmt und auf einen engen Kreis trauriger Ideen beschränkt, sondern auch durch Wahn alterirt war, denn der Glaube, nicht sterben zu können, ist ein wahnsinniger. Dass aber der Wahn einen directen Einfluss auf die Brandstiftung gehabt hätte, ist weder nachzuweisen, noch anzunehmen, da der Kranke einen solchen ganz entschieden in Abrede stellte, jeden wirklichen Zweck entschieden läugnete und ausdrücklich die Angst als Causalmoment angab. Er bezeichnete freilich auch seinen Glauben, dass ihn Gott verlassen hätte und dgl. als Grund seiner Handlung, aber dieser Gedanke an sich enthält Nichts, was ihn zu der Uebelthat hätte veranlassen können. Auch erkennt man einen den Geisteskranken geläufigen Zirkelschluss darin, dass der Kranke die Brandstiftung begangen haben wollte, weil ihn Gott verlassen, und Letzteres wieder daraus folgerte, weil Gott sonst die Brandstiftung nicht hätte geschehen lassen. Die Erklärung der That aus dem Wahn ist also, so weit zu erkennen ist, nicht möglich und wir werden daher um so mehr auf die Angst, welche der Kranke selbst so bestimmt als Ursache angab, hingewiesen. Seine Aeusserungen, er hätte geglaubt, die That würde ihm schon helfen, er würde festgenommen und vom Hause entfernt werden, zeigen deutlich an, dass die Sehnsucht, aus dem verzweifelten inneren Zustande herauszukommen, und die falsche Hoffnung, dieselbe durch äussere

Veränderungen zu befriedigen, die Brandstiftung veranlasste. So weit passt Platner's Schilderung auf diesen Fall, aber nicht weiter, denn, wie gewöhnlich, fand der Kranke die durch die Uebelthat erstrebte Befriedigung nicht; seine Krankheit wurde vielmehr eher schlimmer, als besser.

2) J. H. Wiencken, 53 Jahre alt, Bauer, Melancholie mit Angst, Brandstiftung am 18. März 1855 (Holsteinische Anzeigen 1859. No. 6, p. 40.).

J. W., auf dem Vorwerke Tremsbüttel, woselbst sein Vater eine kleine Erbpachtsstelle besass, im Jahre 1792 geboren, war 53 Jahre alt und hatte sich bisher des besten Rufs erfreut, als er im Jahre 1845 wegen Brandstiftung in Untersuchung gerieth. Nach dem Tode seines Vaters hatte er die väterliche Stelle angetreten, war, als er nach wenigen Jahren seine Frau, von der er zwei Kinder hatte, durch den Tod verloren, fünfviertel Jahre später zur zweiten Ehe geschritten und hatte auch mit seiner zweiten noch lebenden Ehefrau, welche ihm sieben Kinder geboren, in glücklicher friedlicher Ehe gelebt. Nachdem er die väterliche Stelle in Tremsbüttel verkauft und sich in Elmhorst eine andere Stelle wieder gekauft, hatte er auch diese Stelle im Anfange des Jahres 1845 an einen gewissen Rickers verkauft und sich dagegen eine andere Stelle in Wiemerskamp wieder gekauft. Mit diesem Kaufhandel war er Anfangs sehr zufrieden, bis er erfahren, dass sein Nachbar, der Inste Wanderscheck, welcher diesen Handel vermittelt hatte, für seine Bemühung von dem Verkäufer eine Provision von 80 Thlrn. Pr. erhalten habe. Hierdurch war ihm die Besorgniss erzeugt worden, dass er die Stelle zu theuer gekauft habe und dass er auf derselben verarmen und mit Frau und Kindern unglücklich werden würde. Als Rickers ungefähr acht Tage vor Ostern 1845 zu ihm kam, um mit ihm den errichteten Contract zu unterschreiben, zeigte er eine grosse Unruhe, namentlich des Nachts. Rickers, welcher bei dieser Gelegenheit zwei Nächte mit ihm in einem Bette geschlafen, gab in dieser Beziehung an: Inculpat sei besonders die letzte Nacht sehr unruhig gewesen, habe sich im Bette herumgewühlt, immer von seiner neu angekauften Stelle in Wiemerskamp gesprochen und gesagt: das sei wohl der letzte Handel, den er gemacht habe. Zugleich habe er geklagt, dass ihm das Herz im Halse stecke. Ebenso sagte die Ehefrau des Inculpaten aus: ihr Mann sei in jener Nacht von der grössten Unruhe gequält worden, habe gezittert und geflogen, sei mehrere Mal aufgestanden und habe durchaus nicht schlafen können. Als Grund seiner Unruhe habe er den Ankauf der Stelle angegeben, und wenn man ihn deshalb zu beruhigen gesucht, geäussert, ihm wäre bange, dass er dort Geld zusetze und arm werde. Nachdem Rickers sie verlassen, sei ihr Mann in fortwährender Unruhe gewesen, habe die folgende Nacht gar nicht geschlafen, die Nacht darauf (vom 17/18 März) habe er bis 12 Uhr

Ruhe gehabt. Um 12 Uhr sei er plötzlich aufgesprungen und habe mit den Worten: „Nun will ich mich todt [machen,“ ein auf dem Tische liegendes Brodmesser ergriffen. Sie sei aber ihrem Manne zuvorgekommen, habe ihm das Messer aus der Hand gerissen, wobei sie sich, wie eine von ihr producirte Narbe noch nachwies, die Hand verletzt, das Messer unter den Schrank versteckt und ihren Mann bewogen, sich wieder zu Bette zu legen. Bald sei derselbe aber wieder aufgestanden und aus der Stube gegangen, so dass sie gefürchtet habe, er möchte sich erhängen. Auf ihr Rufen sei indessen ihr Mann, mit dem sie bisher in der glücklichsten Ehe gelebt, zurückgekommen, habe sie bei der Brust und am Halse gefasst und gesagt: „Nun lass mich Dich todt machen, dann bekomme ich wohl Ruhe.“ In ihrer Angst habe sie nach ihrem Miteinwohner Wanderscheck gerufen und an die Wand geklopft. Wanderscheck habe indessen den hiedurch verursachten Lärm nicht gehört. Ihre älteste Tochter, ein Kind von 12 Jahren, habe daher geäussert, sie wolle aufstehen und Wanderscheck holen. Wie das Kind dies geäussert, habe ihr Mann an die Bettstelle geklopft und ihrer Tochter zugerufen, sie solle sich mal unterstehen. Weiter habe ihr Mann sich zwar nicht an ihr vergriffen, sich aber immerfort mit Mordgedanken beschäftigt. Er habe gesagt: er müsse etwas Böses ausführen, könne er nur Jemanden ums Leben bringen, so würde er Ruhe bekommen. Zugleich habe er schauerweise gezittert, sich jedoch his zur gewöhnlichen Aufstehezeit um halb 5 Uhr im Bette gehalten. Nachdem er, wie er dies zu thun pflege, seinen Morgensegen gelesen, habe er Kaffee getrunken. Sodann sei er nach Wanderscheck herumgegangen. Inzwischen sei sie zu ihrem Nachbarn Felscher geeilt und habe demselben das Vorgefallene erzählt.

Bei Wanderscheck gefragt, wie er geschlafen habe, erwiederte Inculpat: recht gut, bis auf eine schlechte Tour, er habe sich wegen der Stelle so viel in den Kopf genommen. Bald darauf ging er weg, wie Wanderscheck behauptete, er selbst aber nicht mehr erinnern wollte, mit den Worten: lebendig könne er nicht nach der Stelle hinziehen, und wenn seine Frau die Stelle nicht wieder verkaufen wolle, so thue er Etwas, was er nicht gern thue. Kaum waren fünf Minuten verflossen, als seine 12jährige Tochter zu Wanderscheck kam und ihm sagte: „Nachbar, komme er doch herum. Vater hat das Haus angezündet.“ Wanderscheck eilte sofort hin, sah den Wiencken die Leiter von dem Stubenboden heruntersteigen und bemerkte Feuer auf dem Stubenboden; das Feuer nahm so schnell überhand, dass das zu 540 Thlr. Pr. versicherte Haus in sehr kurzer Zeit heruntergebrannt war; W., der seine Mobilien versichert hatte, verlor fast all das Seinige. Gegen den Bauervogt und die übrigen Personen, welche auf den Feuerruf herbeigeeilt waren, gestand er sofort, dass er das Feuer angelegt habe. Der Bauervogt gab an, W. habe gegen ihn erklärt: er sei ein grosser Sünder, er sei der Thäter, er verlange vor die Obrigkeit. Der Bauervogt bemerkte, er habe geglaubt, dass der Mann vor Schreck und Bestürzung irre geworden.

Noch an demselben Tage vor dem Gerichtsactuar vernommen, gab W. an: „Seit 8 Tagen bin ich von einem Missmuth gefasst, den ich mir nicht erklären kann. Ich hatte furchtbare Angst und Sorge, meine Familie nicht ernähren zu können. Oft stand mir der Gedanke vor, ich müsse meine Frau und Kinder umbringen. In der vergangenen Nacht versuchte ich mich umzubringen, meine Frau entwendete mir aber das Messer. Nachher wollte ich meine Frau umbringen; auch dies gelang mir nicht. Wodurch ich daran verhindert ward, weiss ich nicht. Meine Gedanken waren weg. Nur das Eine fühlte ich, ich müsste etwas Schreckliches ausführen. Ich zündete mit einem Schwefelholz das Strohbund auf meinem Stubenboden an und legte das Haus dadurch in Asche. Ich bekenne das gerne, ich will nichts verheimlichen, ich beklage nur meine Kinder, die nun einen Verbrecher zum Vater haben." Im Protocolle ist bemerkt, dass W. in seinem ganzen Wesen eine grosse Zerknirschung gezeigt habe.

Als er zum ersten Male vom Justiziariate vernommen werden sollte, trat er mit gefalteten Händen und den Worten: „ich bin ein grosser Sünder" in das Gerichtszimmer und gab dann weiter auf Befragen an:

„Ungefähr 8 Tage vor dem Unglück habe ich eine immer zunehmende Beklommenheit gespürt, es war ein Gefühl, als wenn Magen, Brust und Rippen zusammengeschnürt würden und dann drängte es sich nach dem Kopfe hin. Schwindel ist nicht damit verbunden gewesen, wohl aber Flimmern vor den Augen. Während eines solchen Schauers habe ich mich gezwungen gefühlt, etwas Böses vorzunehmen. Des Nachts war es am schlimmsten; am Tage, wenn ich mich bewegte oder unter Leute kam, war das Gefühl erträglicher und freute ich mich dann, dass meine fürchterlichen Gedanken nicht zur Ausführung gekommen wären. In der letzten Nacht kam mir während eines solchen Schauers der Unruhe und Beklommenheit der Gedanke, mich selbst umzubringen. Dass ich ein Messer ergriffen und mich damit habe umbringen wollen, dessen bin ich mir nachher erst bewusst geworden, nachdem das Schauer vorüber war, auch hat meine Frau mir dies am Morgen gesagt und dass sie mir das Messer weggerissen habe. Nach einem ruhigen Zwischenraum ungefähr von einer Stunde überfiel mich wieder dieses Schauer und trieb mich, meine Frau umzubringen, die neben mir im Bette lag mit zwei Kindern. Ich erinnere mich, dass ich sie an dem Halse fasste und sie erwürgen wollte. Nachdem auch dieses Schauer vorübergegangen, bin ich mit meiner Frau aufgestanden, habe Kaffee getrunken und den Morgensegen gelesen, damit mich der liebe Gott vor ähnlichen Gedanken bewahren möge. Meine draussen auf der Diele schlafende Tochter ist wohl von dem Geräusch aufgewacht, geweckt habe ich sie, so viel ich mich erinnere, nicht. Mittlerweile war meine Frau zu dem Nachbar Felscher gegangen, wo zwei Nächte vorher ein Kind geboren war, um dasselbe zu stillen, indem meine Frau auch grade ein Kind an der Brust hat. Ich ging zu meinem Nachbar Wanderscheck, theils um mich zu zerstreuen, theils um nach gewöhnlicher Sitte guten Morgen zu sagen. Ich erzählte ihm, dass mir die Sache mit der Wiemerskamper Stelle so im Sinne liege, dass, wenn ich daselbst mit meinen vielen kleinen Kindern verarmen sollte, er mir davon helfen sollte. Der Ankauf in Wiemerskamp gereute mich sonst durchaus nicht, nur, wenn mich so ein unruhiges Schauer befiel, so schwebte er mir immer vor und zwar so, als ob ich daselbst verarmen und zum Bettler würde. Dieser Gedanke, der mich alsdann ganz beherrschte, brachte mich in einen Zustand, worin ich mich meiner selbst nicht mächtig fühlte und nur hingetrieben ward, etwas Böses zu unternehmen. Ein solches Schauer befiel mich wieder, als ich Wanderscheck's Stube verliess und auf der Diele die Kühe füttern wollte. Da kam mir dann der Gedanke, das Haus anzustecken. Ich holte aus der Stube zwei Streichschwefelhölzer aus der Schachtel, stieg die Leiter nach dem Stubenboden hinauf, strich mit dem einen Zündholz über ein Brett, wovon es sich gleich entzündete, und hielt es in einen Haufen Stroh, der auch sogleich Feuer fing. Als das Stroh Flammen fasste, ging ich die Leiter wieder hinunter und hörte das „Hullern" des Brandes oben. Nun war das böse Schauer vorüber und gegen die herbeikommenden Leute gestand ich offen, dass ich das Haus angezündet. Ich empfand jetzt die fürchterlichste Angst wegen meiner That, die ich nun erst begriff und wodurch ich mich und die Meinigen ins Unglück gebracht habe. Ich muss es wiederholen, dass eine Reue über den Wiemerskamper Handel bei mir nie stattgefunden hat, und dass Wanderscheck die Unwahrheit gesagt hat, wenn er behauptet, dass darüber zwischen mir und meiner Frau Uneinigkeiten entstanden wären. Ein solcher Grund hätte mich auch zu dergleichen nicht treiben können, da sich zu der Stelle ein Käufer wohl hätte finden lassen, ich läugne aber nicht, dass, wie ich erfahren hatte, dass Wanderscheck für den Verkauf der Stelle 80 Thlr. verdient hatte, während ich glauben musste, dass er nur 12 Thlr. erhalten hätte, der Gedanke in mir aufstieg, dass mein Verkäufer die Stelle hätte los sein wollen und dass Wanderscheck mich des Verdienstes wegen vielleicht für einen zu hohen Preis daran gebracht hätte. Dieser Gedanke hat mich allerdings, und gewöhnlich im Bette, sehr beschäftigt und ich glaube wohl, dass darin der erste Grund des Zustandes liegt, in welchem ich als ein Wahnsinniger oder als der grösste Bösewicht handeln konnte. Als mich der Brandgedanke ergriff, fiel es mir nicht ein, eine Kohle vom Heerd zu nehmen, sondern die Zündhölzer, die ihre bestimmte Stelle im Theeschrank hatten; ob ich absichtlich zwei Zündhölzer genommen, weiss ich nicht. Als ich die Zündhölzer holte, müssen die Kinder alle in der Stube gewesen sein. Das Bündel Stroh hat den ganzen

Winter oben gelegen. Ich kann nicht sagen, ob das Bündel bereits ganz in Brand gerathen war, als ich hinunterstieg. Ich ging weg, als ich die Flamme sah; an meine Kinder und dass diese vielleicht selbst bei dem Brande umkommen könnten, habe ich eben so wenig gedacht, als dass mein Nachbar Wanderscheck dadurch Schaden leiden oder entfernte Nachbarn bedroht werden könnten. Auf die Richtung des Windes habe ich den Augenblick nicht geachtet, auch nicht gewusst, ob Wanderscheck versichert war oder nicht, ebenso wenig ist mir eingefallen, durch den Brand eine Rückgängigkeit des Handels mit Rickers herbeizuführen, im Gegentheil war grade dieser Handel ganz nach meinem Wunsch abgeschlossen. Ich erinnere mich noch auf das Deutlichste der Art und Weise, wie ich das Haus angesteckt habe. Als das erste Schwefelhölzchen gleich zündete, hatte ich meinen Zweck erreicht und ich weiss nicht, wo ich mit dem zweiten geblieben bin. An eine Verheimlichung der That habe ich nie gedacht und wenn Wanderscheck auch nicht mir entgegengekommen oder sonst sichtbar geworden wäre, so würde ich dennoch die That sofort gestanden haben, die ich im grössten Unverstand und nur zu meinem Schaden und Verderben begangen hatte."

Der Inculpat beschrieb auf Anfordern den Zustand, in welchem er sich vor und bei der That befunden, genau ebenso, wie es bereits im ersten Verhör angegeben worden, nämlich als eine von unten aufsteigende Beklemmung, die sich nach oben immer stärker bemerklich gemacht und ihn in eine Stimmung versetzt habe, in welcher er etwas Böses habe ausführen müssen. „Genauer, sagte er, kann ich den Zustand nicht angeben, und muss ich wiederholt betheuern, dass ich meiner Verstandes- und Willenskräfte nicht mächtig gewesen bin, als ich diese ruchlose Handlung verübte. Ich werde meine Strafe ruhig zu erwarten haben und weiss zu meiner Vertheidigung nichts weiter vorzubringen."

In dem ärztlichen Gutachten wird erwähnt, dass der Inculpat schon vor 14 und 3 Jahren an starken Beängstigungen gelitten, die das eine Mal durch Aderlässe gehoben worden, das andere Mal sich verloren hätten in Folge eines bedeutenden Blutverlustes aus den Hämorrhoidalgefässen. Auch ward hervorgehoben, dass er zur Zeit der Verübung des Verbrechens wieder an Hämorrhoidalcongestionen, so wie an plötzlich zurückgetretenem Fussschweisse gelitten habe.

Der Arzt nannte die Krankheit eine *mania transitoria*, obwohl er die Verschiedenheit derselben von den in den Lehrbüchern beschriebenen Fällen der letzteren Krankheit erkannte. Er nahm an, dass W. während der That seiner vernünftigen Ueberlegung und freien Willensbestimmung beraubt gewesen wäre. Das Holsteinische Obercriminalgericht setzte ihn nach zweimonatlicher Haft wieder in Freiheit. Mehrere Jahre lang, während er die von ihm angekaufte Stelle bewohnte, betrug er sich ebenso untadelhaft, wie früher. Nachher zog er fort und kam dem Berichterstatter aus den Augen*).

Dieser höchst interessante Krankheitsfall beweist bestimmt, dass die Präcordialangst auch bei gänzlichem Fehlen von Wahnideen Brandstiftungen veranlassen kann, denn von solchen war keine Spur vorhanden. Die Sorgen, welche sich der Kranke machte, wurden durch einen Umstand hervorgerufen, welcher ihm zu Besorgnissen gegründete Veranlassung geben konnte; er erkannte sie freilich zu Zeiten selbst als übertrieben und unnöthig, ohne sich von ihnen losmachen zu können, aber dieses Verhalten kennzeichnet nicht den Wahn, kommt vielmehr bekanntlich ganz ebenso bei gesunden, leicht besorgten und ängstlichen Personen vor. Ferner war die Brandstiftung entschieden die Folge eines deutlich bewussten, starken Antriebes, etwas Böses auszuüben. Ein ausschliesslicher oder specifischer Trieb zum Brandstiften war dagegen nicht vorhanden; dem Anscheine nach hing es vielmehr nur von Einfällen oder äusseren Anlässen ab, zu welchem speciellen Verbrechen der Kranke sich grade getrieben fühlte. Bemerkenswerth ist endlich noch, dass die Steigerung der Angst, die Verminderung der Ueberlegung und der Eintritt der Antriebe zum Bösen stets gleichzeitig waren.

3) **Friederike Hahndorf, 18 Jahre alt, Dienstmädchen, Menstruationsanomalien, Präcordialangst, Brandstiftung (Casper, Denkwürdigkeiten, p. 361.).**

F. H. kam, nachdem sie den gewöhnlichen Schulunterricht erhalten hatte, zuerst bei dem Gutsbesitzer M. in Metschen in Dienst, wo sie drei Jahre blieb und der ihr später ein durchaus günstiges Zeugniss eines gutmüthigen, nicht störrischen Charakters ertheilte, so dass er meinte, die von ihr begangene That sich gar nicht erklären zu können. „Obwohl der Gutsherr mitunter strenge war, so führten die Dienstboten doch einen unzüchtigen Lebenswandel, indem die Knechte mit den Mägden öfters unschicklichen Umgang hatten. Ich selbst aber, sagte die H., habe daran nicht Theil genommen." Von Metschen zog sie nach Pl. zu dem Gutsbesitzer H., musste jedoch diesen Dienst schon nach 14 Tagen wegen rheumatischer Beschwerden wieder verlassen, blieb ein Vierteljahr im väterlichen Hause und trat dann in Wallgarten beim Lieutenant R. als Kleinmädchen in den

---

*) Die Geschichtserzählung habe ich bis auf unbedeutende formelle Aenderungen wörtlich dem Original nachgeschrieben, weil dieses den wenigsten Lesern zugänglich sein wird, die Beobachtung aber von grösster Wichtigkeit ist.

Dienst. „Obgleich mir, sagte sie, in meinem hiesigen Dienstverhältnisse Niemand etwas zu Leide gethan hat, und insbesondere auch nicht der Herr, so wollte es mir dennoch hier nicht gefallen, weil ich von Metschen her gewohnt war, mit noch mehreren Leuten zusammen zu sein; auch wohl, weil Metschen ein Ort ist, den ich von meiner Kindheit her kannte. Ich wünschte daher auch in der That, meinen Dienst hieselbst aufzugeben und wieder nach Metschen zu ziehen. So sehr ich es aber auch wünschte, so kann ich doch nicht recht sagen, ob dieses allein mich zu der That bewog, zu welcher ich mich bekennen muss. Ich fühlte vielmehr gleich beim Antritte des Dienstes eine fortwährende Unruhe in mir, welche ich nicht unterdrücken konnte und welche eine Folge böser Träume war. Ich träumte nämlich von rothem Vieh und dasselbe sollte, wie mir meine Mutter früher gesagt hat, Feuersnoth bedeuten. Deshalb hatte ich auch während meiner achttägigen Dienstzeit hieselbst fortwährende Besorgniss; ich wusste selbst eigentlich nicht, wie mir war. Das kann ich jedoch heilig und theuer versichern, dass ich bis zum Donnerstag Morgen nicht im Entferntesten daran gedacht hatte, hier Feuer anzulegen. Am Mittwoch hatte ich mir mit Erlaubniss meines Brodherrn meine Sachen von meinen Eltern geholt und dieselben in ein Packet zusammen gebunden. Weil ich noch keinen Kasten hatte, steckte ich meine übrigen geringen Habseligkeiten ebenfalls in dieses Packet, blos um von meinen Sachen nichts umherliegen zu lassen. Ich versichere, dass ich keine andere Absicht dabei gehabt habe. Am Mittwoch kam ich ganz vergnügt von Hause zurück, denn ich hatte von meiner Mutter nachträglich ein Tuch zu Weihnachten bekommen. Am Donnerstag zwischen Weihnachten und Neujahr wurde ich mit den übrigen Dienstmädchen um 4 Uhr Morgens zum Brodkneten geweckt. Etwa eine Stunde lang nach dem Aufstehen kam mir noch kein böser Gedanke ein; endlich aber, um 5 Uhr, fiel mir plötzlich ein, dass ich doch gern aus dem Dienst möchte, und da war mir so zu Muthe, als ob ich durchaus Feuer anlegen müsste. Ich nahm daher glühende Kohlen vom Heerde, etwas Heede und trocknes Holz, trug dieses Alles nach dem Appartement und legte es auf den Boden, dicht an den hölzernen Sitz, Alles übereinander, habe aber das Feuer nicht angeblasen. Darauf ging ich in die Gesindestube zurück und erzählte mir etwas mit den übrigen Dienstmädchen. Nach höchstens 10 Minuten wurde mir auf einmal schlecht, insbesondere fing mir mein Vorhaben an sehr leid zu thun. Ich ging daher in die Küche, um Wasser zu holen und das Feuer auszulöschen, allein es war inzwischen schon von der Susanne entdeckt worden. Ich legte das Feuer im Appartement an, weil die Thür desselben in einem Winkel nach hinten hinaus gelegen ist und weil ich hoffte, dass ich da für meine Person am sichersten vor der Entdeckung wäre; auch weil ich glaubte, dass das Feuer da am spätesten bemerkt werden würde. Dass das ganze Gut hätte abbrennen können, fiel mir nicht ein, denn der Gedanke und die Ausführung der That waren das Werk eines Augenblicks."

Nach Aussage einer Zeugin hatte sie während des Brodknetens schon immer geklagt, dass ihr nicht wohl wäre; ihr ganzes Wesen und Treiben war den Andern schon aufgefallen und da ihre früheren Reden vom Feuer ihnen jetzt auch beifielen, so sagte die Frau W. zu ihr: „Das Feuer hat gewiss Niemand anders angelegt, als Du." Sie nahm diese Beschuldigung hin, hatte die Hände gefaltet und antwortete nichts. Dem Dienstherrn läugnete sie zwar Anfangs auf seine Vorhaltungen, gestand jedoch bald die That offen ein und bezeugte dabei viele Reue.

Der Physikus schilderte sie als wohlgenährt, gesund und blühend, fand die Brüste gewölbt, den Schamberg dicht behaart, die Geschlechtstheile vollkommen und üppig ausgebildet und das Hymen unverletzt. Nach ihrer Aussage hatte sie die Regeln seit ihrem 14. Jahre regelmässig und ohne Beschwerden gehabt, bis sie kurz vor Weihnachten im noch nicht vollendeten 18. Jahre retardirten. Sie empfand mehrere Tage nach einander Schwindel, Kopfschmerzen, Doppelsehen, Angst, Herzpochen und grosse Unruhe, die sich namentlich als Gewissensbisse und „Vorwürfe begangener und sich nicht bestimmt bewusster Schuld" kund that; desgleichen ein Eingehülltsein der äusseren Gegenstände in rothe Farbe und schimmernden Nebel. Nachdem dieser Zustand mehrere Tage gewährt hatte, stellte sich die monatliche Reinigung spärlich ein, unter gleichzeitigem Auftreten krampfhafter Unterleibsbeschwerden und Leibschmerzen; am Tage nach Eintritt der Regeln machte sie den Brandstiftungsversuch. Vier Wochen später bekam sie ihre Menstruation, wie gewöhnlich, ohne Beschwerden wieder.

Der Physikus nahm Pyromanie und Unfreiheit an; das Gericht aber wandte dagegen ein, es läge hier weder eine Unregelmässigkeit der Pubertätsentwicklung, noch irgend eine psychische oder körperliche Krankheit vor und den Unregelmässigkeiten der Menstruation wäre eine Störung ihrer Geisteskräfte bis zur Unzurechnungsfähigkeit um so weniger zuzuschreiben, da eine bestimmte *causa facinoris* vorläge; überdies hätte sie bei der That mit völligem Bewusstsein und reiflicher Ueberlegung gehandelt.

Das Medicinalcollegium urtheilte aus etwas anderen Gründen ebenso, wie der Physikus. Das Gericht wendete dagegen ein, die schwersten Verbrechen würden häufig aus sehr geringen Motiven verübt, augenscheinlich hätte die grössere Freiheit der Dienstleute in Metschen und ihr ungebundenes Leben bei der H. den Wunsch erzeugt, dorthin zurückzukehren, und aus ihren Angaben, wenn man sie auch für wahr hielte, könnte doch um so weniger ihre Unzurechnungsfähigkeit gefolgert werden, da weder früher, noch vom Inquirenten Spuren von Geistesstörung an ihr bemerkt wären.

Das Superarbitrium hob zuerst hervor, dass die That mit ihrem Charakter nicht in Einklang stände, bemerkte aber, dass dies allein die Zurechnungsfähigkeit nicht ausschliessen könnte, weil dieser Massstab für gewisse Verbrechen, z. B. für Verbrechen aus Fleischeslust, aus Rache, aus plötzlich aufgeregter Leidenschaft überhaupt gar nicht passte*). Durch Menstruationsanomalien könnten allerdings geistige Störungen der leichtesten, wie der schwersten Art veranlasst werden, allein Letzteres fände doch nur in den seltensten Fällen und auch dann meistens nur nach länger dauernden Menstruationsanomalien statt; bei der H. aber wäre eine geistige Störung aus dieser Ursache bis zur Höhe, dass sie dieselbe blindlings zu einem Verbrechen hingerissen hätte, um so weniger anzunehmen, als jene Unordnung nur erst wenige Wochen gedauert, die H. gar nicht verhindert hätte, ihre Geschäfte zu verrichten, sie nie veranlasst hätte, ärztliche Hülfe zu suchen, ihr körperlicher und geistiger Zustand keinem ihrer Umgebungen, denen sie nur von ihren Träumen erzählte, aufgefallen wäre, der Dr. N. selbst diese Zustände nur von Hörensagen angäbe, das ganze betreffende Verhältniss gar nicht vollständig ermittelt und endlich nirgendwo in den Acten von einer körperlichen oder geistigen Krankheit der H. die Rede wäre, der Dr. N. vielmehr sie körperlich wie moralisch durchaus gesund gefunden hätte. Unter solchen Umständen gestattete die medicinische Erfahrung nicht, ein Irrsein aus körperlichen Ursachen anzunehmen. Es wird dann ferner das Genügen des Motivs behauptet und die Annahme als naheliegend bezeichnet, dass die Uebelthäterin ihre Sachen in bewusster Absicht zusammengepackt hätte. Es wird Gewicht darauf gelegt, dass sie eine Entdeckung der That zu fürchten gehabt hätte und bei derselben keineswegs in blindem und bewusstlosem Drange geistiger Unfreiheit gehandelt hätte. „Und wie wir, heisst es wörtlich weiter, nach allgemeiner psychologischer Erfahrung, Veranstaltungen, die der Thäter vor der That trifft, sich der Entdeckung und Strafe zu entziehen, für ein höchst bedeutungsvolles Criterium seiner Zurechnungsfähigkeit erklären mussten, ihnen mehr Werth beimessend, als ähnlichen Veranstaltungen, die erst nach der That getroffen wurden, und welche man auch unter Umständen von wirklichen Gemüthskranken gesehen hat, so zeigt sich doch auch im Benehmen der Inq. nach der That jene Gemüthsstimmung, die auf böses Gewissen und Besorgniss vor Entdeckung deutet." Endlich schliesst das Gutachten dahin, dass die Uebelthäterin völlig zurechnungsfähig gewesen sei. Das Erkenntniss lautete auf dreijährige Zuchthausstrafe.

Dieses Superarbitrium ist indessen nicht beweisend, da es nur auf Aeusserlichkeiten und auf manchen willkürlichen Behaup-

---

*) Diese ziemlich unverständlichen Worte sollen vermuthlich ausdrücken, dass leidenschaftliche Handlungen im Widerspruch mit dem Charakter auftreten könnten.

tungen*) fusst; namentlich ist auch der Nachweis, dass ein Motiv vorhanden gewesen wäre, gänzlich misslungen. Einmal nämlich (p. 368) wird zugestanden, dass die That der „psychologischen Persönlichkeit" der H. nicht entspreche, ein anderes Mal (p. 370) wird behauptet, dass die Unzufriedenheit im Dienst sich **fast ohne Ausnahme** (!) bei allen jugendlichen Brandstiftern auf dem Lande fände und eine hinlängliche *causa facinoris* sei. Wenn freilich die Unzufriedenheit den Grad erreicht hätte, um bei einem gutartigen Mädchen nicht etwa eine Kündigung des Dienstes, sondern ein schweres Verbrechen erklärlich zu machen, dann wäre ein hinlängliches Motiv, aber auch kein Widerspruch zwischen That und Charakter vorhanden gewesen; dieser fand aber zugestandener Maassen statt, folglich war die Unzufriedenheit **in diesem Falle** kein zureichendes Motiv.

Das Superarbitrium sucht ferner aus äusserlichen Gründen Zweifel an den Aussagen der H: zu erwecken, prüft indessen nicht ihre innere Wahrheit. Grade diese ist aber im vollkommensten Maasse vorhanden. Es ist kaum möglich, in wenigen Worten ein mehr charakteristisches Bild der Melancholie mit Angst zu entwerfen, wie es die H. gethan hat, und es ist im höchsten Grade unwahrscheinlich, dass sie solche Symptome, wie Vorwürfe „begangener und sich nicht bestimmt bewusster Schuld," wie das Rothschen u. a. erdichtet und dennoch in naturgemässen Zusammenhang mit den übrigen gebracht haben könnte. Sie sagte ferner aus, sie hätte in ihrem Dienste keine Ursache zur Unzufriedenheit gehabt, ihn aber doch gern wechseln wollen, ob dieser Wunsch allein sie zum Brandstiften veranlasst hätte, wüsste sie nicht, sie hätte sich vielmehr auch krank gefühlt und jener Wunsch wäre ihr plötzlich, verbunden mit einem Antriebe zum Brandstiften, wieder eingefallen. Die Symptome ihrer Krankheit stimmten mit denen

---

*) Die Behauptungen, dass leidenschaftliche Handlungen im Widerspruch mit dem Charakter stehen könnten, was höchstens scheinbar sein kann, dass Vorkehrungen gegen das Entdecktwerden **vor der That** gegen Geistesstörungen sprächen, dass die psychischen Störungen mit der Dauer der Menstruationsanomalien in Verhältniss ständen, dass erstere nur in den seltensten Fällen von letzteren veranlasst würden u. a. sind nichts weniger als bewiesen oder allgemein richtig; die letzte insbesondere ist notorisch ganz falsch, wenn man nicht etwa das hier gleichgültige causale Verhältniss urgiren will.

der Präcordialangst überein, die That geschah am Tage nach einem beschwerlichen Eintritt der Menstruation, zu einer Zeit also, in welcher die psychischen Störungen sehr häufig exacerbiren, wir wissen endlich, dass Sehnsucht nach Ortsveränderung und plötzliche Antriebe zu Verbrechen nicht selten bei der Melancholie mit Angst vorkommen; es stimmen also, wie man sieht, alle einzelnen Aussagen und Thatsachen unter sich und mit den allgemeinen Erfahrungen über die Präcordialangst vollständig überein. Zweifelhaft bleibt nur, ob der Wunsch nach Ortsveränderung normal war und ob er demnach die Richtung des krankhaften Triebes bedingte, oder ob er ebenfalls schon die Folge der Beängstigungen war; das Letztere ist das wahrscheinlichere, da die Kranke die Unruhe gleich beim Antritte ihres Dienstes fühlte. Bei der Unvollständigkeit der Krankheitsgeschichte lässt sich dieser Zweifel indessen nicht lösen.

Ueberdies hat dieser Krankheitsfall mit dem vorigen eine grosse Aehnlichkeit; beide sind Beispiele einer *melancholia anxia transitoria;* sie dauerten beide verhältnissmässig nur kurze Zeit, wurden durch die Uebelthaten, wie durch eine Art Krisis beendet und standen mit körperlichen Störungen, dort mit Hämorrhoidal-, hier mit Menstrual-Beschwerden nachweisbar in Zusammenhang.

4) **Agnes Mahr, 21 Jahre alt, Dienstmädchen, Melancholie mit Angst, hysterische Zufälle, Brandstiftung am 19. Juli 1833 (Ulrich in Henke's Zeitschrift. Bd. 31, p. 119.).**
A. M., unter der Zucht einer unfreundlichen Stiefmutter aufgewachsen, und im Schulunterricht so vernachlässigt, dass sie weder lesen noch schreiben konnte, war, wie es scheint (denn bestimmte Angaben fehlen), als Kind nicht erheblich kränklich gewesen, und hatte sich durch ein gutmüthiges, sanftes, stilles und zurückgezogenes Wesen trotz ihres beschränkten Verstandes stets beliebt gemacht. Im 14. Jahre trat sie bei der Frau Lennerz in Dienst, wo sie 4½ Jahre blieb. Nach Aussage dieser Frau war sie schon vor Eintritt der Menstruation, die 2 Jahre später erschien, als bei dortigen Landmädchen gewöhnlich war (Näheres war nicht zu ermitteln), so sensibel, dass sie bei jeder harten Anrede wie von Sinnen kam. Vom 16. Jahre an wurde sie oft von Ohnmachten befallen, welche meist mit heftigen Kopfschmerzen verbunden, kurz vor oder nach der Menstruation eintraten; letztere war unregelmässig und blieb öfters ganz aus, wodurch die Zufälle dann sehr verschlimmert wurden. Ausser diesen Zeiten war sie gesund und arbeitstüchtig, sah aber meistens sehr blass aus.

Veränderter Verhältnisse wegen gekündigt, trat sie bei der Wittwe Laufen im Dienst, wo sie zwei Jahre blieb. Ihre Dienstherrin, sonst das allgemeine Zeugniss bestätigend, fand sie etwas lügenhaft und bis Pfingsten 1833, wo sie sie zuerst in ohnmächtigem Zustande sah, gesund.

Am 18. Juni kam die Mahr des Morgens ganz erschrocken vom Felde zurück und erzählte mit „angeschwollenem" (angstvollem?) Gesichte, dass sie von zwei fremden, im Gesicht ganz schwarzen Männern angefallen worden wäre, von denen der eine vor ihr gestanden und ihr mit einem blanken Messer den Hals abzuschneiden gedroht hätte, wenn sie nicht sagte, wo ihre Leute das Geld hätten. Sie wüsste nicht, was sie in dem Schrecken gethan hätte, aber glücklicher Weise wäre ein fremder Mann herbeigekommen, der den zwei Kerls „halt!" zugerufen und sie dadurch aus der Gefahr befreit hätte. Im Verhöre, wo sie diese Geschichte wiederholte, fügte sie noch hinzu, dass sie den Mann, welcher sie von Hinten anpackte, nicht sogleich gesehen, sondern erst beim Fortlaufen einen zweiten Menschen bemerkt hätte. Ein Tagelöhner, welcher die Sache näher untersuchen wollte, fand im Kornfelde eine Spur, als ob ein Mensch hindurchgelaufen wäre.

Seitdem wurde die Mahr von einer unüberwindlichen Angst befallen, fühlte sich fortwährend schwach, verlor den Appetit und musste sich häufig erbrechen. Am 19. nahm sie ärztliche Hülfe in Anspruch und ward zur Ader gelassen. Am 20. war sie noch krank, so dass sie nur wenig arbeiten konnte, und ging, nachdem sie sich Abends wieder erbrochen hatte, um 11 Uhr zu Bette. Eine halbe Stunde später folgte ihr ihre Bettgenossin Katharine Rönneper, nachdem sie sich überall im Hause umgesehen und sich überzeugt hatte, dass kein Feuerschaden entstehen könnte. Sie fand die Mahr noch wachend und am vorderen Rande des Bettes liegend, legte sich, über sie hinwegsteigend, schlafen, ward aber um $1\frac{1}{2}$ Uhr durch das Rasseln des Feuers, welches den vorderen Theil des Hauses ergriffen hatte, wieder erweckt. Sie weckte die Mahr, welche im Augenblicke des Aufrichtens wieder von Erbrechen befallen wurde. Diese schleppte schweigend ihren eignen Koffer vor die Thür, zeigte sich voll Schreck und Angst und lehnte die Aufforderung zum Löschen mit den Worten ab, sie wäre krank und könnte nicht, worauf sie sich in einem Nachbarhause ins Bett legte.

Ob die Mahr diesen Brand angestiftet, blieb zweifelhaft, sie selbst läugnete es. Gegen sie sprach der Umstand, dass die Rönneper vor dem Niederlegen eine Thür unverschlossen gelassen hatte, welche nachher verschlossen gefunden wurde, und ihre eigne Aeusserung: „Ja, es ist auch eigen, ich war noch kurz vor Entstehung des Brandes „auf," (oder „wach") und habe nichts gesehen." Auch hatte sie schon vor dem Brande den Wunsch geäussert, den Laufenhof zu verlassen.

Nach dem Brande ward, wie sie angab, ihr Befinden noch schlimmer, sie konnte fast keine Speise mehr bei sich behalten und litt an heftigen Kopfschmerzen. Der Aufenthalt auf dem Hofe ward ihr unerträglich, weil sie sich überall von den schwarzen Männern verfolgt glaubte und fest überzeugt war, dass diese den Brand angestiftet hätten. Dem Arzte, welchem sie sich 2—3 Tage nachher vorstellte, gab sie dasselbe an und klagte über Mattigkeit und Beängstigungen in der Herzgrube. Die Röthe ihrer Wangen, welche von der übrigen Gesichtsblässe sehr abstach, ihre tief ergriffene Miene und ihre eigenthümlich glänzenden Augen machten auf den Arzt einen besonderen Eindruck, welcher noch erhöht wurde durch die Art und Weise, wie sie ihren Willen kund that, ihren Dienst zu verlassen. Der Arzt sowohl, wie der Bürgermeister verwandten sich für sie bei ihrer Dienstherrin, um ihr die Erlaubniss zum Abziehen zu erwirken; da diese aber ihre Einwilligung versagte, lief die M. ohne Erlaubniss fort, kehrte indess nach 5—6 Tagen freiwillig zurück und begab sich ohne Weiteres still an ihre Arbeit.

Indessen war ihr der Aufenthalt auf dem Laufenhofe nach wie vor unerträglich und es fiel ihr, wie sie behauptete, am 19. Juli Morgens plötzlich ein, dass sie, wenn sie Feuer anlegte, vom Hofe fortkommen könnte. „Ich konnte, sagte sie, dem Treiben in mir nicht widerstehen. Ganz von Sinnen lief ich von einem Nebengebäude, in welchem ich schlief, in das Backhaus, wo wir kochten, nahm dort vom Heerde Kohlen, legte diese auf ein altes Stück Eisen, ergriff einige Schwefelhölzer, eilte zur Scheuer und zündete da mittelst der Schwefelhölzer das zunächst liegende Stroh an. Ich lief in den nicht abgebrannten Theil des Wohnhauses, nahm einen Eimer und begann eine Kuh zu melken. Inzwischen sah ich, dass die Flamme aus der Scheuer schlug." In einem spätern Verhöre sagte sie: „Der Aufenthalt auf dem Laufenhofe war mir wegen des Vorfalls mit den schwarzen Kerlen unerträglich und so stieg der Gedanke in mir auf, dass ich fortkommen könnte, wenn ich Feuer anlege. Meine Gedanken wurden aber bald so wirre, dass ich nicht wusste, was ich that. Ich versuchte auch mehrmals zu beten, es war mir aber nicht möglich, ein Gebet hervorzubringen. Ich fühlte in diesem Augenblicke, dass Gott, der, wie mir mein Religionslehrer gesagt hat, stets um den Menschen und in ihm ist, von mir wich; dass der böse Feind zwischen Gott und mich trat und mich überwältigte, denn mein Gebet stockte und seiner Gewalt konnte ich mich nicht mehr entziehen."

Befragt, wer der böse Feind sei? erwiederte sie: „Das kann ich nur fühlen, aber nicht beschreiben." Ferner befragt, ob ihr nicht das Feuer oder das Anlegen desselben Vergnügen gemacht habe? erklärte sie: „Nein, ich habe daran kein Vergnügen, vielmehr musste ich mich abwenden, als ich das Feuer anlegte, aber anlegen musste ich es; denn widerstehen konnte ich dem Drange, dem bösen Feinde nicht." Sie setzte hinzu, dass sie die Schwere ihrer That tief fühle und Gott täglich im Gebet anflehe, er möge ihr vergeben.

Nach ihrer Angabe hatte sie grade am 19. Juli ihre Regeln; da der erste Brand genau 4 Wochen früher stattfand, hatte sie dieselben wahrscheinlich damals ebenfalls gehabt.

Noch während des Löschens, nachdem sie mit fremder Hülfe ihre eigne Kiste gerettet hatte, wurde der Arzt eiligst zu ihr gerufen, und fand sie in einem Nachbarhause im Bett sich hin und her werfend, gequält von heftigen Unterleibskrämpfen und mit entstelltem Gesichte. An verschiedenen Stellen des Unterleibs erhoben sich abwechselnd dicke harte Geschwülste von der Gestalt der Därme, der Puls war klein, schnell und hart. Er verordnete einen Aderlass; die Krämpfe verschwanden sogleich, aber grosse Unruhe und Angst blieb zurück, und obwohl sie auf jede Frage richtig antwortete, schien sie zerstreut, war einsylbig und hatte einen umherirrenden Blick.

Beim ersten Brande ganz ohne Verdacht geblieben, ward sie beim zweiten durch Nebenumstände und durch ihr Benehmen verdächtig, und ein Tagelöhner brachte sie dadurch zum Geständniss, dass er ihr vorspiegelte, sie wäre beim Anlegen des Feuers gesehen worden, er würde sie aber nicht verrathen, wenn sie ihn für seine verbrannten Sachen entschädigen wollte. Als sie sich dennoch verrathen sah, entfloh sie zu ihrer Grossmutter und nahm dann einen Dienst an, wo sie bis zu ihrer Verhaftung (Ende December) blieb. Hier zeigte sie sich arbeitsam und tüchtig, fiel aber durch ihre sonderbaren Gespräche und Erzählungen auf.

Seit ihrer Arrestation litt sie an immer häufiger werdenden Krämpfen, welche bis zu zwei Malen an einem Tage auftraten. Einige Augenblicke vor deren Eintritt empfand sie starke Hitze im Gesichte und sehr heftige Kopfschmerzen, dann brach ein kalter Schweiss aus und sie stürzte besinnungslos zu Boden; der Körper war dabei kalt und starr, wässeriger Schaum floss ihr aus dem Munde und der Puls schlug auffallend langsam. Nach zurückgekehrtem Bewusstsein brach sie gewöhnlich in Thränen aus und es dauerte noch etwa eine halbe Stunde, bis der Schwindel sich ganz verlor. Die Unregelmässigkeit ihrer Menstruation und das Erbrechen währten ebenfalls fort; sie klagte ferner über unruhigen Schlaf und dass sie öfters vor Schrecken zusammenfahre; sie gedenke dann immer des von ihr begangenen Verbrechens und der Strafe, welche sie treffen werde. Besonders traurig wurde sie, nachdem sie erfahren, dass eine andere Brandstifterin zum Tode verurtheilt wäre, worüber sie, ohne sich zu äussern, in Thränen zerfloss. Einigemal wurden verrückte Aeusserungen von ihr vernommen; namentlich wollte sie einmal ihren Vater in der Kirche gesehen haben.

Ueber ihr Verhalten bei den Verhören heisst es in den Acten: „Beim Beginn eines jeden Verhörs war die Inculpatin auffallend bleich, hatte ein tiefliegendes, mattes Auge und sehr rothe Augenlieder. Auf die anfänglich an sie gerichteten Fragen gab sie träge, oft höchst unrichtige Antworten. Sobald sich aber die Fragen vermehrten, wurden die Antworten rascher und richtiger und die Angeschuldigte selbst im äussersten Grade lebhaft, die Blässe des Gesichts machte einer hellen, fliegenden Röthe Platz und insbesondere zeigte sich ein eigenthümlicher Glanz in ihren Augen. Wenn dieser Zustand ein Weilchen gedauert hatte, wurde das Auge wieder hohl, sie begann dann zu weinen und zerfloss endlich dergestalt in Thränen, besonders beim Vorlesen der Verhandlungen, dass sie kein Wort mehr hervorzubringen vermochte. In diesem Zustande schien sie in Schmerz und Reue aufgelöst zu sein und ihr ganzes Wesen trug das Gepräge eines tiefen Leidens. Beständig verrieth sie Neigung zum Erbrechen und war anscheinend fortwährend kalt. Zugleich zeigte sie ein sehr geringes Fassungsvermögen, aber doch nicht, wenn sie etwas verstanden, gänzlichen Mangel an Urtheil."

Das rheinische Medicinalcollegium erklärte, dass sie das Feuer in einem Zustande von Geistesverwirrung angelegt hätte und ganz unzurechnungsfähig wäre. Das Erkenntniss ist nicht mitgetheilt.

Die Krankheit der Mahr muss ohne Zweifel als Melancholie mit Angst, verbunden mit hysterischen und Menstruationsbeschwerden, bezeichnet werden; man kann sie auch als einen höheren Grad der im vorigen Falle vorgekommenen Krankheit auffassen. Die körperlichen Beschwerden waren hier zwar viel bedeutender, als dort, aber doch ähnlicher Art, in beiden Fällen trat neben der Angst das Verlangen nach Ortsveränderung im Bewusstsein als Motiv hervor, in beiden wurde die Brandstiftung während der Menstruationsperiode begangen. Aber die Melancholie war hier keine vorübergehende, sie nahm nach der Uebelthat vielmehr noch zu und war auch schon vorher von Wahnideen begleitet. Die Kranke hatte schwarze Männer gesehen, deren Erscheinung höchst wahrscheinlich auf einer Sinnestäuschung beruhte, ihre Beängstigung bezog sich später auf diese „schwarzen Kerls"[*]). Auch die Ideen, dass Gott sie verlassen, dass der böse Feind sie überwältigt hätte, und die Unfähigkeit zum Beten sind bei Melancholischen ganz gewöhnliche Erscheinungen; die Geisteskrankheit war demnach bei ihr bereits vollständig ausgebildet.

5) K. F. H., 17 Jahre alt, Dienstmädchen, Präcordialangst, Heimweh, Brandstiftung am 6. October 1836 (Hohnbaum in Henke's Zeitschrift. 24 E.-II. 1837, p. 55.).

---

[*]) Eine mir bekannte Kranke bezog ihre Beängstigungen ganz analoger Weise auf „scheussliche Kerls," indem sie alle etwas abgerissenen Männer für Banditen hielt, die es auf sie abgesehen hätten.

K. H. war von Kindheit an schwächlich, hatte bis zum 14. Jahre häufig Nasenbluten und Leibschmerzen gehabt und später sehr häufig über Blutandrang zum Kopfe und Schwere in allen Gliedern geklagt. Andere Krankheiten hatte sie nicht gehabt und Spuren von Geistesabwesenheit waren nicht an ihr bemerkt worden. Indessen bestand eine erbliche Anlage; ihr Grossvater väterlicherseits hatte sich nämlich in einem Anfalle von Schwermuth das Leben genommen und ihr Vater, der in früheren Jahren Anfälle von Geisteskrankheit gehabt hatte, ward noch gedankenschwach und unruhig gefunden.

Sie war in Gottesfurcht erzogen, zur Kirche und Schule gut angehalten, lernte aber wegen sehr geringer Geistesfähigkeiten nur Lesen und sehr wenig Schreiben. Nach der Schulzeit half sie ihrer Mutter in häuslichen Geschäften, hielt sich fast immer zu Hause und hatte fast gar keinen Umgang. Zum Tanze war sie nur wenige Male gegangen, weil sie jedesmal einige Tage Angst und Hitze darnach erleiden musste.

Gegen den 25. Juli 1836 verdang sie sich zuerst als Tagelöhnerin, nach 8 Tagen aber aus eigenem Entschlusse als Magd im Forsthause. Sehr bald steigerten sich hier die krankhaften Erscheinungen, namentlich wurde sie sehr unruhig und ängstlich und verfiel bald in sehr heftiges Heimweh. Sie selbst klagte ihrer Mutter bei Besuchen, dass sie oft von grosser Angst und Sehnsucht ergriffen würde, und fügte hinzu, dass sie, wenn diese vorübergegangen wäre, sich über sich selbst ärgern müsste, weil sie sich so sehnte und ohne Grund abängstigte. Es stiege ihr, äusserte sie ferner, ein Brennen und Drücken zum Kopfe vom Magen auf, was sie früher auch mitunter, aber in einem weit geringeren Grade gehabt hätte und was $\frac{1}{2}$—1 Stunde anhalte, einmal hätte sie auch Nasenbluten gehabt, was sonst seit mehreren Jahren ausgeblieben war, dabei aber nur 3 Tropfen Blut verloren. Ausserdem bildeten sich bei ihr fortwährend Blutschwären auf dem Kopfe und im Gesichte, oft von bedeutender Grösse.

Im Forsthause war man im Ganzen mit ihr zufrieden, oft aber war ihres heftigen Heimwehs wegen wenig mit ihr anzufangen; namentlich in der letzten Zeit musste sie oft wegen Nachlässigkeit getadelt werden. Sie empfand dies als ein ihr widerfahrendes Unrecht, wurde aber noch mehr dadurch deprimirt, dass weder ihre Mutter, noch ihre Dienstherrschaft ihr die Heimkehr erlauben wollte, letztere ihr sogar mit dem Amtsdiener drohte. Ueberdies musste sie trotz ihren Bitten um Aenderung allein in einer Bodenkammer schlafen, während sie früher mit ihrer Mutter in einem Bette geschlafen hatte.

Am Morgen des 5. October 1836 brach im Pferdestalle des Forsthauses Feuer aus, dessen Veranlassung nicht ermittelt wurde, in Bezug auf welches aber keine Verdachtsgründe gegen die H. sich erhoben. Sie war gegen 5 Uhr aufgestanden und in der Küche beschäftigt, als ihr von einer dritten Person zugerufen wurde, dass es im Pferdestalle brenne, worüber sie heftig erschrak.

Ueber ihr Verhalten während dieses Brandes waren die Aussagen unvollkommen und widersprechend. Eine Zeugin erzählte, sie wäre ihr am Morgen nach dem Brande begegnet, und da sie gesehen, dass sie ihre Kleider in einem Korbe auf dem Rücken gehabt, hätte sie gefragt, wo willst Du hin? worauf die H. geantwortet: „Ach Gott, ich bin ganz verwirrt im Kopfe."

Am 5. October hatte angeblich die Tochter vom Hause P. H. zu ihr gesagt, sie wäre ihr viel zu schlecht, um mit ihr zu reden. Dadurch wollte sie zuerst erfahren haben, dass man wegen des Feuers Verdacht auf sie geworfen hatte, und versicherte, dass sie den ganzen Tag todtkrank gewesen wäre und nicht hätte essen können.

Am Morgen des 6. October brach abermals Feuer im Forsthause aus, und zwar unter Umständen, welche es ausser Zweifel setzten, dass dasselbe durch einen Hausbewohner veranlasst wäre.

Die H. stellte bei ihrem ersten Verhöre (am Abend des 6. October) die Thäterschaft mit Bestimmtheit in Abrede, am 10. October gestand sie jedoch freiwillig, dass sie die Brandstifterin gewesen wäre und gab den Hergang folgendermassen an:

„Sie wäre am 5. October ziemlich wohl gewesen und hätte nur etwas Kopfweh gehabt. Nach der Abendmahlzeit hätte sie sich gegen 11 Uhr niedergelegt und wäre auch bald eingeschlafen. Statt, wie gewöhnlich, um fünf Uhr, wäre sie schon um drei Uhr aufgewacht, hätte aber von der P. H., in deren Schlafstube sie sich alsbald begeben, die Weisung erhalten, sich wieder niederzulegen. Sie hätte sich jedoch zuvor, um ihre Nothdurft zu verrichten, auf den Gang begeben. Während dem wäre ihr schlecht geworden, ihr Blut hätte sich nach dem Kopfe gedrängt und es hätte ihr schwer auf dem Herzen gelegen; den Zustand, in dem sie sich befunden, könnte sie eigentlich gar nicht beschreiben, es wäre ihr ängstlich gewesen, aber sie hätte eine ganz andere Angst gefühlt, als gewöhnlich. Sie hätte sich sodann in ihre Kammer begeben, sich niedergelegt und wäre wieder eingeschlafen. Ihr Schlaf wäre jedoch unruhig gewesen und sie wäre mehrere Male aufgewacht. Gegen $4\frac{1}{2}$ Uhr wäre sie wieder aufgestanden, hätte in der Stube der P. H. eine Oellampe angezündet und sich damit auf den Boden begeben. Dort hätte sie ein Strohseil genommen, es an dem einen Ende angebrannt und es um mehrere Bündelchen Dachspähne gelegt, welche sogleich zu brennen angefangen hätten. Sie hätte sich während dieser Handlungen sehr niedergeschlagen gefühlt, und es wäre ihr sehr schwer ums Herz gewesen, das Blut hätte sich ihr nach dem Kopfe gedrängt und sie hätte Kopfweh gehabt. Sie hätte selbst nicht gewusst, was sie damals für Gedanken gehabt, sie wäre aber ganz wirr gewesen. Es wäre ihr damals noch nicht eingefallen, dass sie eine schwere Sünde begiffge, wenn sie Feuer anlegte, sie wäre wie nicht richtig in ihren Gedanken gewesen. Während sie wieder hinabgegangen, hätte sie das Knistern des Feuers gehört und nun hätte sie die That gereut." Sie machte selbst Feuerlärm und half beim Löschen.

Ueber die Absicht, weshalb sie das Feuer angelegt, befragt, gab sie zur Antwort, sie hätte gewollt, dass das Forsthaus brennen sollte, und zwar hätte sie diese Absicht erst gefasst, als sie ihre Lampe angezündet hätte und von dem untern Stock des Hintergebäudes in das Mittelgebäude gegangen wäre. Ueber den Grund befragt, antwortete sie anfangs, sie wäre sich selbst nicht klar bewusst, aus welchem Grunde sie dies gewollt, auf näheres Befragen bemerkte sie jedoch, sie könnte sich keines andern Grundes entsinnen, als weil sie sich in das elterliche Haus zu sehr zurückgesehnt und weil sie in der letzten Zeit der P. H. nichts hätte recht machen können. Diese Aussage wiederholte sie auch in einem späteren Verhöre im Wesentlichen, setzte jedoch hinzu, sie wäre damals ganz wirr im Kopfe gewesen und hätte nicht gewusst, was sie thäte. Erst als sie die Bodentreppe wieder herunter gewesen, wäre sie wieder zu Gedanken gekommen, sie hätte eingesehen, dass sie Unrecht gethan und gewünscht, dass das Feuer so schnell als möglich gelöscht werden möchte. Sie wäre über das von ihr angerichtete Unglück sehr erschrocken gewesen und hätte am ganzen Leibe gezittert.

Ueber ihr Aeusseres bemerkte der Gerichtsarzt: Sie hätte einen ihrem Alter entsprechenden, wohl proportionirten Körperbau (über die Entwickelung der Geschlechtstheile ist speciell nichts bemerkt), das Gesicht wäre etwas aufgedunsen, die Züge sanft, der Leib etwas stark. Das Athmenholen wäre etwas erschwert, die Haut mehr kalt anzufühlen, und die Zunge etwas belegt. Auf dem behaarten Theile des Kopfes und im Gesichte hätten sich gegen sechs, theils noch eiternde, theils in der Heilung begriffene Blutschwären befunden. Merkmale von Geistesstörung wären nicht wahrzunehmen gewesen.

Das gerichtsärztliche Gutachten lautete dahin, dass die H. die Brandstiftung in einem unfreien Zustande und zwar in einem Anfalle von plötzlich eintretender und schnell vorübergehender Manie (*Mania acutissima*) ausgeführt hätte. Die Medicinaldeputation in Meiningen erklärte sie ebenfalls für unzurechnungsfähig, führte aber in der Begründung aus, dass sie sich vielmehr in dem krankhaften Zustande der Neigung zur Brandstiftung befunden hätte. Das Erkenntniss ist nicht mitgetheilt.

Die Frage, ob das Heimweh ein normaler Affect oder Folge einer Geistesstörung war, lässt sich hier wohl mit ziemlicher Bestimmtheit zu Gunsten der letzteren Ansicht entscheiden. Psychisch gesund war die H. gewiss nicht; es bestand nicht allein eine erbliche Anlage, sondern es lagen auch unzweideutige körperliche und geistige Symptome einer Melancholie mit Angst vor. Sie konnte das Tanzen nicht vertragen, weil es ihr dauernde Beängstigungen verursachte, das Athmen war erschwert, die Zunge leicht belegt, sie litt an den bei Geisteskranken so häufigen Blutschwären, sie bemerkte nicht allein selbst eine Verwirrung ihrer Gedanken, sondern gab sie auch durch ihre Handlungen kund und sah sogar selbst zu Zeiten und vorübergehend die Grundlosigkeit ihrer Beängstigungen und die Widersinnigkeit ihres Heimwehs ein. Ihre Angst und ihr Heimweh brachte sie überhaupt mit einander in Verbindung und beschrieb die erstere (als eine von unten zum Kopf aufsteigende Empfindung) und ihren unbesinnlichen Zustand während der Brandstiftung ganz so, wie der mehrerwähnte Wieneken. Das Heimweh war hier also, wie so oft, Krankheitssymptom. Vergleicht man ferner diesen Fall mit den oben erzählten, in welchen das Heimweh mehr oder weniger als normaler Affect sich darstellte, so findet man, dass er sich an den letzten derselben, den der Juliane Krebs (vergl. oben p. 118) sehr nahe anschliesst. Auf diese Stufenfolge gestützt, sehe ich es als erwiesen an, dass das Heimweh sowohl im Normalzustande, als auch bei allen psychischen Störungen, welche zwischen diesem und entschiedener Melancholie liegen, vorkommen kann. Heimweh als Motiv eines Verbrechens beweist also keineswegs die Gesundheit des Uebelthäters.

6) E. B., 16 Jahre alt, Dienstmädchen, Präcordialangst, Katalepsie, sieben Brandstiftungen, am 18. Febr., 4., 12., 14. März und 2. April 1850 zu Rieste (Vezin in Henke's Zeitschrift 1853. II., p. 269.).

E. B., 16 Jahre alt, stammte aus einer gesunden Familie, in welcher nur ein Oheim für melancholisch gegolten hatte. Ihr Vater war vor 3 Jahren an Gehirnentzündung gestorben, die Mutter lebte und war völlig gesund. Das Mädchen selbst war früher stets gesund (einen fieberhaften Gastricismus vor 3 Jahren abgerechnet), von heiterem Temperament, zufrieden, bescheiden, thätig und von tadellosem Verhalten. Die Schule hatte sie nur unordentlich im Winter besuchen können, Sommers aber als Kuhhüterin schon seit dem achten Jahre sich verdingen müssen; sie hatte deshalb kaum lesen gelernt. Von Heimweh hatte sie trotz der frühen Entfernung vom Hause nie die geringsten Spuren gezeigt, sie war im Gegentheil weit seltener nach Hause gegangen, als ihr frei gestanden hatte.

Im 15. Jahre (Frühling 1849) trat sie bei der Müllerin Wittwe M. in Dienst, betrug sich auch dort tadellos, wurde aber etwa 5—6 Wochen vor Weihnachten zuerst von Krämpfen befallen. Die Anfälle waren sich nach den verschiedenen Beschreibungen sehr ähnlich; sie bestanden darin, dass die Kranke meistens früh Morgens, indem sie fühlte, dass es ihr zu Kopf stieg, das Bewusstsein verlor, niedersank und dann stundenlang in einem kataleptischen Zustande verharrte. Die Augen standen offen, die Pupillen waren erweitert, der Augapfel bewegte sich mitunter von einer Seite zur andern, die Augenlieder senkten sich bisweilen etwas; die Lippen und Kinnladen waren krampfhaft geschlossen, die Glieder biegsam, aber nicht spontan beweglich, Puls und Herzschlag unmerklich. Nach den Anfällen klagte sie über Kopfschmerzen und Ermattung, welche bis Mittag sich wieder zu verlieren pflegten. Der Simulation ward sie nicht verdächtig; die üblichen Reizmittel wurden ohne Erfolg angewendet. Um die erwähnte Zeit waren die Geschlechtsorgane noch wenig entwickelt und die Menstruation noch nicht eingetreten. Ihre Gemüthsstimmung und ihre natürliche Einsicht waren durch dieses Nervenleiden nicht nachweisbar geändert, auch verrichtete sie ihre Arbeit ebenso gut, wie zuvor. Die Anfälle waren indessen sehr häufig und wiederholten sich wenigstens an jedem zweiten Tage, selten zweimal an einem Tage. Ein näherer causaler oder zeitlicher Zusammenhang zwischen diesen Anfällen und den Brandstiftungen war nicht nachzuweisen; in einem Falle legte sie Nachmittags Feuer an, nachdem sich die Folgen eines am Morgen überstandenen Anfalls schon gänzlich verloren hatten.

Als Motiv zu den Brandstiftungen gab sie eine Angst und einen unwiderstehlichen Trieb an; die erstere hätte sich jedesmal verloren, sobald sie angezündet hätte, sie wäre dann traurig gewesen, hätte mit sich gekämpft, ob sie es verrathen sollte, sich aber gefreut, wenn ein grösserer Brand verhütet wurde, was zweimal der Fall war. Entstand aber eine grosse Feuersbrunst, wie es fünf Mal der Fall war (es verbrannten im Ganzen durch ihre Schuld acht Gebäude), so weinte sie, half retten, wurde aber durch die sichtlichen schrecklichen Folgen ihrer Thaten weder von Wiederholung derselben abgehalten, noch erheblich afficirt. Bei den Brandstiftungen selbst benahm sie sich umsichtig genug, um weder dabei entdeckt zu werden, noch Verdacht auf sich zu ziehen; besonders auffallend war die Unbefangenheit, mit welcher sie unmittelbar nach verübter That ihren Geschäften nachging, bis das Feuer entdeckt wurde oder sie selbst darauf aufmerksam machte. Die Art der Ausführung war verschiedenartig und bot nichts Besonderes dar; häufig war ihr die Gelegenheit günstig, sie war z. B. grade mit Licht, Feuer, in der Scheune beschäftigt, andere Male aber suchte sie die Gelegenheit und gebrauchte List, um zu dieser zu gelangen. Die ersten, gelöschten Versuche machte sie am 17. Februar Abends um $7\frac{1}{2}$ und 10 Uhr, am 18. früh zündete sie das Haus ihrer Herrschaft an, am 4. März die interimistisch bezogene Scheune, am 12. März die Scheune, am 14. das Wohnhaus des Bruders der Müllerin, wohin Letztere mit ihr gezogen war. Sie kehrte dann zu ihrer Mutter zurück, trat am 26. März bei einem Bauern vorläufig in Dienst und zündete dessen Haus am 2. April an, worauf sie verhaftet wurde. Bei einem Küster, wo sie zweimal interimistisch aufgenommen worden war, sowie bei ihrer Mutter hatte sie keinen Trieb zur Brandstiftung empfunden. Motive waren durchaus nicht aufzufinden, sie litt weder an Heimweh, noch war sie ungern bei der Müllerin, wo sie sehr freundlich behandelt wurde; sie selbst verlor in einem Brande nicht unbedeutend an Kleidungsstücken.

Verhaftet wurde sie nur deshalb, weil sie bei allen Bränden zugegen gewesen war und dieselben öfters zuerst bemerkt hatte. Sie blieb dabei auffallend ruhig und gefasst, versicherte, dass sie unschuldig wäre, worauf sie in leises Schluchzen ausbrach, und liess sich geduldig ins Gefängniss führen, wo sie jämmerlich weinte und über ihr unverschuldetes Unglück klagte. Auch bei den Verhören war sie höchst unbefangen, suchte nicht etwa den Verdacht auf Andere zu lenken, sondern läugnete einfach ab, dass sie über die Entstehung der Brände etwas wüsste. Ihre Aussagen waren klar und standen mit denen der Zeugen in keinem Widerspruche. Die letzteren wussten nicht das geringste Verdachterregende gegen sie vorzubringen, denn sie hatte nur etwa 8 Tage vor der ersten Brandstiftung geklagt, sie ängstigte sich und möchte nicht gerne mehr allein schlafen, weil sie glaubte, dass sich etwas ereignen würde, und nach derselben geäussert, dass sie die Müllerin hätte rufen hören: „Wasser, Wasser, Jungens, Jungens." Sie wurde daher von allen Zeugen für unschuldig und solcher Verbrechen für unfähig gehalten. Dass sie die Thäterin gewesen, kam in der That nur dadurch an den Tag, dass sie durch den ihr vom Prediger über die Beichte ertheilten Unterricht zu einem offenen Geständniss bewogen wurde.

Die Sachverständigen erklärten, es läge keine Pyromanie vor, weil die für diese Krankheit von Henke angegebenen Symptome nicht zu finden wären, sie litte überhaupt nicht an einer psychischen Krankheit, durch welche der Vernunftgebrauch aufgehoben worden wäre, dagegen sei in Folge mangelnden Unterrichts und vernachlässigter Erziehung, sowie wegen der geschlechtlichen Entwicklungsperiode, in welcher sie sich befunden, und der damit zusammenhängenden Krampfzufälle ein die Zurechnung erheblich beschränkendes Gemüthsgebrechen vorhanden gewesen.

Schon im Laufe dieser ersten Untersuchung scheint die E. B. das Geständniss bereut zu haben, indem sie dasselbe, wahrscheinlich durch einen Mitgefangenen verleitet, durch eine handgreifliche Fabel zu beseitigen suchte. Ihrem Vertheidiger gelang es später nach wiederholten Gesprächen ohne Zeugen noch andere scheinbar ergänzende Aussagen von ihr zu erhalten, von denen einige allerdings innere Wahrscheinlichkeit haben, andere aber deutlich erfunden sind. In der Hauptsache stellte sie darin ihr Allgemeinbefinden weit schlechter dar, wie früher, sie hätte Ohrensausen, Schwindel, Gehörsillusionen („du musst und musst das Haus abbrennen") und Heimweh gehabt u. s. w. Es wurde deshalb den Sachverständigen eine neue Exploration aufgetragen. Diese fanden sie (Anfang November) psychisch sehr verändert, sie war nicht mehr offen und lebhaft, sondern verschlossen, einsylbig, niedergeschlagen, doch waren durch vieles Fragen zusammenhängende Aussagen von ihr zu erhalten. Körperlich war sie grösser und stärker geworden und sah gesund, aber bleich aus. Die Regeln waren zuerst am 4., dann am 14. Juni jedesmal zwei Tage lang spärlich geflossen, ihr weiteres Verhalten ist nicht angegeben. Seit 3 Monaten hatte sie keinen Krampfanfall gehabt, als aber die Aerzte ihr die Moral zu lesen begannen, trat ein solcher auf der Stelle ein; derselbe unterschied sich von den früheren nur durch die Schlaffheit der Extremitäten, der Puls war 104, Bespritzen mit kaltem Wasser bewirkte Zusammenschrecken und einige andere Reflexbewegungen, die übrigen angewendeten Reizmittel wirkten nicht. Der Anfall dauerte 2½ Stunde und hatte die gewöhnlichen Nachwirkungen. Die Anfälle wiederholten sich von der Zeit an öfters, wie es scheint, besonders in Folge von Gemüthsbewegungen; durch Beherrschung der letzteren glaubte sie sogar zweimal dem Eintreten der Krämpfe vorgebeugt zu haben.

Die Sachverständigen blieben bei ihrem Gutachten und es wurde in Folge desselben eine 8jährige Arbeitshausstrafe erkannt. Hiegegen wurde appellirt und bei dieser Veranlassung ein Superarbitrium des Obermedicinal-Collegiums eingezogen. Dieses sah die psychische Störung für bedeutender an und schloss, dass der Gebrauch der Vernunft nicht ganz aufgehoben, jedoch erheblich geschwächt gewesen wäre. Die Justiz-Kanzlei bestätigte darauf das erste Urtheil, da die Verminderung der Zurechnungsfähigkeit in demselben hinlänglich berücksichtigt wäre.

Wir finden hier hauptsächlich folgende Krankheitssymptome: Unerklärliche, dem Charakter zuwiderlaufende, oft wiederholte Brandstiftungen, Veranlassung derselben durch Angst und durch krankhafte Antriebe, auch anderweitige Beängstigungen, selbst mit Illusionen verbunden; sehr heftige Nervenzufälle während der Entwicklungsperiode; eine gänzliche Veränderung des Charakters im Laufe weniger Monate. Diesem Symptomencomplex zufolge gehört dieser Krankheitsfall der Melancholie mit Angst an, wenn er auch von den gewöhnlichen Fällen dieser Krankheit in mancher Hinsicht abweicht. Aus dem Originalberichte habe ich nicht zu erkennen vermocht, was der Kranken zu einer vollständig ausgebildeten Geisteskrankheit fehlte, wesshalb also beide Medicinalinstanzen nur einen niedern Grad derselben annahmen.

7) J. B., 38 Jahre alt, Zimmermann, Melancholie mit Angst, Brandstiftung am 7. Januar 1833 (Heinroth's Gutachten, p. 16.).

J. B., dessen Vater gesund, dessen Mutter aber schwächlich war und an Krämpfen litt, entwickelte sich geistig und körperlich spät, indem er bei rachitischer Disposition und nach schwerem Zahnen erst im 4. Jahre gehen lernte und erst vom 7. Jahre an die Schule besuchen konnte. Im 12. Jahre wurde er von den natürlichen Blattern hart heimgesucht und war auch später an Masern, Spitzpocken und Scharlach jedesmal sehr krank gewesen. Diese Kränklichkeit und frühzeitige Dienstleistungen im elterlichen Hause und als Kuhjunge machten seinen Schulbesuch sehr lückenhaft und überdies war sein Denkvermögen nur schwach, so dass er allgemein für „dümmlich" galt. Seine Aufführung wurde dagegen allgemein gelobt.

Nach seiner Confirmation im 14. Jahre ernährte er sich zuerst als Hirt, Tagelöhner, Korbmacher, erlernte aber zugleich das Zimmermannshandwerk. Er verheirathete sich im 25. Jahre und kaufte mit dem eingebrachten Gelde seiner Frau die Häuslerwohnung seines Vaters, in welcher seine Eltern sich eine Wohnung vorbehielten. Der Kaufpreis betrug 250 Thlr., während die Gebäude für 200 Thlr. versichert waren. Da er indessen weder geschickt, noch fleissig war und sich auf einen unvortheilhaften Brothandel einliess, ging die Wirthschaft rückwärts. Seine Frau nahm sich das sehr zu Herzen und klagte so bitterlich über die Noth, in die sie immer mehr geriethen, dass er öfters zu ihr sagte: „Wo soll ich aber hin? Du grämst mich noch zu Tode." Obwohl von ihr zur Arbeit stets angetrieben, that er doch theils aus Unlust, theils aus Kränklichkeit nicht viel.

Er war erst im 24. Jahre ausgewachsen, hatte nur schwache Muskeln, verbogenen Oberschenkel, einen bedeutenden Kropf und eine kurze, breite Brust. Seit langer Zeit litt er an Beklemmung, Athemmangel und Röcheln, wozu später Congestionen zu Kopf und Brust, Husten, Blutspeien, Nasenbluten, Kopfschmerzen und grosse Hitze im Kopfe sich gesellten, welche Uebel sich von Zeit zu Zeit plötzlich steigerten.

Seit Michaelis 1832 (im 37. Jahre) begannen psychische Störungen bei ihm aufzutreten, er war öfters in ängstlichem, unruhigem Zustande, war abwechselnd auffallend lustig und auffallend verstimmt, hatte Nachts Congestionen zum Kopf und häufig Schmerz im Kopf und in den Beinen. Um sich zu betäuben, nahm er Branntwein zu sich und betrank sich nicht selten.

Kurz vor Weihnachten 1832 schlief er einmal in einem Gasthofe auf der Streu. Da trat, wie er vor Gericht aussagte, in der Nacht ein graues Männel an ihn hin und sagte: „er solle mitgehen, er solle etwas bekommen." Er erschrak darüber und betete, worauf das Männel wieder verschwand. Er war ganz wach, als er diese Erscheinung hatte, der Mond schien und er sah dieselbe wirklich. Seit diesem Vorfalle hatte er stets heftige Angst und kein Bleibens; es war ihm immer, als wenn er fort (d. h. sterben) sollte. Seinem Vater, welchem er vor seiner Verhaftung diese Geschichte erzählt hatte, hatte er ausserdem gesagt: Das Männel hätte ihm eingegeben, er solle sein Haus anzünden, er solle dadurch viel Geld bekommen, es habe ihn seitdem immer verfolgt und geplagt und sei ihm stets nachgekommen, dass er es thun solle*). Kurz nach Weihnachten, als er in einem Gehölz Holz holte, überfiel ihn eine so heftige Angst, dass es ihm vorkam, als ob er fort müsste, als ob er sich erhängen sollte.

In der Nacht auf den 7. Januar war er wieder sehr ängstlich und fast schlaflos, er stand deshalb sehr früh auf und unter dem Ankleiden kam es ihm vor, als ob es sein Glück sein würde, wenn er das Haus anzündete; auf welche Weise das zum Glück ausschlagen könnte, darüber dachte er aber nichts Bestimmtes. Er versah sich demzufolge mit Feuerzeug und Schwefelfäden, ging halbangekleidet hinaus, nahm eine Handvoll Stroh mit und zündete mit diesen Materialien das niedrige Strohdach des Backhauses an. Dann ging er zurück, kleidete sich vollends an und liess sich erst durch einen Fremden, der ihm zurief, sein Haus brennte, in seinen Beschäftigungen stören. Die Wohnung brannte ganz nieder.

Während des Brandes dauerte ihn die Sache sehr, namentlich dass seine Eltern nun obdachlos geworden wären, aber bei der Untersuchung läugnete er vollkommen ruhig, etwas von der Entstehung des Brandes zu wissen, versicherte, dass von seiner Familie sehr vorsichtig mit dem Feuer umgegangen würde und vermuthete eine Brandstiftung durch fremde Hand. Da sowohl er selbst, als seine Eltern empfindlichen Schaden gelitten hatten, so blieb er von jedem Verdacht frei. Am 22. April indessen, als er trunken nach Hause gebracht war, liess er seinen Hauswirth holen und sagte zu diesem: „Mein guter W., ich muss nun sterben, ich habe etwas auf dem Gewissen, das lässt mir keine Ruhe mehr." Darauf erzählte er diesem in Gegenwart mehrerer Zeugen die Brandstiftung, läugnete zwar am folgenden Tage die Wahrheit derselben, legte aber im ersten Verhöre gleich ein offenes Geständniss ab.

Am 23. April hatte er abermals eine Vision, während er bei Tage im Bette schlummerte. Es trat, wie er sagte, ein Geist zu ihm, ergriff ihn mit kalter Hand und als er aufsah, sah er den Pfarrer und neben diesem ein grosses, schwarzes Ding mit einem Strick um den Hals; letzteres hätte ihn, wie ihm vorgekommen, mit sich fortnehmen wollen.

Ein Zweck oder ein Motiv seiner That war nicht aufzufinden und er selbst bemühte sich ebenfalls vergeblich, ausfindig zu machen, was er sich eigentlich dabei gedacht hätte. Er stellte die Muthmassung auf, er hätte gedacht, er würde dadurch aus seiner Armuth kommen, die Leute würden ihm etwas dafür geben, kam aber immer wieder darauf zurück, er müsste es in der Verwirrung gethan haben. In der That war er in Folge des Brandes vollständig verarmt und besass nur seine wenigen Kleider.

---

*) Diese Angabe des Vaters findet in den Aussagen des Sohnes keine Bestätigung.

Der Gerichtsarzt fand an ihm keine entschiedene Geisteskrankheit, aber Armuth und Langsamkeit in der Entwicklung der Ideen, Neigung zu Aengstlichkeit, Missmuth und Verzweiflung, Unentschlossenheit, Mangel an Selbstvertrauen und Willensschwäche. Er sah ihn auch oft heftig in Thränen ausbrechen, besonders wenn er auf die Folgen seiner That aufmerksam gemacht wurde; er beklagte besonders das Schicksal der Seinigen.

Heinroth meinte, dass er im gebundenen Vorsatze und daher bei mangelnder Willensfreiheit gehandelt hätte. Das Urtheil ist nicht mitgetheilt.

Der Krankheitszustand war hier augenscheinlich Melancholie, verbunden mit einer Angst, welche wahrscheinlich durch Lungentuberkulose veranlasst wurde, bekanntlich kein seltener Fall. Der Gerichtsarzt hat die psychischen Charaktere der Krankheit ganz gut zusammengestellt; wenn er dennoch keine Geisteskrankheit entdeckte, so lag das wohl nur daran, dass keine Ideenverwirrung vorhanden war. Die Visionen gehörten der Beschreibung nach dem Zwischenzustande zwischen Schlaf und Wachen an. Bekanntlich hat Baillarger aus solchen Sinnestäuschungen die dauernden Hallucinationen Geisteskranker abzuleiten gesucht; indessen gilt dies nichts weniger, als allgemein und man sieht ebenfalls aus diesem, wie aus ähnlichen Fällen, dass solche Hallucinationen trotz gleichzeitiger Geisteskrankheit nicht dauernd zu werden brauchen. Im Uebrigen gleicht diese Beobachtung der erstern; die Beängstigung ist das einzige erkennbare Motiv; dem Kranken schwebte ebenfalls ganz unbestimmt vor, dass etwas Gutes für ihn aus der Brandstiftung entstehen würde, ohne dass er selbst die Beschaffenheit dieses Guten zu erkennen vermochte.

8) **Mariane B., 16 Jahre alt, Dienstmädchen, Präcordialangst, Brandstiftung am 17. August 1828** (Weese, Henke's Zeitschrift. Bd. 53, p. 68.).

M. B., ihres Vaters, eines Tagelöhners, schon früh beraubt, war bei ihrer Mutter, welche durch Almosen unterhalten wurde, aufgewachsen. Ihre Erziehung war in jeder Beziehung mangelhaft, denn sie hatte nicht allein keinen Schulunterricht genossen, daher auch weder lesen, noch schreiben gelernt, sondern es waren auch ihre Religionskenntnisse überaus dürftig geblieben, da auf ihren Religionsunterricht überhaupt nur zwei Tage verwendet waren. Eine dunkle Vorstellung von Gott und einige Gebete, welche sie gedankenlos herplapperte, machten alle ihre Kenntnisse aus. Die Bedeutung des Abendmahls kannte sie nicht, obwohl sie dreimal zu demselben gelassen worden war.

Im 16. Jahre hatte sie einen Dienst als Kindermädchen bei dem Schiffer N. angetreten. Sie war zu der Zeit im Wachsthum zurückgeblieben, kränklich, schwächlich und noch nicht menstruirt. Früher hatte sie öfters an offenen Drüsengeschwüren am Halse gelitten und war auch während ihres Dienstes öfters krank, bettlägerig und deshalb zur Arbeit wenig brauchbar. Sie klagte dabei über innere Schmerzen und über Unruhe, ohne indessen ihren Zustand näher zu beschreiben.

Mehrere Tage vor dem Brande befiel sie, nach ihrer Aussage, Unruhe und Beängstigung und sie wurde „durch ein ihr unsichtbares, aber wiederholentlich und vernehmlich zur Brandstiftung oder zum Selbstmord*) anmahnendes Etwas angeregt." Am Morgen des 11. August wurden diese Beängstigungen und Einflüsterungen stärker, als je zuvor, und es fielen ihr zugleich Beleidigungen ein, welche ihr eine Mitbewohnerin des Hauses durch Schimpfworte zugefügt hatte. Sie konnte daher dem Drange, Feuer anzulegen, nicht mehr widerstehen, holte sich unter einem Vorwande Kohlen aus dem Kamin, wickelte sie in Lappen, welche sie zu diesem Zwecke aufsuchte, stieg auf den Boden und steckte sie unter das Strohdach. Hierauf eilte sie wieder hinab und gab ihrer Herrschaft selbst die erste Kunde von dem Feuer. Da sie sich nämlich, wie sie angab, plötzlich von ihrer früheren Angst befreit fühlte, so war ihre That ihr leid geworden und sie hoffte den Folgen derselben vorzubeugen. Als aber inzwischen auch draussen Feuerlärm entstand, entlief sie erschrocken ins Dorf.

Ob sie an demselben Tage in ihre Wohnung zurückkehrte, wurde nicht ermittelt. Als sie aber am folgenden Tage abgeführt werden sollte, hatte sie sich in einem Ofenloche versteckt. Daraus hervorgezogen, legte sie sogleich das Geständniss ihrer That ab.

Sie war blass, von kleiner Statur und schwächlichem Körperbau. Die geschlechtliche Entwicklung und die Menstruation fehlten noch ganz. Am Halse hatte sie mehrere Narben. Häufig stöhnte sie im Schlafe. Ihre Geistesfähigkeiten waren sehr beschränkt; ihre Antworten erfolgten oft erst auf wiederholte und veränderte Fragestellungen; sie konnte über Dinge aus etwas entfernter Vergangenheit nur sehr mühsam und dennoch nur höchst unvollkommen Auskunft ertheilen. Dem entsprach auch ihr Aeusseres; sie erschien sehr einfältig und indolent. Indessen bereute sie doch ihre That, bei deren Erwähnung sie niedergeschlagen und beschämt wurde und fürchtete sich vor der Strafe. Sie benahm sich verträglich, ruhig, gehorsam und etwas schüchtern.

---

*) Dieselbe Alternative stellte sich der Scholzert und dem Wiencken (vgl. oben p. 50, 241). Die rhetorisch nicht unwirksame Wendung, welche Casper im ersteren Fall hinzusetzte: „Sie schonte ihr Leben, aber sie legte Feuer an," verliert durch diese wiederholten Erfahrungen ihre Pointe.

Das ärztliche Gutachten erklärte sie für nicht zurechnungsfähig. Durch obergerichtliches Erkenntniss wurde sie freigesprochen, aber bis zur Beendigung ihrer körperlichen Entwicklung einer öffentlichen Anstalt übergeben.

Diese Beobachtung ist von den früheren abweichend, sie lässt selbst Zweifel zu, ob die Beängstigungen die wesentliche Ursache der Uebelthat waren, da die Rachsucht, welche angedeutet ist, in Verbindung mit den geringen und ganz unausgebildeten geistigen Fähigkeiten zur Erklärung derselben vielleicht hinreichte. Indessen liegt kein Grund vor, die Aussagen der Uebelthäterin zu bezweifeln, da eine innere Unwahrscheinlichkeit derselben nicht zu bemerken ist. Solche Complicationen verschiedener krankhafter Geisteszustände, wie hier, und ein Zusammenwirken verschiedenartiger Causalmomente sind vielmehr völlig naturgemäss.

9) **F. J., 18 Jahre alt, Metzgerlehrling, Blödsinn, Präcordialangst, zwei Brandstiftungen, am 13. und 18. September 1826** (Henke, dessen Zeitschrift. 1828, p. 159.).

F. J., der uneheliche Sohn eines Häfnermeisters, war von diesem erzogen, gut behandelt und zur Kirche und Schule angehalten, hatte aber stets sehr geringe Verstandeskräfte, Unfolgsamkeit, Grobheit, Lügenhaftigkeit, Faulheit, niemals indessen Bosheit oder Unehrlichkeit gezeigt. In der Schule hatte er seinen Kameraden als Zielscheibe des Spottes gedient, was er gutmüthig hingenommen, und nur sehr dürftige Kenntnisse erworben. Er las zwar geläufig, jedoch nur fehlerhaft und ohne Verständniss, schrieb nicht viel mehr, als seinen Namen, konnte vorgelegte Münzen zwar benennen, aber nur mit Mühe 6 und 9 addiren und nach langem Nachsinnen nicht angeben, wie viel 15 Kr. und $\frac{1}{4}$ Kronthaler ausmachten; doch erinnerte er manche Bibelsprüche, die er bei seiner Confirmation gelernt hatte. Nach der Einsegnung war er zu einem Metzger in die Lehre gethan worden, wo er zwar ein Rind oder ein Schwein schlachten, nicht aber einen Gulden Geld ordentlich zählen lernte.

Am 11. September Abends brach in seinem Wohnorte Feuer aus, welches ein Stadel einäscherte. Einige Tage darauf traf J. eines Morgens zufällig mit einem Nachbarn auf der Brandstätte zusammen; bei dessen Aeusserung: „Das Feuer ist nicht angelegt, wer wird daher gehen und Feuer anlegen," kam ihm plötzlich der Gedanke, selbst ein solches Feuer anzulegen. Nur kurze Zeit war er mit sich uneinig, was er thun sollte. Dass es nicht recht wäre, sagte ihm sein Gewissen, aber an eine Strafe nach der That dachte er nicht. „Der Gedanke trieb ihn hin, liess ihm keine Ruhe, kam immer wieder, es gab ihm einen Schuss, er musste hin und noch an demselben Abend

Feuer anlegen." Als die That geschehen*), erwachte der Gedanke an das Unglück, welches er angerichtet, und er half emsig löschen; nachher steigerte sich seine Unruhe noch mehr, er brachte die Nächte zum Theil schlaflos zu, der Gedanke an das begangene Unrecht und jetzt auch an die Strafe beängstigte ihn und „das Gewissen (wie er dem Arzte erklärte) trieb ihn nochmals anzuzünden, damit die Sache an den Tag käme; es war ihm, als müsse es so sein," obwohl er mit weniger Muth, als das erste Mal, zur That schritt.

In Folge der zweiten Brandstiftung wurde er nur noch unruhiger und sehr furchtsam. Er getraute sich nicht, Nachts allein nach Hause zu gehen, und log einem Bekannten, um ihn zum Mitgehen zu bereden, vor, auf dem Wege hätten ihn zwei Männer angefallen und ihn erdrosseln wollen, sowie auch gedroht, bis 2 Uhr Nachts den ganzen Ort in Brand zu stecken.

Bei der Untersuchung am 20. September sagte er aus, dass er als einer der ersten die Feuersbrünste bemerkt, Feuerlärm gemacht und beim Löschen geholfen hätte; noch an demselben Tage gestand er aussergerichtlich die Brandstiftung. Anfangs brachte er zahlreiche Lügen vor, wollte die Schuld auf einen Anderen schieben, wollte betrunken gewesen sein, erdichtete sogar die Motive, dass ihn der eine Beschädigte geschlagen hätte, der andere mit seiner Mutter verfeindet wäre und dgl. m. Durch Zeugen überführt, nahm er endlich diese Lügen zurück und gab an, wenn ihn Jemand todtschlagen wollte, wüsste er nicht, warum er Feuer angelegt, und versetzte auf weiteres Andringen, er wüsste keinen andern Grund, als dass er ein grosses Feuer hätte sehen wollen. Später erwiederte er auf ähnliche Fragen: „Ich weiss es selbst nicht, warum, ich habe kein Dingle dabei gedacht. Ich habe einen innern Trieb dazu gehabt, das Feuer anzulegen, es hat so sein müssen."

Der Gerichtsarzt fand sein Gesicht aufgedunsen, leukophlegmatisch, schwarzgelblich, die Pupillen ungewöhnlich erweitert, den Ausdruck einfältig, unaufmerksam, leer. Der Unterleib war dick und hart. Ernstlich krank war er früher nie gewesen; über seinen früheren Gesundheitszustand war nichts zu erfahren, aber seit 4 Jahren hatte er, wie er sagte, an Unterleibsbeschwerden gelitten. Es hatte sich nämlich von Zeit zu Zeit der Leib aufgetrieben, viele Blähungen waren abgegangen, 3—4 Tage lang hatte er an Verstopfung, abwechselnd auch an Durchfall gelitten und alle 9—12 Tage ½—1 Tasse Blut durch den After ausgeleert. Auch während der Haft wurde dieser Blutfluss und ausserdem ein nässender, stark zuckender Flechtenausschlag am Hodensack beobachtet; übrigens war J. gesund

---

*) Ueber die Art der Ausführung ist nichts mitgetheilt, nur erwähnt, dass sich J. mit vieler Umsicht und Ueberlegung dabei benommen.

Geistig war er ebenso schwerfällig, wie körperlich; es hielt schwer, ihm verständlich zu werden, oft mussten ihm Fragen wiederholt werden, oft war er unaufmerksam und zerstreut und unterbrach den Arzt sehr häufig mit Fragen, wie folgende: „Wenn werde ich denn zu den Herren auf der Regierung gelassen werden? Muss ich denn Alles das, was ich Ihnen hier gesagt, auch oben den Herren sagen?" u. s. w. Ausser mit der grossen Schwierigkeit, seine Gedanken in Worte zu fassen, hatte er auch mit Schwerfälligkeit der Sprache und mit Stottern zu kämpfen. Gut und Böse mit Bezug auf seine Handlungen konnte er indessen unterscheiden und auch die Folgen der letzteren einsehen; Reizbarkeit oder Leidenschaftlichkeit irgend einer Art war nicht bei ihm zu entdecken.

Der Gerichtsarzt legte Gewicht auf die Hämorrhoidalbeschwerden, die vielleicht zur Zeit der That in Stocken gekommen wären und auf einzelne Aeusserungen J.'s, wie: „Manchmal ist mein Kopf ganz verwirrt, was ich gethan habe, geschah in der Dummheit und Verwirrung." Er nahm deshalb einen unwiderstehlichen Trieb zur Brandstiftung an, welcher die Willensfreiheit temporär aufgehoben hätte. Die medicinische Fakultät in Erlangen erklärte ihn dagegen in bedingter Weise und in beschränktem Grade für zurechnungsfähig. Das Erkenntniss ist nicht mitgetheilt.

Diese Beobachtung ist der vorigen sehr ähnlich. Wie dort Rachsucht, so liesse sich hier Muthwillen, mit dem Blödsinn zusammengenommen, als Hauptmotiv ansehen. Indessen widerstreitet dem doch das Verhalten des Kranken zwischen der ersten und zweiten Brandstiftung durchaus. Sehr merkwürdig ist dabei die Aeusserung, das **Gewissen** habe ihn zur zweiten Brandstiftung getrieben. Dieses stimmt nämlich mit den Angaben anderer Kranken überein, welche sich für moralisch schlecht und sündhaft hielten, oder sich über ein vermeintliches Verbrechen Vorwürfe machten und dennoch zugleich den Antrieb zu einem wirklichen Verbrechen empfanden (vgl. oben p. 230). Dass der Kranke über seinen Zustand selbst nicht ins Klare kommen konnte, ist bei seinem blödsinnigen Zustande nicht auffallend. Die Aeusserung, dass er lediglich ein grosses Feuer hätte sehen wollen, verdient gar keine Beachtung, da er sie augenscheinlich nur aus Rathlosigkeit that und nachher dabei blieb, dass er gar nichts bei der Brandstiftung gedacht hätte.

c. Vorübergehende Melancholie.

Die Aufstellung oder Beibehaltung der *Melancholia transitoria* als besondere Krankheitsform zu rechtfertigen, ist hier nicht der Ort, aber es bedarf wohl einer Erklärung, weshalb einige Krankheitsfälle, welche hieher gezogen werden könnten, bereits oben eingeordnet wurden. Möglich war dies deshalb, weil die vorübergehende Melancholie in den momentanen Symptomen entweder dem Trübsinn oder der Präcordialangst sich anschliesst; geschehen aber ist es aus dem Grunde, weil die transitorische Melancholie noch nicht hinlänglich untersucht ist und weil eine solche Untersuchung sehr ins Weite führen würde. Die *Mania* und *Melancholia transitoria*, das Aufschrecken oder, wie man gewöhnlich sagt, die Schlaftrunkenheit, die psychischen Störungen bei der Verwirrung durch Schrecken, bei der Menstruation, bei Entbindungen, alle diese Zustände müssten bei einer solchen Untersuchung berücksichtigt, einander verglichen oder von einander unterschieden werden, so dass eine Abhandlung über die *Insania transitoria* leicht zu einem Buche anschwellen könnte. Bei einer Untersuchung über die Mordantriebe wäre diese Abhandlung freilich unentbehrlich gewesen, aber da ich nur drei solche Brandstiftungsfälle (Sies, Wiencken, Hahndorf) aufzufinden vermochte, von denen einer (Sies) überdies unsicher war, so glaubte ich mir jene grosse Arbeit ersparen zu dürfen. Der vorübergehende Wahnsinn ist sonst durch seinen rapiden Verlauf, durch seinen engen Zusammenhang mit somatischen Krankheitserscheinungen und durch die plötzlichen und stürmischen Antriebe zu verkehrten, oft verbrecherischen Handlungen besonders interessant. Schon hierin wird man vom gerichtlich-medicinischen, wie vom rein pathologischen Standpunkt aus leicht gewichtige Gründe finden, ihn von dem dauernden Wahnsinne zu trennen; eine Melancholie z. B., welche einem heftigen Magenkrampf, Menstruationsanomalien, einer starken Insolation oder dgl. folgt, beruht gewiss auf einem pathologisch wesentlich anderen Krankheitsprocesse, als die gewöhnlichen, langdauernden Melancholien unserer Asyle.

2. Manie.

Schon oben (p. 34, 137) ist zwischen den äusserlich veranlassten Brandstiftungen der Geisteskranken und denjenigen unterschieden, welche in einer engeren, gewissermassen nothwendigen Beziehung zu ihren krankhaften Affecten und Ideen stehen. Von den erregten Kranken ist dort ebenfalls bereits erwähnt, dass sie den bei ihnen so häufigen Zerstörungstrieb gelegentlich ebensowohl durch Brandstiften, wie durch andere Arten zerstörender Handlungen zu befriedigen suchen.*) Ausserdem können bei ihnen unzweifelhaft Brandstiftungen durch die heftigen Affecte (Zorn und Aerger) veranlasst werden, an welchen sie häufig lange Zeit hindurch leiden; nicht selten hört man von ihnen sogar gradezu die Drohung aussprechen, dass sie Jemandem das Haus über dem Kopf in Brand stecken wollten. So gefährlich diese Kranken hiernach zu sein scheinen und so sehr in der That momentan von ihren Aufwallungen und unvernünftigen Antrieben verderbliche Folgen zu besorgen sind, so gehen doch in Wirklichkeit von ihnen weit weniger Uebelthaten aus, als von anderen Geisteskranken. Einestheils nämlich treten die Symptome der Manie in der Regel so rasch und gewaltsam auf, dass weder die Krankheit verkannt, noch die Kranken sich selbst überlassen bleiben können, wie es sonst leider sehr oft geschieht, anderntheils aber sind die Kranken selten im Stande, verderbliche Pläne zu fassen und planmässig zu handeln. Mit Recht hat man die Manie ein krankhaftes Aussersichsein genannt; man begreift leicht, dass dieser Zustand weit weniger Gefahren droht, als die Verschlossenheit und das heimliche Brüten anderer Kranken, namentlich der particll Wahnsinnigen.

Aus diesen Gründen ist es zwar nicht anzunehmen, dass Tobsüchtige häufig bedeutende Brandschäden veranlassen, aber es wird die Leser dennoch wohl überraschen, keinen einzigen hieher gehörigen Criminalprocess hier mitgetheilt zu finden. Es lässt sich natürlich keineswegs voraussetzen, dass solche Processe überhaupt nicht vorgekommen sind, vielmehr liegt die Vermuthung nahe, dass Brandstiftungen Tobsüchtiger oftmals nicht zur vollständigen gerichtlichen Verhandlung kommen, weil die Unzurechnungsfähigkeit

---

*) In einem Asyle wurde ein Tobsüchtiger, welcher einen ganzen Tag sich ruhig verhalten hatte, Abends auf eine andere Abtheilung versetzt, um ihm ungestörte Nachtruhe zu verschaffen. Während des Umzuges wurde er unvorsichtiger Weise eine Weile mit einem Lichte allein gelassen; sofort zündete er mit diesem die Fenstervorhänge an und brach unmittelbar darauf wieder in heftiges Toben aus.

der Uebelthäter zu evident ist, oder auch dass solche Verhandlungen als vermeintlich interesselose in der Regel nicht veröffentlicht werden. Da ich aber in der mir zu Gebote stehenden Literatur in der That keinen einzigen*) hinlänglich klaren Brandstiftungsfall habe finden können, in welchem die einfache Erregung oder die Tobsucht oder die transitorische Manie den Antrieb zum Brandstiften gegeben hätte, so darf ich wohl annehmen, dass solche Fälle wirklich verhältnissmässig selten sind. Die Lücke, welche ich hier demzufolge nothgedrungen lassen muss, wird hoffentlich bald durch andere, besser unterrichtete Forscher ausgefüllt werden.

3. Particller Wahnsinn und Verwirrtheit.

a. Particller Wahnsinn.

Die sogenannten krankhaften Triebe sind bisher fast immer auf Verstandesstörungen, auf fixe Ideen zurückgeführt und als Symptome des particllen Wahnsinns betrachtet worden. Die instinctive Monomanie sollte sich von der räsonnirenden wesentlich nur dadurch unterscheiden, dass bei der ersteren der Gedanke, ein Verbrechen begehen zu müssen, die einzigste Wahnidee wäre, während bei der letzteren dieser Gedanke durch Räsonnement aus anderweitigen Wahnideen entspränge. Letzteres kommt bekanntlich sehr häufig vor; aus vermeintlicher Nothwehr gegen eingebildete Feinde, auf göttlichen Befehl u. s. w. glauben Geisteskranke oftmals Verbrechen begehen zu müssen, welche sie, wenn geschehen, auch für vernünftige und moralisch zu rechtfertigende Handlungen halten. Ob dagegen der Gedanke, ein Verbrechen begehen zu müssen, als einzigste fixe Idee ohne weiter gehende psychische Störungen auftreten kann, ist bis jetzt noch streitig. Um hierüber ins Klare zu kommen, müssen wir zuerst die Diagnose zwischen Melancholie und particllem Wahnsinn festzustellen suchen, denn bei ersterer kommen, wie wir gesehen haben, isolirte krankhafte Ideen und Antriebe allerdings vor, beruhen dort aber auf Störungen der Gemüthsthätigkeit, also auf bedeutenden und nachweisbaren anderweitigen psy-

---

*) In dem mehrfach citirten, von Osenbrüggen mitgetheilten Falle der *Ello Tännö* ist nicht einmal das Vorhandensein einer Geisteskrankheit überhaupt klar, geschweige denn deren Form erkennbar.

chischen Störungen, welche bei der reinen instinctiven Monomanie nicht vorkommen sollen.

Bekanntlich hat unser Denkvermögen auf die Entstehung unserer Gedanken und Triebe überhaupt nur einen beschränkten Einfluss; mit den letzteren liegt unsere Vernunft sehr oft im Streite, ohne sie unterdrücken zu können, und häufig drängen sich uns statt solcher Gedanken, mit welchen wir uns zu beschäftigen suchen, ganz andere auf, die wir vergebens abzuwehren bemüht sind. Das Auftreten abnormer Gedanken und Antriebe in dem Bewusstsein Geisteskranker dürfen wir deshalb nicht ohne Weiteres als eine Störung des Denkvermögens ansehen, zumal da wir wissen, dass solche Gedanken und Antriebe von den Kranken nicht selten als abnorme erkannt und mit aller Kraft, wenn auch meistens vergebens, zurückgestossen werden. Solche Kranke haben über ihren eignen Zustand, wie über die Aussenwelt, ein vollkommen richtiges Urtheil, sie leiden nicht einmal an einem Irrthum, geschweige denn an Wahn.

Bei andern Kranken verbinden sich diese abnormen Gedanken mit Irrthum; wenn sie unfrommer oder unsittlicher Art sind, glauben die Kranken namentlich leicht, dass sie an deren Entstehung selbst schuld seien und machen sich darüber unbegründete Selbstvorwürfe. Bei der gedrückten Stimmung, in welche die Gemüthsstörung an sich sie versetzt, und bei ihrer gänzlichen Unbekanntschaft mit dem häufigeren Vorkommen ihrer Krankheit sind diese Selbstvorwürfe zu natürlich, um als Wahn bezeichnet werden zu können; sie zeigen sich auch dadurch als Irrthum, dass sie durch Belehrung über die Natur des Zustandes und durch vernünftiges Zureden sehr erleichtert, wenn auch der dauernden Verstimmung wegen meist nicht ganz beseitigt werden können.

In noch anderen Fällen ist die Grenzlinie zwischen Wahn und Irrthum sehr schwer zu ziehen, bisweilen findet auch zeitweise ein Wechsel zwischen richtiger Erkenntniss, Irrthum und Wahn statt. Eine kurzsichtige Kranke z. B., die mit Vergiftungswahn behaftet war, sah oftmals einen Stock für eine Schlange an, erkannte bei näherem Zusehen ihren Irrthum, hielt aber doch gleich wieder einen andern Stock für eine Schlange u. s. f. Eine andere Kranke hielt eine unschuldige Blume auf die Autorität ihres Arztes hin für giftig, theilte also mit diesem zunächst nur einen Irrthum; sie besorgte aber weiter, dass der Blumenstaub alle ihre Kleider vergiftet hätte, was widersinnig war; sie liess sich dadurch zum fortwährenden Ausstäuben und Waschen verleiten, handelte also ganz wahnsinnig und sah dann doch wieder bei ruhigerer Ueberlegung ein, dass ihre Besorgniss und ihre Handlungen thöricht wären. Wenn wir uns erinnern, wie störend heftige Affecte auch bei gesunden Personen auf die Ueberlegung wirken, so werden uns alle diese Folgen krankhafter Affecte begreiflicher scheinen.

Endlich aber und zwar sehr häufig ruft die melancholische Gemüthsstörung entschiedene Wahnideen hervor, die sich von denen des partiellen Wahnsinns an sich wenig unterscheiden. Indessen charakterisirt sich die Melancholie auch in solchen Fällen in der Regel noch hinreichend 1) durch die starke und dauernde Gemüthsverstimmung, 2) durch die eigenthümliche Färbung der Wahnideen, welche fast immer Selbstvorwürfe oder hypochondrische Einbildungen zum Inhalte haben, 3) durch den Verlauf, indem sämmtliche Krankheitsänderungen von der Gemüthsstimmung als dem primären Momente abhängig sind (oder doch zu sein scheinen). Da Uebergangs- und Mischformen aller Arten von Geisteskrankheit vorkommen, so ist die Diagnose zwischen Melancholie und partiellem Wahnsinn natürlich nicht immer möglich; in der Regel aber ist sie nicht schwer und schon deshalb von Wichtigkeit, weil die Melancholie bekanntlich im Allgemeinen eine weit günstigere Prognose giebt, als der partielle Wahnsinn. Bei der letzteren Krankheitsform kommen krankhafte Affecte freilich ebenfalls häufig vor, sie erscheinen uns aber nicht als die Ursachen, sondern als die Wirkungen der Wahnideen, sind weniger constant und oft unverkennbar nur die Resultate äusserer Einflüsse, welche mit den Wahnideen in Widerspruch treten; die Kranken sind z. B. sehr zufrieden, wenn sie auf die Verwirklichung ihrer thörichten Pläne Aussicht zu haben glauben, gereizt und ärgerlich dagegen, wenn sie sich in diesen gekreuzt sehen u. s. f. Die krankhaften Gedanken sind recht eigentlich fixe Ideen, unabänderliche Axiome, welche nicht von den Stimmungen abhängen, vielmehr vorzugsweise im gemüthsruhigen Zustande mittelst sophistischer, oft sehr scharfsinniger Räsonnements weiter verfolgt und nicht selten zu wahnsinnigen Systemen ausgebildet werden. Ebenso sind die Handlungen der partiell Wahnsinnigen in der Regel mehr oder weniger folgerichtig aus den fixen Ideen herzuleiten. Nicht ohne Grund sagt man daher auch von diesen Kranken (sofern sie nicht zugleich an Schwachsinn oder

Verwirrtheit leiden), sie seien bis auf ihre fixen Ideen geistig normal, während man dies von melancholischen Kranken, die zugleich an Wahnideen leiden, ihrer tiefen Verstimmung wegen durchaus nicht würde behaupten können.

Ueberdies sind auch die somatischen Erscheinungen, auf welche hier nicht weiter eingegangen werden kann, bei beiden Krankheiten verschieden, namentlich sind bei Melancholischen Magen- und Unterleibsbeschwerden oder Beängstigungen, bei partiell Wahnsinnigen dagegen Sinnestäuschungen häufig.

Diese Zusammenstellung der wichtigsten diagnostischen Momente wird wohl ausreichen, um zu zeigen, erstens dass Melancholie und partieller Wahnsinn, abgesehen von Zwischenformen, unterscheidbare Krankheitsformen sind, und zweitens, dass ihre Unterscheidung für die gerichtliche Medicin von Wichtigkeit ist. Wenn man, wie häufig geschieht, ohne Weiteres und ganz allgemein voraussetzt, dass ein abnormer Trieb allemal auf einer mehr oder weniger isolirten fixen Idee beruhen müsse, dann wird man fast mit Nothwendigkeit in den Irrthum verfallen, auch die Gemüthsstörung ganz allgemein, selbst dann, wenn sie die Ursache des Triebes ist, als dessen Wirkung anzusehen. In diesem Irrthume geht aber oftmals das wesentliche Unterscheidungsmittel zwischen einem normalen und einem abnormen verbrecherischen Antriebe verloren. Legt man nicht auf die Gemüthsstörung und auf ihr Causalverhältniss zum verbrecherischen Antriebe das Hauptgewicht, sucht man statt dessen nach einer krankhaften Idee, welche gar nicht da ist, so wird man die Geistesstörung nicht nachweisen können. Deshalb muss man vor allen Dingen und bei jeder Exploration eingedenk bleiben, dass die abnormen Antriebe (ähnlich den normalen) durch Störungen vorwiegend bald des Gemüths, bald des Verstandes hervorgebracht werden können.

Dieses vorausgeschickt, können wir nun zu der Beantwortung der Frage übergehen, ob, ähnlich wie bei der Melancholie, auch bei dem reinen partiellen Wahnsinn vereinzelte abnorme Gedanken und Antriebe auftreten können. Die meisten Sachverständigen bezweifeln dies sehr und zwar aus Gründen, welche allerdings gewichtig, indessen doch nicht ganz überzeugend sind.

Zuvörderst wird behauptet, dass sich der Wahn durch seinen Inhalt nicht vom groben Irrthume unterscheide, wie denn auch im

18

gewöhnlichen Leben beide Ausdrücke gleichbedeutend gebraucht
werden; schon Leuret erklärte, er habe ebenso sinnlose Ideen bei
Geistesgesunden, wie bei Geisteskranken gefunden. Wäre diese
Behauptung nicht blos ganz im Allgemeinen, sondern auch für jeden
einzelnen Fall richtig, so würde es in allen Fällen, in welchen
wesentlich nur das Denkvermögen krankhaft afficirt ist, völlig unmöglich sein, einen fixen Wahn von einem fixen Irrthum zu unterscheiden. Indessen verliert die Behauptung den grössten Theil
ihrer Gültigkeit, sobald wir zur Betrachtung der einzelnen Krankheitsfälle übergehen. Kein Gesunder kann z. B. wähnen, dass die
Päbste in seinem Unterleibe ein Concilium hielten, dass er eine
Leiche sei und dgl.; solche Gedanken, wie überhaupt die meisten
fixen Ideen der Geisteskranken, geben sich offenbar schon durch
ihren Inhalt allein als wahnsinnige zu erkennen. Ferner giebt es
eine Menge Wahnideen, welche sich durch ihren Widerspruch entweder mit den äussern Umständen oder mit der früheren bekannten
Denkungsart der Kranken als wahnsinnige charakterisiren; wenn
z. B. ein Armer reich zu sein glaubt, ein nüchtern denkender Mann
plötzlich phantastische Ideen äussert u. s. w., dann ist dadurch
allein der Wahnsinn oftmals unverkennbar gemacht. Nicht bei
Jedermann sind die Gedanken eines Justinus Kerner mit psychischer Gesundheit verträglich, bei Einigen dagegen gehören derartige Vorstellungen zur Gesundheit und können selbst während
eines Anfalls von Geisteskrankheit zurücktreten; ich habe z. B. ein
junges Mädchen beobachtet, welches erst nach ihrer völligen und
dauerhaften Genesung von Melancholie wieder mit der ihr normalen
Idee hervortrat, dass es Luftgeister gäbe, welche auf die Menschen
Einfluss übten. Solche Thatsachen haben selbst namhafte Psychiater
übersehen und daher die Erzeugnisse des politischen und religiösen
Fanatismus, des Aberglaubens u. s. w. für Wahnsinn, Hexen, Convulsionärs und andere Schwärmer für Geisteskranke gehalten. Aus
dieser Verwechslung ist sogar die ganze Lehre von den sogenannten Wahnsinnsepidemien entstanden, obwohl der Wahnsinn
nie, der Unsinn aber (z. B. beim Tischrücken) oft epidemisch geworden ist.

    Dagegen sind der Widerspruch eines Gedankens mit der bekannten Denkungsweise eines Individuums und der Mangel eines
Motivs (Momente, welche zusammenfallen, sobald das Motiv wesentlich durch einen krankhaften Gedanken gegeben wird) längst als

wichtige diagnostische Kriterien anerkannt. Indessen reichen diese bekanntlich nicht immer zum Nachweise der Geisteskrankheit hin, da auch die Gedanken und Handlungen Gesunder in Folge der grossen Schwierigkeit, ja Unmöglichkeit einer vollständigen Erkenntniss des Charakters mit diesem bisweilen in entschiedenem Widerspruche zu stehen scheinen. Ist der letztere daher nicht zweifellos, ist der Inhalt der fixen Idee überhaupt nicht ein unverkennbar wahnsinniger, dann gewinnt die oben erwähnte Behauptung Gültigkeit. Ein anscheinend motivloser Mordgedanke z. B. kann ebensowohl einem verborgenen Charakterfehler, wie einer Wahnidee entspringen; wäre diese Wahnidee ganz isolirt und die einzigste nachweisbare geistige Störung, so würde sie als solche mit Sicherheit nicht zu erkennen sein; Verbrechen, hieraus entsprungen, würden uns unbegreiflich sein, deshalb aber nicht auf eine instinctive Monomanie zurückgeführt werden dürfen, wenn darunter etwas Anderes, als etwas schlechthin Unbekanntes, verstanden werden soll.

Ein weiterer Einwand ist, dass eine wirklich vereinzelte Wahnidee niemals vorkommen könne, sondern dass bei jeder fixen Idee stets ein wenn auch kleiner Ideenkreis abnorm beschaffen sein müsse. Hiefür scheinen in der That alle Erfahrungen über das gesunde, wie über das kranke Seelenleben zu sprechen. Wir sind nicht im Stande, uns vorzustellen, dass plötzlich in uns selbst eine vereinzelte wahnsinnige Idee sich sollte festsetzen und unserer Vernunft, so lange diese unversehrt und durch heftige Affecte ungestört bleibt, sollte trotzen können. Im gewöhnlichen Leben ist freilich oftmals von Personen die Rede, welche ausser einer einzigen fixen Idee vollkommen vernünftig wären, aber Laien und selbst Aerzte übersehen nur allzu häufig die weniger in die Augen fallenden Symptome, so dass sich bei genauerer Beobachtung die angeblich isolirte fixe Idee sehr oft sogar in einen totalen Schwachsinn mit nur einzelnen, besonders auffallenden, krankhaften Gedanken verwandelt.

Fasst man den Begriff einer vereinzelten fixen Idee sehr strenge, fordert man, dass eine solche allemal durch den einfachsten Satz (z. B. ich muss das Haus anzünden) auszudrücken und dass ausser ihr schlechterdings keine Störung des Denkvermögens oder des Gemüthslebens vorhanden sein solle, dann wird sich schwerlich eine einzelne fixe Idee oder, wie man auch sagt, eine wahre Monomanie auffinden lassen; wenigstens dürfen wir etwas so Unwahrscheinliches nicht ohne bündige Beweise glauben, welche bis jetzt noch fehlen. Wenn uns daher auseinandergesetzt wird, dass Jemand einen Mord begangen habe in Folge eines blossen Einfalls, Jemanden zu tödten, dass dieser Einfall ohne Motiv und von keinen weiteren psychischen Störungen begleitet gewesen sei und folglich eine wahre Monomanie darstelle, so werden wir gegen die Richtigkeit der Auffassung und der Beobachtung die stärksten Zweifel hegen müssen.

Auf der anderen Seite dürfen wir aber, wie Brierre de Boismont mit Recht bemerkt hat, in der Negation nicht zu absolut sein. Geben wir nämlich auch zu, dass jede fixe Idee allemal das Denken in einem gewissen, kleineren oder grösseren Umfange stört, so wissen wir doch, dass der hiedurch entstehende abnorme Ideenkreis bisweilen ein sehr enger ist und dass ausserhalb desselben die Seelenverrichtungen nicht selten gar nicht merklich alterirt sind. Wie eng aber dieser Ideenkreis sein kann, ist noch nicht vollständig erforscht; es fehlt uns hiezu namentlich noch die Kenntniss der ersten Anfänge solcher fixer Ideen, welche schleichend entstehen und bisweilen erst nach vielen Jahren zu unverkennbarem Wahnsinn führen. Je enger der krankhafte Ideenkreis ist, desto mehr nähert sich wenigstens der Zustand der absoluten Vereinzelung der Wahnidee an; die beiden folgenden Beobachtungen werden zeigen, dass die Vereinzelung, wenn man sie in diesem und nicht in dem oben entwickelten haarscharfen Sinne nimmt, allerdings, wenn auch nur unter ganz eigenthümlichen Umständen, vorkommt.

Die erste Beobachtung hat Brierre de Boismont (*Bibliothèque du médicin praticien*. Paris 1849. T. IX., p. 386) mitgetheilt; seine Erzählung lautet wörtlich übersetzt folgendermassen:

Ein früherer Beamter, sehr unterrichtet und von ausgezeichnetem Urtheil, glaubt eine indelicate Handlung begangen zu haben und verloren zu sein. Er bringt seine Tage in der Familie Brierre's zu, man beobachtet ihn also beständig. Seine Unterhaltung ist die eines Mannes von Verstand und Urtheil; er liest viel, macht sich mit allen Neuigkeiten bekannt, verbessert die Aufgaben der Kinder, macht alle Tage seine Parthie. Sein Verhalten ist so, dass man ihn mehrere Male radical curirt glaubte. Wenn man ihn ein wenig drängt, gesteht er, dass er seine Idee noch immer habe, er lacht darüber, giebt sie selbst preis; zu Zeiten aber beunruhigte sie ihn dergestalt, dass er mehrmals erklärte, er würde sich tödten, wenn er die Anstalt verlassen hätte. Es ist unmöglich, irgend eine andere Störung zu constatiren, und mehr als einmal wurde der Director durch die Geschicklichkeit und durch die Gewalt der Gründe überrascht, mit welchen er andere Geisteskranke über ihre falschen Ansichten zu enttäuschen suchte.

Den zweiten Fall dieser Art habe ich selbst beobachtet und theile ihn seiner Merkwürdigkeit wegen im Folgenden ausführlich mit.

O., 39 Jahre alt, Banquier, sehr gutherzig und in seinem Fache ein ausgezeichneter Arbeiter, beabsichtigte, nachdem er zwanzig Jahre in einem und demselben Banquierhause gearbeitet, sich selbst zu etabliren. Streitigkeiten und unangenehme Auftritte mit seinem Principal, welcher diesem Vorhaben entgegen war, hielt man für die Gelegenheitsursache einer langsam sich entwickelnden Melancholie, welche körperlicher Seits durch reichliches Biertrinken und geschlechtliche Excesse veranlasst wurde.

Am 14. Januar 1852 in einer Heilanstalt aufgenommen, litt er an einem fieberhaften Gastricismus und an grosser Unruhe, welche aber nach einem am folgenden Tage gereichten Brechmittel bedeutend abnahmen. Es stellte sich dann ein Zustand ein, welcher mehrere Monate lang ziemlich unverändert anhielt. Der Kranke wankte beängstigt und unruhig in seinem Zimmer umher, zeigte eine Miene, auf welcher sich das böse Gewissen unverkennbar abspiegelte, und wiederholte täglich und unablässig dieselben Phrasen, wobei alle seine Bewegungen etwas auffallend Automatisches hatten. Der Ideenkreis, in welchen sein Denken festgebannt war und den er stets von vorn wieder durchlief, war der, dass er seine Schwestern und vielleicht alle andern Einwohner von N., seinem Heimathsorte, syphilitisch inficirt, dadurch ein schweres Verbrechen begangen hätte und von N. aus polizeilich verfolgt und dorthin ausgeliefert werden würde. Ihn aus diesem engen Ideenkreise herauszubringen, war unmöglich, da er anderweitige Fragen kaum oder nur flüchtig beantwortete, um dann wieder zu den ihm geläufigen Phrasen zurückzukehren. Aber das körperliche Befinden besserte sich unter einer angemessenen Behandlung rasch und gegen Ende März schwand auch die Unruhe, während die Wahnideen dadurch sogar noch bedenklicher erschienen, dass er etwas blaue Farbe am Ofen seines Zimmers für Gift hielt, welches aus seinem Körper ausgeströmt wäre. Erst im Juni begann bei Fortdauer einer gedrückten, aber ruhigeren Stimmung sein Ideenkreis sich auszuweiten, ohne dass aber die ursprünglichen Wahnideen schwanden. Er zog allmählig immer mehr Gegenstände in den Kreis seines Denkens und Sprechens, bekam einen sehr starken Appetit, konnte im Juli anfangen, Seebäder zu nehmen, und begann gegen Ende dieses Monates ausserordentlich rasche Fortschritte in der Genesung zu machen. Um Mitte September war er bereits in solchem Zustande, dass nicht die geringste Spur einer geistigen Störung bei ihm zu erkennen war, ausser wenn er auf seine Wahnideen durch directe Fragen hingeleitet wurde. Er hatte ein ungewöhnlich glückliches, gleichmässig heiteres Temperament, beschäftigte sich stets, be-

sondern mit kleinen mechanischen Arbeiten, war ein grosser Freund
vom Fischfange und ähnlichen Belustigungen, benahm sich tadellos,
war im höchsten Grade dankbar und anhänglich und hatte über alle
Gegenstände des praktischen Lebens ein durchaus verständiges, über
solche, welche zu seinem Fache gehörten, sogar ein so gutes Urtheil,
dass seine Aeusserungen selbst Geschäftsmännern imponirten. Seine
Fähigkeit, logisch und abstract zu denken, war zwar nur gering, aber
dies war, wie aus den Aussagen seiner Freunde und aus seinem Verhalten nach seiner völligen Genesung gleichmässig hervorging, keine
krankhafte, sondern eine ihm normale Eigenthümlichkeit oder vielleicht
nur die Folge mangelhafter geistiger Ausbildung. Er hatte z. B. von
Fischern gehört, dass die Seenadel (*Syngnathus*) getrocknet und im
Zimmer an einem Faden aufgehängt, ein sog. Windfisch sei, d. h.
den draussen herrschenden Wind, wie eine Windfahne, richtig anzeige, und hielt diesen Aberglauben allen Gegengründen, ja der unmittelbaren Beobachtung zum Trotz unter ganz unhaltbaren Ausreden
fest, bis er ihm durch die Neckereien seiner Leidensgefährten verleidet
wurde. Diese Charaktereigenthümlichkeit trug ohne Zweifel viel dazu
bei, dass er seine Wahnideen nicht aufgab. Wochen, ja Monate lang
wurden diese Ideen absichtlich nicht berührt, niemals mit ihm bei
seiner völligen Unzugänglichkeit gegen vernünftige Einwendungen
über dieselben disputirt, er selbst fing von ihnen nie zu reden an,
liess aber ihre Fortdauer dadurch erkennen, dass er in geschäftigem
Müssiggange sorglos in den Tag hinein lebte und seine Zukunft, wie
die Nothwendigkeit des Erwerbes, ganz aus den Augen liess. Jede
directe Frage dagegen brachte auf ihn eine überraschende Wirkung
hervor; er wiederholte dann sofort genau mit dem Ausdruck des
Gesichts, mit der Eintönigkeit, mit den automatischen Bewegungen,
mit dem Umherwanken, wie anfangs, dieselben Phrasen, welche er
früher stets im Munde geführt hatte, und fuhr damit fort, bis man
ihn durch eine anderweitige Frage wieder gewissermassen aus einem
Wahnsinnigen zu einem vernünftigen Menschen machte; man konnte
diesen im höchsten Grade überraschenden Wechsel ganz beliebig, jeden
Augenblick und so oft, als man wollte, hervorbringen. In diesem Zustande blieb er bis zum August 1853 und wurde dann bei einem ihm
verwandten Kaufmann in einem Landstädtchen untergebracht. Dort
lebte er etwa ein Jahr, arbeitete in dem Geschäfte zur Zufriedenheit des
Inhabers, blieb aber sonst unverändert. Dann kehrte er auf einige Tage
in die Heilanstalt zurück, wo ihm der Beschluss seiner Familie, dass
er nach N. zurückkehren sollte, mitgetheilt wurde. Er gerieth dadurch
in die grösste Aufregung, weinte, bat, flehte, fussfällig sogar, man
möge ihn doch nicht ausliefern, fand sich aber endlich, wenn auch
(buchstäblich) zitternd, in das Unvermeidliche. Der etwas gewagte,
aber unter den gegebenen Umständen gerechtfertigte, ja nothwendige
Versuch, ihn von der Verkehrtheit seines Wahnes durch die erzwun-
gene Heimkehr zu überzeugen, glückte vollständig; der liebevolle

Empfang Seitens seiner Freunde, die herzliche Theilnahme aller früheren Bekannten, die beruhigenden Versicherungen der Behörde verscheuchten seine Furcht sehr schnell; er etablirte sich sofort als Banquier, arbeitete fleissig und mit Glück und blieb geistig gesund.

Jeder Sachverständige wird hier sofort und mit Recht einwerfen, dass beide Beobachtungen nicht dem partiellen Wahnsinne, sondern der Melancholie angehören und also nur das Vorkommen vereinzelter Wahnideen bei dieser Krankheit bestätigen. Beide sollen aber auch zunächst nur ganz im Allgemeinen die ebenso allgemein bezweifelte Möglichkeit darthun, dass der abnorme Ideenkreis nicht allein überaus eng sein, sondern auch ohne jede merkliche Rückwirkung auf das psychische Allgemeinbefinden bleiben kann. Ferner blieb freilich im ersten Falle die Gemüthsstörung stets das herrschende Moment, denn der Kranke erkannte seinen Wahn, sobald er nicht zugleich verstimmt war, im zweiten dagegen traten in der späteren Zeit ausser in Folge einer unmittelbaren Anregung der krankhaften Ideen niemals Gemüthsstörungen auf; der Zustand näherte sich also offenbar dem partiellen Wahnsinn an und wäre in diesem unter ungünstigen äusseren Einwirkungen vermuthlich gradezu übergegangen.

Die Möglichkeit des Vorkommens isolirter Wahnideen ist daher von vorneherein wohl nicht zu bezweifeln, wenn auch bisher meines Wissens keine völlig beweiskräftige Beobachtung darüber gemacht ist. Ehe aber die Wirklichkeit der reinen Monomanie zugestanden werden darf, muss selbstverständlich der thatsächliche Beweis geliefert sein, dass fixe Ideen, welche in der beim partiellen Wahnsinn gewöhnlichen Weise von Gemüthsstörungen wesentlich unabhängig sind, sich ebenso isoliren können, wie mitunter die melancholischen Wahnideen; vielleicht kommen solche Erscheinungen in den Anfangsstadien einiger Fälle von partiellem Wahnsinn vor, vielleicht im Gefolge von Hallucinationen, indessen habe ich keinen derartigen Fall in Erfahrung bringen können.

Unter diesen Umständen muss diejenige Art von Monomanie, welche vorzugsweise vor Gericht geltend gemacht worden ist, begreiflicher Weise noch weit zweifelhafter erscheinen. Bei dieser soll nämlich die Wahnidee nicht allein isolirt, sondern auch so flüchtig auftreten, dass sie fast nur im Momente der verbrecherischen Handlung vorhanden, aber weder vorher, noch nachher erkennbar wäre. Diese Annahme widerspricht Allem, was wir über die Beschaffenheit der krankhaften Ideen beim particllen Wahnsinn wissen. Diese Ideen sind, wenn sie auch bisweilen ihren Inhalt mehr oder weniger ändern, im Wesentlichen fixe und ein flüchtiges Auftreten und ebenso rasches Verschwinden von Wahnideen ist hier ohne jede Analogie. Wenn daher in solchen Fällen überhaupt eine Geisteskrankheit vorgelegen hat, so muss diese eine transitorische Manie oder Melancholie gewesen sein, welche dann aber auch anderweitige Symptome hätte zeigen müssen.

1) V., Landmann, Verfolgungswahn mit Hallucinationen, Brandstiftung, zwei Mordversuche (Guislain, *Leçons orales sur les phrénopathies*, Gand 1852. T. I., p. 296.*).

Eine Feuersbrunst brach gegen Abend in einer Pächterwohnung zu Audeghem aus und legte sie in Asche. Man sah einen Mann von der Brandstelle nach einem benachbarten Hause sich begeben und erkannte ihn als einen der Bewohner desselben. Er allein fehlte, als alle andern Nachbarn nach der Brandstätte eilten; man bezeichnete ihn unter der Hand als den Brandstifter, aber die Justiz erfuhr dies nicht. Bald darauf erhielt zu Termonde ein Vicar auf dem Wege zur Kirche einen Messerstich in den Schenkel; er sah vor sich den Mörder knieen, welcher entfloh. Später wurde der abgebrannte Pächter in der Kirche Gegenstand eines Mordversuchs. Der Brandstifter hatte auch diese Thaten verübt; er hätte sie seit langer Zeit vorbedacht, sagte er, niemals hätte er grösseren Kummer empfunden, als da seine Mordversuche fehlgeschlagen. Argwöhnisch (*jaloux*) und rachsüchtig seit vier Jahren, fühlte er, wie er sagte, einen inneren Antrieb zu Verbrechen. Seit langen Jahren wollten ihm und seiner Familie die Priester Etwas anhaben; durch ein ihnen bekanntes Verfahren machten sie seine Erträge zu nichte oder weniger bedeutend, als die seiner Nachbarn. Seine Feinde stellten sich ihm nicht in Person, sondern in Erscheinungen, im Geiste gegenüber.

V. gehörte nicht der dürftigen Classe, sondern einer Familie wohlhabender Landleute an. Er gestand, sich sehr durch Onanie geschwächt und lebhafte Befürchtungen für sein Seelenheil gehabt zu haben. Er war sehr devot und las viel in Andachtsbüchern. Während der letzten fünf Jahre hatte man seine Gewohnheiten ganz verändert gefunden. Seine Schwester hatte ihn seitdem für geisteskrank angesehen. Man hörte ihn oft heulen, weil ein heftiger Kummer ihn verzehre.

Die Intelligenz erschien in weitem Umfange mehr oder minder unversehrt; V. antwortete passend und klar. Der Ton seiner Stimme, seine Mienen, sein Gang, seine Haltung deuteten nicht auf Seelenstörung. Indessen existirte diese Störung dennoch, aber beschränkt auf eine gewisse Ideenreihe. V. litt an Verfolgungswahn und Hallu-

---

*) Wörtliche, unbedeutend verkürzte Uebersetzung.

cinationen; er war inspirirt, sprach von einer gewissen Macht von Oben, die ihm Rachepläne eingäbe, zu deren Ausführung er eine besondere, unbestimmte Kraft besässe. Er nahm Personen wahr, welche ihm in der Einbildung erschienen und die er wirklich und deutlich zu sehen glaubte; er hörte auch Geräusche und Stimmen. Die an diese Erscheinungen geknüpften Ideen waren in sehr merklichem Grade unzusammenhängend und ungeordnet.

Er gestand Alles, dessen er beschuldigt war, ging in alle gewünschten Einzelheiten ein und begriff die Folgen seiner Handlungen, aber durch seine Geständnisse blickte jene Gleichgültigkeit, jener Mangel an Ergründung, jenes Unbestimmte, was allen (?) Geisteskranken gewöhnlich ist.

V. bot demnach alle Zeichen der partiellen Ideenverwirrung dar, welche man zwar nicht grade unter die Pyromanien einreihen konnte, welche aber zu den Monomanien mit Verfolgungswahn gerechnet werden musste. Er schien den Keim seiner Krankheit schon lange in sich getragen zu haben, dieser hatte sich aber lange Zeit nicht nach Aussen hin verrathen und war daher von seiner Umgebung nicht erkannt worden.

Guislain erklärte, das Gefängniss und die Gerichtsverhandlungen seien dem Kranken schädlich und er müsse um so mehr in ein Asyl versetzt werden, da er der Heilung fähig scheine. In Folge dieses Gutachtens wurde V. nicht vor die Assisen gestellt, sondern als geisteskrank in das Asyl zu Gent gebracht.

Dieser Krankheitsfall zeigt, dass der Verfolgungswahn den Kranken Rachepläne eingeben und sie dadurch auch zu Brandstiftungen treiben kann, wenn er auch weit häufiger Pläne zur Vernichtung der eingebildeten Feinde und in Folge davon Mordthaten hervorruft.

2) G. V., 31 Jahre alt, Weber, fixer Wahn, Brandstiftung am 22. April 1849 (Verga in *Annales médico-psychologiques* 1850, p. 655.).

G. V., dessen Vater an einem Hirnleiden, 70 Jahre alt, gestorben war, dessen Mutter aber noch lebte, war niemals ernstlich krank gewesen, litt nicht an bemerkbaren körperlichen Störungen und bot auch geistig, wenigstens nach der Meinung der explorirenden Aerzte, nichts Abnormes dar. Nach Angabe Letzterer besass er einen finstern, verschlossenen, jähzornigen, ungestümen Charakter, schwache, unentwickelte Geisteskräfte und einen schwächlichen, mageren Körper von galliger Constitution und gelblicher Hautfarbe.

Von jeher war er seinen Angehörigen durch übermässige Ansprüche, grosse Reizbarkeit und Zanksucht zur Last gefallen, hatte viel Wein getrunken und seinen Bruder und seine Mutter genöthigt, ihn mit Kleidung und Geld zu versehen. Namentlich aber hatte er seit dem Tode des Vaters seine Mutter fortwährend durch ungegründete Vorwürfe darüber, dass sie ihn bei der Erbtheilung bevortheilt hätte, gequält, ihr gedroht, ja sie so geschlagen, dass sie krank wurde und die Sorge für sein Hauswesen aufgehen musste. Nun erboste er sich aber hierüber und liess sich, obwohl ihm stets nachgegeben wurde, so sehr zu Thätlichkeiten hinreissen, dass er häufig polizeilich dafür gestraft wurde. Indessen blieb ihm jene fixe Idee und sobald diese berührt wurde, wurde seine stets anmassende und laute Rede lebhaft, sein Gesicht und seine Augen glühten und er rief laut: „es sei keine Gerechtigkeit mehr in der Welt und Alle, welche zu seiner Verhaftung beigetragen hätten, verdienten gehangen zu werden, und noch Schlimmeres." Widersprechende beschuldigte er, dass sie mit seiner Mutter einverstanden wären, dass sie ihn toll machen und zeitlebens auf die Galeeren bringen wollten; zugleich schimpfte er entsetzlich auf seine Mutter, nannte sie ein entartetes Weib, eine Verrätherin, eine Diebin u. s. w. und liess sich in solchen nicht endenden Reden weder unterbrechen, noch ein Ziel setzen, noch auf ein anderes Thema bringen. Nicht allein seine Mutter, sondern auch alle andern Zeugen hielten ihn für geisteskrank und Einer, der ihn von Jugend auf kannte, erklärte, er sei immer extravagant und halbtoll gewesen.

Schon einige Tage vor der Brandstiftung hatte es seiner Mutter geschienen, als sinne er auf einen besonderen Streich, eine Nachbarin hatte seit einer ganzen Woche aus dem kleinen Zimmer, welches er zur ebenen Erde bewohnte, das Geräusch des Webens nicht mehr gehört, und zu derselben hatte er gesagt: „wenn der Miethsherr bezahlt sein wollte, wäre er krank." Mit Letzterem hatte er stets Streitigkeiten gehabt, namentlich als etwas Wasser auf sein Gewebe durchgeträufelt war, wofür er Schadenersatz forderte.

In der Nacht des 22. April zündete er das Mobiliar seines Zimmers, welches er grossentheils auf sein Bett gepackt hatte, an drei Stellen an, wodurch indessen kein grosser Schaden entstand, ging dann, nachdem er seine Thür verschlossen, fort und geradeswegs ins Wasser. Aus diesem kam er aber von selbst wieder heraus und begab sich, als er hörte, dass die Polizei ihn suchte, freiwillig in Verhaft. Ueber die Ausführung der That und die Motive ist nichts Näheres mitgetheilt.

Da dem Gerichte der Zustand des V. krankhaft erschien, so erforderte es das Gutachten von vier Aerzten, welche den V. aber für gesund und völlig zurechnungsfähig erklärten. Das Erkenntniss ist nicht mitgetheilt.

Schon Brierre de Boismont bemerkt zu diesem Falle, dass schwerlich ein französischer Psychiater sich dem ärztlichen Urtheile anschliessen würde, gewiss wird dies auch kein deutscher Sachverständiger thun. Trotz der mangelhaften Beobachtung und Beurtheilung des Falles habe ich denselben aufgenommen, da die eigenthümliche Form des fixen Wahns unverkennbar ist. Es giebt ziemlich viele partiell Wahnsinnige, deren fixe Ideen sich hauptsächlich um eine vermeintliche Vorenthaltung oder Schädigung ihres Vermögens drehen und die aus diesem Grunde mit aller Welt Streitigkeiten haben; sie benahmen sich in der Regel genau so, wie es im Obigen geschildert ist.

3) Marie P., 35 Jahre alt, Bäuerin, partieller Wahnsinn mit Hallucinationen, Brandstiftung (Etoc-Demazy in *Annales d'hygiène publique*, Bd. 25, p. 445.).

M. P., im 16. Jahre verheirathet, hatte keine Kinder gehabt, lebte aber übrigens in glücklicher Ehe. Sie wurde im Jahre 1833 in die Salpetrière aufgenommen. Sie war von mittlerer Grösse, gelber Hautfarbe, ziemlich starker Constitution. Als Ursache ihrer Krankheit wurde ein heftiger Schrecken während der Julirevolution angesehen, indem Nachts Leute in ihr Haus drangen und ihren Mann nöthigten, sie zu begleiten. Sie hatte eine vollständige Erinnerung für alle Ereignisse seit jener Zeit, war aber gegen alles Aeussere gleichgültig und nur mit ihren eignen Ideen beschäftigt. „Eines Tages habe ich mich, sagte sie, in der Kirche entkleidet; das machte mir nichts aus, ich konnte mich nicht zurückhalten, ich glaube, darin nichts Böses gethan zu haben. Hierauf hatte ich Lust, Feuer in Heu zu legen; Gott Lob, ich habe mich zurückgehalten. Ich erinnere mich, es meiner Schwester gesagt zu haben. In dem Augenblicke, wenn es mich trieb, wollte ich Feuer an mein Heu, dann an mein Haus legen, darauf beabsichtigte ich auf die Mauern zu klettern und mich hinabzustürzen, um mich zu tödten. Es war nicht der liebe Gott, der mich dazu antrieb. Ich zitterte, ich weinte, Nachts schlief ich niemals, ich sagte Gebete her, um mich vom Brandstiften abzuhalten. Auf dem Felde habe ich viele Leute, Männer und Frauen gesehen. Es war da eine Fahne, ein Baldachin, der Priester und das heilige Sacrament; Gott kann diese Zeichen wohl schicken, um sich zu offenbaren. Die Weissgekleideten waren im Norden, die Anderen im Süden, zwei Sterne an beiden Seiten des Himmels." Ein anderes Mal erschien ihr Christus. Sie suchte zuerst bei ihrem Seelsorger Hülfe und entwich dann nach Paris, wo man sie in die Salpetrière schaffte. Einige Tage nach ihrer Aufnahme machte sie mitten im Schlafsaale einen Haufen aus ihren Kleidern, zündete diese mit einem Fidibus, den sie an der Lampe des Saales angebrannt hatte, an und sah unbeweglich dastehend dem Verbrennen ihrer Kleider zu. „Ich habe mein Möglichstes gethan, sagte sie am folgenden Tage, um mich zurückzuhalten, ich konnte nicht, das macht mir Vergnügen, ich mag lieber mich verbrennen, als die Anderen. Der Dämon hiess mich thun, was ich gethan habe, er war schwarz, der Kopf dick, wie bei einem Kalb von sechs Monaten, die Nägel krallig. Als ich diesen Dämon kommen sah, sagte ich: Ach, mein Gott, steh' mir bei! Mein Hemd war ganz nass, wegen der Furcht, die ich hatte." — Die Kranke wurde vom Vf. nicht weiter beobachtet.

Obwohl die Krankheitsgeschichte nicht vollständig ist, so erhellt doch der psychische Zustand der Kranken hinlänglich aus derselben; der Krankheitsfall gehört offenbar dem partiellen Wahnsinn mit Hallucinationen an und giebt ein gutes Beispiel der sogenannten *monomanie raisonnante*. Casper (Denkwürdigkeiten, p. 272) meinte zwar, dass er diesen Fall von entschiedenem Wahnsinn nicht weiter zu berücksichtigen brauche, da er nicht zur (deutschen) Lehre von der Pyromanie gehöre, aber das Vorkommen eines so bestimmten und specifischen Antriebes zum Brandstiften verdient nichtsdestoweniger Beachtung; eine solche Beobachtung kann (wie wir sogleich sehen werden) auch für die Beurtheilung nicht entschieden Wahnsinniger sehr in Betracht kommen, weil eben zwischen entschieden und nicht entschieden Wahnsinnigen keine bestimmte Grenze existirt.

4) **N. N., 12 Jahre alt, Mädchen, hysterische Anfälle mit partiellem Wahnsinn und Hallucinationen, vier Brandstiftungen** (*Union médical*, 25. Mai, mitgetheilt von L. Meyer. Deutsche Klinik 1854. No. 29, p. 321.).

N. war die Tochter armer, ehrlicher und sehr geachteter Eltern, die auf dem Gute eines allgemein verehrten Gutsbesitzers eine Pachtung hatten. Sie war in hohem Grade nervös und reizbar, ihr Verstand war wenig entwickelt. Einige Zeit vor der Brandstiftung hatte sie Visionen gehabt und gesagt: „Ich sehe die heilige Jungfrau, sie spricht mit mir, ich werde bald zum zweiten Mal zum Abendmahl gehen." Bald darauf genoss sie dieses mit besonderer Inbrunst.

Ueber die Ausführung der Brandstiftungen heisst es nur, es hätte viermal in dem Gutsbezirke gebrannt und das Mädchen hätte zur Ausführung ihres Plans die Behausung einer fast blinden Nachbarin gewählt; diese, durch das Geschrei des Mädchens herbeigezogen, hätte nicht gezweifelt, dass ein Fremder ins Haus gedrungen wäre, da sie jene sehr erschreckt mit einem Andern hätte sprechen hören. Die N. versicherte seit dem ersten Brande, sie hätte diesen Fremden selbst gesehen und wäre von ihm mit Stockschlägen bedroht worden, und lenkte dadurch den Verdacht endlich auf sich selbst. Nach ihrer Verhaftung läugnete sie anfänglich Alles mit grosser Geistesgegenwart, bekannte indessen später die That, wollte jedoch von einem Oheim verführt sein, bis sie schliesslich erklärte, dass Niemand sie veranlasst und dass sie das Feuer angelegt hätte, um sich ein Vergnügen zu machen.

Einer der untersuchenden Aerzte beobachtete zwei Monate lang kein Symptom geistiger Alienation an ihr, dann aber hysterische Anfälle und in Folge dieser deutliche Störungen der Intelligenz. Mehrere Stunden nach dem Anfalle erkannte sie Niemanden, schimpfte, drohte, schlug um sich, zeigte heftige Agitation und Delirien. In diesem Zustande glaubte sie Feuer zu sehen, was sie mit Bewunderung betrachtete. Der zweite Arzt, der sie, wie es scheint, später sah, beobachtete zuerst einen Zustand von Trauer und Melancholie, dann ebenfalls hysterische Anfälle und in ihrem Gefolge Delirien mit Hallucinationen. In einem Anfalle richtete sie ihre Blicke auf die Wand und rief unter Lachen: „O, wie schön ist das! wie schön! das Feuer!" Als sie Jemand fragte, ob sie noch mehr Feuer anlegen wollte, antwortete sie: „O wohl! es ist so schön, das Feuer!" Als ein Licht gebracht wurde, gerieth sie in grosse Aufregung und wollte sich auf dasselbe stürzen.

Die N. wurde zuerst zu 10jähriger Zuchthausstrafe verurtheilt, nach Cassation des Urtheils wegen eines Formfehlers aber freigesprochen.

Dieser Krankheitsfall steht offenbar dem Normalzustande weit näher, als der vorige; die französischen Aerzte und auch Meyer haben ihn ausdrücklich der Hysterie zugerechnet. Letzterer sagt: „Das paroxysmenartige Auftreten exaltirter Zustände ist eine in den Entwicklungsjahren sehr häufige Form der Hysterie, welche zwar in der Regel Convulsionen, hysterischen Ohnmachten und dgl. folgt, indessen auch selbständig vorkommt." Diesen Satz hat er mit einer Anzahl eigener und fremder Beobachtungen belegt, welche unverkennbare Analogien mit dem Zustande der N. darbieten. Indessen nennt Meyer selbst eine der von ihm beobachteten Kranken eine Geisteskranke und in der That können auch solche Zustände willkürlich entweder der Hysterie, oder der Geistesstörung zugerechnet werden; es sind eben Zwischenformen. Während der Paroxysmen glich die N. offenbar ganz der Marie P., während der Intermissionen dagegen war sie wenigstens annähernd normal*).

Leider lassen sich aus der unvollständig erzählten Krankheitsgeschichte keine sicheren Schlüsse ziehen, aber bei Berücksichtigung der von Meyer herbeigezogenen Analogien wird es doch sehr wahrscheinlich, dass wirklich auch bei hysterischen, nicht entschieden wahnsinnigen Personen ein sehr lebhafter Antrieb zum

---

*) Verschiedene Andeutungen lassen vermuthen, dass sie auch dann geistig nicht frei war. Erstens nämlich heisst es, dass ihr Verstand nur wenig entwickelt gewesen wäre; zweitens wird bemerkt, dass sie bald nach einer Vision das Abendmahl mit besonderer Inbrunst genossen hätte, wonach zu vermuthen ist, dass sie die Sinnestäuschung nicht als solche erkannte; drittens endlich scheint sie während der Brandstiftung selbst in einem noch anderen, abweichenden Zustande gewesen zu sein.

Brandstiften in Folge von Hallucinationen und particllem Delirium vorkommen kann. Zu der „instinctiven" oder der „wahren" Monomanie kann man solche Zustände nun freilich nicht rechnen, weil bei diesen so bedeutende Störungen der Intelligenz nicht vorkommen dürfen, aber nichts würde hindern, dieselben als Pyromanie zu bezeichnen und damit zugleich die Existenz dieser problematischen Krankheitsform zu behaupten; in diesem Falle hätte man nur diese Art von Pyromanie von den oben beim Schwachsinn und bei den verschiedenen Formen der Melancholie erwähnten Pyromanien gehörig zu unterscheiden. Am einfachsten und sichersten wird es daher wohl sein, auch hier dieses vieldeutige und überflüssige Wort ganz zu vermeiden.

b. Verwirrtheit.

Delirien nach allen Richtungen der Verstandesthätigkeit kommen bei Geisteskranken, namentlich in späteren Krankheitsstadien, bekanntlich häufig vor. Tritt die Verwirrtheit primär auf, so unterscheidet sie sich im Grunde nur graduell oder extensiv von dem particllen Wahnsinn, indem unter der Menge von verkehrten Gedanken einzelne fixe Ideen besonders hervorzutreten und auch für die Handlungen massgebend zu sein pflegen. Ist die Krankheit dagegen secundär, so lässt sich gewöhnlich die primäre Erkrankung in einzelnen Zügen noch lange erkennen; namentlich pflegt die Stimmung noch lange vorherrschend resp. erregt, deprimirt, beängstigt u. s. w. zu bleiben, je nachdem die ursprüngliche Krankheit in Erregung, Trübsinn, Angst u. s. w. bestand. Hieraus lässt sich leicht und ohne weitere Erklärung abnehmen, auf welche Weise verwirrte Geisteskranke zu verbrecherischen Handlungen kommen können. Ueberdies ist aber wohl zu beachten, dass vielleicht keine andere Krankheitsart die vernünftige Widerstandsfähigkeit gegen böse Antriebe so sehr schwächt, als die Verwirrtheit, indem diese das eigentliche Nachdenken ganz unmöglich macht; nirgends also haben die an sich normalen Motive, die Leidenschaften, Affecte (ganz besonders, wie sich zeigen wird, die Rachsucht) u. s. f. so freies Spiel, wie hier. Es ist daher sehr zu beklagen, dass so manche anscheinend ja oft im Grunde wirklich harmlose, verwirrte Geisteskranke in Verhältnissen gelassen werden, denen sie nicht genügen können, und dass sie so oft durch Ansprüche, welche über ihre Kräfte gehen, sowie durch eine Behandlungsweise, welche nur gegen Gesunde Berechtigung und Sinn hätte, gekränkt, gereizt und zur Begehung von Uebelthaten getrieben werden. Fast alle im Folgenden erwähnten Brandstiftungen sind auf diese Weise veranlasst worden.

1) **Magdalene Margarethe Wegener, 20 Jahre alt, Dienstmädchen, beginnende Verwirrtheit, Brandstiftung aus Aerger, am 7. September 1844 (Rüppell, Manuscript im Archiv der Schleswiger Irrenanstalt.).**

M. W. wurde ausser der Ehe geboren, aber von dem Manne, mit welchem sich ihre Mutter, ein leidenschaftliches, böses Weib, bald darauf verheirathete, an Kindesstatt angenommen. Die Eltern und der Schullehrer, dessen Schule sie bis zur Confirmation besuchte, gaben ihr über ihr Betragen, ihre Folgsamkeit und ihren Fleiss das beste Zeugniss und ebenso sehr wurde sie von ihren Dienstherrschaften bis zum Jahre 1842 gelobt. Als kleines Kind hatte sie sehr an den Augen gelitten, und war einmal von ihrer Tante, welche geisteskrank war, sehr heftig auf den Kopf geschlagen, wornach sie stets an Kopfschmerzen und Betäubung gelitten haben wollte; im 10. Jahre überstand sie ein schweres nervöses Fieber und später Masern und Scharlach. Besonders seit dem Nervenfieber blieb ein starker Kopfschmerz, eine Schwere und Eingenommenheit des Kopfs zurück, so dass sie oft im Gehen schwankte, eine Schwächung ihres Gedächtnisses bemerkte und öfters von Schwindel befallen wurde; zwei Male stürzte sie bei Beschäftigung auf dem Torfmoore besinnungslos zusammen, fiel dabei einmal sogar ins Wasser, war, herausgezogen, zuerst „ganz wirrig" und erhielt erst nach längerer Zeit unter heftigem Weinen Sprache und Besinnung wieder. Der Schwindel machte ihr auch später das Bücken lästig, indem ihr das Blut dann nach dem Kopfe schoss und ihr die Besinnung raubte, bei den Erntearbeiten musste sie fürchten vom Wagen zu fallen und am Tanzen konnte sie gar nicht theilnehmen. Im 17. Jahre trat die Menstruation ein, worauf sie von diesen Zufällen für gewöhnlich minder, zur Zeit der Periode aber um so mehr belästigt wurde. Ihrer Angabe nach hatte sie dann nicht selten die Besinnung völlig verloren, so dass sie nicht wusste, was sie that; auch waren ihr beim Melken oft Hände und Füsse eingeschlafen und letztere nicht selten stark geschwollen.

Seit Ostern 1842 veränderte sich ihr Charakter merklich, ihr Dienstherr, früher mit ihr zufrieden, fand sie lässig, lügenhaft und schadenfroh; sie hatte einmal einem Kinde vorgespiegelt, dass ein diebischer Einbruch versucht wäre und ein anderes Mal an die Wand eines Zimmers, worin der Schwiegervater des Dienstherrn wohnte, mit Steinen geworfen, endlich auch ihre Dienstnachfolgerin fortwährend aufgewiegelt.

In ihrem nächsten Dienste bei dem Krüger W. war man zuerst mit ihr ziemlich zufrieden, fand sie indessen oft nachlässig und unaufmerksam und kündigte ihr daher im August 1844 den Dienst, mit welchem sie selbst sehr zufrieden war. Seit dieser Zeit zeigte sie sich lügenhaft, eigensinnig, trotzig, unordentlich, impertinent und suchte ihre Herrschaft stets zu ärgern; es kam daher öfter zu Auftritten und sie wurde häufig von der Hausfrau angetrieben und gescholten.

Am 17. September gegen Abend hörte die Wegener, welche den ganzen Tag an heftigem Kopfschmerz und Congestionen gelitten hatte, dass sich ihr Dienstherr und dessen Frau über den Brand ihres Wohnhauses, der am 6. stattgefunden hatte, unterhielten und sich freuten, dass ihre Scheune unversehrt geblieben wäre. Da sie nun nach ihrer Behauptung (was aber die Hausfrau bestimmt in Abrede stellte) den ganzen Tag über von dieser gescholten war, so dachte sie: „Sieh, nun sprecht ihr davon, dass ihr die Scheune noch habt, weil ihr aber immer so schabernacksch seid, soll sie doch weg." Diesem Gedanken folgte die Ausführung unmittelbar; sie nahm Kohlen von dem Heerde, wickelte sie in ihre Schürze, trug sie nach der Scheune und warf sie unter Spähne, ohne sich durch die Bemerkung des ihr begegnenden Schäfers, dass sie brandig rieche, zurückhalten zu lassen. Sie fühlte auch keine Furcht, als ihre Dienstherrin nach ihrer Rückkehr dieselbe Bemerkung gegen sie machte, sondern erwiderte einfach, sie brenne nicht, und wünschte nur den baldigen Ausbruch des Feuers. Als dies emporloderte, beweinte sie lediglich die Vernichtung des Korns, ohne ihre That im Geringsten zu bereuen.

Sie wurde noch in derselben Nacht verhaftet und wollte dabei gleich vorausgesetzt haben, dass sie zeitlebens ins Zuchthaus kommen würde, da ihr Verbrechen nächst Mord das Schlimmste wäre. Bei der Abführung ins Gefängniss traten, wie sie behauptete und wie anderweitig bestätigt wurde, ihre Regeln ein.

In den ersten Verhören legte die Wegener mit einer ausserordentlichen Gemüthsruhe, Offenheit und Freiheit, ja mit Frechheit und bisweilen sogar unter Lachen die mitgetheilten Geständnisse ab; im December aber widerrief sie mit grosser Frechheit und Lügenhaftigkeit Alles und behauptete, dass sie zu den früheren Angaben durch Drohungen bewogen wäre. Einige Tage später gab sie zwar an, dass ein Mitgefangener sie zum Widerruf verleitet hätte, was auch bestätigt wurde, aber zu einem ordentlichen, zusammenhängenden Geständnisse kam es seitdem nicht, besonders wohl deshalb nicht, weil ihr Zustand sich nach und nach wesentlich verschlimmerte.

Nachdem Anfangs nur der auffallend plötzliche Entschluss zum Verbrechen, ihr gleichmüthiges Benehmen vor Gericht, und zu andern Zeiten ein plötzlicher, unmotivirter Wechsel von Weinen und Lachen, so wie körperlich eine auffallende Kälte der Extremitäten, beobachtet war, traten Anfang März 1845 heftigere Symptome gleichzeitig mit dem Erscheinen der Menstruation auf. Sie hatte Congestionen zum Kopf, wurde, während sie bisher gut und lange geschlafen hatte, Nachts unruhig, wälzte sich auf ihrem Lager oder wanderte umher, hielt halbleise heftige Selbstgespräche, behauptete unter Anderem, ihre Mutter vor ihrem Bette gesehen und mit ihr sich unterhalten zu haben u. s. f. Tags über verhielt sie sich ähnlich, redete verwirrt über eine Feuersbrunst, bei der ihre Eltern umgekommen wären oder sich aufgehängt hätten, verlangte Trauerkleider, hörte Stimmen vor ihrer Thür, welche ihr diese Dinge mittheilten, wurde mitunter sehr aufgeregt, und hatte Vergiftungswahn, namentlich argwohnte sie Branntwein in den Speisen, weil sie ganz betäubt darnach würde. Nachdem sie von ihren Angehörigen einen Besuch erhalten hatte, änderte sie zwar ihren Wahn dahin um, dass dieselben ins Zuchthaus gebracht wären, blieb aber fortan stets verwirrt.

Obgleich das Gericht von vorn herein über die Gesundheit der Thäterin zweifelhaft gewesen war und ein hinzugezogener Prediger, so wie auch der Gefängnisswärter sie als geisteskrank bezeichnet hatten, nannte sie doch das ärztliche Gutachten eine Simulantin; sie wurde darauf zum Tode verurtheilt, aber zu lebenslänglicher Zuchthausstrafe begnadigt. Indessen kaum im Zuchthause angekommen, wurde sie von den dortigen Behörden als geisteskrank erkannt, von dem Zuchthausarzte für krank erklärt und in Folge dessen in die Irrenanstalt versetzt. Dort redete sie eine Menge verwirrtes Zeug, welches hauptsächlich aus einem Gemenge von Erinnerungen aus ihrem Leben und aus der biblischen Geschichte bestand, sprach und lachte viel für sich, schlief gut und suchte auch bei Tage das Bett, über Schwere und Müdigkeit klagend; zur Zeit der Regeln war sie verkehrter, als gewöhnlich; übrigens war sie freundlich, dienstfertig und in der Arbeit ordentlich. Das Gutachten von Rüppell bezeichnete daher ihren Zustand als unvollständige Verwirrtheit, hervorgegangen aus Störungen des Blutumlaufs; in Folge dessen wurde sie in der Irrenanstalt gelassen. Nach späteren mündlichen Nachrichten wurde sie dort allmählig ruhiger, arbeitete fleissig und benahm sich gut, wurde aber still und verschlossen und läugnete jede Kenntniss von der Brandstiftung ab, indem sie die Sache ganz abweichend darzustellen suchte. Im Jahre 1855, wo ich sie zu sehen Gelegenheit hatte, machte sie den gewöhnlichen Eindruck ungeheilter Geisteskranker, bei welchen der primäre Krankheitsprocess abgelaufen ist und eine Schwächung der Geisteskräfte hinterlassen hat.

In diesem Falle ist die oben geschilderte Entstehungsweise der Brandstiftung besonders deutlich zu erkennen. Die Kranke veränderte zuerst ihren Charakter, wurde untüchtig und unleidlich, konnte den Ansprüchen, welche an sie als vermeintliche Gesunde gemacht wurden, nicht mehr genügen, wurde gescholten, ärgerte sich darüber und beging in diesem Affect bei gleichzeitiger Verminderung der vernünftigen Widerstandsfähigkeit die Uebelthat.

2) **J. M. E.**, 40 Jahre, Bauernknecht, Wahnsinn, 2 Mordversuche, Brandstiftung aus Rachsucht den 22. October 1849 (Ellinger in Damerow's Zeitschrift für Psychiatrie, Bd. 8, p. 592.).

J. M. E. stammte von armen, rechtlichen Eltern ab und litt in den Kinderjahren an langdauernder Kränklichkeit, veranlasst durch *Rachitis* und *Scrophulosis*, welche letztere ihn nie ganz verliess. Im 15. Jahre hatte er noch Halsgeschwüre und behielt stets angeschwollene Unterkieferdrüsen. Sonst war seine körperliche Entwicklung normal, seine geistige aber ward durch frühzeitigen Tod des Vaters, einen nur einjährigen Schulbesuch und schon im 17. Jahre begonnenen Hirtendienst sehr gestört. Er lernte kaum lesen und nicht schreiben, hatte nur höchst oberflächliche und sehr verkehrte religiöse Begriffe und bildete sich auch aus eignem Triebe nicht weiter aus, als dass er eine ausserordentliche Leidenschaftlichkeit allmählig zu unterdrücken sich gewöhnte. In seinem 15. Jahre war er noch so heftig, dass er das Vieh bisweilen biss, statt es zu schlagen, später aber begannen sich vielfache Spuren von Lebensüberdruss, Neigung zum Selbstmorde, Sinnestäuschungen, eine Art Raserei mit Congestionen zum Kopf und Trunkliebe zu zeigen.

Im Sommer 1830 litt er zuerst an einer ausgebildeten Geisteskrankheit in der Form von religiöser Melancholie und Tobsucht und wurde seitdem nie wieder ganz gesund. In den darauf folgenden Dienstverhältnissen, hiess es, sei er nicht recht wohl gewesen, schlimmer geworden, habe (1831) in einer schweren Krankheit, welche vom Dr. T. als Luftröhrenentzündung behandelt wurde, sich oft aufgebäumt, so dass ihn drei Personen nur mit Mühe im Bett halten konnten.

Der zweite Anfall trat am 8. Juli 1832 mit einem ganz unmotivirten, plötzlichen Mordversuch auf. Er begegnete 3 Knaben auf einem Feldweg, fragte sie, wem sie gehörten, — welchen von ihnen er umbringen sollte? Sie sprangen davon, den jüngsten holte er ein, versetzte ihm mehrere Stiche ins Gesicht und in den Hals, bis der Knabe nach verzweifeltem Widerstand „keinen Mucks mehr machte." Dann ging er ruhig nach Hause, nahm seinen Dienstherrn bei Seite und erzählte ihm, was und warum er das gethan. Er hätte nämlich, sagte er, Solches längst im Sinne gehabt, indem er ein armer Dienstbote wäre und keine Kleider hätte; er wollte hingerichtet und dadurch ein Kind der Seligkeit werden. Es war ihm daher gar nicht recht, dass der Knabe nicht todt auf dem Platze blieb. Während der Haft war er in hohem Grade schwermüthig, ward für geisteskrank und gerichtlich für unzurechnungsfähig erklärt und nur ½ Jahr im Zuchthause in Verwahrung genommen. Hier entlassen und unter polizeiliche Aufsicht gestellt, litt er von Mitte April bis Ende Juli 1833 wieder an Tobsucht, wobei er zweimal ins Wasser sprang, aber jedesmal von selbst wieder herauskam. Im Jahre 1834 litt er an einem Abscess und liess mehrmals zur Ader, zeigte sich aber fortwährend tiefsinnig, jähzornig und mit verrückten Ideen behaftet.

Im Frühjahr 1836 kam er nach dem Tode seiner Mutter nach Haus und wollte das Gut übernehmen und heirathen, was ihm aber zu seinem grossen Verdrusse versagt wurde. In der Nacht vom 12. Juli lief er seinem Dienstherrn fort, begegnete dem Dr. T., dem er trotzige Antworten gab, und machte einige hundert Schritte weiter einen plötzlichen, wüthenden Angriff auf ein 20jähriges Mädchen und den zu Hülfe eilenden Dr. T. In das Haus des Letzteren gebracht, entwich er ihm schon am folgenden Tage, lockte auf dem Felde zwei kleine Mädchen durch Vorzeigen von Geld an sich und würgte das erstgekommene so, dass ihm Blut aus Nase und Mund floss, es „kirschblau im Gesicht ward und für todt liegen blieb;" dann eilte er zu Dr. T. zurück und machte ihm die triumphirende Anzeige, „dass es ihm nun gelungen wäre." Ueber das Wiederaufleben des Mädchens wurde er ganz wüthend. Im Verhör „spielte er anfänglich den Schalk," ward für unzurechnungsfähig erklärt, wegen förmlicher Tobsucht Wochen lang an die Kette gelegt (!) und am 27. October 1836 bedeutend gebessert, aber nicht vollständig geheilt zu Dr. L. gebracht.

Hier war er theils als Patient, theils als Knecht gegen 3 Jahre; „während der ersten beiden Jahre hatte er gefährliche Stürme;" in seinem gewöhnlichen Zustand war er jähzornig und rachsüchtig; bei seinem Austritt war er, viel gebessert, jedoch immer noch störrisch." In dem ersten Dienst, in welchen er darauf eintrat, wurde er zufälliger Weise schwer am Kopfe verletzt, was eine Hirnerschütterung und ein Getöse in den Ohren bei Tag und Nacht zurückliess, und überdies zu einer Liebschaft und zur Schwängerung der betreffenden Person Veranlassung gab; die beabsichtigte Heirath wurde indessen vereitelt. Später machte er einen ungeschickten Versuch, sich zu vergiften, und längere Zeit darauf verfiel er in eine Krankheit, welche mit seinen früheren Anfällen von Wahnsinn mit Tobsucht offenbare Aehnlichkeit hatte. Er diente seit 1839 im Ganzen an 14 Stellen, ward im Allgemeinen gelobt, aber auch zu Zeiten jähzornig, störrisch, beschränkt, wortkarg und trunkliebend gefunden. In seinem letzten Dienste bei O. war er „in allweg liederlich," vertrank, was er verdiente, und spottete über kirchliche und religiöse Gebräuche. Er fand, dass er dort schlecht behandelt würde, dass er nicht genug und schlecht zu essen, zu wenig Most zu trinken bekäme und zu schwer arbeiten müsste; er fasste deshalb einen heftigen Groll gegen seinen Dienstherrn.

Dieser kündigte ihm am 21. October 1849 Abends eine Herabsetzung seines Lohnes an, was ihn ein sehr grosses Unrecht dünkte. Er begab sich nach dem Nachtessen ins Wirthshaus, wo er bis um 12 Uhr blieb, sich einen Rausch trank und auf dem Heimwege gegen einen Mitknecht über seinen Herrn heftig loszog und Branddrohungen ausstiess. Die Nacht schlief er gut; am andern Morgen nahm er zwei Zündhölzchen weg, kündigte dann den Dienst, nachdem ihm sein

Herr wiederholt hatte, dass es bei dem Gesagten bliebe, und trieb sich den Tag über zwecklos umher. Er kaufte eine Schachtel Zündhölzer, warf diese aber wieder fort und kehrte Abends in ein Wirthshaus ein, wo er über den O. schimpfte. Gegen 11 Uhr begab er sich in den Vorstall des dem Letzteren gehörenden Stadels, wollte dort erst schlafen, fürchtete aber, weil das Vieh unruhig war, es möchte Jemand kommen und ihn als Dieb ansehen. Er strich darauf ein Zündhölzchen an, zündete eine Handvoll Streu an, legte diese auf andere Streu und wieder eine Handvoll darüber und drückte das Ganze nieder, damit es nicht zu schnell aufflamme; dann entfernte er sich, sorgfältig jedes Geräusch vermeidend. Er begab sich hierauf auf einen nahen Acker, wo er dem Brande bis zu seinem Erlöschen „mit bangem und freudigem Interesse" zusah. Dann ging er fort, schlief unterwegs eine Weile auf einem Steine und besuchte darauf mehrere Bekannte in drei verschiedenen Ortschaften, denen er von dem Brandunglück, „das auch ihn betroffen," erzählte, ohne sich aber als Thäter zu nennen. Indessen über ein zufälliges Zusammentreffen mit einem seiner früheren Dienstherrn erschrocken und von diesem näher ausgeforscht, wurde er ärgerlich, berief sich auf sein gutes Gewissen und meinte, mit zwei Verhören würde seine Unschuld an den Tag kommen. Darauf wurde er arretirt.

Im ersten Verhöre läugnete er und machte lügnerische Angaben, im zweiten aber legte er ein volles Geständniss ab, „um nicht länger herumgeschleppt zu werden." Vom ersten bis zum letzten Verhör bat er stets um das Todesurtheil und äusserte grossen Lebensüberdruss; er antwortete meistens ohne rechte Ueberlegung, gab Aussagen Anderer zu, die nicht richtig waren, suchte nichts zu beschönigen und zeigte eine ziemlich grosse Kenntniss seiner eigenen Seelenverfassung. Gegen den O. war er ausserordentlich erbittert; denn, wenn er auch das Unglück, das so Viele betroffen, bedauerte, so hatte er dies nicht allein bei der That schon vorausgesehen, sondern er war auch so weit von Reue entfernt, dass er äusserte, wenn es in seiner Macht gestanden hätte, würde er dem O. noch Schlimmeres angethan haben.

Am 26. Juni 1850 in die Irrenanstalt gebracht, weinte und jammerte er, er fürchtete, die Regierung hätte ihn angeführt, sie würde ihn verschicken, an die Juden verkaufen, da er doch hingerichtet sein wollte. Dabei hatte er einen weinerlich verzogenen Mund, thränende, zum Himmel aufgeschlagene Augen und klopfte mit gespreizten Fingern und steif gebogenen Armen auf die Brust. Mit ähnlichem Jammer fuhr er mehrere Tage fort, dazwischen aber betete, bekreuzte und verbeugte er sich vielmals und oft unaufhörlich. Wenn Veränderungen in seinem Aufenthaltsorte vorgenommen wurden, zeigte er sich sehr ängstlich, fürchtete, andere Kranke möchten ihm etwas thun, später wechselten seine Stimmungen vielfach und oft sehr rasch zwischen Heiterkeit, Freundlichkeit, Schwermuth und Aengstlichkeit. Sein Schlaf war verschieden, leicht gestört; er klagte fortwährend über mehr oder weniger Getöse in den Ohren; sein Gesicht war meist geröthet, die Respiration keuchend, der Herzschlag meist beschleunigt, verstärkt und reizbar; die Verdauungsorgane fungirten träge.

Ellinger erklärte ihn für geisteskrank und für unzurechnungsfähig. Er wurde als nichtschuldig freigesprochen und seiner Heimathsgemeinde zur polizeilichen Beaufsichtigung übergeben.

3) **Joh. Bringmann, 32 Jahre alt, Lohgerber, Verwirrtheit, Brandstiftung am 28. und Mord am 29. März 1837** (Pagenstecher in Henke's Zeitschrift Bd. 35, p. 1; das ausführliche Urtheil Bd. 36, p. 465.).

J. B. war von Kindheit her skrophulös, übrigens aber ein wesentlich gesunder, munterer und gutgearteter Knabe, welcher auch einen angemessenen Schulunterricht erhielt. Die Angabe seiner Angehörigen, dass er im 12. Jahre ins Wasser gefallen und seitdem trübsinnig und menschenscheu gewesen wäre, blieb zweifelhaft, da er sich sowohl während seiner Lehrzeit, als auch als Geselle bis 1830 untadelhaft und nicht auffallend betrug. Doch versicherte auch ein Wundarzt, er wäre ihm immer etwas stumpfsinnig erschienen und hätte schon seit länger als 8 Jahren oft starr blickend dagestanden und dann auf Fragen keine Antwort gegeben. Er selbst wollte in Wesel, während er bei Tenhompel von 1828—30 in Arbeit stand, syphilitisch afficirt und von einem Wundarzte behandelt worden sein, der dieses Letztere aber auf das Bestimmteste in Abrede stellte. Beinahe davon hergestellt, wäre er in ein schweres Nervenfieber verfallen und seitdem unablässig krank und besonders mit Kopfschmerzen und lähmungsartiger Steifheit aller Gliedmassen behaftet gewesen. Tenhompel dagegen hatte gegen das Ende seiner Dienstzeit nur geringere Thätigkeit, anscheinende Kränklickkeit und ein melancholisches Wesen an ihm bemerkt und deshalb seine Angehörigen ersucht, ihn abzuholen. In seine Heimath zu Velbert zurückgekehrt, verfiel er sogleich in eine Melancholie mit abwechselnden Anfällen von Starrsucht und Tobsucht; 14 Tage lang sprach er gar nicht, stand häufig unbeweglich und starr da, stellte sich schlafend, nahm in Gegenwart Anderer keine Speisen zu sich, dann wieder glaubte er sich vom Teufel oder von Dieben verfolgt, versteckte seine Kleider ängstlich in sein Bett, schimpfte, tobte und beging Gewaltthätigkeiten. Nach drei Wochen gingen diese heftigen Symptome vorüber und der Kranke verfiel in einen melancholischen Zustand, in welchem er sich einsylbig und menschenscheu zeigte, die sich ihm Nahenden zurückstiess, die Nahrungseinnahme verweigerte und dgl. m. Nach und nach ging später sein Zustand in Schwachsinn mit fixen Ideen und melancholischer Verstimmung über. Er redete viel mit sich selbst, namentlich von Gott und dem Teufel, beging viele verkehrte und sinnlose Handlungen, denen er offenbar einen geheimen Sinn beilegte, warf z. B. Malz, Steine und Brod, auf die er zuvor spuckte, zum Fenster hinaus, säete Korn im Wald aus, warf ein Weissbrod ins Feuer und dgl. m.

Oefters äusserte er dabei, Jemand hätte ihn dazu angewiesen, oder er dürfe das nicht anders. In Gegenwart Anderer nahm er sich zusammen, trieb sein Geschäft als Lohgerber im elterlichen Hause ganz ordentlich, sprach wenig, aber verständig und rechnete namentlich besser, als alle seine Angehörigen.

Im Jahre 1835, nach dem Tode der Mutter, kam eine Cousine, Charlotte Herminghaus, ins Haus, die Anfangs mit dem älteren Bruder des Joh. Bringmann in ein näheres Verhältniss trat, nach genauerer Bekanntschaft mit der Familie sich aber wieder zurückzog und nach 11 Wochen wieder heimkehrte. Hierauf trat zwischen beiden Familien ein nicht gespanntes, aber sehr laues Verhältniss ein.

Im Sommer desselben Jahres verliess J. Br. plötzlich und heimlich sein elterliches Haus und ging zu Fuss nach Wesel. Früh kam er dort nach durchwanderter Nacht vor das Haus des Tenhompel und versetzte diesem, den er auf der Hausflur traf, ohne ein Wort zu sprechen, einen heftigen Stockschlag über den Kopf. Eine herzutretende Magd erhielt ebenfalls einen heftigen Schlag, ehe es den herbeieilenden Gesellen gelang, ihn zu überwältigen. Ueber das Gethane zeigte er sich sehr gleichgültig: „Warum sollte ich mich fürchten, sagte er, ich habe ja nichts Unrechtes gethan;" und behauptete später, Tenhompel hätte ihn geschimpft und darüber wäre es zur Schlägerei gekommen.

Im Jahre 1836 wurde ihm im elterlichen Hause, wo man ihn sehr schlecht behandelte und nicht selten prügelte, erklärt, dass keine Arbeit mehr für ihn vorhanden wäre; in Folge dessen machte er sich wieder auf die Wanderschaft. Er versuchte an drei verschiedenen Orten zu arbeiten, ward aber jedesmal nach einigen Wochen, sobald seine Krankheit zu Tage kam, wieder nach Haus geschickt. Das letzte Mal erkrankte er körperlich, klagte über Bruststiche, Schmerzen in den Armen und Beinen und liess zur Ader. Auf der Rückreise holte ihn ein Bruder von Düsseldorf ab, er behauptete aber, ihm vor Müdigkeit nicht folgen zu können, kehrte allein um und verkroch sich in eine Scheune, wo er 3 Nächte und 2 Tage liegen blieb, ohne Etwas zu geniessen. Am 15. März 1838 hier aufgefunden, war er ganz steif, konnte nicht gehen, sprach nicht, fiel, auf einen Stuhl gesetzt, gleich herunter und kniff die Lippen zusammen, als man ihm Kaffee einflössen wollte. Als ihm aber Jemand seine Stiefeln ausziehen wollte, rief er ängstlich: „Herr, Herr, lassen Sie mir doch meine Stiefel!" und zeigte sich hierauf ganz verständig. Aus dem Hospital, wohin man ihn brachte, wurde er bald wieder nach Hause geschafft. Hier zeigte er sein früheres Wesen, doch hörte man ihn einmal murmeln „Pferd und Kuh aus dem Stalle — Hals abschneiden," und zwei Mägden drohte er, „dass er ihnen den Hals abschneiden wollte, wenn sie sich nicht fortmachten." Ueberdies arbeitete er jetzt gar nicht, sondern sass hinter'm Ofen, verscheuchte auch bisweilen

Gäste und Kunden und ward deshalb wieder häufig geschlagen und gescholten.

Letzteres war ihm auch am Ostermontage, den 25. März, widerfahren; er dachte aber damals noch nichts Arges; am folgenden Morgen aber, als ihm so zu Muthe war, als ob jedes Geräusch ihm in alle Glieder schlüge und als ob er nichts anfassen könnte, wenn er auch die Hand darnach ausstreckte, drängte ihn der Gedanke, die Scheune seines Vaters anzustecken; er dachte daran, dass es schlecht wäre, aber es war ihm, als ob er es thun müsste, theils weil dann seine Brüder ihn wohl eine Zeitlang in Ruhe lassen würden, theils weil er hoffte, der Schreck würde ihm gesund sein.

Während alle Anderen beim Mittagstische sassen, nahm er mit aller Vorsicht ein Schwefelhölzchen und einen brennenden Spahn, begab sich in die Scheune und zündete das Stroh an. Darauf kehrte er zurück und nahm Arbeitsgeräth zur Hand; hernach half er löschen und rettete auch eine Kuh, weil ihm das Vieh leid that.

Nach dem Aufhören des Feuers sah er seinen Vater weinen und war im Begriff, die That zu gestehen. Da aber die übrigen Leute so viel Lärm machten, und sein Vater ein paarmal rief: „Junge, Junge, was fängst du an," so konnte er sich zum Geständniss nicht entschliessen. Wie nun am Abend sein Bruder Karl äusserte, „wenn ich den wüsste, welcher das Feuer angelegt hätte, dem drehte ich das Messer im Leibe herum," da ergriff ihn Verzweiflung und Wuth. „Alle gaben mir zu verstehen, dass ich die Scheune angesteckt hätte, die Unruhe war mir zu gross, ich dachte daran, dass man in diesem Hause mich vielleicht umbringen würde. Ich habe immer unglücklich gelebt; wo andere Leute sich freuten und heiter waren, da war ich melancholisch und immer krank und voll Schmerzen. Meine Beine waren mir auch an dem erwähnten Tage so, als ob ich sie nicht selbst brauchte, sondern als ob ein Anderer sie mir führte. So habe ich denn schon seit langer Zeit den Gedanken gehabt, Jemanden zu ermorden. Ich kann, wie ich auf diesen Gedanken kam, nicht beschreiben. Ich war verdriesslich, sah ein, dass ich nicht so war, wie andere Menschen, und glaubte, dass alle anderen Menschen mich hassten, und ich habe mir eingebildet, dass die andern Menschen an meiner Krankheit und meinem Leiden Schuld seien. Wie ich auf diese Gedanken gekommen, weiss ich nicht, auch sehe ich wohl ein, dass sie thöricht waren, ich konnte sie aber nicht los werden. Mir waren die Leute lästig und dennoch war ich lieber unter ihnen, als dass ich mich allein befand."

Als sein Bruder die erwähnte Drohung aussprach, kam dem Kranken der Gedanke, Jemanden zu ermorden, wieder, ohne auf einen bestimmten Gegenstand sich zu fixiren. Er wollte sich bei seiner Tante Herminghaus einige Tage aufhalten, ohne dass er sogleich daran dachte, in ihrem Hause Jemanden umzubringen. Wenn es ihm aber Jemand anthäte, dem wollte er den Hals abschneiden. Er steckte deshalb einen Kälberstrick zu sich, um im geeigneten Falle Jemand zu erdrosseln, und ein altes Rasirmesser zum Halsabschneiden, jedoch auch, um sich zu rasiren. Auch sein gewöhnliches Taschenmesser trug er bei sich. Sein eigenes, mit Silber beschlagenes Rasirmesser wollte er, als zu werthvoll, nicht mit sich nehmen. „Mir war das Leben leid, ich liess deshalb das bessere Messer zu Haus, und nahm das alte mit."

Am Abend indess auf dem Wege nach Wülfrath dachte er schon daran, die Charlotte zu ermorden, namentlich als sie ihm auf sein Zimmer leuchtete. Wenigstens Eine aus der Familie Herminghaus wollte er jetzt bestimmt ermorden. Uebrigens benahm er sich dort ganz verständig, sprach besonders von dem stattgehabten Brande, äusserte, die Scheune müsste angesteckt sein, und wusste für sein Kommen, sowie für seine Rückkehr nach Hause am nächsten Tage so gute Gründe anzuführen, dass seine dortigen Verwandten keinen Grund sahen, ihn zu fürchten. Am andern Morgen suchte er die Charlotte zu bereden, ihn nach Velbert zu begleiten, in der bestimmten Absicht, sie zu ermorden. Warum gerade sie, wusste er nicht. Möglich, weil sie einmal vor zwei Jahren, als sie in seinem elterlichen Hause sich aufhielt, seiner Meinung nach, über seine Verrücktheit gespottet hätte.

Sie wollte kein Körbchen mit sich nehmen, aber B. beredete sie dazu, um sie leichter überwältigen zu können, wenn sie einen Korb am Arme trüge.

Unterwegs nun, wie er glaubte, dass Niemand sie sähe, dachte er öfter daran, die That zu vollbringen, konnte sich aber lange nicht dazu entschliessen, es war ihm, als hätte er die Kraft nicht dazu. „Auf dem Felde bei Cabeljack aber ergriff mich der Gedanke, die Charlotte umzubringen. Ich kann nicht beschreiben, wie dieser Gedanke in mich kam, es war noch der Wirrwarr vom vorigen Tage, und ich kann auch keinen Grund angeben, warum ich die Charlotte tödten wollte!"

Nun schlug er sie zuerst mit dem Stock über die rechte Seite des Halses, griff ihr dann am Nacken ins Kleid, riss sie trotz Bitten und Schreien zu Boden, nahm das Rasirmesser aus der Tasche und schnitt ihr mehrmals in den Hals. Er fühlte hierbei nicht das geringste Mitleid. Da ihm während der Schlächterei der Daumen der linken Hand in den Mund zwischen die Zähne der Unglücklichen kam und diese zugleich das Rasirmesser ergriff und festhielt, so liess er dieses los, und nahm mit der freien rechten Hand sein Taschenmesser, womit er nun weiter in ihren Hals schnitt. Endlich gelang es ihm, den Finger, jedoch halb abgebissen, aus den Zähnen loszureissen, und er eilte nun zum Cabeljacker Wäldchen zurück. Als er aber gleich darauf Charlotte sich erheben und lautlos ein paar Schritte vorwärts gehen sah, so eilte er ihr nach und streckte sie zum zweiten Male mit einem Stockschlag über den Kopf zu Boden.

Hier versetzte er ihr noch einen Schlag und eilte dann nach dem Walde zurück.

Den Schäfer gegenüber am Hügel hatte er, schon che er die That vollbracht, bemerkt, sich aber mit der Reflection beruhigt, dass dieser ihn weder erkennen, noch bei der weiten Entfernung in seinem Werke stören könnte.

Nun wollte er zuerst nach Elberfeld entfliehen, wo er eine Zeitlang unentdeckt zu bleiben hoffte, dann beschloss er nach Nerriges zu gehen, und endlich wusste er nicht, was er thun sollte, denn er war voll Blut und sah ein, dass er entdeckt werden musste.

Den Strick warf er am Waschbach fort, denn er wollte kein Mordinstrument bei sich haben, da ihm die That schon anfing leid zu werden.

Bei seinem planlosen Umherwandern schon am Nachmittag des 29. verhaftet, läugnete er zuerst seine That beharrlich ab, brachte allerlei recht gut ersonnene Ausflüchte und Erklärungen seines Verhaltens vor und gestand erst am 2. April den Mord ein. „Ich habe bisher die Wahrheit nicht gestanden, sagte er, weil mein Sinn noch so war, dass ich es nicht konnte. Ich habe jetzt Alles gesagt, was ich weiss, und ich versichere, dass ich überall die Wahrheit gesprochen habe." Später äusserte er: „Ich hab's gethan und mag nun nicht mehr davon sprechen. Wenn ich deshalb sterben soll, so wünsche ich, dass es bald geschehe." Reue zeigte er niemals.

Am Tage seiner Ankunft im Gefängnisse war Br. ganz ausser sich, fluchte, lästerte Gott, äusserte, wenn man ihn richten wollte, möchte man ihm nur gleich den Kopf abhauen, und war auch in der Nacht unruhig. Am folgenden Tage verfiel er in sein früheres verschlossenes Wesen, war eigensinnig und sehr reizbar, namentlich wurde er bei jeder Annäherung oder Berührung zornig und machte sogar auf den Gefängnissarzt, als dieser ihm den Puls fühlte, einen thätlichen Angriff; auch ohne Veranlassungen traten Paroxysmen von Tobsucht bei ihm ein, in welchen er Zerstörungen ausführte; Strafen bewirkten indessen bei ihm grössere Selbstbeherrschung und er sagte später zum Arzt, als ihm dieser den Puls fühlen wollte, halb bittend, halb aufgebracht: „O, ich bitte Sie, verschonen Sie mich damit, das kann ich nicht. Wenn Einer mich anrührt, dann vergesse ich mich und nachher werde ich zur Strafe an die Kette gelegt." Oft stand er starr in einer Ecke, leise vor sich hinmurmelnd und die Augen verdrehend, zu Zeiten jedoch war er mittheilend und gesprächig. Auffallend war seine Unstätigkeit und ein stetes Verlangen, in ein anderes Zimmer verlegt zu werden; meist klagte er über zu viel Unruhe, konnte es aber in den einsamen Räumen noch weniger aushalten.

Sein Habitus war skrophulös, der Blick stier, die Zunge oft gelb belegt, der Appetit sehr unregelmässig, namentlich nahm er ungeheuere Quantitäten Brod zu sich, z. B. an einem Vormittage ein 7 Pfd. schweres Roggenbrod. In Folge dieser Unmässigkeiten litt er oft an Diarrhöen und Indigestionen, zu andern Zeiten mehr an Verstopfung. Der Puls schwankte zwischen 60 bis 96 Schlägen, der Gang war unsicher und eigenthümlich schwankend, namentlich beim Herabsteigen, der Schlaf war mangelhaft, er sprach und fluchte viel im Schlafe. Jeder Berührung wich er aus und suchte sich ihr möglichst zu entziehen, nichts aber machte ihn unruhiger, als das Betasten seines Schädels.

Der Arzt erklärte ihn für geistig unfrei und somit für unzurechnungsfähig. Das Gericht setzte ihn in Folge dessen ausser Verfolgung und liess ihn frei. Er wurde in die Irrenanstalt Siegburg gebracht.

4) **Podevin, 52 Jahre alt, Tagelöhner; Verwirrtheit, 2 Brandstiftungen aus Rachsucht am 27. und 29. August 1845 (Pereira** in *Annales médico-psychologiques* 1846. T. VIII, p. 92.).

Podevin, dessen Vater angeblich in einem fast blödsinnigen Zustande gestorben war, hatte, von jeher sehr beschränkt, überdies nur eine sehr dürftige Erziehung erhalten und weder lesen noch schreiben gelernt. Ueber seine Jugend waren keine näheren Nachrichten zu erhalten; etwa zwanzig Jahre alt, arbeitete er bei einem Gärtner, der ihn nicht unvernünftig, nüchtern und verträglich gefunden hatte.

Den ersten Krankheitsanfall hatte er vor 30 Jahren; er verliess plötzlich seine Arbeit, ward 14 Tage lang vermisst, erschien dann wieder blass und abgezehrt, erklärte sich aber über seinen Zustand nicht näher. Seitdem gab er viele Beweise von Geistesschwäche und Sonderbarkeit. Er arbeitete selten, vernachlässigte einen kleinen Besitz, den er ererbt hatte, gänzlich und verdang sich nur mitunter um geringen Lohn als Handlanger oder Tagelöhner. Die Anfälle kamen später immer öfterer und die lichten Intervalle wurden seltner; er irrte dann einsam auf Feldern und in Gehölzen umher, schlief Nachts in Scheunen, oder in den Wäldern, ass und trank, so viel man wusste, gar nicht und kehrte endlich elend aussehend, abgemagert, kraftlos und zerschunden heim.

Vor 12 Jahren hatte er sich verheirathet, obgleich schon damals sein Zustand seiner Familie bedenklich war; gegen seine Frau und Kinder betrug er sich stets gleichgültig. Vor zwei Jahren hing er sich an einem Baume auf, ergriff aber in der Todesangst den Strick und schrie um Hülfe; er gab an, es habe ihn geheissen, sich aufzuhängen (*Ça me disait de me pendre*). Vor einigen Monaten bedrohte er seine Frau und Kinder mit dem Tode, so dass diese mitten in der Nacht bei einem Nachbarn Zuflucht suchten. Mit Brand hatte er, was er selbst aber läugnete, mehrfach und mehreren Personen gedroht.

Vor sechs Wochen trat der Paroxysmus mit besonderer Stärke ein, er rannte wie sinnlos über die Felder und kehrte höchstens Nachts heim, um sich in das Heu seiner Scheune zu betten. Am

26. August war er den ganzen Tag in einem kleinen Gehölze, nahe seinem Hause; seinem Knaben, der von seiner Frau abgeschickt war, erwiederte er, „er werde in sein Loch zurückkommen," und als er in der Dämmerung in die Scheune trat, hörte seine Frau ihn sagen: „Heute ist es mein Letztes (*mon dernier coup*) ich muss sterben."

Am 27. August Abends 10 Uhr zündete er einen Schober Stroh und am 29. zur selben Stunde einen Schober Hafer an, beide der Wittwe Genet gehörig. Nach den Brandstiftungen legte er sich in seine Scheune auf's Heu und ward dort auch am 30., um 2 Uhr Morgens schlafend gefunden und verhaftet. Die früher von ihm ausgestossenen Branddrohungen hatten ihn allein verdächtig gemacht.

Im ersten Verböre, am 1. September, läugnete er Alles, Tags darauf aber legte er ein volles Geständniss ab. Auf die vorgelegten Fragen antwortete er, Wochentag und Datum der Brandstiftung wüsste er nicht, die Brandstiftung hätte er wiederholt, weil er zuerst den Getreideschober nicht gesehen; noch mehrere Brände zu stiften, hätte er nicht beabsichtigt; geleugnet hätte er, weil er sich zu compromittiren gefürchtet; mehrere Tage vorher wäre er krank gewesen, welche Krankheit es wäre, wüsste er nicht, er hätte sie oft, könnte nicht arbeiten und nicht essen, entferne sich von seinem Hause, möchte Niemanden sehen und bliebe oft 3—4 Tage, auch noch länger abwesend; er bereute seine That; er wüsste nicht warum. Die Frage, ob die Nachbarn ihn für verrückt hielten, bejahte er und meinte auf die fernere Frage, ob er es selbst zu sein glaubte, er glaubte oft seinen Verstand nicht zu haben. Als Motiv seiner That gab er Rachsucht an, die Wittwe Genet habe ihm Unrecht gethan, ihre Schafe seine Eichelmast abweiden lassen, ihn ungerechter Weise mehrfach des Diebstahls beschuldigt; er hätte sie vor den Friedensrichter citirt, aber keine Genugthuung erhalten, deshalb hätte er sich an ihrem Eigenthum rächen wollen. Zu seiner Rechtfertigung wüsste er nichts zu sagen, aber, in Freiheit gesetzt, würde er nichts Aehnliches wieder beginnen und sich sehr freuen, die Seinigen wiederzusehen. Bisweilen sprach er aber auch davon, dass er seiner Rache später völliges Genüge zu thun hoffte.

Im November in das Gefängniss abgeführt, blieb er etwa einen Monat lang fast völlig stumm, erschien unruhig und verwirrt, stier, ausdruckslos, starrsüchtig; als er endlich sein Schweigen brach, gab er einsylbige, schlecht artikulirte, fast unverständliche Antworten. Zum Erlernen selbst der einfachsten Arbeiten war er völlig unfähig. Seine Mitgefangenen merkten bald, dass er stumpfsinnig wäre, hänselten ihn und überredeten ihn unter Anderem einmal, seine Mütze in Urin zu waschen, welchen sie für Laugenwasser ausgaben.

Das erste ärztliche Gutachten nahm an, „dass Podevin seine Geisteskräfte nicht vollständig besässe, aber nicht lange mehr im Uebergangsstadium verharren würde," das zweite, „dass er, obgleich weder geisteskrank, noch blödsinnig, die freie Selbstbestimmung nicht vollständig besässe und unzurechnungsfähig wäre." Er wurde darauf vor die Geschworenen gestellt, aber der Staatsanwalt gab die Anklage auf und die Jury erklärte, dass er die That im Blödsinn (*démence*) begangen hätte. Er wurde darauf in das Asyl von Orleans gebracht.

5) Maria Josepha B., 22 Jahre alt, Landmädchen; Verwirrtheit, Brandstiftung aus Rachsucht am 9. October 1834 (Erhard in Henke's Zeitschrift 1844, pag. 306.).

M. J. B. war die jüngste Tochter in einer Tagelöhnerfamilie, deren sämmtliche Mitglieder sehr beschränkt, bigott und abergläubisch waren. Von den 4 Kindern war die älteste Schwester fast, der Bruder ganz wahnsinnig gewesen und die M. J. selbst hatte von Kind auf ein sonderbares, stilles, scheues und verschlossenes Wesen gezeigt. Ihre Befähigung war sehr mittelmässig, aber hinreichend, um lesen, schreiben und beten zu lernen. Sie spielte nicht, sondern „kroch lieber in den Ecken herum," sah Niemandem gerade ins Gesicht, hielt sich von andern Kindern fern, sprach wenig, gab selten Antwort und war arbeitsscheu, unfolgsam und halsstarrig.

Im 17. Jahre verdingte sie sich als Kindermagd, sprach in den ersten Tagen kein Wort, später aber that sie öfters die Aeusserung: „Wenn nur das einfältige Beichten nicht wäre, wozu dient denn das einfältige Beichten." Geringe Geschäfte besorgte sie ziemlich gut, ward aber wegen Unfreundlichkeit gegen das Kind bald entlassen.

Gleich darauf begann sie über Krankheitserscheinungen zu klagen, welche mit den Vorboten der Menstruation, die im 18. oder 19. Jahre zuerst erschien, zusammenfielen. Leibschmerzen, Reissen in den Füssen, Kopfschmerzen, Ohrensausen, vorübergehende Schwerhörigkeit, Klopfen im Kopfe, Schwere in den Gliedern waren die Symptome; zugleich wurde sie immer störrischer und boshafter. Nachdem sie im November 1831 einer sehr starken Kälte von Morgen bis Mittag sich ausgesetzt hatte, traten Krämpfe hinzu. Sie verlor das Bewusstsein, schlug mit dem Kopfe hin und her, zuckte mit den Extremitäten, der Hals schwoll dick auf, die Zunge hing ihr aus dem Munde und es schien ihr Etwas im Hals aufzusteigen und sie zu würgen; dabei brüllte sie wie ein wildes Thier, was sie später auch ausserhalb der Anfälle fortsetzte. Die Anfälle dauerten etwa eine Viertelstunde und wiederholten sich wohl zehnmal in der Woche. Die Menstruation war immer sparsam, unregelmässig und verspätet.

Bei diesen Erscheinungen verfiel ihre Familie auf den Gedanken, dass sie vom Teufel besessen wäre und dass man diesen austreiben müsste. Zu diesem Zwecke ward sie, namentlich vom Vater, mit Stöcken oder Schnüren ins Gesicht oder auf den Nacken geschlagen und öfters auch mit stinkendem Rauch, den man sie sogar einzuschlucken zwang, durchgeräuchert. Diese Proceduren setzten die Kranke in die grösste Wuth, sie schimpfte, zerschlug Fenster und Hausgeräthe, stiess einmal sogar mit dem Kopfe die Lehmwand des

Hauses ein, ging auf ihren Vater los, schlug und schimpfte ihn mit den gräulichsten Verwünschungen u. s. w. Sie wurde immer menschenscheuer, träger, störrischer und litt gleichzeitig an einem äusserst stinkenden Athem. Um sich den Misshandlungen zu entziehen, entsprang sie öfters und blieb 2—3 Tage ganz aus, drohte wiederholt, sich umzubringen, sprang auch einmal bis unter die Arme in einen Bach und drohte ferner zu verschiedenen Malen, ihren Eltern das Haus anzuzünden. Diese Drohung führte sie endlich in der Nacht vom 9/10. October wirklich aus.

Ihr Benehmen am Tage des Brandes war nicht abweichend gewesen; wie sie das Feuer angelegt, wurde nicht genau ermittelt. Nach der That hatte man sie langsam in den Wald gehen sehen und fand sie dort am 12. October Nachmittags mit den Röcken über dem Kopf am Boden herumkriechen. Vom Anrufen nahm sie keine Notiz, als sie aber angegriffen wurde, warf sie sich auf den Rücken, schrie überlaut und liess sich erst eine Strecke fortschleppen, ehe sie ruhig mitging. Sie weinte einigemal und bat, man möchte sie gehen lassen; auf dem Rathhause hielt sie die Schürze vor's Gesicht und antwortete nicht, nach einiger Zeit aber sagte sie unbefragt: „Wenn ich nur von der Welt hinweg wäre" und „Wenn mich nur der Teufel holte." Obgleich sie drei Tage nichts genossen, ass sie nichts und im Gefängnisse war sie die ganze Nacht unruhig und schlug heftig mit dem Kopfe gegen die Wand.

Der untersuchende Arzt fand ihre Haltung unsicher, ihren Gang schwankend, das Gesicht gedunsen, bleich, hängend und stupide, die Augen glanzlos und starr, fast immer niedergeschlagen. Der Mund stand etwas offen und übelriechender Schleim floss aus den Mundwinkeln ab, der Athem war sehr stinkend, der Appetit wurde, nachdem sie die ersten zwei Tage gefastet und dann durch Drohungen zum Essen genöthigt war, ziemlich gut, der Stuhlgang war normal, sie verunreinigte später das Zimmer, der Schlaf war unruhig, anfangs schlief sie fast gar nicht. Den Tag über lag sie regungslos mit der Schürze über dem Gesicht auf dem Strohsack, Abends aber fing sie an zu heulen, zu klopfen und mit sich selbst zu sprechen; man hörte sie sagen: „Gehst fort oder Du kriegst, Du Teufel;" später wurde sie Nachts ruhig.

Auf directe Fragen zu antworten, wurde sie nur durch Drohungen vermocht, bisweilen aber sprach sie mit Beziehung auf frühere Fragen mit sich selbst. Ihre Antworten waren kurz, ihr Gedankenkreis erschien sehr beengt und auf die erduldeten Misshandlungen, die Brandstiftung, die Teufelsbesitzung und die Heimkehr beschränkt, die Erwähnung dieser Dinge erweckte sie einen Augenblick aus dem stupiden Hinbrüten. Bei Berührung der Brandstiftung namentlich verbreitete sich sogleich, auch wenn sie vorher düster und weinerlich war, eine unheimliche Freude über ihr Gesicht, sie lächelte, starrte vor sich hin und brach endlich in ein grinsendes, lautes Gelächter aus, was durch moralische Vorhaltungen keineswegs gemässigt wurde. Bei Berührung der Gefangenschaft entstand der umgekehrte Eindruck, sie wurde noch düsterer, fing zu weinen an, oder wurde unwillig und rief zugleich gewöhnlich: „Ich will fort, ich will heim, ich will nicht drinnen sein."

Das ärztliche Gutachten lautete, dem Wortlaut der richterlichen Frage folgend, dass Inquisitin vor und bei ihrer Handlung nicht mit freiem Willen gehandelt hätte, sondern dass dieselbe ohne Ueberlegung vorgenommen, nur als das Werk ihres besonderen Geistes- und Gemüthszustandes, nämlich des Stumpf- und Wahnsinns, mit dem Inquisitin behaftet, zu betrachten wäre. Das Erkenntniss ist nicht mitgetheilt.

Die Brandstiftungen Trunkfälliger und Epileptischer.

Obwohl die Trunkfälligen und die Epileptischen, sobald sie geisteskrank werden, durchgehends an denselben Krankheitsformen leiden, wie die übrigen Geisteskranken, so zeigen sie doch manche Eigenthümlichkeiten, ja bei den letzteren kommt sogar eine besondere Form psychischer Krankheit, die Trunksucht vor. Aus diesem Grunde erschien es mir am zweckmässigsten, die Brandstiftungen der mit diesen Uebeln behafteten Personen für sich abzuhandeln und anhangsweise anzufügen.

I. Trunkfälligkeit.

Die gewöhnliche Trunkenheit und Trunkfälligkeit können kaum als Objecte der gerichtlichen Medicin angesehen werden; sie sind freilich abnorme Zustände (ein kleiner Wahnsinn), aber bei der leider nur zu häufigen Gelegenheit, sie zu beobachten, ist fast Jedermann, und nicht blos der Arzt, über ihre Wirkungen zu urtheilen competent. Wir können daher nur diejenigen selteneren Formen der habituellen Trunkenheit oder Trunkfälligkeit, welche wegen ihrer verderblichen Folgen für Leib und Geist auch ärztliche Hülfe erfordern, auf das Gebiet der gerichtlichen Medicin ziehen.

Ausser der bekannten und häufigen Charakterveränderung Trunkfälliger, der sog. *inhumanitas, ferocitas* oder *morositas ebriosa*, welche noch zu den Normalzuständen gerechnet wird, kommen als Folgen der habituellen Trunkenheit das *delirium tremens*, die

Trunksucht und alle Arten von Geisteskrankheiten vor.*) Die
letzteren unterscheiden sich, wie allen Aerzten von Staatsasylen
bekannt ist und wie Magnus Huss (*Alcoholismus chronicus*,
übersetzt von Gerhard von dem Busch. Stockholm 1852, p. 332)
speciell nachgewiesen hat, nicht merklich von den übrigen
Geistesstörungen; es ist mit anderen Worten der Missbrauch geistiger Getränke im Allgemeinen nur als ein Causalmoment derselben
zu betrachten. Die Trunksucht dagegen verdient eine besondere
Beachtung, um so mehr, da sie selbst von namhaften Autoren
noch häufig mit der blossen Trunkfälligkeit verwechselt wird.

Die Trunksucht *(dipsomania)* ist zwar allemal eine Folge der
habituellen Betrunkenheit oder der Trunkfälligkeit, aber doch eine
ungewöhnliche, ja seltene Folge derselben und durch eigenthümliche
somatisch-psychische Symptome hinlänglich als eine Geistesstörung
besonderer Art charakterisirt. Bekanntlich besteht die Trunksucht
in einem periodisch auftretenden, unwiderstehlichen Sauftriebe,
dessen Erscheinungen nach Huss (l. c. p. 344) die folgenden sind.
Der Trieb tritt entweder plötzlich, unveranlasst, ohne Vorboten,
oder nach Affecten, Ueberanstrengungen und mit Prodromen ein.
Letztere bestehen in einer Erregung oder Depression der Stimmung,
unruhigem Schlaf, Verminderung des Appetits, Spannung in der
Brust, Poltern in den Gedärmen, Congestionen zum Kopf; sie dauern
einige Stunden oder Tage. Der Trieb selbst tritt ein unter unleid-
licher Spannung in der Magengegend und Zittern der Extremitäten;
erhält der Kranke nicht schnell genug Alkohol, so geräth er in
Verzweiflung, in Raserei, bebt am ganzen Körper, verfällt in con-
vulsivische Zuckungen; das Blut steigt noch mehr zum Kopfe, die
Sprache wird stammelnd, es stellt sich Sausen vor den Ohren und
Schwarzwerden vor den Augen ein. Nach Einführung von Alkohol
vermindern sich diese Symptome; die Kranken trinken nun aber bis
zur Besinnungslosigkeit. Einige derselben haben an einem solchen
Rausche genug, andere aber fahren mehrere Tage in dieser Weise
zu saufen fort, wobei sie kein Mittel scheuen, sich das begehrte

---

*) Leon Thomeuf (*Annales médico-psychologiques* 1859, p. 565) unterscheidet acute, subacute und chronische Alkoholvergiftung; bei der
ersteren soll Erregung, bei der zweiten Depression, bei der letzten
Wahnsinn vorherrschend vorkommen. Ob diese Eintheilung praktischen
Werth hat, ist wohl fraglich.

Getränk zu verschaffen. Endlich nimmt die Begierde ab, brennende Hitze in der Magengrube, Ekel und Erbrechen von vielem Schleim und Wasser folgen und es tritt Abscheu gegen das Getränk auf, welcher die Kranken Tage, Monate, ja ein ganzes Jahr lang von dem Trinken abhalten kann (Quartalsäufer).

Unter den Krankheitsgeschichten, welche ich in der Literatur aufzufinden vermochte, ist wohl die merkwürdigste diejenige, welche in der Dissertation von E. Cohn (*de dipsomaniae periodicae singulari casu.* Berlin 1838) veröffentlicht ist; sie entspricht im Wesentlichen dem von Huss gegebenen Krankheitsbilde. Der Kranke verabscheute für gewöhnlich den Schnaps und konnte nur Wein trinken, wurde aber jährlich 1—2 mal von dem Sauftriebe befallen, der nach 6—7tägiger Befriedigung durch die stärksten, über 24 Stunden dauernden Schweisse beendigt wurde. Während dieses Paroxysmus hielt der Kranke eine Flasche mit rectificirtem Weingeist (ungefähr 24 Unzen fassend) in seinem Bette versteckt, die er sich vorgeblich zum Zweck von Waschungen täglich neu füllen liess. Morgens war er nüchtern und besonnen, im Laufe des Tages aber wurde er unter dem Einfluss des Alkohols verwirrt, geschwätzig, äusserst reizbar, jähzornig und so gefährlich, dass seine Angehörigen während solcher Paroxysmen Sicherheitsmassregeln gegen ihn treffen mussten.

Unter den Criminalfällen, bei welchen Trunksüchtige die Hauptrolle spielten, ist der merkwürdigste in Hitzig's Zeitschrift für die Criminalrechtspflege in den preussischen Staaten (Bd. III, p. 60) mitgetheilt [*]; er betrifft den trunksüchtigen Zimmergesellen Thiel, welcher sein eigenes Kind ermordete.

Von Brandstiftungen, durch Trunksüchtige veranlasst, habe ich nur den folgenden, nicht einmal recht beweisenden Fall aufgefunden.

1) Daniel B., 42 Jahre alt, Maurer, Trunksucht, 2 Brandstiftungen aus Rachsucht den 27. December 1821 und den 10. Februar 1822 (Schlegel in Henke's Zeitschrift. Bd. 20, p. 136.).

D. B., Sohn eines Schneiders, stürzte in seinem 13. Jahre so auf dem Eise, dass er eine Zeitlang besinnungslos blieb und sich beim Aufstehen erbrach. Er trug indessen nur eine Contusion davon und

---

[*] Derselbe ist auch abgedruckt in Henke's Zeitschrift, achtes Ergänzungsheft, p. 186 und bei Mare, Geisteskrankheiten, deutsch von Ideler, Bd. II, p. 449.

konnte allein nach Hause gehen. Seitdem litt er habituell an heftigen Kopfschmerzen, namentlich über dem linken Auge, welches sich häufig entzündete. Nachdem er das Maurerhandwerk erlernt und auf die Wanderschaft gegangen war, litt er im 22. Jahre 9 Wochen an heftigem Kopfweh, bekam dann die Gicht, welche ihm krumme Hände machte, und ergab sich dem Trunke. Im 24. Jahre litt er abermals fast ebenso lange an den Kopfschmerzen und ward überdies von einem Kameraden so in ein Fahrgeleise niedergeworfen, dass er am Kopfe verwundet wurde und später eine Narbe zurückbehielt. Im 27. Jahre (1814) gerieth er in Landau in Verdacht, Spion der Verbündeten zu sein, und war lange Zeit in solcher Angst erschossen zu werden, dass er nach seiner Angabe der Besinnung beraubt war und von dem, was während der Belagerung geschah, keine Erinnerung hatte. Im Sommer desselben Jahres musste er wegen abermaliger heftiger Kopfschmerzen seine Arbeit in Heidelberg verlassen und in seine Heimath (in Meiningen) zurückkehren. Hier nahm er Kriegsdienste, rückte 1815 mit ins Feld, kam aber bald wegen Kopfschmerzen und „Lähmung aller Glieder" auf 5 Monate ins Spital.

Dieser Kopfschmerz, welcher nach Cessiren früheren Nasenblutens (zu einer nicht angegebenen Zeit) besonders heftig geworden war, „leichte acute Gichtanfälle und Hämorrhoidalbeschwerden mit gänzlicher Störung des Verdauungsgeschäfts" bildeten auch in den letzten 6 Jahren seine körperlichen Krankheitszufälle. Diese verursachten ihm aber zugleich eine Betäubung und Unruhe, welche ihn rastlos und zur Arbeit unfähig machten. Er gab an, es hätte ihn etwa alle 2—4 Wochen bei Tage und bei Nacht eine Angst, ein Schnüren in der Brusthöhle befallen, wobei er sich gezwungen gefühlt hätte, ins Wasser, aber auch bald wieder heraus zu springen, in Dornbecken zu kriechen, das Dach eines Hauses zu erklimmen, ja einstmals von M. über Suhl nach Oberhof zu laufen, dort auf eine Tanne zu klettern, auf dieser zu übernachten und dann nach Erfurt zu laufen. An einem solchen ungewöhnlichen Aufenthaltsorte erwachend, hätte er sich oft 2—3 Stunden besinnen müssen, wie er dorthin gekommen. — Ueberdies aber war er dem Trunke sehr ergeben, denn nach den Acten hielt er sich nur etwa 6—8 Tage nüchtern, sobald er aber Schnaps genossen, war er nicht zu halten, lief fort, um mehr zu bekommen, und soff dann wieder 3—4 Tage lang.

Am Abend des 27. December hatte B. im Ganzen über 18 Loth starken Kornbranntwein und 1 Maass Bier getrunken und war gegen Mitternacht zum Wirthe W. gekommen, wo er aus Versehen das Licht ausgeputzt hatte und deshalb von W. angefahren worden war. Nachdem er im Aerger einige Gläser Branntwein (einen Theil der obigen Summe) in sich hineingetrunken, fühlte er sich ganz verwirrt und bestürzt, obwohl er den Zeugen nicht betrunken schien, und es kam ihm plötzlich, er wusste selbst nicht wie, im Aerger und in der Bosheit der Gedanke, Feuer anzulegen. „Ehe ich zu W.'s Scheune kam äusserte er, wusste ich noch nicht, was ich wollte, als ich aber das Thor nicht verschlossen fand, ging ich hinein und da kam es mir in den Sinn, Schwamm an meiner Pfeife anzuzünden, in Papier zu wickeln und es auf die Barrenruthe zu legen, weil ich noch Futter darauf verspürte, damit dies anbrennen sollte." „Brennt's, so brennt's," dachte er dann, indem er davon ging und sich schlafen legte. Bald durch den Feuerlärm erweckt, eilte er hinzu und half thätig löschen.

Am Abende des 10. Februar kam er, nachdem er ein Glas Bier und Schnaps getrunken, an das Haus des S. und es fiel ihm ein, dass ihn dieser vor 2 Jahren wegen seiner Magd, mit welcher B. ein Verhältniss gehabt, „ausgeschändet" und dass ihm diese gesagt hätte, er wäre ein schlechter Kerl, wenn er den S. nicht einmal tücke; dadurch wäre er, wie er sagte, auf den verwirrten Gedanken gekommen, Feuer in dem Stadel des Letzteren anzulegen. Die Ausführung dieses Gedankens und sein nachheriges Verhalten waren grade so, wie bei der ersten Brandstiftung; er suchte seine That später mit Trunkenheit zu entschuldigen, welche aber auch dieses Mal von den Zeugen nicht an ihm bemerkt worden war.

Schlegel fand ihn bei der Exploration mit Flachsspinnen beschäftigt, von gesundem Ansehen und starkem und untersetztem Körper; sein Gedächtniss und sein Verstand waren nicht gestört, der Puls war matt und etwas schnell, der Appetit gut, der Stuhlgang bald durchfällig, bald, wenn Hämorrhoidalblutungen bevorstanden oder vorhanden waren, selten und hart. Er klagte über Mattigkeit und über mehr als gewohnte Störungen des Schlafes durch Träume, in welchen ihn Ottern, Schlangen und Kröten bissen. Schlegel erklärte den B. für völlig zurechnungsfähig, da er ihn bei den Brandstiftungen nur für angetrunken und übrigens für wesentlich gesund hielt. Das Erkenntniss ist nicht mitgetheilt.

Es lässt sich vermuthen, dass auch hier, so wie es im Allgemeinen der Fall ist, die Angst mit dem Sauftriebe in Beziehung stand und diesem vorausging, aber aus der Originalmittheilung erhellt darüber nichts, so wie überhaupt der geistige Zustand des B. ziemlich dunkel bleibt. Jedenfalls geht aber doch aus der mangelhaften Mittheilung hervor, dass der Zustand ein ganz eigenthümlicher war.

Von den beiden folgenden Fällen zeigt der erste eine *ferocitas ebriosa* mit schon erfolgter Abstumpfung der Geisteskräfte, der zweite eine ausgebildete Geisteskrankheit (Verwirrtheit), welche unter Mitwirkung der Alkoholintoxication entstanden war und in Folge von Alkoholgenuss stets exacerbirte.

2) Ignatz N., 24 Jahre alt, Bauer, Trunkfälligkeit, Brandstiftung aus Zorn (Pfeufer in Henke's Zeitschrift, Bd. 50, p. 40.).

Ignatz N., ausser der Ehe geboren, erhielt in seinem 6. Jahre einen Stiefvater. Als Kind von seinen Eltern zum Schulbesuche angehalten, zeigte er gute Talente und ein ganz gutes sittliches Betragen; später von seiner Mutter verzogen, von seinem Stiefvater selbst zum Wirthshausbesuche aufgemuntert, wurde er dem Trunke ergeben, liederlich, versäumte seine Arbeit. Vergebens versuchte nun sein Vater seine Besserung. Ebenso wenig fruchteten polizeiliche Strafen. Der Tod seiner Eltern und die Uebernahme seines Vermögens machten ihn noch liederlicher. Die vernommenen Zeugen gaben übereinstimmend an, dass er durch seine Leidenschaft zum Trunke und zu Weibspersonen ganz ausschweifend, liederlich und roh geworden, nüchtern zwar ganz vernünftig, doch leicht zum Zorne gereizt, in der letzten Zeit aber, besonders seit dem Tode seiner Mutter, fast täglich betrunken und dann höchst reizbar und sehr leicht aufgebracht gewesen wäre. Mehrmals drohte er im Streite mit Feueranlegen, ohne jedoch jemals seine Drohung zu vollführen. Nie aber hatte Jemand etwas von seinem Vorsatze, sein eigenes Haus anzuzünden, vernommen.

An einem Abende im Winter hatte er in einem Wirthshause eine ziemliche Quantität Bier und Branntwein getrunken, als er vernahm, dass man vor seinem am Bache gelegenen Hause einen Strohwisch auf einer Stange aufgesteckt hätte, weshalb man ihn den Wasserwirth nannte. Auf den Spott, welcher allgemein wurde, ging er anfangs ein, wurde jedoch zuletzt böse und zornig und verliess das Wirthshaus in sehr aufgeregtem Zustande; ein Zeuge hörte hierbei die Aeusserung, er wollte den Gegenstand dieser Neckerei schon hinwegschaffen. Nur der Wirth selbst wollte an ihm keine Aufregung bemerkt haben. Er besuchte darauf das Haus eines Bekannten, mit dessen Schwägerin er in vertrauten Verhältnissen stand, wo er den Vorfall erzählte, und, ohne sich näher auszusprechen, beisetzte: „Heute geschieht noch Etwas."

Von da nach Hause zurückgekehrt, fand er wirklich vor seinem Hause einen Strohwisch auf einer Stange und einen andern in einer zerbrochenen Fensterscheibe. Dadurch wurde seine Erbitterung noch grösser, sein Vorhaben, das Haus niederzubrennen, noch fester. Er hatte kein Feuer, kehrte deshalb in das eben verlassene Haus seines Bekannten zurück, verschaffte sich eine glühende Kohle und zündete mit dieser zuerst seine Pfeife, dann aber den im Fenster steckenden Strohwisch an, welchen er dann brennend unter das Bett schob. Hierauf verliess er das Haus und ging, um die Fortschritte des Brandes zu beobachten, über den Bach. Bei dem entstandenen Feuerlärm versteckte er sich hinter einem mehr entlegenen Hause, und wagte sich erst aus seinem Verstecke, als wieder Ruhe eingetreten war.

Gleich nach Löschung des Brandes zur Rede gestellt, gab er Unvorsichtigkeit, Trunkenheit und die erlittene Neckerei als die Motive zur Brandstiftung an. Im ersten Verhöre behauptete er, völlig betrunken gewesen zu sein, wiederrief dies aber später. Wie viel Bier und Branntwein er getrunken, wurde nicht ermittelt (er selbst sagte, 4—5 Gläser Bier und für 1—2 Kreuzer Branntwein), die Zeugen hatten ihn entweder gar nicht, oder nur etwas betrunken gefunden.

Zufolge der ärztlichen Berichte war seine Haltung schlaff, sein Puls klein, schwach, seine Augen matt; des Morgens war seine Mattigkeit so gross, dass er im Gehen sich niedersetzen und ausruhen musste; um sich zu stärken, bedurfte er des erneuerten Genusses geistiger Getränke. Zittern der Hände und selbst aller Glieder hatte sich eingestellt. Auch seine Denkkraft hatte gelitten; wenn er auch alle Fragen richtig beantwortete und für gewöhnlich keine Spur geistiger Verwirrung zeigte, so kostete ihm doch längeres Nachdenken Mühe und er klagte, dass er seit längerer Zeit „seinen Kopf nicht mehr recht beisammen hätte." Dazu kam noch während des trunkenen Zustandes grosse Reizbarkeit und Neigung zu Zornausbrüchen.

Der Physikus und die revidirende Behörde hielten ihn für ganz unzurechnungsfähig, das Superarbitrium dagegen nahm eine beschränkte Zurechnungsfähigkeit an.

Das Urtheil ist nicht mitgetheilt.

3) **Konrad Schäfer, 50 Jahre alt, Webermeister, Trunkfälligkeit, Verwirrtheit, zwei Brandstiftungen am 19. März 1825 und 17. August 1826 in der Irrenanstalt Hofheim (Amelang in Henke's Zeitschrift 1832, p. 213.).**

K. S. erlernte das Wagnerhandwerk, ward 1798 Soldat, machte den Feldzug mit, desertirte zu den Oesterreichern, verliess diese 1800 wieder und stellte sich bei seinem Regimente, wo er mit Prügeln bestraft wurde. Ausser dieser Desertion, zu welcher alle Beweggründe fehlten, führte er sich gut, avancirte sogar zum Bombardier, als welcher er am 1. Mai 1811 verabschiedet ward, war aber doch durch sein Benehmen stets auffallend gewesen und war unter dem Beinamen „der närrische Kappel" im ganzen Corps bekannt.

Im Jahre 1812 hatte er in einem Streite über Erbschaftsangelegenheiten Schläge auf den Kopf erhalten, nach seiner und seiner Ehefrau Behauptung so heftige, dass er für todt nach Hause getragen, operirt und wochenlang im Bett geblieben wäre; er hätte seitdem auch eine Schwäche im Kopf behalten, den Geruch ganz verloren, sogar zwei Jahre an Epilepsie gelitten und namentlich auch keinen Schnaps mehr vertragen können. Nach einem ärztlichen Berichte waren indessen die Wunden schon nach 10 Tagen fast alle geheilt und die Existenz der Convulsionen war nicht weiter bezeugt.

Im Jahre 1818 wurde von der Behörde seine Aufnahme in ein Correctionshaus oder in Hofheim beantragt. Im Berichte hiess es, er wäre wegen Anfällen von Narrheit, verursacht durch unverdaute Lectüre religiöser Schriften, durch Eitelkeit über halb verstandene Kenntnisse, und verschlimmert durch Trunkfälligkeit, öfters polizeilich bestraft, führt sich aber fortwährend sehr ärgerlich auf und wäre gemeingefährlich. Er hatte nämlich sein Zinngeschirr in seinem Windofen zerschmolzen, seine Wanduhr zu verbrennen versucht, mehrmals gedroht, den ganzen Ort anzustecken, und Excesse gegen den Pfarrer und andere Personen verübt. Seine Bekannten behaupteten fast einstimmig, dass er stets schwach im Kopfe gewesen wäre, dabei sehr begriffen in der Bibel und dem Trunke schon lange vor der Schlägerei stark ergeben; der Ortspfarrer hatte ihn sogar öffentlich für einen Narren erklärt, nachdem er als Pachter einiger Pfarrgüter auf Einmahnung der Bestandgelder tolles Zeug gemacht, unter Anderen, alles Geld, was er im Hause gehabt, aufgepackt und dem Pfarrer mit dem Bedeuten in die Stube geworfen hatte, er möchte sich heraussuchen, was ihm gebührte.

Jenem Antrage ward indessen keine Folge gegeben, vielmehr in Erwägung des intoleranten Benehmens seiner Mitbürger gegen ihn (1819) seine Uebersiedelung nach einem andern Orte angeordnet. Hier vernachlässigte er aber bald sein Handwerk, machte allerlei Projecte, agirte bald den Wirth, bald den Händler, hielt oft auf öffentlicher Strasse, von einem Brunnentroge herab, unsinnige Reden ans Volk, besonders gegen die damals vom Pöbel verfolgten Juden, wurde zum Gespött der Strassenjungen und verarmte und verkam immer mehr. Bei einer polizeilichen Untersuchung im Jahre 1822 sagten die Zeugen ziemlich übereinstimmend aus, dass er im betrunkenen Zustande stets, sehr häufig aber auch im nüchternen sinnlos spräche und handelte. Er warf sich u. A. einmal vor dem Wagen des Grossherzogs nieder, indem er „Halt, halt!" rief, rannte dann eine Strecke nebenher, indem er schrie: „Majestät, Königl. Majestät," und dabei ein Beil in der Hand schwang. Angeblich, um Arbeit zu suchen, lief er bei den Wirthen und in Branntweinbrennereien umher, schwatzte stundenlang verwirrt, mischte namentlich Bibelstellen ein, las aus religiösen Büchern vor, rannte eine Zeitlang mit einer gedruckten Prophezeiung herum, wurde überall verspottet, mit Kohlen schwarz gefärbt und dgl. m. Sein Curator sagte: er wüsste nicht, ob er ihn für einen Narren oder für gescheidt halten sollte, denn manchmal rede er das verwirrteste Zeug von der Welt, ein anderes Mal dagegen sei er ganz ordentlich. Er selbst wollte bei dieser Untersuchung dadurch, dass er Andere hinter's Licht geführt, beweisen, dass er vernünftig wäre, und rühmte sich, bei der ärztlichen Exploration sich so benommen zu haben, dass der Arzt ihm versichert hätte, er wäre kein Narr, was er aber selbst nicht glaubte. Auch im Verhör schweifte er immer ab oder sprach unzusammenhängend, so dass der Berichterstatter am Schluss hinzufügte, er hielte ihn für einen Narren im vollen Sinne des Worts, der nach Hofheim gebracht werden müsste. Er wurde in Folge der Untersuchung für unzurechnungsfähig erklärt und unter Polizeiaufsicht gestellt; zugleich wurde allen Wirthen verboten, ihm Branntwein zu geben. Als ihm dies angekündigt wurde, verlor er sich in verwirrte Reden, mit biblischen Sprüchen vermischt, und geberdete sich ganz unsinnig.

Im Jahre 1823 kam er wieder betrunken auf die Polizeiwache, sprengte dort das Schloss an der Thüre, zerriss die Pritsche und beruhigte sich erst, als man ihn zu fesseln drohte. Im September desselben Jahres drängte er sich im nicht trunkenen Zustande in ein Zelt, in welchem der Grossherzog den Offizieren ein Gastmahl gab, und ging, nach der Musik tanzend, auf den Grossherzog los; er hätte, sagte er, Letzterem sein Vergnügen über die Manöver dadurch ausdrücken wollen. In Folge dessen wurde er am 5. December 1823 nach Hofheim versetzt.

Amelung fand ihn körperlich gesund und stark und im vollkommen nüchternen Zustande in seiner Denkweise nur einige Sonderbarkeiten und überspannte politische und religiöse Begriffe, während er übrigens verständig, ruhig und sehr fleissig war. Sobald er aber nur eine geringe Menge Branntwein genossen, wurden seine Reden verworren und seine Begriffe excentrisch; durch jeden Widerspruch gereizt, stiftete er häufig Unordnungen und Streitigkeiten an, drohte und beging Gewaltthätigkeiten. Die Neigung zum Trunk war nicht auszurotten und er wusste sich theils heimlich, theils auf Ausgängen, die ihm seines Handwerks wegen oder zur Belohnung gestattet wurden, Branntwein zu verschaffen.

Am 19. März 1825 kam er trunken nach Hause und ward, um Unordnungen zu verhüten, gleich in engen Verwahrsam genommen. Eine Stunde darauf stand sein Bett in Flammen, er läugnete aber, obwohl er allein gewesen und sein Feuerstahl in der Asche gefunden war, hartnäckig, dass er der Thäter gewesen, und suchte durch handgreifliche Lügen die Schuld auf Andere zu wälzen, obgleich er früher, selbst nüchtern, mit Brandstiftung gedroht hatte. Als er hierauf in Haft gelassen wurde, betrug er sich sehr unbändig, schimpfte und drohte, und beruhigte sich erst einigermassen, nachdem er einige Stunden im Zwangsstuhle zugebracht hatte. Er blieb indessen fortwährend widerspenstig und ward deshalb, nachdem ein Antrag Amelung's, ihn in ein Correctionshaus zu bringen, erfolglos geblieben war, dauernd in enger Haft gehalten, bis eine körperliche Züchtigung ein ruhigeres Benehmen bewirkte und er im März 1826 wieder mehr Freiheit erhalten konnte. Indessen begann er bald wieder zu trinken, wurde daher wiederholt bestraft und eingeschränkt; dadurch gereizt, stiess er abermals öftere Branddrohungen aus. Wirklich entstand am 17. August 1826 abermals Feuer in dem von ihm bewohnten Quartiere und er kam in Verdacht, dasselbe gemeinschaftlich mit einem anderen, sehr unzufriedenen Schwachsinnigen angelegt zu haben.

Er wurde nunmehr zur Untersuchung in ein Correctionshaus gebracht. Bei dieser Gelegenheit entschuldigte er die verkehrtesten seiner Handlungen und vertheidigte seine Unschuld, indem er die Schuld auf Andere, selbst auf einen schon gestorbenen Geisteskranken, zu wälzen suchte; er fühlte sich unglücklich, behauptete, dass ihm von den Gerichten sein Vermögen vorenthalten würde, wähnte sich widerrechtlich festgehalten und recitirte unter grosser Heftigkeit Artikel aus der Verfassung, die ihm ein Geisteskranker mitgetheilt hatte, den er „sich, weil er kein Freund von Obscurantismus sei, zwar frei spräche, weil er aber noch keine Narrheit an ihm bemerkt hätte," zum rechtlichen Beistand ausbäte. Er sagte immer gleichlautend dasselbe her, was er zu Protokoll gegeben hatte, Iedem, der sich mit ihm unterhielt, mit besonderem Affecte, jedoch ganz mechanisch, so wie er seine selbstgemachten Verse (worunter ein Lob der Narrheit) herzuleiern pflegte.

In der Untersuchung und nach ärztlicher Exploration als geisteskrank erkannt, wurde er nach Hofheim zurückgebracht; Amelung's Einwendungen, dass er in eine Irrenanstalt nicht gehörte, wurden nicht beachtet. Er betrug sich daselbst ordentlich und ruhig, schien sich überhaupt mehr zusammenzunehmen und wurde zuletzt (1830) in unverändertem Zustande auf wiederholte Anträge nach seinem früheren Wohnorte entlassen, wo er als Trunkenbold unter strenge polizeiliche Aufsicht gestellt wurde.

Nachdem er längere Zeit an einer nicht näher ermittelten Krankheit gelitten, mehrten sich wieder die Klagen über sein Betragen, und schon im August 1831 wurde eine polizeiliche Untersuchung über ihn angestellt, weil er durch eine auf der Strasse gehaltene, verwirrte Rede über die christliche Liebe einen Zusammenlauf veranlasst hatte. Ueber gewöhnliche Gegenstände sprach er damals verständig, sobald er aber auf seine Lieblingsgedanken kam, brach er in einen nicht endenden Schwall sinnloser und verwirrter Reden aus. Seiner Frau hatte er einmal einen Fusstritt versetzt und sie auch sonst durch Schreien und Toben sehr geängstigt, indem er sie, wie er behauptete, der Bibel gemäss zur christlichen Liebe ermahnte. In Folge dieser Untersuchung verfügte die Regierung seine Zurücksendung nach Hofheim, falls weitere Störungen vorkommen sollten, hob aber, obgleich es an solchen nicht fehlte, im Juli 1832 diese Bestimmung wieder auf und überwies den Schäfer lediglich der Armenkasse.

Er fuhr darauf in derselben Weise Unfug anzustiften fort, rief einmal den Arzt unter unziemlichen Reden und Fluchen zu einem angeblich todtkranken, wirklich aber vollkommen gesunden Gartenknecht, ohne dass er dabei betrunken erschien; schrie einmal durch die Strassen, in einem Jahre sollte es anders werden, dann gäbe es nur einen Hirten und eine Heerde, zankte sich später einmal mit seiner Frau über das Essen und verwundete sie dabei durch einen Schlag mit der Wasserflasche stark am Kopfe.

Hierauf folgte wiederum eine Untersuchung gegen ihn, in welcher er viel verwirrtes Zeug von Gleichheit vor dem Gesetz, untermischt mit Versen und Bibelsprüchen, schwatzte und endlich bemerkte: „Ich musste den weiblichen Theil, der den schuldigen Respect durch

Schlagen in mein Gesicht verletzte, zurechtweisen, deshalb ergriff ich eine Champagnerflasche, worauf meine Frau blutete, aber geschlagen habe ich sie nicht. „Bei der ärztlichen Exploration behauptete er, seine Frau bekümmerte sich gar nicht um ihn, das ärgerte ihn und dann würde er verwirrt und müsste ins Wirthshaus, um zu trinken. Nach Angabe seiner Ehefrau hatte er zwar seit etwa 14 Jahren keine epileptischen Anfälle gehabt, dagegen litt er an einer Schwäche, die an seinem Gesicht, an einer Erschlaffung aller Glieder und an ganz verkehrten Bewegungen seiner Augen wohl zu erkennen wäre und die sich nicht täglich, auch oft in 8 Tagen nicht wiederholte; er klagte bisweilen über Schwindel und schwitzte oft mehrere Tage hinter einander so stark, dass das Bettzeug ausgerungen werden müsste. Bei jener Schwäche hatte er eine unwiderstehliche Sehnsucht nach Branntwein, da eine kleine Quantität (für 2 Kr.) ihn, wie er sagte, so wohl und leicht machte, dass er unter Singen und Pfeifen an die Arbeit ginge; wirklich waren dann die Leute mit seiner Arbeit zufrieden, trank er aber mehr, so wurde er verwirrt und aufgeregt. Die Zeugenaussagen bestätigten diese Angaben, ergaben aber auch, dass Sch. nicht blos verrückt war, wenn er getrunken hatte, sondern auch im nüchternen Zustande, in welchem er indessen nur verwirrt redete und nicht erregt war, sowie dass seit den letzten Monaten sein Zustand viel schlimmer geworden war.

In Folge dieser Untersuchung wurde er endlich wieder nach Hofheim gebracht, wo er sich recht gut betrug, bis er sich Branntwein zu verschaffen wusste. Hierauf verfiel er mehrere Tage und Nächte in völlige Tobsucht und auch Amelung gewann die Ueberzeugung, dass er völlig geisteskrank wäre.

II. Epilepsie.

Ueber die Bedeutung der Epilepsie für die gerichtliche Psychiatrie ist viel geschrieben und gestritten worden; die Controverse hat sich aber fast ausschliesslich um den Einfluss der Epilepsie auf die Zurechnungsfähigkeit gedreht; man findet dieses Thema sogar noch in den neuesten Handbüchern der gerichtlichen Medicin und selbst von solchen Schriftstellern abgehandelt, welche die Zurechnungsfähigkeit als rein juristischen Begriff betrachten. Dieser Irrthum über das eigentliche Untersuchungsobjekt hat, wie überall, so auch hier, die unbefangene Auffassung der Thatsachen merklich gestört. Selbstverständlich kann keine körperliche Krankheit die Zurechnungsfähigkeit beeinträchtigen, so lange sie rein körperlich bleibt und keine psychischen Symptome hat. Letztere kommen nun freilich bei jeder irgendwie bedeutenden Krankheit vor, aber doch in sehr verschiedener Weise. Die gerichtliche Psychiatrie hat daher auch bei der Epilepsie nur die Frage nach der Art und dem Grade der sie begleitenden psychischen Symptome *) zu beantworten.

Die Epilepsie verläuft allemal mit den schwersten psychischen Symptomen, denn als solche sind die Besinnungslosigkeit während der Anfälle, die Betäubung unmittelbar nach denselben, der Schwindel, die Ohnmachten, das Halbbewusstsein während der incompleten Anfälle anzusehen. Da nun auch von Zurechnungsfähigkeit während der Anfälle nicht die Rede sein kann, so ist die Epilepsie in der gerichtlichen Psychiatrie als eine intermittirende psychische Krankheit der schlimmsten Art zu betrachten.

Ueber das Verhalten der Epileptischen zwischen den Anfällen herrscht unter den Schriftstellern grosse Uebereinstimmung. Alle sind darüber vollkommen einig, dass bisweilen völlige geistige Integrität während der Intermissionen besteht, dass dies aber fast ausschliesslich**) nur bei Seltenheit der Anfälle vorkommt und dass im Allgemeinen die geistigen Störungen der Häufigkeit der Anfälle proportional wachsen. Diese Regel ist aber absolut nur für einen und denselben Kranken und nur unter der Voraussetzung gültig, dass nicht, wie es bisweilen vorkommt, Geisteskrankheit und Epilepsie alterniren, (vgl. Flemming in der Zeitschrift für Psychiatrie. Bd. II, p. 413); die Ausnahme, dass bei demselben Kranken die Häufigkeit der Anfälle wüchse, die Geistesstörung aber wirklich schwände, kommt wohl niemals vor ***). Ferner behält die

---

*) Körperliche und geistige Krankheiten haben beide im Allgemeinen sowohl körperliche, als geistige Symptome; daraus geht hervor, dass die Worte körperlich und geistig, wie auch ihre Synonyme, einen anderen Begriffsumfang haben, je nachdem sie Adjectiva von Krankheit oder von Symptom sind.

**) Esquirol hat einen Fall beschrieben, in welchem die Epilepsie 19 Jahre bestanden hatte und seit 7 Jahren täglich 3—6 Anfälle machte, in welchem aber dennoch keine Geistesstörung stattfand und die Intelligenz nicht geschwächt war. Es sei dies, fügt er hinzu, das einzige ihm bekannte Beispiel dieser Art. (Esquirol, Die Geisteskrankheiten, deutsch von Bernhard. Bd. 1, p. 196.)

***) Andral hat einen Epileptischen beobachtet, dessen Intelligenz nach jedem Anfalle eine erhöhte Energie gewann und ihm erlaubte, Probleme zu lösen, die ihm während der Intermissionen zu schwierig waren. (*Bibliothèque du médecin-praticien.* Paris 1849. Bd. IX., p. 600.)

Regel im Allgemeinen ihre Gültigkeit für eine und dieselbe Krankheitsform, namentlich für die gewöhnlichste Folge der epileptischen Anfälle, nämlich für die geistige Abstumpfung, doch kommen hier schon manche Ausnahmen vor, welche von der Krankheitsdauer und den individuellen Eigenthümlichkeiten der verschiedenen Kranken bedingt werden; man beobachtet mitunter bei seltneren epileptischen Anfällen innerhalb einer und derselben Krankheitsform bedeutendere psychische Störungen, als bei häufigeren. Die Krankheitsform endlich hängt nicht wesentlich von der Häufigkeit der Anfälle ab, doch sieht man nicht selten die heftigeren Formen der Geisteskrankheiten, namentlich Tobsucht, mit der Vermehrung und Verminderung der Anfälle entstehen und vergehen.

Die geistigen Störungen der Epileptischen verschlimmern sich häufig um die Zeit der epileptischen Anfälle, namentlich gilt dies von den Erregungszuständen (der krankhaften Zornwuth, der Tobsucht). Delasiauve (Die Epilepsie, deutsch von Theile. Weimar 1855, p. 337) sagt darüber: „Lélut nimmt an, die Epilepsie ohne Irrsinn schliesse die Zurechnungsfähigkeit nicht aus, zumal wenn die Ausführung einer strafbaren Handlung in einen von den Anfällen entfernten Zeitraum fällt. In der Praxis erheischt aber diese Regel grosse Vorsicht. Eine stillschweigend angenommene Gerichtsmaxime nahm für die Zeit von drei Tagen vor oder nach dem convulsivischen Anfalle Unzurechnungsfähigkeit an. Allein, wie schon erwähnt, bei manchen Epileptischen bleibt gleichsam gar keine Rückerinnerung ihrer Anfälle, während die geistige Störung bei andern anhaltend ist oder auch erst in weiterem Abstande vom Anfalle durchbricht." Auch die versteckten Störungen, fügt er später hinzu, müssten im Auge behalten werden.

Unter den psychischen Störungen der Epileptischen kommen zunächst alle Hauptformen der Seelenstörungen, und zwar Geistesschwäche und Erregungszustände am häufigsten, vor. „Uebrigens, sagt Delasiauve, lassen die meisten Epileptischen, selbst die anscheinend nicht verwirrten und die nur selten Anfällen ausgesetzt sind, eine moralische Unsicherheit und Deprimirung wahrnehmen, deren leiseste Andeutungen sorgfältige Beachtung verdienen." Esquirol (l. c. p. 169) sagt: „Von diesen (s. c. 339 Epileptischen)

Diese Ausnahme ist wohl nur eine scheinbare, denn ganz dasselbe kommt bei Erregungszuständen als entschiedenes Krankheitssymptom vor.

sind 12 *Monomaniaci*, 30 *Maniaci* und unter diesen haben Einige
Neigung zum Selbstmord; 34 sind wüthend, bei 3 bricht die Wuth
nur nach dem Anfall aus; 145 sind verwirrt, 16 sind beständig
in diesem Zustande, die andern sind es nur nach dem Anfalle,
2 derselben sind bei den Paroxysmen wüthend; 8 sind Idioten und
die eine von ihnen ist erst seit 7—8 Monaten epileptisch und hat
nur 5 Anfälle gehabt, 50 sind gewöhnlich verständig, aber sie
leiden an stärkerer oder schwächerer Gedächtnissschwäche oder
haben exaltirte Ideen. Alle haben eine Neigung zur Verwirrtheit.
Bei 60 ist die Intelligenz nicht gestört, aber sie sind sehr reizbar,
zornig, eigensinnig, schwer umgänglich. Also sind 269 von unseren
339 Epileptischen, also der $\frac{4}{5}$ Theil mehr oder minder geisteskrank,
$\frac{1}{5}$ ist allein im Besitz seiner Vernunft. Aber wie steht es auch
bei diesen!" Hienach war unter der ganzen Zahl der Epileptischen
nicht ein einziger, dessen Geisteszustand völlig normal geblieben
war. Ganz dasselbe sagen uns deutsche Psychiater, welche Gelegenheit hatten, in Spitälern und nicht blos in Asylen Epileptische
zu beobachten. „Alle Epileptischen, die ich beobachte, sagt Fr.
Hoffmann, nicht minder 'die im Landkrankenhause, als die in
der Irrenanstalt, bieten psychische Anomalien dar und manchmal
wissen wir nicht, wem wir darin den Preis zuerkennen sollen, den
Epilepticis puris oder *insanis*" (Zeitschrift für Psychiatrie 1859,
p. 123). „Es giebt wohl keine Krankheit, sagt Müller (Arzt der
Siechenanstalt in Pforzheim), welche einen so nachtheiligen Einfluss
auf die Geisteskräfte ausübt, wie die Epilepsie, daher kommt es
auch, dass die bei weitem meisten, wo nicht alle Epileptischen entweder periodisch geistesgestört sind, oder bei längerer Dauer der
Krankheit in Stumpf- und Blödsinn versinken" (Ebendaselbst 1850,
p. 605). Ebenso berichtet H. Hoffmann (Beobachtungen über
Seelenstörungen und Epilepsie. Frankfurt a. M. 1859, p. 143), dass
von 33 Epileptischen nur 4 vollkommen geistig gesund zu nennen,
29 dagegen dauernd oder doch einmal vorübergehend psychisch
alienirt waren; 17 waren blödsinnig, 12 tobsüchtig oder nur vorübergehend delirirend; jene 29 litten also sämmtlich an entschiedener
Geisteskrankheit. Dazu bemerkt noch der Vf.: „Es ist eine traurige
Thatsache und gehört zu den betrübendsten Symptomen dieser
schweren Krankheit, dass selbst bei leichteren Anfällen allmählig
eine tiefe Veränderung in der psychischen Haltung und dem Ge-
müthswesen der Kranken vor sich geht. Früher gutmüthige, freund-

liche, verträgliche Menschen werden reizbar, empfindlich, zänkisch, jähzornig und boshaft; doch bleiben Andre auch ruhig, gutmüthig und verträglich. Auch meine Beobachtungen bestätigen es (was schon Esquirol angegeben), dass der unvollkommene Anfall, die *Vertigo epileptica*, tiefer die psychische Kraft untergräbt und rascher zum Blödsinn führt."

Bei Schlussfolgerungen aus diesen Beobachtungen ist zu bedenken, dass sie in Krankenhäusern gesammelt sind und dass in diesen der Natur der Sache nach vorzugsweise schwerer Erkrankte Aufnahme suchen; es darf also wohl angenommen werden, dass die Zahl der Epileptischen, welche geistig normal bleiben, vorzugsweise also derjenigen, welche nur selten Anfälle erleiden, grösser ist, als sie nach jenen Daten erscheint. Dies kann aber schwerlich das Hauptresultat ändern und den Satz umstossen, dass die Epileptischen in weit überwiegender Mehrzahl geistig verändert, in sehr grosser Zahl sogar entschieden geisteskrank sind. Hienach ist also bei einem Exploranden, der längere Zeit an häufigeren Anfällen von Epilepsie gelitten hat, die Wahrscheinlichkeit, dass er geistig verändert sei, fast der Gewissheit gleich, die Wahrscheinlichkeit, dass er entschieden geisteskrank sei, wenigstens gross.

Diese Ansicht war auch bis vor Kurzem die ziemlich unbestrittene Lehre der gerichtlichen Medicin. Henke (Abhandlungen. Leipzig 1830. Bd. 4, p. 3 ff.) hatte dieselbe in seiner gewöhnlichen verständigen Art entwickelt und eigentlich nur durch seine Ansichten über die Zurechnungsfähigkeit Epileptischer hie und da Anstoss gegeben. Leider haben jetzt Einige, weil ihnen die Ansichten Henke's über jenen juristischen Begriff subjectiv nicht zusagen, angefangen, seine Arbeiten, statt sie gründlich zu prüfen und das viele Gute zu behalten, einfach über Bord zu werfen. Dies ist namentlich von Casper (Handbuch der gerichtlichen Medicin. Biologischer Theil, p. 382, 474) geschehen, der in den psychischen Zuständen der Epileptischen gar nichts Eigenthümliches findet und die Epilepsie nur als veranlassendes Moment zu geistigen Störungen gelten lassen will, ja sie in dieser Beziehung mit Schwangerschaft und Gebäract schlechthin zusammenstellt *).

---

*) In einem Gutachten (l. c. p. 459 f.) hat er sogar behauptet, es sei bekannt, dass die Epilepsie bei weitem häufiger keinen krankmachenden Einfluss auf die geistigen Thätigkeiten ausübe, ferner

Nach Obigem ist dieses Verfahren wissenschaftlich und praktisch nicht gerechtfertigt. Eine Krankheit, welche periodisch die schwersten psychischen Störungen, in ihren Intermissionen in der Regel mehr oder minder bedeutende krankhafte Geisteszustände hervorbringt, verdient, wenn man sie überhaupt noch ein blosses veranlassendes Moment nennen kann, als solches wenigstens eine ganz andere Berücksichtigung, wie z. B. die Schwangerschaft. Schon Henke (l. c. p. 30) hat es ausgesprochen, dass die Epilepsie die Vermuthung psychischen Krankseins gäbe; unter Umständen erweckt sie dafür, wie gezeigt, sogar eine sehr starke Präsumtion. Es findet hier also ganz dasselbe Verhältniss statt, wie es oben (p. 144) bei den Hallucinationen auseinandergesetzt worden ist. Wir werden uns nicht überzeugt fühlen können, dass ein Epileptischer wirklich geistig ganz normal sei, wenn die Abwesenheit aller psychischen Störungen nicht mit der grössten Sorgfalt dargethan ist, wenn wir nicht in dem Gutachten erkennen, dass der explorirende Arzt hierauf seine volle Aufmerksamkeit gerichtet hat und der allgemeinen aprioristischen Unwahrscheinlichkeit dieser Behauptung sich bewusst gewesen ist.

1) T., 20 Jahre alt, Dienstmädchen, Epilepsie, Brandstiftung aus Missmuth am 29. December 1843 (Spitta, Praktische Beiträge zur gerichtsärztlichen Psychologie. Rostock und Schwerin 1855, p. 3.).

T., Tochter eines Maurers, erhielt den (in Meklenburg) gewöhnlichen Unterricht in der Religion und im Lesen, ward im 15. Jahre confirmirt und trat dann von 1838—1843 bei 10 verschiedenen Herrschaften in Dienste.

Als Kind war sie gehorsam, gefällig, gutmüthig, fleissig, von guter Fassungskraft, fröhlich, nur etwas putzsüchtig, zeigte sich auch während des Confirmationsunterrichts gesittet, aufmerksam und ziemlich fleissig und erwarb sich recht gute Religionskenntnisse. Früher gesund, hatte sie im 12. Jahre zum ersten Mal einen krampfhaften Zufall; nachdem sie sich nämlich wegen Kopfschmerzen zu Bette gelegt hatte, schlug sie mit Händen und Füssen, wobei ihr der Schaum vor den Mund trat. Am folgenden Tage wiederholte sich der Zufall im gelinderen Grade und sie genass, nachdem sie 3 Wochen im Bette gelegen, vollständig. Im 15. Jahre traten ihre Regeln ein, welche später oftmals unregelmässig und spärlich flossen.

---

dass sie, wo sie psychisch schädlich wirke, eine allmählige Schwächung der Geisteskräfte bis zum endlichen Stumpf- oder Blödsinn erzeuge.

In ihrem zweiten Dienste (1839) bei dem Prediger K. zeigte sie sich verzogen und boshaft, wurde nach einer ernstlichen Rüge über eine grobe Fahrlässigkeit beim Kinderwarten „aus Bosheit krank oder machte sich krank" und musste nach kaum vierteljährlicher Dienstzeit nach Hause zurückkehren. Sie litt damals wenigstens 9 Wochen lang an Wechselfieber und an Krämpfen und zeigte sich „still und sinnig."

Im 4. Dienste (1840) hatte sie einen neuen Krankheitsanfall und ward von ihrem Vater sprachlos, mit Schaum vor dem Munde, im Bette gefunden, welcher Zustand 6 Stunden dauerte. Am andern Morgen nach Hause geschafft, lag sie noch 2 Tage im Bette, hatte häufig Recken und Ziehen in den Gliedern, riss den Mund auf, streckte die Zunge aus und hatte dicken Schaum vor dem Munde. Etwa nach 8 Tagen kehrte sie in den Dienst zurück. Im 6. Dienste (1841) wurde sie entlassen, weil sie sich beständig als krank angab und äusserte, sie wäre zu nichte, ohne aber eine bestimmte Krankheit zu nennen. Sonst kamen epileptische Anfälle — wenn sie nicht vielleicht Nachts unbemerkt vorübergingen — während ihrer Dienstjahre nicht vor.

Von keiner ihrer Dienstherrschaften erhielt sie ein gutes Zeugniss, mehrere nannten sie träge und nachlässig, einmal wurde sie wegen wiederholten, unerlaubten Ausgehens ausser der Umzugszeit entlassen und an zwei Orten unterschlug sie Geld. Letzteres geschah auch in ihrem letzten Dienste bei dem Ackersmann B., weshalb ihr dort, obgleich die gesetzliche Kündigungsfrist längst verstrichen war, zu Neujahr 1844 gekündigt ward, was sie sich auch gefallen liess.

Abgesehen von den bei dieser Gelegenheit entstandenen Misshelligkeiten beklagte sie sich darüber, dass alle in dem Hause „so über sie her und so falsch auf sie gewesen wären, dass sie ganz missmuthig geworden und in diesem Zustande zur That gekommen wäre." Dies wurde aber von der Dienstherrin sowohl in Bezug auf sie selbst, als auf die andern Dienstboten durchaus in Abrede gestellt. Indessen war aus der T. kein anderes Motiv herauszubringen, als dass die That aus Missmuth geschehen wäre; eigentlich, sagte sie, hätte sie keinen Gedanken dabei gehabt, obgleich es ihr Wille gewesen, dass das Haus abbrennen sollte, aber aus feindseliger Gesinnung gegen ihre Dienstherrschaft hätte sie dieses nicht gewollt. Den ersten Entschluss zur Brandstiftung wollte sie erst an dem Morgen des 29. December 1843 gefasst haben.

Während die übrigen Dienstboten beim Frühstück sassen, trug sie aus der Küche unter ihrer Schürze ein brennendes Torfstück in den Stall, stieg die Leiter hinauf, warf den Torf ins Heu und eilte dann zu ihrer Arbeit zurück. Der Knecht, welcher einige Minuten später in den Stall ging, gewahrte den Brand und löschte ihn mit ihrer und der übrigen Hausbewohner Hülfe. Hierauf blieb sie zuerst noch im Stalle und ging darauf zum Frühstücke ins Haus. Hiebei fiel ihr ohne weitere Veranlassung ein, in der Scheune abermals Feuer anzulegen, und diesen Gedanken führte sie sofort in ähnlicher Weise, wie zuvor, aus. Dann ging sie wieder an die Arbeit, bis die Flamme aus dem Dache herausschlug. Die Scheune brannte diesmal ganz nieder.

Der Verdacht lenkte sich um so mehr auf sie, da schon zweimal an Orten, wo sie gedient hatte, Feuer ausgebrochen war; in der hierüber wieder aufgenommenen Untersuchung wurde sie aber später völlig freigesprochen. Sie suchte zuerst hartnäckig zu läugnen, hatte sogar versucht, einen anderen Dienstboten zu ihr günstigen unrichtigen Aussagen zu veranlassen und gestand erst am 11. Januar die That unter heftigem Weinen ein.

In der Nacht nach ihrer Verhaftung (30. December) hörte man sie laut winseln und ausrufen: „Ach Gott, hätte ich es doch nicht gethan, ach Gott, wie wird es mir gehen!" Gegen eine neben ihr sitzende Gefangene äusserte sie ihre Angst und Unruhe und am 2. Januar 1844 traten wiederholt epileptische Krämpfe ein, welche man damals für simulirt zu halten geneigt war, da sie in langer Zeit nicht wiederkehrten. Nachher klagte sie über Schmerzen im Kopf und in allen Gliedern, war aber völlig verständig. Ihrer grossen Unruhe wegen gab man ihr eine andere Gefangene zur Aufsicht, indessen konnte diese es nicht länger, als 3 Wochen, bei ihr aushalten. Sie war Tag und Nacht unruhig, dachte nur daran, sich ein Leid zuzufügen, und erklärte bei jeder Gelegenheit, dass sie nicht leben könnte.

Seit dem 12. Juni kamen häufigere epileptische Anfälle, und während sie zu Anfang der Haft stärker geworden war, fing sie nunmehr an, abzumagern. Am 29. Juni hatte sie während des Verhörs einen Anfall und auch die Aerzte sahen sie während der Krämpfe. Dieselben wurden folgendermassen beschrieben: Die Kranke lag auf ihrem Lager anscheinend ohne Bewusstsein und ward abwechselnd von tonischen und klonischen Krämpfen der Extremitäten befallen. Ausserdem waren die Rücken-, Brust- und Bauchmuskeln convulsivisch ergriffen, so dass der Körper bald nach vorn, bald nach hinten sich krümmte. Die Augen waren starr, die Pupillen erweitert und unbeweglich, die Daumen lagen fest in den Händen und der Mund schäumte. Das Gesicht war geröthet und verzerrt, der Kopf heiss, der Puls klein und unregelmässig. Die Kranke war völlig bewusstlos und gefühllos, eine tiefeingestochene Nadel erregte keinen Schmerz. Nach beendigtem Anfall trat erst nach und nach die Besinnung ein und öfters weinte sie eine Zeitlang. Bisweilen blieb etwa 8 Tage lang eine unvollkommene Lähmung der Extremitäten zurück. Die Anfälle wurden mit der Zeit immer häufiger, kehrten fast täglich zurück und an einem Tage kam die Kranke fast gar nicht aus den Krämpfen heraus. Später wurde sie wieder ruhiger und weniger oft von der Epilepsie heimgesucht.

Die Medicinal-Commission zu Rostock erklärte, die Thäterin wäre nicht geistig unfrei, aber allerdings in einem krankhaft gereizten und reizbaren Zustande gewesen, welcher dem sie beherrschenden Affect des Missmuths eine ungewöhnliche Steigerung verliehen hätte. Sie wurde in erster Instanz zu 8jähriger Zuchthausstrafe verurtheilt, dann aber erst das obige Gutachten der Medicinalcommission eingeholt, so dass noch ein weiteres Verfahren stattgefunden haben muss, worüber aber nichts Näheres mitgetheilt ist.

Diesem Gutachten wird gewiss, so weit es ärztlich ist, jeder beipflichten, denn einestheils hatte sich offenbar der Charakter der P. seit ihrer Kindheit in der charakteristischen, bei Epilepsie gewöhnlichen Weise zum Nachtheile verändert, anderntheils ist ohne Annahme einer krankhaft gesteigerten Reizbarkeit die Brandstiftung selbst nicht zu erklären; das Motiv, zu welchem die Uebelthäterin sich selbst bekannte, war sogar, wie aus den sonstigen Aussagen hervorging, ohne übermässige Reizbarkeit ihrerseits gar nicht vorhanden. Ob dieselbe dagegen für ganz oder nicht ganz unfrei zu erachten war, mit andern Worten, ob sie gestraft werden sollte oder nicht, darüber zu entscheiden, war freilich lediglich Sache des Gerichts. Wenn aber Richter oder Geschworne, welche über ähnliche Fälle zu entscheiden haben, viele Epileptische kennen zu lernen Gelegenheit hätten, so würden sie sicherlich weit seltener Strafurtheile über sie aussprechen, als es bis jetzt geschieht. Es wird leider sehr häufig verkannt, dass die Entartung des Charakters lediglich Folge der Epilepsie sein kann. Diese Entartung aber ist der Fluch der Epileptischen, sie macht dieselben im gewöhnlichen Leben unleidlich, erfüllt sie mit bösen Leidenschaften und Antrieben, reisst sie zu verbrecherischen Handlungen fort und raubt ihnen selbst die Aussichten auf Schonung und auf das Mitleiden, welches andere Geisteskranke zu erregen pflegen.

2) **Jacob Dracker, 17 Jahre alt, Tischlerlehrling, incomplete epileptische Anfälle, Blödsinn, 3 Brandstiftungen aus Rachsucht am 9., 10. 11. November 184 (Graff in Henke's Zeitschrift. Bd. 46, p. 109.).**

J. D. war der Sohn eines Landtischlers, bei welchem er seit drei Jahren in der Lehre war (über seine frühere Jugend fehlen alle Angaben). Er hatte aber nichts lernen können, als Abhobeln der Bohlen, und wurde daher meist nur zu rohen Feldarbeiten gebraucht. Er ging in der Regel nur mit kleinen Kindern um und, wenn er diese während eines Geschäftsganges irgendwo spielend fand, gesellte er sich zu ihnen, vergass das Geschäft und blieb halbe Tage lang aus. Er war das Stichblatt der Neckereien und wurde mehr für blödsinnig, als für vernünftig gehalten, wenn er auch Unerlaubtes von Erlaubtem zu unterscheiden wusste.

In frühester Jugend war er, wie er erzählte, gewohnt gewesen, wenn er von Schweiss triefte, zum Brunnen zu gehen und sich kaltes Wasser über den Kopf zu schütten, er hätte davon das Stottern bekommen. Sein Vater gab an, er hätte früher an Gicht gelitten, seit 4 Jahren wäre diese ausgeblieben und es hätte ihn seitdem ein Zittern befallen, bei welchem er unstät hin und herginge. Solche Anfälle wurden auch von Andern sowohl vor, als nach seiner Verhaftung beobachtet. Der Criminalrichter beobachtete einen solchen, als er gerade den D. abtreten lassen wollte. D. gab dabei plötzlich bei geschlossenem Munde einen unartikulirten Ton von sich, wurde ungewöhnlich blass, drehte den Kopf nach allen Seiten und gab auf Fragen keine Antwort. Dann sah er unter die Tische und in die Fächer des Acten-Repositors, als ob er etwas suchte, zuletzt kehrte er wieder auf seinen Stuhl zurück, die Gesichtsfarbe wurde natürlicher und auf wiederholte Fragen gab er in kaum verständlichen, mehrfach abgebrochenen Worten die Antwort, „ein schwarz Tuch ist mir da losgegangen, ein Stück Salbend ist da losgerissen." Bald darauf bat er, in den Hof gelassen zu werden, weil es ihm ganz miserabel im Kopfe würde.

Der Gerichtsarzt fand bei seiner Untersuchung sein Gesicht bleich, schlaff und ausdruckslos, die Augen waren ohne Glanz und Leben, der ganze Körper entbehrte aller jugendlichen Frische und Lebendigkeit und liess dafür ein passives, unkräftiges, theilnahmloses Wesen wahrnehmen. Alle Bewegungen erfolgten langsam, die Sprache war stotternd, die Gesichtszüge änderten sich nicht, wovon auch immer die Rede war. Appetit und Verdauung waren in vollster Ordnung, der Schlaf war in der Regel gut, wenn er, wie D. sagte, nicht von Alpdrücken unterbrochen wurde. Von einem besonderen Krankheitszustande wusste D. nichts anzugeben, mit Ausnahme von Schmerz im linken Knie, auf dessen innerer Seite auch einige Geschwulst und Härte, muthmasslich Folgen der früheren Gicht, wahrgenommen wurde.

Die geistige Entwickelung des D. stand auf einer sehr niedern Stufe. Er las Gedrucktes fehlerhaft, Geschriebenes noch fehlerhafter, sein Schreiben war in jeder Beziehung höchst unvollkommen und er buchstabirte, während er mühsam ein Wort zu Tage förderte, immer halblaut vor sich hin. Er kannte die gangbaren Münzen, zählte sie ziemlich richtig zusammen, löste auch einfache ganz leichte Rechenaufgaben mit nur wenigen Fehlern, aber die leichteste selbst machte ihm Mühe, und von dem Acte der Auffassung bis zum Momente des Antwortens verfloss eine ungewöhnlich lange Zeit.

Ueber die Verhältnisse seiner Familie und die Ereignisse in derselben wusste er vollständige Auskunft zu geben. Auch die Motive zu dem Einen und Andern, namentlich zu einer Reise seines Bruders nach Amerika und zu der Rückkehr desselben, bezeichnete er fasslich genug. Doch trugen fast alle diese Expositionen das Gepräge eines kindischen Wesens, welches voraussetzte, dass dem Fragenden alle Verhältnisse und vorkommenden Persönlichkeiten bereits bekannt wären. So z. B. erwiederte er auf die Frage, wie alt der Peter D. sei, „Gerade so alt, als der Hannes Brockel."

Während der Unterredung und ohne allen Zusammenhang mit dem momentanen Gegenstande, wendete er sich plötzlich mit folgenden Worten an den Arzt: „Ich muss einmal was fragen, muss man denn lange sitzen, wenn man so ein Feuerchen angemacht hat? — Lassen Sie mich doch einmal heim, ich komme gleich wieder, es kann ja ein Gendarm mitgehen. Wenn Sie mich heimlassen, mache ich Ihnen auch eine Komode, ein Kanapee und einen Schrank, wie sie in Amerika gemacht werden." Bei diesen Aeusserungen, die ihm sehr am Herzen liegen mussten, da er dieselben schon auf gleiche Weise an den Criminalrichter und Andere gerichtet hatte, waren seine Gesichtszüge eben so schlaff und ausdruckslos, als bei den gleichgültigsten Gegenständen der Unterhaltung.

Er hatte bereits früher ein grosses Gebäude abbrennen sehen, auch räumte er ein, dass das Feueranlegen unrecht wäre, aber er drückte sich doch immer so aus, als ob er Recht darin gehabt hätte, die Betreffenden durch Feueranlegen für Beleidigungen, die sie ihm zugefügt, zu bestrafen; diese Beleidigungen bestanden darin, dass G. O. das Bein an seines Vaters Hanfratschel abgebrochen und ihm beim Bezahlen von ein Paar Handschuhen ein falsches Sechskreuzerstück gegeben hätte, ferner, dass der alte Dörr gesagt, er hätte Oelsäcke gestohlen, auch ihn und seinen Vater mehrfach geschimpft hätte, und endlich, dass Adam Dörr ihn geschändet und dessen Sohn ihm Tauben gestohlen hätte. Er hätte diese Personen dafür ängstigen, aber nicht ihnen ein Haus oder eine Scheune abbrennen wollen. Hiemit stimmten die Thatsachen überein, dass das Feuer auf Adam Dörr's Hofstätte vor dem Scheunenthor im Hofe und das für dem Adam Ost bestimmte sogar vor dem Hofthore desselben auf offener Strasse angelegt worden war*). Beide waren die nächsten Nachbaren des Vaters des J. D.

Er gab ferner an, dass er immer gleich, nachdem das Feuer gebrannt, sich fortgemacht hätte, damit ihn Niemand sähe, glaubte aber, vor sich selbst entschuldigt zu sein, dadurch, dass er die jedesmalige Brandstiftung nur auf Geheiss des Peter Dörr vorgenommen haben wollte. Dieser Peter Dörr war aber ein blödsinniges, unter Aufsicht stehendes Subject, welches Dracker selbst als einen Narren

---

*) Die näheren Umstände des Brandes sind nicht mitgetheilt. D. läugnete zuerst, und schob die Schuld auf Andere, wurde aber bald der Lüge überführt, und gestand dann Alles.

bezeichnete. „Ja, sagte dieser mit seinen stereotypen Gesichtszügen, wenn der Peter Dörr mir es nicht gesagt hätte, so hätte ich es auch nicht gethan!" Und speciell in Bezug auf das Feuer bei Adam Dörr führte er an, als Peter Dörr ihm mitgetheilt, dass die alte Dörrin ihm nachgesagt, er hätte die Oelsäcke gestohlen, wäre er Willens gewesen, deshalb ans Landesgericht sich zu wenden, Peter Dörr aber hätte ihn davon abgehalten, mit den Worten, das sollte er bleiben lassen, er sollte ihnen ein Feuer anmachen, da wären sie besser gestraft.

Der Gerichtsarzt bezeichnete seinen Zustand als Blödsinn niederen Grades und fand ihn nur in dem Maasse eines unmündigen Kindes zurechnungsfähig.

Das Gericht abstrahirte von jeder Bestrafung und empfahl den J. D. der Aufsicht der Polizeibehörde.

Der Beschreibung nach gehörten die Anfälle wohl unzweifelhaft dem epileptischen Schwindel an, der bekanntlich, wenigstens Jahre lang, ohne vollständige epileptische Anfälle vorkommen kann; besonders spricht dafür das charakteristische Umhersuchen während des Verschwindens des Anfalles, was man bei Epileptischen sehr oft beobachtet.

3) Catharina M., 20 Jahre alt, Bauermädchen, Epilepsie, Geistesschwäche, Brandstiftung aus Rachsucht am 20. Januar 1828 (Spitta in Henke's Zeitschrift. E.-H. 29, 1841, p. 170.).

C. M. hatte bereits in sehr frühem Lebensalter einen Anfall von Apoplexie oder von Epilepsie erlitten. Auf dem Schoosse ihrer Stiefmutter sitzend, legte sie den Kopf, wie ermüdet, auf den Tisch, sah starr aus den Augen und zuckte hernach heftig mit Händen und Füssen, wobei der Mund ihr immer nach einer Seite verzogen wurde. Der Anfall, während dessen ihr zwei Zähne ausfielen, dauerte ungeschwächt 24 Stunden fort und sie blieb nach demselben sehr schwächlich und „dusig." Auch später konnte sie wegen Schwäche der Hände, von denen sie die Rechte überhaupt nicht activ schliessen konnte, keine Handarbeit erlernen und wegen einer Schwäche des rechten Beines nur hinkend gehen. Im Laufe des Jahres traten sehr häufige epileptische Anfälle ein, die bei Tage und bei Nacht oft mehrere Tage nach einander sich einstellten. In Folge derselben wurde sie mehr und mehr stumpfsinnig, gedankenlos und linkisch und konnte sich oft nicht einmal allein aus- und ankleiden. Zugleich entwickelte sich in ihrem Charakter, welcher früher nur missmuthig und verstimmt erschienen war, Reizbarkeit, Eigensinn und Eitelkeit.

Von jeher wegen ihrer Kränklichkeit geschont und verzogen, wurde sie jetzt über jede Bestrafung desto mehr erbittert, war oft voll innerlichen Aergers und übte, um sich zu rächen, zuweilen allerlei Unfug aus, riss z. B. die Blumen im Garten aus und dgl. m.

Ueberdies entwendete sie nicht selten allerlei Gegenstände, meistens Putzsachen, und hatte namentlich die Neigung, sich den Busen mit Tüchern auszustopfen. Einige Tage vor der Brandstiftung hatte ihre Stiefmutter ihr diese einmal herausgezogen, worauf sie fluchend dieselbe ins Gesicht geschlagen hatte.

Am 20. Januar 1828, Nachmittags verliess sie das Zimmer, in welchem sich die Familie befand, in der Absicht, Feuer anzulegen, nahm etwas Stroh, legte darauf eine Kohle aus einem Ofen und steckte das Ganze in das Dach des Wohnhauses. Als ein Vorübergehender Feuerlärm machte, ward sie sehr wild und erschrocken aussehend im Hofe gefunden. Auf Geheiss ihres Vaters half sie dann beim Löschen und bekannte sich schon im ersten Verhöre nach kurzem Leugnen als Thäterin.

Sehr auffallend war ihr Betragen im Gefängnisse. Von ihren Mitgefangenen häufig gereizt, wurde sie sehr heftig, schlug um sich, schnitt den Rock einer Mitgefangenen heimlich entzwei, konnte vor Aerger oft nicht schlafen, ja zog sich oft nackt aus, that als ob sie sich das Leben nehmen wollte und dgl. Oft gab sie selbst Anlass zum Zank, namentlich durch Entwendung von Putzsachen, und zeigte eine grosse Eitelkeit und geschlechtliche Aufgeregtheit. Sie stand viel vor dem Spiegel, schnitt die Aermel ihres Camisols ab, um in blossen Armen zu gehen, stopfte sich den Busen aus, sang Liebeslieder, sprach am liebsten von Mannspersonen, erzählte erdichtete, anstössige Liebesabentheuer und simulirte einmal sogar ihren epileptischen Anfall, um das Herbeikommen von Männern zu veranlassen.

Die epileptischen Anfalle dauerten im Gefängnisse in ganz unveränderter Weise fort. Sie kamen vorzüglich bei Nacht, blieben bisweilen mehrere Tage aus, wiederholten sich aber auch wohl mehrmals an einem Tage. Vor Eintritt derselben ward die Kranke blass, hatte Brechneigung, dann wurden ihre Augen starr, sie schrie auf, griff mit den Händen umher, ohne mit ihnen umher zu schlagen und ohne sie einzukneifen, und schüttelte bisweilen mit den Beinen. Ihre Gesichtsfarbe wurde bläulich. Sie war ohne Besinnung, sprach indessen, aber verwirrt und kam eher wieder zu sich, wenn sie laut angerufen wurde. Sie konnte die Krämpfe im Sitzen überstehen, einmal blieb sie während derselben an den Ofen gelehnt stehen, gehen konnte sie während derselben aber nicht. Nach wenigen Minuten bis zu einer Viertelstunde ging der Anfall vorüber, worauf sie noch eine Zeitlang „griente," ehe sie nach und nach ihren Verstand wieder erhielt. Ihre Menstruation war regelmässig, aber sehr stark, ihr übriges Befinden war gut. Die Extremitäten der rechten Seite zeigten Empfindung und willkürliche Bewegung, aber Muskelschwäche, Temperaturerniedrigung und mangelhafte Ernährung.

Geistig zeigte sie sich über einfache und alltägliche Dinge klar, sie antwortete darüber ohne Besinnen und verständig, etwas ungewöhnliche Fragen konnte sie aber nicht ohne längeres Besinnen beantworten. Mitunter erschien sie aber ganz unbesinnlich und gab gar keine Antworten.

In der Nacht vor der Brandstiftung hatte sie einen epileptischen Anfall, befand sich aber an dem darauf folgenden Sonntage ihrer Aussage nach recht wohl und wählte diesen Tag in der Aussicht, an demselben nicht so leicht gestört zu werden.

Am Sonntag Morgen, sagte sie, als sie im Gesangbuche gelesen, wäre es ihr auf's Herz gefallen, dass es doch Sünde wäre, aber sie hätte es doch nicht gelassen, sie wäre zu boshaft gewesen, nur als sie die Flammen gesehen, hätte es ihr leid gethan, wäre es ihr auch angst gewesen, dass Jemand gesehen haben möchte, wie sie das Feuer angelegt, oder doch Verdacht schöpfen könnte und dass es dann herauskommen und sie bestraft werden möchte. In ihren Aussagen über die Ursachen ihrer rachsüchtigen Stimmung variirte sie unaufhörlich und brachte oft ganz unwahre Dinge vor, meist gab sie Züchtigungen, die sie von ihrem Vater oder von ihrer Schwester erhalten hatte oder erhalten haben wollte, als die Veranlassungen ihrer Aergerlichkeit an. Endlich behauptete sie, sie hätte sich auf den Rath ihrer Eltern unklug gestellt, um bald wieder loszukommen, nahm aber, nachdem ihr Vater sie ebenfalls der Simulation beschuldigt, jene Insinuation aber zurückgewiesen hatte, ihre Aussage als erlogen zurück, und erklärte, dass sie aus eignem Antriebe sich unklug gestellt hätte. Sie habe gedacht, das Gericht würde ihr dann nichts thun, auch wären ihr die Sachen selbst und das Verhör unangenehm gewesen, sie wäre verdriesslich und ärgerlich geworden und hätte dann nicht sprechen mögen.

Der Kreisphysikus erklärte, dass bei ihr kein krankhafter Seelenzustand stattgefunden und dass sie zur Zeit des Feueranlegens ihrer Sinne mächtig gewesen wäre.

Das Gericht verurtheilte sie unter Berücksichtigung ihres jugendlichen Alters und ihrer mangelhaft entwickelten Geistesfähigkeiten zu 5jähriger Zuchthausstrafe, welches Urtheil in zweiter Instanz bestätigt wurde.

Mit diesem Urtheil erklärte sich die C. M. zufrieden und wollte ihre Strafe antreten. Sie äusserte darüber, man würde ihr, wenn sie nach Hause zurückkäme, dort ihr Verbrechen wieder vorhalten, sie würde dann noch mehr Schläge bekommen, als vorher, und sie würde dann doch wieder Feuer anlegen. Uebrigens wünschte sie sich aus dem Gefängnisse, was ihr durch die Neckereien ihrer Mitgefangenen unerträglich geworden war, weg, und im Gefühl ihres hülflosen Zustandes äusserte sie: „Was soll ich Anders, sehen Sie, arbeiten kann ich nicht, wo soll ich hin?" Die gleichgültige und unbefangene Art, mit welcher sie dies aussprach, überzeugte endlich das Gericht, dass sie sehr geistesschwach wäre. Als ihr vorgestellt wurde, dass sie im freien Zustande, bei guten Leuten untergebracht, einen weit besseren Aufenthalt haben würde, gab sie deutlich zu erkennen, dass sie in diesem Falle eine geringere Strafe der 5jährigen Zuchthausstrafe vorzöge, und daher die Einholung eines zweiten Erkenntnisses wünschte.

Dieses selbst ist nicht mitgetheilt, das ärztliche Gutachten lautete aber dahin, dass die M. nur in sehr bedingtem Grade als zurechnungsfähig zu betrachten wäre.

4) Natalie X., 13 Jahre alt, Epilepsie, Melancholie, Brandstiftungen am 7. April, 17. Juli und 20. September 1856 (L. Meyer, Zeitschrift für Psychiatrie 1857, p. 227.).

N. X., Tochter eines Fleischermeisters in Graudenz, aus einer übrigens gesunden Familie, wurde im 4. Lebensjahre nach einem krampfartigen Husten von epileptischen Krämpfen, vorzugsweise Nachts, befallen. Im 7. und 12. Jahre setzten dieselben einige Zeit aus, kehrten dann aber wieder und nahmen im Ganzen an Häufigkeit und Heftigkeit zu. Zur Zeit der Exploration hatte sie innerhalb 40 Tagen 20 Anfälle, darunter bisweilen 2—3 an einem Tage, während sie andererseits 1—8 Tage davon befreit bleiben konnte. Die Anfälle dauerten etwa $\frac{1}{4}$ Stunde und boten die gewöhnlichen Symptome dar; meistens folgte ihnen tiefer Schlaf, bisweilen ziemlich starkes Nasenbluten, bisweilen Erregung, während welcher die Kranke unruhig war, bald dies, bald jenes wollte, umherwanderte und viel sprach.

Seit ihrem 12. Jahre bemerkte man an ihr eine Veränderung ihres Charakters. Sie besuchte gern die Schule und machte bei gutem Fassungsvermögen und Gedächtniss die besten Fortschritte, zeigte aber die grösste Neigung zu muthwilligen, boshaften und gefährlichen Streichen. In der Schule störte sie den Unterricht durch Rufen, kniff ihre Nachbarinnen, stach sie mit Nadeln u. s. w. und musste daher aus derselben entfernt werden. Dem Pferde ihres Vaters brachte sie gefährliche Stiche bei, machte einen bösen Hund von der Kette los, zerschnitt ein ihr gehörendes neues Kleid, brachte sich selbst Wunden am Halse und in der Herzgegend bei und legte zu wiederholten Malen im elterlichen Hause Feuer an. Zu einer Tante gebracht, stand sie Nachts heimlich auf, stach die Kinder mit einer Haarnadel in die Augenlieder und bekannte, dass sie ihnen die Augen hätte ausstechen wollen. Züchtigungen fruchteten durchaus nichts, sie ertrug die Schläge vielmehr völlig gefühllos. Zur Rede gestellt, gab sie an, es liesse ihr keine Ruhe, sie müsste das thun, sie wollte sich das Leben nehmen, eine innere Stimme sagte ihr stets, was sie thun sollte.

Gewöhnlich war ihr Betragen sanft, einschmeichelnd und gefallsüchtig. Den Mägden wusste sie sich durch kleine Dienstleistungen angenehm zu machen, bei den Frauen und Wirthschafterinnen zeigte sie sich lernbegierig, vor den Herrschaften declamirte sie Gedichte, den Kindern erzählte sie Geschichten und half ihnen bei ihren

Lectionen. Sie las fertig, schrieb gut,, wusste sich über Gegenstände des Religionsunterrichts verständig auszudrücken, konnte etwas rechnen, antwortete verständig, nur etwas altklug, kurz war geistig hinlänglich ausgebildet. Eigenthümlich war ihr starres Schweigen, wenn sie etwas nicht beantworten wollte oder konnte, eine ungewöhnliche Halsstarrigkeit in der Wiederholung ihrer Wünsche, wenn diese abgelehnt wurden, und eine grosse und gefährliche Heftigkeit, sobald sie gereizt wurde; auf eine Magd, welche sie öfters neckte, ging sie bei einer solchen Veranlassung einmal sogar mit einem Messer los, in der ausgesprochenen Absicht, sie zu stechen. Auffallend war bei ihr auch eine kindische Neigung, mit Puppen zu spielen, welche mit der Ausbildung ihrer Geisteskräfte und schon sehr deutlichen erotischen Anwandlungen nicht übereinstimmte.

Am 24. März wurde sie zu einem Wunderdoctor, dem Käthner Radtke nach Taschewko gebracht, der sie schon früher einmal in der Cur gehabt hatte. Hier betrug sie sich im Ganzen gut und einschmeichelnd. Am 7. April aber wurde sie von heftiger Angst befallen und erblickte eine weisse Gestalt, welche sie für einen Geist, vielleicht für den Teufel, hielt; zugleich sagte ihr eine innere Stimme in ihrer Brust, dass sie Feuer anlegen sollte. Als sie nun Nachmittags mit der 13jährigen Amalie Radtke vor der Thür sich befand, schickte sie diese unter einem Vorwande fort, begab sich nach der Scheune und setzte dort mittelst Zündhölzern, welche sie schon längere Zeit vorher heimlich zu sich gesteckt hatte, ihr Tuch und ein Bund Stroh in Brand. Ihre zurückkehrende Spielgefährtin sah sie vor der Scheune, aus welcher starker Rauch strömte, dastehen, mit dem Gesichte nach der Scheune hingekehrt und starr vor sich hinblickend. Auf die ihr vorgelegten Fragen antwortete sie einsylbig, schob Alles auf ihre Angst und auf die Stimme in ihrer Brust und liess sich durch Vorhaltungen, Drohungen, selbst Misshandlungen in keiner Weise bewegen. Sie blieb dabei stumm und veränderte die Miene nicht*), erklärte nur, sie wüsste aus dem Katechismus, dass Brandlegen nicht erlaubt wäre, indessen hätte ihr die Stimme das befohlen. Gleich darauf declamirte sie, zeigte ihr Strickzeug, ihr Schreibbuch und bewies sich bis zur Lustigkeit unermüdlich in dem Hervorheben ihrer Fähigkeiten.

Da sich keine Motive der Brandstiftung ermitteln liessen, wurde die X. zur Beobachtung in die Irrenanstalt zu Schwetz gebracht.

Sie war klein, schwächlich, ziemlich mager, blass und an vielen Körpertheilen, namentlich an den Unterschenkeln, mit flachen Geschwüren bedeckt, welche sie, veranlasst durch heftiges Hautjucken, durch vieles Kratzen hervorgebracht hatte. Die Geschlechtstheile waren bereits ziemlich stark behaart, doch zeigten sich noch keine

---

*) Später äusserte sie, sie hätte gedacht, Gott würde ihre Beleidiger bestrafen.

Spuren von dem Eintritte der Menstruation, welche in ihrer Familie sich früh einzustellen pflegte. Ihre Züge waren starr, ernst, ihre Augen hatten einen feuchten Glanz (am linken hatte sie Thränenfluss), die Pupillen waren meistens gross.

Ihr allgemeines Verhalten wurde schon oben geschildert. Sie bedauerte sehr, dass ihre Sonntagskleider nicht mitgekommen wären, wollte oftmals frisirt sein, selbst Abends um 8 Uhr noch Locken gemacht haben u. s. w. Einmal setzte sie sich eine grosse Badekappe von Wachstaffet auf und behauptete mit tiefem Ernst, dass diese ihr sehr gut stünde; sie scherzte überhaupt niemals. Auch mit ihren Fertigkeiten wollte sie nur glänzen, lernte und arbeitete nur, um gelobt zu werden, hatte sonst aber zur Arbeit keine Stetigkeit und Ausdauer. Sie antwortete kurz, sprach dagegen von selbst viel, namentlich, wie alte Jungfern, über Putz und das Benehmen der Mägde und ihr Verhältniss zu Männern. In einer Nacht schlich sie sich zu einem anderen geschlechtlich erregten Mädchen, legte sich zu ihr ins Bett und überschüttete sie mit heftigen Liebkosungen. Andererseits spielte sie viel und gern mit ihrer Puppe.

Am 7. Mai Nachmittags wurde sie plötzlich von heftiger Angst und Aufregung befallen. Sie sah dunkel-, fast blauroth aus, schrie, stampfte mit den Füssen, griff eine andere Kranke und die Wärterin an, wollte dieser ein Messer und ihre Schlüssel entreissen und rief, sie müsste sich umbringen, sie wollte hinaus, Feuer anlegen, die Fenster einschlagen, der Teufel beföhle es ihr, er stünde neben ihr. Auf's Bett gelegt und festgehalten, erzählte sie sogleich in ihrem gewöhnlichen ruhigen Tone, sie sähe eine weisse Gestalt mit schwarzem Kopfe ohne Augen und Arme dicht bei sich; wohin sie die Augen wendete, da stünde die Gestalt, von Mannsgrösse, immer ihr nahe, als wollte es sie greifen; zugleich hörte sie eine Stimme in ihrem Innern (in ihrem Herzen, in ihrer Brust) sie wüsste nicht, ob die Gestalt mitspräche, aber wie die Stimme beföhle, dahin drängte sie die Gestalt; die Stimme riefe: „Leg' Feuer an, oder ich bringe dich um, schlag' die Fenster ein." Gern schloss sie die Augen oder zog die Bettdecke über das Gesicht, weil sie die Gestalt dann nicht sah. Sie klagte dabei über ein unangenehmes, drückendes Gefühl in der Magengrube und über Heisshunger. Sie bohrte sich heftig in der Nase, bis Blut floss, wodurch sie sich erleichtert glaubte; auch wurde ihr ein Blutegel an die Nase gesetzt. Der Kopf blieb noch lange heiss und der Puls machte 120 Schläge in der Minute. Nach 3 Stunden verloren sich diese Erscheinungen, nach 5 Stunden trat ein fester, zwölfstündiger Schlaf ein. Ein ähnlicher, nur weit schwächerer Anfall trat einige Tage später ein.

Mehrmals verübte sie Unfug in der Anstalt, warf das Schlüsselbund einer Wärterin in den Abtritt, das Nachtgeschirr zum Fenster hinaus und dgl. Auf Vorhaltungen darüber zeigte sie weder Beschämung, noch Reue, sondern antwortete, sie hätte keine Angst gehabt, sie hätte es so gethan.

Auf Grund dieser Beobachtungen erklärte L. Meyer die N. X. für geisteskrank, bezeichnete die Form der Krankheit als eine erotisch-hysterische Manie, deren Ursache der aufregende Einfluss der Epilepsie zur Zeit der Pubertätsentwicklung wäre, und erklärte den Trieb der Kranken, muthwillige Streiche zu verüben, Feuer anzulegen u. s. w., für ein Symptom der Geisteskrankheit. „Der erwähnte Brand, sagte er schliesslich, wurde ausgeführt unter dem Zwange einer anfallsweis auftretenden Steigerung jenes Triebes. Der Anfall charakterisirte seinen zwingenden Einfluss auf den Willen durch das grosse Angstgefühl der Kranken während desselben und das Auftreten gleichzeitiger Gehörs- und Gesichtstäuschungen. Die N. X. ist daher unzurechnungsfähig im Sinne des Gesetzes." Das Urtheil des Gerichts, oder ob es überhaupt zur gerichtlichen Verhandlung kam, ist nicht mitgetheilt.

Nachträglich hatte Meyer noch über zwei von der X. begangene Brandstiftungen zu berichten. Sie wusste durch ihr einschmeichelndes und anscheinend harmloses Wesen die Krankenwärterinnen sicher zu machen und die über sie geübte strenge Aufsicht zu lockern, dann bemächtigte sie sich am 17. Juli in der Theeküche eines brennenden Spahns, verbarg denselben in ihrem Tuche, schlich sich auf den Schlafsaal und zündete einige Bettdecken und Handtücher an, wurde dabei aber ertappt. Gleich darauf bot sie genau dasselbe Bild grosser Aufregung, wie in dem oben beschriebenen Angstanfalle. Deutliche Zeichen einer Kopfcongestion, sehr frequenter Puls, grosse Angst, Sinnestäuschungen der erwähnten Art stellten die Identität dieser Anfälle ausser Zweifel. In seiner Heftigkeit war dieser Anfall erst aufgetreten, nachdem die Kranke isolirt worden war.

In der Nacht vom 20/21. September erhob sich die Kranke leise aus ihrem Bette, schob einen Stuhl an die Wand, belegte denselben mit Kleidungsstücken, stieg hinauf und nahm die hoch oben angebrachte Nachtlampe weg. Dann zog sie den Zimmerschlüssel unter dem Kopfkissen der schlafenden Wärterin hervor, schlich sich hinaus und zündete in benachbarten Zimmern verschiedene Hausgeräthe an. Als die Wärterin erwachte, war die Kranke eben im Begriff, in grösster Ruhe eines der Nebenzimmer wieder abzuschliessen.

Nächtliche Unruhe war auch sonst häufig, doch liess sich kein Zusammenhang zwischen den einzelnen epileptischen Anfällen und den psychischen Erscheinungen nachweisen. So waren bei den Brandstiftungen Krampfanfälle weder kurze Zeit vorhergegangen, noch nachgefolgt. Während die zweite am 20. September stattfand, erlitt die Kranke am 17. und 26. die nächsten epileptischen Anfälle.

Endlich hatte sie um 3. November (nach einem in der vorhergegangenen Nacht erlittenen epileptischen Anfall) einen Paroxysmus von ziemlich abweichender Beschaffenheit. Sie war zuerst mürrisch, starr, antwortete erst nach längeren Fragen und dann oft unzusammenhängend, im Laufe des Tages wurde sie dann erregt, sang, lärmte, entkleidete sich, sprach verworren, erkannte ihre Umgebung nicht, küsste die ihr Nahenden und schien Sinnestäuschungen erotischer Art zu haben. Zuweilen zuckte sie zusammen; Zuckungen der rechten Schulter dauerten sogar mehrere Stunden fort. Aufregung und Verworrenheit hielten noch am 4. an, sie verunreinigte sich und versuchte sich zu entkleiden; noch bis zum 7. dauerte eine gewisse Stupidität fort.

Dieser vollkommen klar dargestellte und gewiss sehr treu geschilderte Krankheitsfall ist in mehr als einer Hinsicht lehrreich und interessant. Vor Besprechung seiner Eigenthümlichkeiten möchte ich ihm indessen den folgenden, von mir beobachteten analogen Fall anreihen.

5) D. G., Tochter eines Landgeistlichen, deren Grossvater viele Jahre an Epilepsie gelitten und zuletzt sich selbst um's Leben gebracht hatte, hatte als kleines Kind beim Zahnen an heftigen Krämpfen und später, wie ihre Schwestern, viel an Skrophulose gelitten. Die epileptischen Anfälle begannen im 8. Jahre, waren zuerst ausschliesslich nächtliche und mit unwillkürlichem Urinabgang verbunden, später wurden sie häufiger; im 12. und 13. Lebensjahre traten (unter Geschrei) alle 5—7 Tage 3—4 Anfälle nach einander ein. Von dieser Zeit an häuften sich die Anfälle besonders zur Frühlingszeit von März bis Pfingsten; sie pflegte während dieses Zeitraums 3 starke Paroxysmen mit je 10—12 epileptischen Anfällen zu haben, deren letzter 2—3 Stunden, ja noch länger, dauerte. In der übrigen Zeit des Jahres litt sie alle 6—8 Wochen an Paroxysmen, welche aus 3—4 Einzelanfällen bestanden. Von Pfingsten 1854 bis zum Februar 1855 befand sie sich ungewöhnlich wohl, erlitt nur alle 2—3 Monate 2—3 schwache Anfälle. Während dieser Zeit (im 16. Jahre) traten die Regeln ein. Die Behandlung anfangs mit Hausmitteln, später von einem Arzte rationell und energisch betrieben, fruchtete im Wesentlichen gar nicht.

Die Kranke hatte nur mittelmässige Verstandesanlagen, dagegen die besten gemüthlichen Eigenschaften. Sie war sanft, liebevoll und im hohen Grade pflichttreu, gewissenhaft und wahrheitsliebend. Unter dem Einflusse der Krankheit wurde sie aber nach und nach etwas reizbar und geistig stumpfer. Von jeher hatte sie eine religiöse Richtung, las nie Romane, höchstens Mährchen, oftmals dagegen Predigten, indessen hatte sie keine pietistische, sondern ihrem sonstigen Wesen entsprechend eine einfache, kindliche, ja oft kindisch-naive Religionsauffassung.

Im Februar 1855 begannen nach einem langdauernden Paroxysmus zuerst religiöse Scrupel sich zu zeigen, während sie bis dahin nach den Anfällen nur unbesinnlich gewesen war und sich nach einem langen und tiefen Schlafe stets vollständig erholt hatte. Indessen verloren sich diese nach wenigen Tagen und sie zeigte nur Abends hin und wieder Aengstlichkeit. Sie besuchte den Confirmationsunterricht, hatte am Tage vor der Confirmation noch einen heftigen Anfall, konnte indessen an der Einsegnung noch Theil nehmen. Am Abende desselben Tages wurde sie aber, obwohl sie von epileptischen Anfällen frei blieb, ganz verwirrt, wollte sich selbst beschädigen, suchte sich zu beissen, aus dem Bette zu stürzen u. s. w. und behauptete, dass dies ihr von Gott befohlen würde. Drei Tage und Nächte lang wechselte diese Verwirrung mit Krämpfen, Starrkrampf, schrecklichen Visionen, und längere Zeit wollte sie weder essen noch trinken, weil Gott dies verboten hätte. Aehnliche Anfälle kamen nun öfters vor und ihr geistiger Zustand verschlimmerte sich überhaupt so sehr, dass ihre Eltern sie am 8. August in eine Heilanstalt bringen mussten. Während dieser Verschlimmerung war die Menstruation ausgeblieben.

Der Zustand, in welchem sie dort eintraf, war ein Entsetzen erregender. Körperlich war sie zwar nicht sehr heruntergekommen, und litt nur an äusserst hartnäckiger Verstopfung, geistig dagegen war sie völlig verwirrt, verstört und von dem heftigsten Antriebe, sich selbst zu beschädigen, ganz in Anspruch genommen. Sie sprach wenig oder gar nicht, hatte auch im Laufe des Monats nur einen epileptischen Anfall, dagegen kämpfte sie mit geringen Pausen der Erschöpfung Tag und Nacht mit den Krankenwärterinnen, um Gelegenheit zur Selbstbeschädigung zu erhalten. Obwohl sie mit dem Camisol bekleidet und im Bette befestigt war, obwohl fortwährend eine Wärterin beschäftigt war, ihr kleine, mit Leder überzogene Holzstückchen, welche schon ihre Eltern zu diesem Zwecke vorgerichtet hatten, zwischen den Zähnen zu halten, so gelang es ihr bei ihren wütheuden Anstrengungen doch einmal, sich ein ziemlich bedeutendes Stück aus der Lippe zu beissen. Erst als eins der erwähnten Holzstückchen an ein Drahtgestelle befestigt und durch Anbringung des letzteren an ihrem Kopfe zwischen den Zahnreihen unbeweglich gehalten wurde, liess sie in ihren nunmehr sicher vereitelten Beissversuchen nach; die beständigen Kämpfe hörten auf, Ruhe, Schlaf und Appetit kehrten zurück*). Schon am 21. konnte sie ihren ersten Spaziergang machen und seitdem kehrten so heftige Paroxysmen nie wieder zurück.

Eine ausführliche Schilderung des weiteren Krankheitsverlaufes würde hier kein Interesse haben; das Wichtigste daraus ist Folgendes:

---

*) Aus diesen Mittheilungen ist ersichtlich, wie unrichtig oder übertrieben die Behauptung mancher englischer Aerzte ist, dass man jeden Geisteskranken ohne Ausnahme ohne Zwangsmittel behandeln könnte. Ich habe einen tobsüchtigen Kranken gekannt, der sich die Zunge abgebissen und die Spitze ausgespuckt hatte; die oben erwähnten Vorsichtsmassregeln waren daher gewiss unerlässlich.

Die Kranke war zuerst noch sehr verstimmt, deprimirt, weinerlich und geneigt, sich selbst zu peinigen, weil sie dadurch Gott wohlgefällig zu sein und Anwartschaft auf die ewige Seligkeit zu erlangen glaubte; zu diesem Zwecke warf sie sich gern bis zur Ermüdung vorwärts und rückwärts auf Gesicht und Rücken, steckte die Finger ins Licht und dgl. Bisweilen hielt sie sich auch für Gott oder Christus, über welche Gedanken sie sich dann später wieder grosse Vorwürfe machte. Nachdem aber am 24. November die Menstruation eingetreten war, besserte sich ihr Zustand bedeutend; die Epilepsie trat später, gewöhnlich nur um die Zeit der Regeln, an einem oder zwei Tagen mit 1—4 Einzelanfällen auf und eigentliche Ideenverwirrung pflegte ebenfalls nur ebendann sich kund zu geben. Während dieser Zeit war sie verstimmt, reizbar, quälte sich viel mit religiösen Scrupeln, mit Zweifeln an ihrer dereinstigen Seligkeit, machte sich über ihre krankhaften Einbildungen Vorwürfe, erlitt Visionen, erblickte den Teufel und andere Gestalten, hielt sich auch wohl selbst für den Teufel oder für Christus. Während der übrigen Zeit war sie dagegen zwar übertrieben weichherzig, gewissenhaft, schwierig und kindisch in Wesen und Urtheil, aber frei von abnormen Gedanken und Stimmungen und ausserordentlich fleissig. Von Zeit zu Zeit kamen indessen auch schlimmere Perioden vor, namentlich wenn die Menstruation, was innerhalb zweier Jahre zweimal vorkam, ganz ausblieb; sie blieb dann verwirrt, deprimirt, suchte sich einmal (Juli 1857) auch wieder zu beissen und schnitt sich ein anderes Mal (März 1858) tief in den Finger. Im September 1857 zeigte sie auch einige erotische Erregtheit; sie knüpfte ein Liebesverhältniss mit einem an fixen Ideen leidenden Geisteskranken an, mit welchem sie einigemale bei Abendunterhaltungen tanzte*), und liess sich nur mit vieler Schwierigkeit von der Sinnlosigkeit und Verwerflichkeit dieses Verhältnisses so weit überzeugen, dass sie die Verhinderung desselben nicht mehr für ein ihr angethanes Unrecht hielt. Nach Aufgeben desselben kamen indessen keine weiteren Zeichen geschlechtlicher Erregung zum Vorschein; der ganze Vorgang war daher wohl nur insofern abnorm, als die Kranke sich mit unmöglichen Heirathsplänen trug. — Sie verliess endlich im Juli 1858 die Heilanstalt, nachdem Monate lang die epileptischen Anfälle und die Ideenverwirrung nur zur Zeit der Regeln eingetreten waren; spätere Nachrichten (Februar 1859) meldeten die Fortdauer dieses Zustandes.

Diese beiden Krankheitsfälle kann man unstreitig resp. zur Dämonomanie und zum religiösen Wahnsinn rechnen, sobald man diese Krankheitsformen überhaupt zulässt und, wie es gewöhnlich

---

*) Die vielgerühmten Tanzvergnügungen in Asylen halte ich nach dieser und ähnlichen Erfahrungen nicht mehr für statthaft.

geschieht, den Inhalt der Wahnideen schlechthin als deren pathognomonisches Kennzeichen ansieht*). In der That erinnern auch beide sehr an jene Fälle von trauriger Berühmtheit, in welchen religiöse Wahnideen die Kranken zu den furchtbarsten Handlungen gegen sich selbst und gegen andere, zu schrecklichen Mordthaten, Selbstverstümmelungen, selbst zu Selbstkreuzigungen trieben; der öfter vorkommende wüthende Trieb zur Selbstverletzung ist ohnehin fast immer die Folge religiöser Wahnideen, z. B. des Glaubens, Gott wohlgefällige Opfer zu bringen, oder vermeintlicher göttlicher Befehle, welche die Kranken in Folge von Gehörstäuschungen zu vernehmen glauben, oder dgl.

Der Inhalt der Wahnideen kann aber, wie jetzt allgemein eingesehen wird, nicht zur Bestimmung der Krankheitsformen dienen, weil er bei übrigens ganz ähnlichen Fällen zu verschiedenartig ist und selbst im einzelnen Falle keineswegs constant bleibt; fehlt doch selbst bei der *dementia paralytica* nicht selten der in vielen Fällen so sehr markirte Grössenwahn. Nur beim partiellen Wahnsinn, wo, wie oben nachgewiesen, die fixen Ideen die Hauptsache sind, kann der Inhalt derselben zur Feststellung gewisser Krankheitsvarietäten dienen; so charakterisirt z. B. der Verfolgungswahn eine in allen Hauptsymptomen sehr constante Abart des partiellen Wahnsinns. Zur Bestimmung einer ähnlichen Abart liesse sich der religiöse Wahn benutzen; wirklich würde diese auch die meisten der oben erwähnten, traurig berühmt gewordenen Kranken umfassen, aber man darf nicht glauben, dass alle Kranke, welche mit religiösen Wahnideen behaftet sind, unter diese Varietät des partiellen Wahnsinns gebracht werden können. Noch weit häufiger kommen nämlich religiöse Scrupel und Wahnideen bei melancholischen Kranken vor, ja auch mit dem Teufel haben diese Kranken sehr oft viel zu schaffen; dagegen aber werden sie durch diese Ideen nur selten zu gefährlichen Handlungen (Selbstmord ausge-

---

*) Casper's Behauptung (Handbuch der gerichtlichen Medicin II., p. 460), dass „Teufelswahn" oder die Form religiösen Wahnsinns, welche man Dämonomanie genannt hätte, bei Epileptischen nicht vorkäme, ist daher falsch. Auch Brierre de Boismont (*Des hallucinations*. Paris 1845, p. 193) erzählt von einem epileptischen Geisteskranken, welcher sehr oft in dem Augenblicke, welcher dem Verluste des Bewusstseins vorausging, eine diabolische Gestalt erblickte und mit dem Ausrufe: „Da ist der Teufel," zu Boden stürzte.

schlossen) veranlasst; nach meinen Erfahrungen geschieht dies vielmehr nur dann, wenn die Melancholie entweder in partiellen Wahnsinn übergeht, oder wenn sie sich zur wüthenden Melancholie *(melancholia maniaca s. mania melancholica)* steigert.

Letzteres war offenbar bei der zweiten Kranken D. G. der Fall. Ihre psychische Krankheit begann als eine Melancholie mit religiösen Scrupeln und verkehrten Ideen, welche anfangs nur periodisch nach epileptischen Anfällen auftrat, dann nach Ausbleiben der Menstruation zur wüthenden Melancholie sich steigerte, hierauf zur einfachen Melancholie sich wieder zurückbildete und endlich nach Wiedereintritt der Regeln abermals den anfänglichen periodischen Charakter annahm, wobei indessen auch während der Intermissionen ein gewisser Grad von Schwachsinn nicht zu verkennen war.

Ein weniger reines Krankheitsbild giebt der erste, in den Hauptzügen übrigens dem vorigen durchaus analoge Krankheitsfall. Hier war der Schwachsinn unverkennbar viel weiter vorgeschritten; er hatte bereits alle oben (pag. 160 ff.) dargelegten eigenthümlichen Folgen hervorgebracht, namentlich traten Selbstgefälligkeit und Neigung zu muthwilligen Streichen bei der Kranken, auch während der relativ freiern Zeiten, stark hervor. Dazu gesellte sich dann noch, wie bei der vorigen Kranken, periodisch eine Melancholie, welche anfangs eine *m. anxia* war, dann bis zur *m. maniaca* sich steigerte und ganz zuletzt selbst die Form der *m. stupida* annahm.

Wir sehen demnach in diesen beiden Fällen die Melancholie einen ganz ähnlichen Verlauf nehmen, wie ihn die Manie der Epileptischen einzuhalten pflegt. Auch diese tritt nämlich bekanntlich in vielen Fällen nur periodisch auf, steigert sich oft zu einer so extremen, blinden und gefährlichen Wuth, wie sie bei andern Geisteskranken kaum vorkommt, und macht dann wieder Intermissionen, in welchen ein Zustand oft sehr bedeutenden Schwachsinns oder Blödsinns sich nicht verkennen lässt. Mit diesen Thatsachen steht dann auch die ganz allgemeine Erfahrung im Einklange, dass die Epilepsie die Leidenschaftlichkeit und Reizbarkeit aller Kranken bedeutend zu steigern pflegt, selbst derer, welche nicht entschieden geisteskrank sind.

Druck der Hofbuchdruckerei in Altenburg.
(H. A. Pierer.)

Druckfehler.

Seite 6 Zeile 7 von ob. fehlt ein Komma nach „Aufgabe."
- 33 - 13 - - statt *munia* lies *mania*.
- 81 - 1 - - st. Brandes l. Bandes.
- 87 - 17 - unt. st. 20 l. 29.
- 95 - 15 - - st. ihr l. ihm.
- 97 - 3 - ob. st. Verbrechens l. Verbrechers.
- - - 4 - unt. st. unzurechnungsfähig l. zurechnungsfähig.
- 101 - 6 u. 7 von oben fehlen Kommata nach „aber" und „gewiss."
- 127 - 10 von unt. st. gering unentwickelt l. gering und unentwickelt.
- 134 - 18 - ob. st. „mehr oder weniger verhüllt" steht an der citirten Stelle „mehr oder weniger unverhüllt."
- 137 - 3 - - nach „Erklärung" ist das Komma zu streichen.
- 138 - 19 - unt. st. das l. dass.
- 139 - 5 - - st. zusammenfassen l. zusammenzufassen.
- 150 - 19 - - st. Blut l. Blutes.
- 181 - 17 - ob. st. ihn l. ihm.
- 204 - 18 - - st. natürlichen krankhaften l. natürlichen sowohl, wie krankhaften.
- 221 - 16 - unt. st. dann l. denn.
- 238 - 15 - ob. zwischen „oder" und „Monomanie" fehlt „zur."
- 266 - 5 - unt. st. zuckender l. juckender.
- 303 - 6 - ob. st. letzteren l. ersteren.

www.ingramcontent.com/pod-product-compliance
Lightning Source LLC
Chambersburg PA
CBHW030317240426
43673CB00040B/1199